Der Aberglaube des Mittelalters und der nachfolgenden Jahrhunderte

Von

Carl Meyer

fourierverlag

Nachdruck der Auflage OB Lucern F 61423
von 1884 ohne Kürzungen

Genehmigte Lizenzausgabe für Fourier Verlag GmbH, Wiesbaden 2003
Covergestaltung: Thomas Jarzina, Köln
Bildnachweis: AKG, Berlin
Gesamtherstellung: GGP Media, Pößneck

ISBN 3-932412-21-4

Einleitung.

Man pflegt den Einfluss des Alterthums auf die mittlere und neuere Zeit in der Regel als einen schlechthin wohlthätigen zu bezeichnen. In manchen Beziehungen, vielleicht gerade in den wichtigsten, ist diese Anschauung ohne Zweifel eine berechtigte; denn ohne jenen Einfluss wären wohl weder Kunst noch Wissenschaft späterer Jahrhunderte das geworden, was sie unter dem Einfluss ihrer antiken Vorbilder in Wirklichkeit geworden sind. Und doch hat die Cultur des Alterthums auch ihre unläugbaren Schattenseiten, welche dann, in den Boden des Mittelalters verpflanzt, in der Folgezeit nur nachtheilig wirken konnten. Die Astrologie, die Alchemie, die Magie, kurz abergläubische Vorstellungen jeder Art hat das sinkende Römerthum, nachdem es sie selber meist aus Aegypten oder aus dem Orient empfangen hatte, dem Abendland als Erbschaft hinterlassen; ihr weiteres Wachsen und Gedeihen ist dann freilich ein mittelalterliches, ursprünglich aber wurzeln sie doch in der römischen Kaiserzeit und ihrer Theocrasie. Das Alterthum, zumal das römische, stand der Natur und ihren Kräften, nur allzuhäufig indifferent gegenüber und war in Folge dessen verhältnissmässig arm an demjenigen, was man gewöhnlich Erfindungen zu nennen pflegt. Die Schiffahrt war der Hauptsache nach auf Küstenfahrten beschränkt, man kannte keine Wassermühlen, keine Uhren, kein Pulver, ja nicht einmal die Kunst, Bücher zu drucken. Statt dessen glaubte man an Vorbedeutungen jeglicher Art, an die Möglichkeit, Geister und Todte zu beschwören, an Orakel u. s. w. und war, statt sich die wirklichen Kräfte der Natur dienstbar zu machen, nur zu geneigt, den rein in der Phantasie der Menschen existierenden allen nur denkbaren Einfluss auf deren Schicksale einzuräumen. Natürlich theilte sich diese Befangenheit, welche das objective Erkenntnissvermögen und den Einblick in den Zusammenhang der Dinge trübte, den folgenden Jahrhunderten mit; sie konnte nur allmählich und erst dann abnehmen, als die Erfindungen der Araber bekannt wurden, und als das christliche Abendland selbst, das Italien der Renaissance an der Spitze, die „Entdeckung der Welt und des Menschen" von sich aus begann.

Nun hat aber das Alterthum neben seiner griechisch-römischen Cultur noch eine zweite, die jüdisch-christliche gehabt, und auch diese hat auf die kommenden Jahrhunderte die nachhaltigsten Einflüsse ausgeübt. Das hervorragendste Denkmal dieser jüdisch-christlichen Cultur ist bekanntlich die Bibel; auch diese musste aber, ganz abgesehen von Talmud und Cabbala und im Gegensatze zu ihrer eigenen ursprünglichen Bestimmung, nachtheilig wirken, wenn man, statt sich auf das Wesentliche und Unentbehrliche ihres Inhaltes zu beschränken, hauptsächlich darauf ausgieng, alle in ihr enthaltenen Aussprüche und Verordnungen unterschiedslos, und ohne die Verschiedenheiten von Zeit und Raum zu berücksichtigen, zur Geltung zu bringen. Die Bibel wurde nicht nur da als Richtschnur gebraucht, wo sie es sein durfte und musste, sondern wo möglich überall; die Inquisition des späteren Mittelalters z. B. berief sich auf Stellen wie Exodus XXII, 18, wenn sie Zauberer und Hexen oder solche, die das Unglück hatten, dafür gehalten zu werden, in's Gefängniss oder gar auf den Scheiterhaufen führte. Die heilige Schrift selbst kann natürlich desshalb so wenig als manchen Profanschriftsteller der Griechen oder Römer ein Vorwurf treffen; der Tadel fällt vielmehr auf die Unzulänglichkeit des menschlichen Wissens und der menschlichen Urtheilskraft, welche in voreiligem Eifer und mit unzureichenden Mitteln der Erklärung in der Anwendung desjenigen, was das Alterthum ihnen bot, fehlgriffen. Harmloser war eine andere weitverbreitete Tendenz des Mittelalters, nämlich die, die in der heiligen Schrift, namentlich im neuen Testament, erzählten Wunder unablässig neu hervorzubringen und wo möglich noch zu überbieten. Wenn man dieselbe auch von dem Vorwurfe, die Einsicht in die Realität der Dinge eher gehemmt als gefördert zu haben, nicht freisprechen kann, so muss doch andrerseits anerkannt werden, dass sie wenigstens unmittelbar kein Unheil angerichtet hat.

Neben dem classischen und neben dem jüdisch-christlichen Alterthum sind natürlich auch das keltische und das germanische Heidenthum nicht ohne Einfluss auf die abergläubischen Vorstellungen und Gebräuche des Mittelalters geblieben; doch wird der des zuletzt genannten vielfach überschätzt, und seitdem Jacob Grimm eine Unmasse entweder speciell mittelalterlichen oder anderswoher stammenden Aberglaubens in seine deutsche Mythologie aufgenommen hat, ist dieser Hang immer noch in sehr vielen Büchern vertreten. Wir werden im fünften Capitel des ersten Buchs auf diese Frage zurückkommen.

Erstes Buch.

Der Aberglaube in den verschiedenen Gebieten der Natur.

Erstes Capitel.

Astrologie. Chiromantie. Physiognomik. Geomantie.

Ursprung der Astrologie.

Zu denjenigen Gattungen des Aberglaubens, deren Verpflanzung aus dem Alterthum in spätere Jahrhunderte sich klar nachweisen lässt, gehört in erster Linie die Astrologie nebst den ihr verwandten Gebieten der Chiromantie, der Physiognomik oder Metoposcopie und der Geomantie. Der Glaube an die Macht und den Einfluss der Gestirne ist das ganze Mittelalter hindurch nie völlig erloschen, zumal da neben der Tradition des Alterthums auch saracenische Einflüsse von Spanien und Sicilien aus[1]) ihre fernere Existenz bedingten. In der ritterlichen Poesie des Mittelalters spielt er allerdings eine verhältnissmässig unbedeutende Rolle und wird auch in Folge dessen nicht häufig erwähnt[2]); man würde indessen sehr irren, wenn man desshalb an ihrer Existenz zweifeln wollte. In Spanien und Italien wurde vielmehr, dort durch die Araber, hier durch Kaiser Friedrich II. und seine Parteigänger, dafür gesorgt, dass der Wahn als solcher nicht ausstarb, und Araber und Italiener theilten sich bereits in die

---

[1]) Die berühmtesten arabischen Astrologen sind Albumas ar († 885), Albohazen (um 1250), Alcabitius u. A.; vgl. Wolf, Geschichte der Astronomie· S. 71. Alcabitius schrieb „astronomiæ judiciariæ principia". — [2]) Doch vgl. z. B. Parzival, herausg. von Bartsch, Buch IX, V. 645, 646, 1704 ff. 1793 ff. —

astrologische Thätigkeit. Der kaiserliche Astrolog Theodorus könnte seinem Namen nach ein Byzantiner gewesen sein, und Ezzelino da Romano scheint eine ganze Menge solcher Individuen um sich gehabt zu haben, welche er gut besoldete, unter ihnen den langbärtigen Saracenen Paul aus Bagdad und den berühmten Guido Bonatti aus Cascia[1]). Wie sehr aber die spätere Bedeutung der Sterndeuterei durch die Tradition des Alterthums bedingt ist, beweist namentlich der Umstand, dass von den Astrologen des vierzehnten und fünfzehnten Jahrhunderts mindestens die Hälfte aus Italien stammt[2]), also aus demjenigen Lande, in welchem überhaupt diese Tradition am frühesten und mächtigsten wieder auflebte. Die genannten zwei Jahrhunderte sind überhaupt die Blüthezeit der mittelalterlichen Astrologie[3]), und wenn sich später die Astrologen gleichmässiger auf die verschiedenen Nationen des Abendlandes vertheilen[4]), so spricht doch das erwähnte Zahlenverhältniss deutlich genug für den eigentlichen Ausgangspunkt der ganzen Sache. Handelt es sich doch hier nicht um populäre Vorstellungen der abendländischen Völker romanischen oder germanischen Stammes, sondern um Vorstellungen, welche auf dem Wege der Gelehrsamkeit und der Wissenschaft durch lateinisch oder arabisch geschriebene Werke zu jenen gekommen sind. Man sammelte nicht, was das Volk glaubte, sondern was die Gelehrten aufgefunden hatten, und machte dieses nach und nach zum Gemeingut der Menge. Die Hauptstätten astrologischer Gelehrsamkeit sind bekanntlich Padua, Bologna, Toledo[5]), und später auch Paris gewesen.

Ihr Wesen. Man unterscheidet heutzutage zwischen Astronomie und Astrologie und braucht jene als Bezeichnung der echten auf Erforschung der Himmelskörper gerichteten Wissenschaft, diese hingegen zur Bezeichnung der häufig mit ihr verbundenen

---

[1]) Monachus Paduanus bei Urstisius rer. german. scriptores I, pag. 598, 607. — [2]) Grässe, Literärgeschichte II, 2, 2; 827 ff. — [3]) Wolff a. a. O. S. 82. — [4]) Grässe a. a. O. III, 1, 936 ff. und III, 2, 613 ff. — [5]) Von der Hagen Minnesinger II, 88. Pedro de Rojas, C. de Mora: Historia de la imperial ciudad de Toledo, II, pag. 621 (Tissier. Bibl. Cisterc. VII, 257 und: quærunt clerici Parisiis artes — — Toleti dæmones; wobei man freilich an die verschiedensten Zweige der Magie denken kann. —

Tendenz, menschliche Zustände und Schicksale aus den Sternen zu erklären oder gar vorauszusagen. Früher bezeichnete man mit dem einen Namen der Astrologie beides, und die Unterscheidung drang erst durch, als die zuletzt genannte Tendenz allmählich ihren Credit zu verlieren begann. Doch lässt sich auch in den astronomischen Werken vergangener Jahrhunderte das wirklich astronomische Element, die sogenannte natürliche Astrologie, von der eigentlichen, jetzt noch so genannten Astrologie, der judiciarischen, wie sie wohl auch heisst, leicht unterscheiden.

Das Wesen dieser judiciarischen Astrologie besteht nun darin, aus den Stellungen, welche die Planeten theils unter sich, theils unter den zwölf Zeichen des Thierkreises einnehmen, die Zukunft zu ermitteln. Dabei kann es sich sowohl um allgemeine Catastrophen wie Krieg, Misswachs, verheerende Seuchen, Weltuntergang u. s. w. als um das Schicksal einzelner Individuen handeln. Eine besonders hervorragende Rolle spielte dieselbe namentlich im Kriege, wo die Ungewissheit des Erfolgs in Verbindung mit der entscheidenden Bedeutung desselben die Befragung der Astrologen wünschenswerth mochte erscheinen lassen. Hatte z. B. das griechische Alterthum kriegerische Unternehmungen etwa von den Phasen des Mondes abhängig gemacht[1]), so verbanden nun vom dreizehnten Jahrhundert an italienische Stadttyrannen und Condottieren dieselben mit den Planeten und den übrigen himmlischen Zeichen. Als Ezzelino da Romano im Jahre 1259 gegen die Lombardei zog, versammelte er vorher seine Astrologen, um die Constellation am Tage seines Aufbruchs zu erfahren[2]); sie war folgendermassen beschaffen: Das Sternbild des Schützen war im Aufsteigen, die Sonne stand im Sternbilde der Jungfrau, der Mond in dem des Scorpions, Saturn in dem des Wassermanns, Jupiter in dem der Wage in rückläufiger Bewegung, ebenso Mars in dem des Löwen, Venus

Ezzelino da Romano.

---

[1]) Bekannte Beispiele bei Herodot VI, 106, Thucydides VII, 50. — [2]) Rolandinus Paduanus. De factis in marchia et prope ad marchiam Tarvisinam XII, 2 (bei Muratori. Scriptor. rer. Ital. tom. VIII, pag. 344, 345); vgl. auch XII, 7. —

im Krebs, Mercur im Löwen; Haupt und Schwanz des Drachen endlich befanden sich unter den übrigen Fixsternen. Nun war allerdings Mars im Zeichen des Löwen ein günstiges Zeichen, insofern jener Gott des Krieges war und dieser Herrschaft und Macht bezeichnete; auch Jupiter im Zeichen der Wage und Mercur in dem des Löwen konnten als günstige Aspecte aufgefasst werden. Aber Ezzelino hatte den Mond im Zeichen des Scorpions übersehen; jener regierte nach den Systemen der Astronomen die Füsse des Menschen, und dieser ist ein anerkannt giftiges Thier; dazu kam noch, dass das ganze Unternehmen bei aufsteigendem Schützen begonnen wurde. So war es denn kein Wunder, wenn Ezzelino bald darauf an der Adda durch einen Pfeil am linken Fusse verwundet wurde. Unser Gewährsmann, Rolandinus von Padua, nimmt übrigens an, jener habe die betreffende Zeit im Hinblick auf die betreffenden günstigen Constellationen selber gewählt.

Guido Bonatti. Aehnliches kam in Italien vom dreizehnten bis zum fünfzehnten Jahrhundert häufig genug vor. So oft z. B. Guido da Montefeltro, das Haupt der Ghibellinen von Forli, einen Kriegszug vorhatte, musste Guido Bonatti, der hervorragendste Astrolog des dreizehnten Jahrhunderts, auf den Glockenthurm von San Mercuriale steigen, um die Sterne zu befragen. Bei dem ersten Glockenschlage, welchen der Astrolog that, rüstete sich Montefeltro mit seinen Leuten, beim zweiten setzten sie sich zu Pferde, und beim dritten rückten sie aus der Stadt; ihre Heimkehr soll meistens eine siegreiche gewesen sein[1]). Natürlich wäre es in solchen Fällen nicht uninteressant zu wissen, ob Bonatti neben den Constellationen oder statt derselben nicht etwa auch die wirklichen kriegerischen Chancen seines Herrn mehr oder weniger zu berechnen wusste und seine Glockenschläge dann mehr nach diesen als nach jenen richtete; immerhin scheint Montefeltro persönlich von der Richtigkeit von Bonatti's astrologischer Thätigkeit überzeugt gewesen zu sein; denn er verlor, als er

---

[1]) Phil. Villani. Vita de'uomini illustr. Fiorent. — Dante erwähnt ihn als solchen neben einem Schuster aus Parma Namens Asdente im Inferno (XX, 118 ff.).

diesen nicht mehr hatte, allen Muth und zog sich in die Einsamkeit eines Klosters zurück[1]. Die Florentiner liessen sich noch im Jahre 1362 durch ihren Astrologen die Stunde bestimmen, in welcher sie gegen die Pisaner ausziehen sollten[2], und es war damals überhaupt sowohl bei den Tyrannen als in den republicanischen Städten Italiens allgemein herrschende Sitte, sich einen Sterndeuter zu halten[3]. Auch die Condottieren ihrerseits scheinen wenigstens in der Regel den Wahn der Uebrigen getheilt zu haben; als z. B. Paolo Vitelli im Jahre 1498 in den Dienst der Florentiner trat, bat er sich einen mit bildlich dargestellten Constellationen versehenen Commandostab aus und erhielt auch in der That einen solchen[4].

Diesseits der Alpen ist wohl kein Feldherr durch seine Hingabe an die Astrologie so bekannt geworden wie Wallenstein[5]; er hatte dieselbe in Padua studiert und hatte in Folge dessen einen italienischen Sterndeuter Namens Battista Zenno, von den Deutschen gewöhnlich Seni genannt, bei sich; dass er gerade in seinen letzten Tagen sich häufig mit demselben berieth, ist historische Thatsache[6]. Wallenstein war am 14. September 1583 um 4 Uhr Abends geboren, und Kepler hat sich bekanntlich das Vergnügen gemacht, die Constellation seiner Geburtsstunde nachträglich, d. h. im Jahre 1609, zu berechnen. Er constatierte die Verbindung von Jupiter und Saturn im ersten astrologischen Hause, dem des Lebens; Saturn schien ihm auf melancholische und stets gährende Gedanken, auf Nichtachtung menschlicher, ja selbst göttlicher Gebote, auf Mangel an brüderlicher und ehelicher Liebe hinzudeuten; doch hoffte er von Jupiter etwelche Modificierung dieser schlimmen Anlagen. Unter derselben Constellation waren übrigens auch die Königin Elisabeth von England und der polnische Kanzler Zamoisky geboren[7]. Am unumwundensten sagt es aber Andreas Goldmayer in seiner 1635 zu Strassburg gedruckten „astrologisch-

[1]) Annales Foroliv. bei Muratori tom. XXII, pag. 233 ff. Dante. Inferno XXVII, 67. — [2]) M. Villani XI, 3. — [3]) J. Burckhardt, Cultur der Renaissance. S. 513. — [4]) Nardi, Vita d'Ant. Giacomini pag. 65. — [5]) Murr. Beyträge zur Gesch. des dreissigj. Krieges. S. 305. — [6]) ebend. 339. — [7]) Ranke, Geschichte Wallensteins. S. 1—3. —

schwedischen Kriegs-Chronika"[1]) heraus: „Ein Kriegsoberster bedarf dreierlei Rath: geistlich, politisch, astrologisch." Diese Kriegs-Chronika knüpft er an das Leben Gustav Adolfs an; der König soll u. a. als Knabe „wegen der glückseeligen Influentz Mercurii im Steinbock im Hause Saturni, vnd erwünschtem sextilschein Martis vnd dess Monds" viel Talent zum Erlernen der lateinischen und der deutschen Sprache gehabt haben. Im Uebrigen lässt sich der Verdacht kaum abweisen, dass die in derselben mitgetheilten Berechnungen erst nachträglich, d. h. erst nach dem Tode des Schwedenkönigs angestellt wurden, und Aehnliches mag auch sonst häufig genug vorgekommen sein. Notorisch spätere Berechnungen enthalten z. B. des nämlichen Goldmayers „Strassburgische Chronica, astrologisch beschrieben" (Strassburg 1636. 4°)[2]) und seine „Historische, Astronomische vnd Astrologische Beschreibung u. s. w. der Stadt Würtzburg" (Nürnberg 1645. 4°)[3]); hier berechnet der Verfasser nachträglich die Constellationen, unter welchen die beiden Städte angeblich waren gegründet worden[4]).

Dass man allerlei Landescalamitäten schon vor ihrem wirklichen oder erwarteten Eintreffen in den Sternen zu lesen glaubte, liegt in der Natur der Sache. Trafen dieselben dann nicht ein, so fehlte es natürlich weder an Entschuldigungen auf gläubiger Seite noch an Spott auf Seite der Zweifler und Gegner. So hatte eine Conjunction der drei Planeten Saturn, Jupiter und Mars im Zeichen der Fische die Astrologen veranlasst, auf das Jahr 1524 eine zweite allgemeine Sündfluth zu prophezeien. Johannes Stöfler, ein Schwabe (geb. 1452, gest. 1531), hatte schon 1518 ein hierauf bezügliches Prognosticon an den damaligen König Carl I. von Spanien, den späteren Kaiser Carl V. erlassen[5]); andere Sterndeuter wie Conradus Gallianus[6]) und

---

[1]) Gedruckt in Horst's Zauberbibliothek; V, 149, 171 ff.; VI, 168 ff. — [2]) S. 8, 9. — [3]) S. 2, 3. — [4]) Vgl. über ihn Adelungs Geschichte der menschl. Narrheit IV, 210 ff. — [5]) Moehsen. Gesch. d. Wissenschaften in der Mark Brandenburg, 410, 411. — [6]) Practica teütsch vff das MCCCCC vnd XXIIII jar; vgl. ferner: Joh. Wirdung. Practica Teütsch. Oppenheym (1521) 4°. Wirdung stellt neben der Fluth auch noch Seuchen, Kriege, Judenverfolgungen u. s. w. in Aussicht.

Johannes Cario[1]) bestätigten dasselbe, während Augustin Niphus sich mit dessen Widerlegung abmühte. Je näher der verhängnissvolle Tag kam, desto höher stieg die Angst der Leute, namentlich der Küstenbewohner der verschiedensten europäischen Länder, und desto umfassendere Rettungsmassregeln wurden demgemäss ergriffen. Viele flüchteten sich auf die Berge, und dem Kaiser wurde sogar zugemuthet, er solle seine Armeen in Gebirgsgegenden verlegen und daselbst Magazine errichten[2]); in Toulouse wurde sogar eine Arche gebaut[3]). Als die gefürchtete Fluth schliesslich ausblieb, hiess es, sie sei durch die Bussthränen der Gläubigen abgewendet worden[4]); schliesslich erinnerte man sich auch noch, dass Gott schon dem Noah (Genesis VIII, 21) verheissen hatte, er werde keine zweite Sündfluth mehr schicken[5]). Andere weissagten den jüngsten Tag aus den Sternen und ängstigten die Welt auf diese Weise[6]). Zur Abwechslung prophezeite wohl auch ein Astrolog zufällig richtig. So stellte der bereits erwähnte Cario, der Hofastrolog Joachims I. von Brandenburg, dem Hause Hohenzollern „regiam et summam inter Christianos dignitatem“ in Aussicht; Nicolaus Leutinger, welcher diesen Zug in seiner brandenburgischen Geschichte (S. 22 der Küster'schen Ausgabe) mittheilt, fügt hinzu: „que partim eventum suum sortita sunt, partim in potestate Dei posita.“ Derselbe Cario soll auch auf das Jahr 1789 eine allgemeine Umwälzung angekündigt haben, welche Adelung[7]) noch 1787 belächelte. Sonst erwähnt Cario die Constellationen verhältnissmässig selten und zieht es statt dessen vor, einfach zu prophezeihen; hingegen giebt er die bevorstehenden Sonnen- und Mondfinsternisse gerne an, um seine übrigen Weissagungen gleichzeitig mit denselben an den Mann zu bringen[8]). Mit der Politik und ihren Wechselfällen beschäftigte sich u. A. auch Antonio Torquato, ein Arzt aus Ferrara und zugleich wie so manche Aerzte seines Zeitalters Astrolog, in seinem an Matthias

[1]) Adelung a. a. O. III, 117. — [2]) Möhsen a. a. O. 411. — [3]) Bodinus. De republica, pag. 550 der französischen Lyoner Ausgabe von 1594. — [4]) Horst. Zauberbibliothek IV, 346, 347. — [5]) Möhsen a. a. O. 412. — [6]) "Αγνωστον sobriè — astrologicum. Leipz. 1652. — [7]) a. a. O. III, 118. — [8]) Möhsen a. a. O. 430.

Corvinus gerichteten Prognosticon[1]). Da heisst es z. B., in Italien werde in Folge schlimmer Constellationen durch die Eifersucht der Häuser Aragon und Sforza grosse Zwietracht entstehen; auch vom Einmarsche der Franzosen, dem Sturze der Aragonesen von Neapel und der Sforzas in Mailand, sowie von der Verschwörung gegen Venedig ist die Rede; dann wird des deutschen Bauernkriegs, der Eroberung von Belgrad und Rhodus durch die Türken (1521 und 1522), der Einnahme Roms (1527) sowie der Ketzerei im Norden, d. h. der deutschen Reformation, gedacht, und ausserdem werden noch einige Ueberschwemmungen in Aussicht gestellt. Das Prognosticon umfasst die Zeit von 1480 bis 1538 oder 1540; weiter reichen Torquatos Kenntnisse nicht, und zum Schlusse fabelt er noch von dem baldigen Erlöschen des Islams und von der zu erwartenden Sehnsucht der Mohammedaner und der Indier, sich taufen zu lassen. Nach Grässe[2]) wäre dasselbe schon im Jahre 1480 in italienischer Sprache gedruckt herausgekommen, später in deutscher Uebersetzung 1534 in Wien und 1536 in Worms. Die Ausgabe von 1480 ist indessen etwas problematischer Natur; wenn eine solche überhaupt existierte, so war sie jedenfalls nicht so bestimmt in ihren Ausdrücken wie die späteren von 1534 und 1536.

Cometenaberglaube. Abgesehen von den unheilvollen Constellationen der Planeten traute man auch den Cometen seit sehr alter Zeit meist nur Schlimmes zu. Der ersten Pest, welche Constantinopel zur Zeit Justinians im Jahre 531 heimsuchte, gieng selbstverständlich ein solcher voraus[3]), und im Abendlande glaubte Gregor von Tours zu wissen, dass dieselben gefahrvolle Ereignisse, namentlich aber Pestilenzen ankündigten[4]). Die Chronisten und Annalisten des Mittelalters notierten die Cometen in der Regel wie andere aussergewöhnliche Erscheinungen in der Natur, und zwar wo möglich im Zusammenhange mit den angeblich durch sie bedingten oder wenigstens angekündigten Catastrophen. So

---

[1]) Gedruckt bei M. Freher, German. rer. scriptores II, 169—175 — [2]) Literärgeschichte II, 2, 2, 835. — [3]) Zonaras annal. XIV, 6. — [4]) Historia Francorum IV, 31; V, 41 (42). —

konnte denn J. Grasser, Pfarrer zu S. Peter in Basel, beim Erscheinen des berühmten Cometen von 1618 eine hierauf bezügliche Predigt halten und in derselben eine ganze Reihe solcher Erscheinungen von 596 bis 1618 nach Christi Geburt nebst ihren vermeintlichen Folgen chronologisch zusammenstellen. Die Predigt erschien noch in demselben Jahre 1618 gedruckt unter dem Tittel „Christliches Bedencken vber den Erschrockenlichen Cometen"; die Cometen verkünden nach ihr Todesfälle in fürstlichen Häusern, Kriege, Aufstände, Religionsverfolgungen, Ueberschwemmungen, Dürre, Theuerung, Erdbeben und Seuchen. So tritt denn in Folge des Cometen von 596 „der vetzweiffelte Machomet" auf, und im weiteren Verlaufe der Darstellung werden der Tod Carls des Grossen, der schwarze Tod, der Untergang Carls des Kühnen vor Nancy, das erste Auftreten der Franzosenkrankheit in Spanien, kurz eine Menge wichtiger und unwichtiger Begebenheiten mit Cometen in Verbindung gebracht. Ab und zu liess man es sich auch gefallen, dass die Ursache der Wirkung um mehrere Jahre vorausgieng, und so bezieht denn Grasser den Cometen von 1607 auf die erst drei Jahre später erfolgte Ermordung Heinrichs IV. von Frankreich und den von 1301 sogar auf die erst 1308 erfolgte des deutschen Königs Albrecht. Auch das Lächerliche durfte neben dem Ernsten und Tragischen nicht fehlen, und so lesen wir z. B.: „A. 1668 war ein Comet, darauff folget in Westphalen grosses Sterben unter den Katzen" [1]). Einzelne besonders wichtige Cometen setzten auch eine ganze Menge von Federn in Bewegung, so der schon erwähnte von 1618 [2]), ferner der von 1556, welcher Carl V. bewog, die deutsche Kaiserkrone niederzulegen [3]), der von 1614, über welchen Lubienitzky allein einen dicken Quartband schrieb [4]), der von 1811 u. a. m.

Das Horoscop.

Die Beziehungen der Gestirne auf Ereignisse von allgemeiner Bedeutung werden indessen von denjenigen noch übertroffen, in welchen sie zu den Erlebnissen und zu der Natur

---

[1]) Wolf, Ueber Cometen und Cometen-Aberglauben. S. 9, 10. — [2]) Theatrum Europæum I, 100. — [3]) Wolf a. a. O. S. 5. — [4]) Mädler, Populäre Astronomie, 5. Auflage, S. 346.

der einzelnen Individuen stehen sollten. Jene mochten die Welt momentan in Aufregung versetzen; war aber der betreffende Tag oder die betreffende Stunde vorübergegangen, ohne dass das angedrohte Unglück wirklich eintraf, so war die ganze Sache wieder vergessen; und war das Unheil etwa wirklich hereingebrochen, so entdeckte man wohl auch noch andere und triftigere Ursachen desselben, oder man tröstete sich im schlimmsten Falle etwa damit, dass auch die Planeten ohne Gott nichts vermöchten, und dass Gott doch noch über den Himmelskörpern stehe[1]. Handelte es sich aber einmal um das Schicksal eines Einzelnen, so war die Neugier, das künftige eigene Schicksal oder das der nächsten Angehörigen kennen zu lernen, in der Regel so gross, dass nur Naturen von aussergewöhnlicher sittlicher Stärke der Versuchung, die Sterne zu befragen, zu widerstehen vermochten.

Wo es sich nun darum handelte, die Schicksale oder den Charakter Einzelner zu ermitteln, war es von Wichtigkeit, die Constellation zu kennen, unter welchen dieselben geboren oder empfangen waren. Es herrschte nämlich der Wahn, dass die Planeten nebst den zwölf Zeichen des Thierkreises in der Geburtsstunde oder in der der Empfängniss, zwischen welchen die Systeme beständig schwankten, einen besonders wirksamen Einfluss auf die Schicksale des neugebornen oder zu erwartenden Menschen hätten[2]. Man nannte die Versuche, diese Einflüsse zu ermitteln, einem „das Horoscop“ oder „die Nativität stellen“. In dieser Weise hatte schon in der späteren römischen Kaiserzeit der heidnische Firmicus Maternus die Constellationen angegeben, unter welchen man zum Herrn oder zum Sclaven, zum Advocaten, zum Gladiator, zum Mörder, zur Missgeburt u. s. w. prädestiniert war[3]. Dieser Wahn vererbte sich nun auf die kommenden Jahrhunderte, und man dachte sich in Folge dessen nicht nur die menschliche Natur überhaupt, sondern auch eine Menge einzelner Unternehmungen und Erlebnisse durch die

---

[1]) Campanella, Astrologicorum liber VII (de siderali fato vitando). — [2]) Prenner, das Gross Planeten Buch. Strassburg 1608. S. 8, 9. — [3]) Im siebenten Buche seiner Mathesis; vgl. über ihn u. a. Uhlemann, Grundzüge der Astronomie und Astrologie der Alten. S. 55 ff.

Sterne bedingt[1]). Eine Menge Leute sind in Folge dessen ihr ganzes Leben hindurch von den allerseltsamsten Hoffnungen und Befürchtungen erfüllt gewesen, oder sie haben vor allen entscheidenden Unternehmungen die Astrologen befragt. Filippo Maria Visconti z. B. versäumte letzteres in ernsteren Fällen nie und blieb, wenn der Mond mit der Sonne in Conjunction stand, regelmässig zu Hause und kümmerte sich um keine Geschäfte[2]). Lodovico Moro liess sich von seinem Astrologen zu völlig zwecklosen Reitpartien durch Schmutz und Koth bewegen[3]). Papst Paul III. gieng, je nachdem die Sprüche der Sterndeuter ausfielen, auf Reisen, oder er änderte seinen Plan[4]). Und selbst Melanchthon richtete sich in viel höherm Grade, als man bei einem Manne von seiner Stellung und Gesinnung erwarten sollte, nach astrologischen Bedingungen[5]); er war in Tübingen Stöflers Schüler gewesen und lobte an dem Lehrer der Medicin und Mathematik zu Wittenberg namentlich, dass derselbe mit ersterer die Astrologie verbinde[6]). Der Hang zur Astrologie war überhaupt bei den Machthabern in den letzten Jahrhunderten des Mittelalters und über dieses hinaus noch im sechszehnten und siebenzehnten unverhältnissmässig stark ausgebildet, und während die unwissende Menge sich durch Cometen, Sonnen- und Mondfinsternisse ängstigen liess, war es an manchen Höfen zur förmlichen Tradition geworden, sich einen oder mehrere Astrologen zu halten. Die Italiener giengen in dieser Beziehung mit dem guten Beispiele voran, die Franzosen und die Deutschen folgten nach. Der schon genannte Filippo Maria Visconti hielt sich nicht weniger als fünf Sterndeuter[7]), und die ganze Familie der Visconti galt für mehr oder weniger sterngläubig)[8], was sich bei diesem Geschlechte speciell allerdings leicht aus seiner Stellung erklären lässt. Am französischen Hofe nahm im sechszehnten Jahrhundert namentlich Nostradamus, eigentlich Michel Nôtre-Dame, eine hervorragende Stellung ein; er

---

[1]) Prenner a. a. O. 21, 22. — [2]) Decembrio. Vita F. M. Vicecomitis c. 68 (Muratori tom. XX). — [3]) Baron. annal. cont. Bzovii ad a. 1494, 29. — [4]) Ranke, die röm. Päpste, I, 243. — [5]) Möhsen a. a. O. 416 ff. — [6]) Möhsen a. a. O. 416. — [7]) Decembrio a. a. O. cap. 68. — [8]) Muratori, Scriptores rer. Ital. tom. XX, pag. 1017.

soll als Arzt Hunger gelitten und sich hauptsächlich desswegen der Astrologie ergeben haben[1]); aber auch später unter Heinrich IV., Ludwig XIII. und Ludwig XIV. werden die Astrologen befragt, und als Anna von Oestreich mit Ludwig XIV. niederkam, war der Hofastrolog Morin sogar im Zimmer der Königin verborgen, um dem künftigen Beherrscher von Frankreich das Horoscop zu stellen[2]). In Deutschland sind hauptsächlich Kaiser Rudolf II., Kurfürst Albrecht von Mainz, Joachim I. von Brandenburg und Landgraf Wilhelm von Hessen, in Dänemark König Friedrich II. als Gönner der Sterndeuterei zu nennen[3]).

Die einzelnen Planeten.

Natürlich musste man bei Planeten und Sternbildern gewisse allgemein anerkannte physische und moralische Eigenschaften voraussetzen, wenn man ihnen derartige Einflüsse auf menschliche Schicksale und Charakterzüge zuschrieb. Die einzelnen Planeten haben nun bekanntlich bestimmte mythologische Namen; die gegenwärtig und schon im Mittelalter üblichen sind die der römischen Gottheiten Mercur, Venus, Mars, Jupiter und Saturn; dazu kommen dann noch Sonne und Mond, welche man sich vor Copernicus gleich den Planeten um die Erde als den vermeintlichen Mittelpunkt der Welt kreisend dachte. Nun werden zwar nur Wenige im Ernste mit Uhlemann[4]) behaupten wollen, die zwölf grossen und die sieben höchsten Götter aller alten Völker seien astronomisch zu deuten; wohl aber wird man speciell für Aegypten, die eigentliche Wiege der Astronomie und Astrologie[5]), die Identität der Planeten mit den sieben Göttern Ra, Joh, Thoth, Nephthys, Molech, Ammon und Rephan zugeben, ohne übrigens damit zu behaupten, dass dieses die einzige oder älteste Bedeutung derselben gewesen sei; ganz ebenso verhält es sich auch mit den Zeichen des Thierkreises. Die Eigenschaften, welche man nun den Planeten zuschrieb, beruhen überwiegend auf den hauptsächlichsten Charakterzügen der ihnen entsprechenden griechisch-römischen Gottheiten; doch

---

[1]) Wolf, Geschichte der Astronomie. S. 83. — [2]) Maury, la magie et l'astrologie dans l'antiquité et au moyen âge, 4me édition, pag. 217. — [3]) Möhsen a. a. O. 413 ff. — [4]) A. a. O. S. 5. — [5]) Ebend. S. 2.

darf hiebei nicht übersehen werden, dass die Gleichstellung dieser mit den ägyptischen bereits von gewissen übereinstimmenden Zügen ausgegangen war.

Elemente und Temperamente.

Nun galten im Allgemeinen am Tage Sonne, Jupiter und Saturn, in der Nacht Mond, Mars und Venus für glückbringend und günstig, Mercur hingegen galt durchweg für schwankend und unzuverlässig. Dabei kam es aber noch darauf an, ob das betreffende Gestirn in seinem Hause oder in der Erhöhung stand, oder ob es eine unglückbringende Stellung einnahm und in Folge dessen Unheil brachte[1]). Da aber z. B. bei Saturn regelmässig der zweite Fall eintrat und bei Venus ebenso regelmässig der erste, so galt jener in der Praxis durchweg für verderblich, diese durchweg für glückbringend. Ausserdem übertrug man auf Planetengötter und Planeten die den vier aristotelischen Elementen Feuer, Luft, Wasser und Erde entnommenen vier Temperamente Hitze, Feuchtigkeit, Kälte und Trockenheit, wobei dann in der Regel einem Himmelskörper gerade wie einem Elemente je zwei Temperamente zukamen[2]). Saturn z. B. galt für kalt und trocken und in Folge dessen für langsam und träge, Jupiter für heiss und feucht, Mars für heiss und trocken, zornig und heftig; er ist „ein Schalk und gar böss“[3]). Die Sonne galt zwar ebenfalls für feurig, heiss und trocken, daneben aber doch für gemässigt. Venus sodann vereinigte Kälte und Feuchtigkeit, jedoch ebenfalls in gemässigtem Grade, in sich; Mercur erwies sich auch in dieser Beziehung schwankend. Der Mond endlich galt für feucht und kalt, wurde aber hie und da von der Sonne erwärmt. Mit diesen Eigenschaften der Planeten hiengen nun die körperlichen und geistigen Gaben zusammen, welche sie den unter ihrem Einflusse stehenden Menschen verliehen, ferner ihr Einfluss auf einzelne menschliche Schicksale und Unternehmungen.

Ueberhaupt gehen die Systeme hier in's Unendliche. Nicht nur Elemente, Temperamente und Planeten entsprechen sich,

---

[1]) Ebend. S. 65. Die astrologischen Fachausdrücke ebend. S. 19, 20, 63 ff. — [2]) Des Himmels Lauffes Wirkung u. s. w. Franckfort (Egenolff) 1556; fol. 53, 54. — [3]) Prenner a. a. O. fol. 5.

die Parallelen dehnen sich vielmehr auch noch auf andere Gebiete aus. Und der Mensch als Microcosmus vereinigt Bestandtheile von allen vier Elementen und folglich auch von ihren Temperamenten in sich. Ueberwiegt das Element der Erde in ihm, so ist er kalt und trocken und in Folge dessen melancholisch; unter den Jahreszeiten entspricht dieser Complexion der Herbst, unter den Planeten Saturn, unter den Farben die schwarze. Ueberwiegen die wässerigen Bestandtheile, so ist der Mensch kalt, feucht und phlegmatisch; dazu gehört unter den Jahreszeiten der Winter, unter den Planeten Venus, Mercur und Mond, unter den Farben Grün, Grau und Weiss, ferner der saure Geschmack, Musik, Gesang, Philosophie, Geometrie und Rhetorik. Ebenso gehören Luft, Wärme, Feuchtigkeit, sanguinisches Temperament und Frühling zusammen; dazu kommen dann Jupiter, die blaue Farbe, Friede und Gerechtigkeit. Ist endlich bei einem Individuum das Feuer das herrschende Element, so ist dasselbe warm, trocken und cholerisch; es entsprechen diesen Temperamenten der Sommer, der Planet Mars, die Sonne, die rothe Farbe, der bittere Geschmack und der Krieg [1]).

Aber auch damit ist das System der Astrologie noch lange nicht erschöpft. Neben dem ganzen Menschen dachte man sich auch die einzelnen Theile und Glieder seines Körpers oder wenigstens die wichtigeren unter denselben von verschiedenen Planeten beherrscht. So gehörten dem Saturn das rechte Ohr und die Milz, dem Jupiter und Mars Leber und Rippen, der Sonne das Hirn, der Magen, die Adern und das Gesicht, der Venus und dem Mercur die Nieren, dem Mond Hirn, Kehle Magen und Bauch [2]).

Der Thierkreis. In ähnlicher Weise unterschied man nun auch bei den zwölf Zeichen des Thierkreises Geschlecht, Temperament, Wirkungen und besondere Funktionen. Für männlich galten Widder, Zwillinge, Löwe, Wage, Schütze und Wassermann, für weiblich Krebs, Jungfrau, Scorpion, Steinbock, Fische und

[1]) Des Himmels Lauffes Wirkung fol. 54—66. — [2]) Prenner a. a. O. fol. 11 ff. Andre Planetenbücher vertheilen die Glieder anders.

seltsamer Weise auch der Stier. Der Widder galt für heiss und trocken, und derjenige, dessen Horoscop in sein Zeichen fiel, neigte demgemäss zu einem heissen cholerischen Temperamente [1]; in ähnlicher Weise theilten auch die übrigen Sternbilder den Menschen ihre Eigenschaften mit, der Krebs sein Phlegma, die Jungfrau ihre Melancholie u. s. w. Auch die einzelnen Glieder vertheilten sich unter die zwölf Zeichen gerade wie unter die Planeten. Dem Widder gehörte der Kopf, dem Stier Kehle und Hals, den Zwillingen Schultern, Arme und Hände, dem Krebs Brust, Lunge, Milz, Magen und Rippen; der Löwe beherrschte den Rücken, die Seiten und das Herz, die Jungfrau Bauch, Eingeweide und Zwerchfell; unter der Wage standen der Nabel und die Lenden, unter dem Scorpion Scham, Nieren und Blase, unter dem Schützen After und Schenkel, unter dem Steinbock die Kniee, unter den Fischen endlich Knöchel und Füsse [2]. Dass sich bei einem solchen auf lauter Willkür beruhenden Systeme hie und da auch einzelne Abweichungen finden, liegt in der Natur der Sache; der Hauptsache nach aber ziehn sich diese Vorstellungen von Claudius Ptolemäus und Firmicus Maternus Jahrhunderte hindurch bis zu den astrologischen Schriften des siebzehnten Jahrhunderts. In einzelnen Fällen stimmen wohl die betreffenden Körpertheile hinsichtlich ihrer Fähigkeiten mit ihrem Thierzeichen überein, z. B. Widder und Kopf, Stier und Hals, Steinbock und Kniee, in andern hingegen scheint die blosse Reihenfolge entschieden zu haben; wenigstens dürfte es schwierig sein, z. B. zwischen den Fischen und den Füssen eine andere Beziehung ausfindig zu machen. Auch die Zahl der Glieder entspricht manchmal der des Zeichens, z. B. bei Zwillingen und Schultern oder bei Fischen und Füssen, anderwärts aber ist sie unberücksichtigt geblieben, z. B. bei der Brust, der Lunge und den Schenkeln.

---

[1] Cl. Ptolemäus Tetrabiblos lib. III; Firmicus lib. II; Himmels Lauffes Wirkung fol. 62—66. (Die Echtheit der Tetrabiblos des Ptolemäus wird bekanntlich bezweifelt). — [2] Indagine. Introductiones apostelesmatice elegantes (Argent. 1522) fol. 18. Himmels Lauffes Wirkung fol. 68—78.

Auch gewisse Thiere, Pflanzen und Minerale dachte man sich in engster Verbindung mit den Planeten und den Zeichen des Thierkreises. So gehört noch im Anschluss an antike Mythen und Vorstellungen der Wolf dem Mars und die Taube der Venus; sonst aber scheinen manche Thiere doch mehr oder weniger willkürlich bald da bald dort untergebracht zu sein; es dürfte z. B. nicht ganz leicht nachzuweisen sein, warum die Schnecke ebenfalls zu Mars, die Lerche zu Jupiter, die Heuschrecke zu Mercur gekommen ist. Hie und da entscheiden freilich Farbe oder Temperament. Wenn z. B. dem Saturn die schwarze Farbe gehört, so erklärt es sich auch, wesshalb der Maulwurf und der Rabe unter im stehen; galt der Mond für feucht und kalt, so gab man ihm selbstverständlich Reptilien und Fische, z. B. den Frosch, die Kröte, den Hecht, die Forelle, den Krebs [1]). Unter der Pflanzenwelt gehören dem Saturn vorzugsweise dunkel aussehende Gewächse wie die Tanne, die Fichte, die Cypresse, die Schwarzpappel, der Lorbeer. Unter Jupiter stehen die Birke, die Schlüsselblume, die Johannisbeere, die Erdbeere, der Feigenbaum u. a. m., unter Mars namentlich scharfe und stechende Pflanzen wie die Distel, die Stechpalme, die saure Kirsche, der Meerrettig. Die der Sonne zugetheilten Früchte zeichnen sich durch goldgelbe Farbe oder süssen Geschmack aus, so z. B. die Sonnenblume, der Safran, die gelbe Wasserlilie, die Citrone, die Honigbirne, die Weinrebe. Der Venus gehören die Tulpe, die blaue Hyacinthe, die weisse Lilie, die Rose, der süsse Apfel, dem Mercur die Haselstaude, der Klee, der Wachholder, dem Mond endlich Silberpappel, weise Rose, grosse und kleine Hauswurz, Rübe, Bohne, Zwiebel und Gurke [2]). Was endlich die Erzeugnisse des Mineralreichs betrifft, so gehören das Gold, der Diamant und der Rubin der Sonne, der Krystall dem Mond, Jupiter und Saturn, der Amethyst und der Türkis dem Jupiter allein, der Smaragd der Sonne und der Venus [3]). In ähnlicher Weise entsprechen sich

---

[1]) Israel Hibner von Schneebergk. Mysterium Sigillorum, Herbarum et Lapidum. Erfurt 1651, pag. 2—8. [2]) Ebend. pag. 23 ff. — [3]) W. Newheuser. Coronæ gemma nobilissima; 1621. 4°; S. 42, 43.

dann auch Hyacinth und Wassermann, Amethyst und Fische, Jaspis und Widder u. s. w.[1]). Man schrieb nun die Leiden jedes Gliedes dem Einflusse desjenigen Planeten zu, unter welchem dasselbe stand; um jene zu lindern oder zu beseitigen, hatte man sich dann einfach derjenigen Pflanzen und Kräuter zu bedienen, welche gleich dem kranken Körpertheil unter dem nämlichen Planeten standen. Aus diesen gegenseitigen Beziehungen erklärt sich auch der Zusammenhang der Astrologie mit der mittelalterlichen Heilkunde; denn wenn die Sterne über Alles entscheiden konnten, so mussten sich selbstverständlich auch die Krankheiten und Gebrechen des menschlichen Körpers ihrem Einflusse fügen[2]). Und hieraus erklärt sich nun der Umstand, dass so viele Aerzte gleichzeitig Astrologen waren, wobei dann natürlich je nach den Umständen oder auch nach dem individuellen Standpunkte des Arztes bald diese bald jene Seite mehr in den Vordergrund trat. Als im Jahre 1597 die Pest in Hamburg wüthete, erklärte ein Arzt die schlechte Luft für die Ursache der Entstehung oder Verbreitung derselben; auf dieses hin bezeichnete ein anderer, welcher zugleich Astrolog war und die wahre Ursache der Seuche in den Sternen glaubte gelesen zu haben, die Gründe seines Collegen für Eselsargumente (argumenta asinina)[3]) Das war in der That echt und consequent astrologisch gedacht!

Der Mond.

Unter den sogenannten Planeten des vorcopernicanischen Weltsystems nimmt namentlich der Mond im Aberglauben eine hervorragende Stellung ein. Letztere erklärt sich theils aus dem Umstande, dass er in seinen verschiedenen Phasen dem Auge mehr Abwechslung bot als die Sonne, theils daraus, dass er gleich dieser und im Gegensatze zu den wirklichen Planeten auch dem unbewaffneten Auge den grösseren Theil des Jahres hindurch sichtbar sein konnte. So war es denn kein Wunder, dass eine Menge Verrichtungen des alltäglichen Lebens je nach der Sichtbarkeit oder Unsichtbarkeit oder je nach dem Zunehmen

---

[1]) Bruckmannus. Epistola itineraria LXIX, S. 9. — [2]) Vgl. Picus Mirandolanus. In astrologiam lib. III, c. 19. — [3]) Grässe, Literärgeschichte III, 1, pag. 940.

und Abnehmen des Mondes unternommen oder unterlassen wurden. Dahin gehören namentlich das Säen von Feld- und Gartenfrüchten, das Schneiden der Haare und Nägel, der Aderlass, das Entwöhnen der Kinder, das Tragen neuer Kleider, das Antreten von Reisen, Abmachen von Geschäften u. s. w. [1]), also zum Theil die nämlichen Dinge, welche sonst von andern Sternen und Sternbildern abhangen konnten. Hierauf beziehen sich die Verse des Thomas Naogeorgus:

Hand venam incidunt, nec eunt ad balnera lotum,
Nec demunt ungues, resecant nec forpice crines,
Non etiam ablactant pueros, nec stercore terram
Lætificant, sua nec medicinis corpora sanant,
Nec quidquam faciunt aliud, nisi sedulo *lunam*
Observant, cursusque astrorum, ortusque obitusque [2])

Die Calender mit astrologischem Beiwerke sind eine speciell deutsche Erscheinnung; der 1499 verfasste „Almanach nova plurimis annis venturis inservientia per Joannem Stöfflerinum Justingensem et Jacobum Pflaumen Ulmensem accuratissime supputatum" soll zuerst solches enthalten haben, und das Aderlassmännchen erschien zuerst 1518 ebenfalls bei Stöffler [3]). Ungefähr bis in die Achtzigerjahre des vorigen Jahrhunderts trauten sich von da an die Calenderschreiber, regelmässig mit diesem Beiwerke zu erscheinen [4]), unter dem Volk aber haben sich manche der hieher gehörigen Ansichten bis auf den heutigen Tag erhalten.

Ephemeriden. Uebrigens nahm man, wenn es sich um Gestirne handelte, welche dem blossen Auge entweder gar nicht oder wenigstens nur mangelhaft sichtbar waren, seine Zuflucht keineswegs immer zu selbständiger Beobachtung; eine solche wäre wohl für die Mehrzahl derjenigen, welche sich mit Prognosticieren abgaben, eine zu kostspielige oder zu umständliche Sache gewesen. Es

---

[1]) Th. Erastus. De astrologia divinatrice epistola, opera et studio J. J. Grynæi (Basileæ 1580); pag. 1. — [2]) Regnum papisticum (s. l. 1553) pag. 131. — [3]) Möhsen, a. a. O. 422, 424. — [4]) Riehl. Culturstudien aus drei Jahrhunderten. S. 38.

gab vielmehr beschriebene, namentlich aber seit der Erfindung der Buchdruckerkunst gedruckte Tafeln, sogenannte Ephemeriden; auf diesen waren dann, wenigstens wenn es sich um judiciarische Astrologie handelte, neben den Aspecten auch die nothwendigen Einwirkungen auf die Witterung, die Gesundheit, die Schicksale, kurz auf das ganze Thun und Treiben der Menschen angegeben. Endlich gieng man noch einen Schritt weiter und erfand sogar Mittel und Wege, auf welchen man ohne Sterne und ohne Ephemeriden den Planetenstand erfahren konnte, unter welchem Jemanden geboren war. Man nahm einfach die einzelnen Buchstaben seines Namens oder vielmehr ihren Zahlenwerth, wobei den Buchstaqen A bis K die Zahlen 1 bis 10, L, M, N u. s. w. die Zahlen 20, 30, 40 u. s. w. entsprachen; ebenso verfuhr man mit dem Namen des Vaters oder der Mutter der betreffenden Person. Nun wurde addiert, dann die Summe durch irgend eine vorgeschriebene Zahl dividiert und zuletzt der übrig gebliebene Rest in einer der dem Calender beigefügten Tafeln gesucht; in letzterer erfuhr man nun, dass die Zahl 5 dem Saturn, 6 dem Jupiter, 7 dem Mars, 8 der Sonne, 2 und 9 der Venus, 3 dem Mercur und 4 dem Mond gehöre; gieng die Division ohne Rest auf, so trat die der Venus gehörige Zahl 9 ein [1]. Einem so rein mechanischen Verfahren gegenüber, jedem beliebigen Menschen mit Hilfe von zufällig in seinem Namen befindlichen Buchstaben die Nativität zu stellen, erscheint die gewöhnliche judiciarische Astrologie beinahe als etwas relativ vernünftiges.

Die Gegner der Astrologie.

Das System der Astrologie, wie es im Alterthum sowohl als im Mittelalter herrschte, lässt in Bezug auf Grossartigkeit wie auf Berücksichtigung aller nur denkbaren Verhältnisse und Bedürfnisse wenig zu wünschen übrig. Es berücksichtigt sowohl den menschlichen Körper als den Geist, es wirkt auf den Menschen schon in der Stunde der Empfängniss, dann in der Geburtsstunde, das ganze Leben hindurch [2] und macht sogar seine Todes-

---

[1]) Himmels Lauffes Wirckung fol. 86; Prenner fol. 8, 9. — [2]) Dass gross Planeten Buch von 1562, cap. 6—14.

stunde und seine Todesart von ganz bestimmten Bedingungen abhängig. Unter den Einflüssen der Himmelskörper stehen ferner Thiere, Pflanzen, Mineralien, ja sogar die vier Elemente, die Jahreszeiten, kurz die Astrologie ist, consequent durchgeführt, mehr als ein blosser Kreis von Vorstellungen, sie ist das System einer völlig ausgebildeten Weltanschauung. Trotzdem musste sie in allen Jahrhunderten Leuten, welche empirisch verfuhren und die wirklichen Begebenheiten mit den in Aussicht gestellten regelmässig verglichen, beständige Blössen bieten. Schon die Satirendichter der römischen Kaiserzeit spotteten über sie und ihre Anhänger, und Tacitus spricht sich bekanntlich mit ebensoviel Widerwillen als Resignation über das Treiben der „Chaldäer" in Rom und speciell am kaiserlichen Hofe aus [1]). Gelegentliche Ausweisungen dieser Leute halfen freilich wenig, weil man sie unter der Hand doch wieder brauchte, und weil die Kaiser selbst, sei es dass sie von der Richtigkeit der Sache überzeugt waren, sei es aus blosser Leidenschaft, nicht auf dieselbe verzichten wollten und höchstens der Menge die angeblich mit derselben verbundenen Vortheile nicht gönnten. In der späteren Kaiserzeit schrieb Firmicus sein aus acht Büchern bestehendes Werk notorisch, um die Einwendungen der Gegner zu widerlegen [2]); auch musste er, um dem ganzen System das Unheimliche, welches ihm anklebte, zu nehmen, am Ende des zweiten Buches eine Reihe von sittlichen Anforderungen an die Astrologen stellen, welchen freilich in der Praxis nur die Wenigsten nachkommen mochten; der Astrolog solle einen göttlichen Wandel führen, rechtschaffen und frei von Geldgier sein, auf unerlaubte und unsittliche Fragen oder auf solche, welche auf Jemandes Nachtheil zielten, nicht eintreten u. s. w. Was die Kirchenväter betrifft, so bezeichnet Lactantius die Astrologie als teuflische Erfindung (dæmonum inventum) [3]), und Cassiodor [4]) nennt sie sogar „sacrilegisch".

Wissenschaft- Im eigentlichen Mittelalter giebt S. Thomas von Aquin den Einfluss der Gestirne auf Vegetation und Witterung zu, läugnet

---

[1]) Hist. I, 22. — [2]) Uhlemann a. a. O. 55. — [3]) De origine erroris II, c. 15, 16. — [4]) Zu Psalm LXX.

liche Bekämpfung derselben.

aber den auf menschliche Schicksale[1]). Gottfried von Strassburg, der Geistreichste und empfindungvollste Dichter des deutschen Mittelalters, überlässt in seinem Tristan die Verantwortung für dasjenige, was der Zwerg Melot in den Sternen gelesen hat, seiner französischen Quelle[2]). Noch deutlicher spricht sich dann Dante in seiner göttlichen Comödie[3]) aus. Die judiciarische Astrologie, meint er, würde, falls sie kein blosser Wahn wäre, jede menschliche Willensfreiheit (libero arbitrio) vernichten und auf diese Weise sowohl Lohn als Strafe zum Unrecht machen; nicht einmal jede Regung komme vom Himmel (d. h. von den Planeten), wäre es aber auch so, so hätte der Mensch doch noch seinen freien Willen. Vincent von Beauvais, etwas befangener als die eben Genannten, räumt den Gestirnen Einflüsse auf den menschlichen Körper und seine Beschaffenheit ein, nimmt aber wenigstens Geist und Schicksal von diesen Einflüssen aus[4]). Johannes Gerson endlich räth, trügerische Superstitionen überhaupt zu verwerfen und sich an den Rath bewährter Männer zu halten, auch das göttliche Sittengesetz in Staatsangelegenheiten zu beobachten. Astrologische Bücher solle man lesen und dulden, wenn sie mehr Gutes und Nützliches als Schädliches enthielten; überwiege aber das Schädliche, so solle man sie vertilgen[5]).

Das Zeitalter der Renaissance gab die Astrologie schon desshalb nicht auf, weil das Alterthum dieselbe bereits gehabt hatte; nichtdestoweniger währt aber neben dem Glauben an die Macht der Sterne auch der Kampf gegen jenen fort. In Paris wären die ersten Vertreter dieser Wahnwissenschaft beinahe verbrannt worden[6]), und in Florenz begegnen uns während des fünfzehnten Jahrhunderts zwei Männer, welche sich an diesem Kampfe in hervorragender Weise betheiligt haben. Der Eine, Paolo

---

[1]) Tractatus fratris thome an liceat vti Judicijs astrorum. — [2]) V. 14248 u. 14249. Umgekehrt verräth der von Vielen auf ganz unvernünftige Weise auf Unkosten Gottfrieds gepriesene Wolfram von Eschenbach in dieser wie in so vielen andern Beziehungen seine volle mittelalterliche Befangenheit. — [3]) Purgat. XVI, 67 ff. — [4]) Speculum doctrinale l. XVII, c. 44. — [5]) Trigilogium astrologie theologisate, propos. 27. (Die Schrift erschien i. J. 1419). — [6]) Picus Mirandul. in Astrolog. XII, 7.

Toscanelli (1397—1482), bekannt als Arzt und Cosmograph, konnte sich selbst als handgreiflichen Beweis von der Nichtigkeit astrologischer Prophezeiungegen anführen; er erreichte nämlich ein hohes Alter, während ihm das Horoscop nur ein ganz kurzes Leben in Aussicht gestellt hatte [1]). Der Andere, Graf Pico della Mirandola, schrieb sogar zwölf Bücher gegen die Astrologie (Jo. Pici della Mirandula disputationum in astrologos libri XII). Er verfuhr empirisch und verglich während eines Winters hundertunddreissig Tage hindurch die wirkliche Witterung mit der von den Astrologen angekündigten; es ergab sich in Folge dessen, dass die letztere nur an sechs oder sieben Tagen völlig eintraf [2]). In Deutschland kam Cornelius Agrippa von Nettesheim, nachdem er sich anfänglich viel auf das Stellen des Horoscops eingelassen hatte [3]), schliesslich zu der Einsicht, dasselbe tauge nichts, und bereute es, in dieser Weise thätig gewesen zu sein; doch hinderte ihn diese seine bessere Ueberzeugung keineswegs, auch noch später um seines persönlichen Vortheils willen gelegentlich von ihr Gebrauch zu machen [4]). Sebastian Brant erklärte in seinem Narrenschiff (S. 189 ff. der Strobel'schen Ausgabe), Gott sei mächtiger als die Planeten, viele Kinder Saturns seien gerecht, fromm und heilig, und Andere seien, obschon Kinder Jupiters oder der Sonne, doch nicht ohne Bosheit. Ebenso heisst es auch in Jo. Kungspergers Practic für den Zürcher Calender von 1508 (bei Hansen am Wasen):

Nun solt ir wussen vnd verstan
Das aller planeten complexion
Dich zu keinen bösen dingen
Mögen dich nit zwingen
Von wegen der grossen fryheit
Die got an vns hat geleit
Zu keiner handt sunden list u. s. w.

Auch Paracelsus (1493—1541) spottete in seinen echten Schriften durchweg über das Horoscopstellen: „Das Kind bedarff keines Gestirns noch Planeten; seine Mutter ist sein Pla-

[1]) Wolf, Geschichte der Astronomie. S. 84. — [2]) A. a O. II, 9. — [3]) Epist. IV, 29. — [4]) De vanitate scientiarum c. 30. Seine Werthschätzung der Astrologie steht in der Schrift „de occulta philosophia" II, 53.

net und sein Stern." Gleichwohl wurden ihm später neben zahlreichen andern auch astrologische Schriften untergeschoben[1]). Sehr practisch verfuhr noch im siebenzehnten Jahrhundert ein schweizerischer Prediger, Bartholomäus Anhorn; schon Cicero hatte nämlich[2]) darauf aufmerksam gemacht, dass unter den nämlichen Constellationen geborene Leute doch oft ganz verschiedene Temperamente und Schicksale hätten; diesen Satz bewies nun Anhorn auf das schlagendste, indem er ihn auf Esau und Jacob anwandte[3]).

Hie und da mochte sich wohl auch das Gewissen eines Astrologen von Beruf regen. Ein solcher war, abgesehen von dem schon erwähnten Agrippa von Nettesheim, der berühmte Dominicaner Thomas Campanella, dessen aus sieben Büchern bestehende Astrologie im Jahre 1630 zu Frankfurt am Main erschien[4]); Campanella selbst gehörte der Hauptsache nach noch dem sechszehnten Jahrhundert an. Er läugnet z. B. den Einfluss der Gestirne auf den Character ganzer Nationen und führt als Beweis gegen denselben u. a. den Unterschied zwischen den Griechen und Deutschen seines Jahrhunderts und den Germanen zur Zeit Julius Cäsars oder den Griechen des Alterthums an[5]). Er verwahrt sich ferner gegen den Gebrauch von „sortilegia", von „tabulæ superstitiosæ" und „rotæ Moysi falso attributæ" beim Horoscopstellen[6]). Am merkwürdigsten ist übrigens das letzte Buch seines Werkes, welches vom Vermeiden des von den Sternen Beschlossenen (de siderali fato vitando) handelt. Hier giebt Campanella zum Theil Mittel an, welche jeder auch ohne besondere Anweisung finden konnte; man solle, wenn die Gestirne Schiffbruch in Aussicht stellten, kein Schiff besteigen, wenn sie einem ganzen Lande Unheil drohten, auswandern, wenn aussergewöhnliche Kälte prophezeit sei, Thüren und Fenster schliessen und überdiess gehörig heizen[7]). Etwas seltsamer lauten freilich die Mittel, welche er gegen bösartige Seuchen

[1]) Wolf a. a. O. 84. — [2]) De divinatione II, 43. — [3]) Magiologia. S. 214. — [4]) Astrologicorum libri VII in quibus astrologia, omni superstitione Arabum et Judæorum eliminata, physiologice tractatur. — [5]) Ebend. II, 2, 5. — [6]) Ebend. IV, 1. 2. — [7]) Ebend. VII, 2, 2 u. VII, 2, 3.

empfiehlt; hier handelt es sich darum, das Haus mit weissen seidenen Tüchern und Zweigen von heilkräftigen Pflanzen zu schmücken, zwei Lichter und fünf Fackeln, welche den sieben Planeten entsprächen, anzuzünden, mit guten Freunden zu verkehren und fröhliche Musik zu pflegen[1]). Ueberhaupt, meint Campanella, habe Gott gegen jedes Uebel ein Mittel geschaffen, welches vor jenem schütze oder es hebe[2]).

Gewaltthätigkeiten gegen Astrologen.

Den widerwärtigsten Eindruck machen entschieden diejenigen, welche Astrologen halten und befragen, dann aber dieselben theils aus übler Laune, theils wegen schlimmer Prophezeiungen auf diese oder jene Art misshandeln. So soll schon Albumasar auf Befehl des Chalifen geprügelt worden sein, an der Richtigkeit seiner Prophezeiungen aber nichtsdestoweniger festgehalten haben[3]). Giovanni Bentivoglio, Stadttyrann von Bologna, liess den Lucas Gauricus, welcher ihm den Verlust seiner Herrschaft an Papst Julius II. in Aussicht gestellt hatte, an einem von einer Wendeltreppe herabhangenden Seil viermal hin und her an die Wand schmeissen und zuletzt einsperren, natürlich ohne dadurch die wirklich drohende Gefahr abwenden zu können[4]). Noch brutaler verfuhr Giangaleazzo Visconti; er liess einen Astrologen, welcher sich selbst ein langes Leben prophezeit hatte, henken, um ihm seinen Irrthum klar zu machen[5]). Heinrich VII. von England endlich fragte einen Sterndeuter kurz vor dem Weihnachtsfeste, ob er wisse, wo er dieses zubringen werde; als dieser erklärte, er wisse es nicht, liess ihn der König bis zum Neujahrstag einsperren; der Astrolog hatte diesem nämlich seinen baldigen Tod geweissagt und sich dadurch dessen Ungnade zugezogen[6]).

Satiren gegen dieselben

Endlich gab es neben der wissenschaftlichen Widerlegung der Astrologie und neben der einfachen Misshandlung ihrer Vertreter noch ein drittes Mittel, dieselbe zu bekämpfen, nämlich die Satire. Man parodirte die Prognostica, indem man in

[1]) Ebend. VII, 4, 1. — [2]) Ebend. VII, 1, 1. — [3]) Wolf, Gesch. d. Astronomie. S. 71 (Anm.). — [4]) Gauricus, Tractatus astrologicus. Venet. 1552. 4⁰. — [5]) Baronii annales, cont. Bzovii, ad a. 1494. — [6]) Erasmus, de lingua, pag. 101 der Basler Ausgabe von 1525.

scheinbar ernsthaftem Tone lauter Dinge prophezeite, welche sich im Grunde von selbst verstanden, z. B. dass im nächsten Jahre das Gold kostbarer sein werde als das Blei[1], dass die Männer Bärte bekommen würden und die Weiber nicht[2], dass die schwarzen Kühe weisse Milch geben und die schwarzen Hühner weisse Eier legen würden[3] u. s. w. Eine solche Satire verfasste im fünfzehnten Jahrhundert der Nürnberger Dichter Hans Folz[4]; nach ihm trat Jacob Heinrichmann wieder mit einer solchen auf, und dann kamen Rabelais und Nasus; auf den beiden letztern endlich beruht Fischart's „Aller Praktik Grossmutter"[5]. Auch Paracelsus soll ein ähnliches Schriftchen verfasst haben „Prognostication auff XXIV iar zukünftig, durch den hochgelerten Doctorem Paracelsum". Augspurg 1536. 4°. Es gab deutsche, italienische, französische und lateinische Schriften dieser Art, und dieselben kündigen sich zuweilen schon durch ihren Titel als dasjenige an, was sie eigentlich sind. Ein solcher Titel lautet z. B: Grandes et recreatives prognostications pour ceste presente Annee 08145000470.... Par Maistre Astrophile Le Rovpievx, Intendant des affaires de Saturne, grand Eschanson de Jupiter, Premier Escuyer du Dieu Mars, Maistre Chartier du Soleil, Premier valet de la garde-robbe de Cypris etc... Dem Titel dieser Schrift entsprechen auch die Prophezeiungen: Ostern werde auf einen Sonntag im Frühjahr, Michaelis in den Herbst fallen, die Fasten würden vierzig Tage dauern u. s. w.[6]

Die Kirche.

Die Kirche musste der Sterndeuterei officiell selbstverständlich entgegentreten. Sie musste es schon desswegen, weil einzelne Astrologen sich mit ihren Berechnungen geradezu auf das Gebiet des christlichen Glaubens wagten und neben den übrigen

---

[1]) Henrichmann, Prognostica alioquin barbare practica nuncupata (bei Wackernagel. Fischart S. 131 ff.) — [2]) Pronostico nuovo sopra l'anno presente. Composto per il vostro amoreuolissimo Missier Rauanel Astrologo Bergomensis. Venet. 1586. — [3]) Fischart in „Neudrucke deutscher Litteraturwerke", Nr. 2, S. 23. — [4]) Practica teutsch Hans Foltzen. Nürnberg bei H. Stuchs. — [5]) Vgl. P. Gengenbach, herausg. v. Gödeke, S. 627. — [6]) Ein Exemplar des ohne Zweifel seltenen Schriftchens besitzt die Basler Universitätsbibliothek, ein Exemplar des oben erwähnten von Paracelsus die Stadtbibliothek in Zürich.

Religionen auch das Christenthum auf Constellationen am Himmel zurückführten. Da hiess es z. B., die Conjunction Jupiters mit Saturn habe die jüdische Religion hervorgebracht, die mit Mars den chaldäischen Glauben, die mit der Sonne den ägyptischen, die mit Venus den Islam, die mit Mercur endlich das Christenthum [1]). Cecco d'Ascoli hatte sogar Christus die Nativität gestellt und seinen Kreuzestod aus dieser abgeleitet; er wurde dafür in Florenz im Jahre 1327 verbrannt [2]). Dazu kam, dass die Astrologie an sich schon zu denjenigen heidnischen Zaubereien gehörte, welche bereits das mosaische Gesetz verurtheilt hatte, so dass der christlichen Kirche auch von dieser Seite der Weg ganz bestimmt vorgezeichnet war. Endlich konnte es der Kirche nicht entgehen, dass dieselbe ihrem ganzen Wesen nach die menschliche Willensfreiheit läugnete und im Grunde für jeden Frevel die Sterne verantwortlich machte. Sie wurde dadurch eine Wurzel aller Unsitttlichkeit und Gottlosigkeit und förderte das Böse, weil der Himmel selbst als Urheber desselben erschien, sie nahm dem Einzelnen jede Verantwortlichkeit ab und hob im Zusammenhange damit den Glauben an eine ewige Seligkeit oder Verdammniss auf. Mochten nun auch einzelne Astrologen besser sein als das von ihnen vertretene Princip, mochte vielleicht die Mehrzahl es überhaupt den Gegnern überlassen, aus jenem die sittlichen Consequenzen zu ziehen, so galt für die Kirche eben doch der Satz „principiis obsta"; sie hatte es mit den Principien zu thun, und so kam es, dass sie der Astrologie, einzelne Ausnahmen abgerechnet [3]), immer feind war, und dass Kirchenväter und Concile in der Verdammung derselben wetteiferten [4]).

Abnahme der Astrologie.

Die Abnahme der Astrologie war aber trotz allen gegen dieselbe ergriffenen Massregeln nur eine allmähliche; zuerst büsste natürlich die judiciarische Seite derselben ihren Credit ein. Schon Jean-Baptiste Morin, der letzte bedeutende Stern-

[1]) Der Urheber dieser Berechnungen soll Albumasar gewesen sein, er habe dem Christenthum eine Dauer von 1460 Jahren prophezeit; vgl. Bapt. Mantuan. de patientia III, 1 2 und Anhorn, Magiologia, S. 213. — [2]) Giov. Villani Croniche, l. X, c. 40. — [3]) Doch vgl. Burckhardt, Cultur der Renaissance. S. 513. — [4]) Maury a. a. O. p. 104.

deuter (1583—1656) zog nicht mehr recht, obschon er auf seine „Astrologia gallica“ — sie erschien erst im Jahre 1661 gedruckt im Haag — volle dreissig Jahre verwendet hatte; er prophezeite zu häufig falsch und sagte namentlich seinem Gegner Gassendi ungefähr zwanzigmal den Tod voraus, ohne dass seine Voraussagungen eintrafen[1]). Daneben durfte aber allerdings sein wenig älterer Zeitgenosse Leonhard Thurneysser aus Basel (1530—1596) es in Berlin nicht nur wagen, Calender mit orakelhaften Prophezeiungen herauszugeben, sondern auch den von diesen Bedrohten gleichzeitig als Schutzmittel Talismane aus Metall zu verkaufen, welche er zum Theil durch Berliner Goldschmiede hatte verfertigen lassen[2]). Kepler sodann verwarf den Glauben an die Abhängigkeit des menschlichen Schicksals von den Sternen in der Theorie zwar ganz, jedoch nicht ohne ihm in der Praxis, sei es aus Noth oder sei es, um den noch herrschenden Vorstellungen seiner Zeitgenossen nicht allzu schroff entgegenzutreten, hie und da Zugeständnisse zu machen. Seine schwankende Stellung zu denselben verräth schon der Titel einer hierauf bezüglichen von ihm verfassten Schrift, welche im Jahre 1610 zu Frankfurt am Main erschien; er lautet: „Tertius interveniens. Das ist, WArnung an etliche Theologos, Medicos vnd Philosophos, sonderlich D. Philippum Feselium, dass sie bey billicher Verwerffung der Sternguckerischen Aberglauben nicht das Kindt mit dem Badt aussschütten, vnd hiermit jhrer Profession vnwissendt zuwider handlen.“ Die natürliche Astrologie hingegen, d. h. den vermeintlichen Einfluss der Gestirne auf die physische Existenz der Erde und ihrer Bewohner liess er bis zu einem gewissen Grade gelten. Die Calender freilich getrauten sich ungefähr bis in die Achtzigerjahre des vorigen Jahrhunderts, die Verrichtungen des täglichen Lebens je nach dem Stande der Himmelskörper zu empfehlen oder zu widerrathen[3]); der gemeine Mann aber steht, namentlich dem Mond und den Cometen gegenüber noch heutzutage vielfach auf dem Standpunkte

---

[1]) Wolf a. a. O. S. 84. — [2]) Beiträge zur vaterländischen Geschichte. Herausg. v. d. Histor. u. Antiquar. Gesellschaft in Basel. Bd. XI, S. 312 bis 314. — [3]) Riehl, Culturstudien aus drei Jahrhunderten. S. 38.

einer modificirten Astrologie. Und selbst in den höheren und gebildeteren Ständen hat es in unserm Jahrhundert nicht an einzelnen Nachzüglern gefehlt, welche ihren practischen Glauben an die Macht der Gestirne auch glaubten theoretisch zu begründen oder wenigstens aussprechen zu müssen [1]).

Die Chiromantie.

Mit der Astrologie sind mehrere andere Gattungen des Aberglaubens mehr oder weniger nahe verwandt. Stellte man den ganzen Menschen unter den Einfluss bestimmter Gestirne, so lag es nahe, auch die einzelnen Glieder seines Körpers unter diese zu vertheilen und ihre gesunden oder kranken Zustände aus denselben zu erklären. Manches hierauf bezügliche ist schon oben mitgetheilt worden; bei einzelnen Körpertheilen aber, z. B. beim Antlitz und bei der Hand, haben diese Vorstellungen eine so systematische Ausbildung erlangt, dass sie einer besondern Besprechung bedürfen. Was zunächst die Hand betrifft, so ist sie wohl dasjenige Glied, welches sich am engsten und consequentesten an die Gesetze der Astrologie anschliesst. Die hieher gehörigen Vorstellungen werden unter dem Namen der Chiromantie zusammengefasst; sie beschäftigen sich vorzugsweise mit der innern Handfläche und den mannigfach in einander verschlungenen Linien, Erhöhungen und Vertiefungen derselben, welche die menschliche Phantasie schon in sehr früher Zeit in Anspruch nahmen. Nachdem schon Aristoteles den darüber vorhandenen Vorstellungskreis als solchen erwähnt hatte, wurde derselbe im zweiten Jahrhundert nach Christus durch Artemidor zu einem förmlichen System erhoben [2]). Im Mittelalter und namentlich im Zeitalter der Renaissance lebte dann dieses letztere wieder auf.

Man stellte die einzelnen Finger der Hand oder die Er-

---

[1]) So z. B. noch J. W. Pfaff in seinem astrolog. Taschenbuch f. d. Jahre 1822 u. 1823, welches zu Erlangen erschien. — [2]) Artemidor aus Daldis in Lydien, bekannt als Traumdeuter, schrieb nach Suidas χειροσκοπικά. Er war ein Zeitgenosse der Kaiser Antoninus Pius u. M. Aurelius.

höhungen unter denselben, die sogenannten „Berge“, unter die Herrschaft einzelner Planeten, und ebenso verfuhr man mit den Linien der inneren Handfläche und den durch diese gebildeten Figuren. Nun baute man ganz wie bei der Astrologie auf dieser Grundlage weiter und vertheilte die den einzelnen Planetengöttern entsprechenden körperlichen oder geistigen Eigenschaften auf die angegebenen Theile der Hand und erreichte so ein dem astrologischen ähnliches System. Im Einzelnen fehlt es natürlich nicht an kleinen Abweichungen innerhalb desselben, die Grundanschauungen aber, welchen das System sein Dasein verdankt, sind doch überall die nämlichen gewesen. Der Daumen z. B. gehört nach Cardanus dem Mars und ist in Folge dessen der Sitz der Stärke, Tapferkeit und Wollust; der Zeigefinger steht unter Jupiter und hängt mit Würden, Ehrenstellen und dem Priesterstande zusammen, während der von Saturn beherrschte Mittelfinger die Fähigkeit zu magischen Künsten andeutet. Der Goldfinger, von der Sonne beherrscht, weist auf Freundschaft, Macht und Ehre; über den kleinen Finger endlich gebietet Venus, und diese verleiht Glück bei den Frauen und schöne Kinder. Das Dreieck in der Mitte der innern Handfläche gehört dem Mercur und hängt mit Klugheit, Gelehrsamkeit und Geschick zum Stehlen zusammen. Der Mond endlich regiert den Rand der Hände, bringt aber lauter schlimme Gaben wie Schleimfluss, Erstickung, Schiffbruch u. dgl. m.[1]). Bei Andern gehört die Höhe unter dem Daumen der Venus, und auf diese folgen der Reihe nach bis zum kleinen Finger Jupiter, Saturn, Sonne und Mercur; dem Mars ist hier das Dreieck und dem Mond die übrige flache Hand zugefallen[2]). Dazu kommen dann noch die Lebenslinie, die Glückslinie, die Bett- und Tischlinien, der Sonnenweg, der Milchweg, der verbrannte Weg, der Venusgürtel, die Marslinien[3]). Die Hauptsache war natürlich,

---

[1]) Cardanus, de rerum varietate l. XV, c. 79. — [2]) Das gross Planeten Bůch von 1562, Thl. V, c. 3 ff. Anhorn S. 228, 229. — [3]) Anhorn 229. Vgl. ferner Joan. Indagine. Introductiones apotelesmaticæ elegantes, in Chiromantiam, Physiognomiam, Astrologiam naturalem, Complexiones hominum, Naturas planetarum. Argent. (Schott) 1522 (besonders pag. 19, 20); ferner Barthol. della Rocca. Coclitis chiromantiæ et physiognomiæ anaphrasis. Bononiæ 1523.

dass an den betreffenden Stellen der Hand sich Linien oder Punkte befanden, in welchen man die Zeichen der betreffenden Planeten zu erkennen glaubte, und durch welche man sich die Einflüsse der letztern vermittelt dachte; dann kam es etwa noch darauf an, ob die Haut runzlich oder glatt war, u. s. w. Widersprüche und Unklarheiten konnten natürlich auch hier nicht ausbleiben, wenn z. B. an der nämlichen Hand mehrere Zeichen sich befanden, welche die widersprechendsten Einflüsse zuliessen; man kümmerte sich aber wenig um dieselben. Gehört es doch überhaupt zu den charakteristischen Eigenthümlichkeiten derartiger Systeme, dass ihre Vertreter sich um empirisches Erforschen der Thatsachen möglichst wenig kümmern und dafür ihren Vorgängern auf dem nämlichen Gebiete möglichst gewissenhaft nachschreiben; wäre letzteres nicht der Fall gewesen, so hätten sich die betreffenden Systeme kaum Jahrhunderte hindurch halten können. Als Probe dessen, was man alles aus Zeichen und Linien der Hände zu lesen glaubte, diene folgende Stelle aus einer deutschen Uebersetzung des Werkes von Indagine; „Vnd in welcher frawen handt, in bestymptem gleych (Gelenk) des mittelfingers, fünff oder sechs linien nach der lenge vnder sich gond, bedeütt das die selbige ein sun geberen soll, der geistlich, oder ein priester werd. Vnd welcher ein sternlin darbey hat im selbigen gleychs finger, der sol erstochen oder erschlagen werden“ [1]). In ihrer vollen Consequenz ist die Chiromantie mindestens ebenso fatalistisch wie die Astrologie, und wenn sie verhältnissmässig weniger als jene bekämpft und verspottet wurde, so hat sie diesen Umstand weniger ihrer grösseren Berechtigung als ihrer geringern Bedeutung zu verdanken. Zuweilen suchten ihre Verfechter freilich auch selbst die äussersten Consequenzen dieses Wahns zu mildern und der höheren Hand Gottes noch einen gewissen Einfluss zu reserviren; so z. B. der Verfasser der Schrift „Die Astron. Lehrsätzen nach lehrende Chiromantie“ (2. Aufl. Franckf. u. Lpzg. 1746);

---

[1]) Ich citiere nach der Strassburger Ausgabe von 1540, welche dem „Feldtbuoch der Wund-Arzney“ des Hans von Gersdorf beigegeben ist (S. 45).

er nennt indess doch (S. 291) diejenigen, welche die Sache ganz verwerfen, „eines allzuschwachen und groben Gehirns“.

Auch die *Physiognomik* oder *Metoposcopie* hängt wenigstens theilweise mit der Astrologie zusammen, insofern sie, soweit es sich um das eigentliche Metopon, die menschliche Stirn, handelt, Einflüsse der Planeten annimmt. Gleichwohl hat sie von Anfang an das Empirische in viel höherem Grade betont, als es z. B. die Chiromantie that. Im Uebrigen sind die einzelnen hierher gehörigen Schriften, soweit es sich um Umfang und Consequenzen des ganzen Ideenkreises handelt, von einander ziemlich verschieden. Da giebt es zunächst Metoposcopien im engsten Sinne des Wortes, welche sich buchstäblich auf die Beobachtung der menschlichen Stirn beschränken. Dahin gehört z. B. die des Hieronymus Cardanus, ein Buch von wenig umfangreichem Texte, das aber eine Unzahl von bildlichen Darstellungen auf mehr als zweihundert Seiten, zum Theil wahre Galgengesichter, enthält[1]. Hier kommt also ausschliesslich die Stirn in Betracht nebst den auf ihr befindlichen Linien, Punkten, Erhöhungen, Dreiecken, Sternchen und Kreuzen; an letztern erkennt man die vier Complexionen, Wärme, Kälte, Feuchtigkeit und Trockenheit[2]. Von den sieben horizontalen Linien, welche auf einer solchen Stirn möglich sind, gehört die oberste dem Saturn, die zweite dem Jupiter, die dritte dem Mars, die vierte der Sonne, die fünfte der Venus, die sechste dem Mercur, die siebente endlich dem Mond[3]. Im Uebrigen können die nämlichen Zeichen ganz verschiedene Bedeutung haben, je nachdem sie ein männliches oder ein weibliches Angesicht zieren. Natürlich handelt es sich keineswegs nur etwa um die Ermittlung physischer oder allenfalls intellectueller Eigenschaften, sondern auch um Schicksal und Zukunft, Länge oder Kürze des Lebens, Todesart, finanzielle Stellung, ein- oder mehrmalige Verheirathung, bei Frauen ausserdem um glückliche oder unglückliche Niederkünfte. Der Metoposcope erkennt ferner aus

Die Physiognomik.

---

[1] H. Cardani Metoposcopia, libri XIII, 800 faciei humanæ eicones. Lutet. Paris 1658. Fol. — [2] Ebend. regula generalis 5. — [3] Vgl. das Bild auf pag. 2.

den Linien der Stirn genau, ob der zu einer gewaltsamen Todesart prädestinirte Mensch dereinst vergiftet oder ermordet oder gehenkt wird, oder ob er den Tod des Ertrinkens findet[1]). Aehnliche Schlüsse werden am Ende des dreizehnten Buchs aus den Muttermälern gezogen, und auf diese folgt noch die Schrift des Melampus „Divinatio ex nævis corporis" (*περὶ ἐλαιῶν τοῦ σώματος*) in griechischer und lateinischer Sprache[2]).

Das Alterthum. Dass das Alterthum auf die spätere Physiognomik Einfluss hatte, lässt sich nicht bezweifeln; derselbe lag um so näher, als gerade derjenige griechische Philosoph, dessen Name überhaupt im Mittelalter den besten Klang hatte, Aristoteles, mit derselben, vielleicht allerdings mit Unrecht, unauflöslich verbunden ist. Die ihm zugeschriebene Physiognomik bildet nicht nur die Grundlage der spätern hierher gehörigen antiken Litteratur[3]), sondern ihre Resultate sind zum Theil auch in die Schriften der mittelalterlichen Physiognomiker, der Thomas von Cantimpré[4]), Vincent de Beauvais[5]) und Konrad von Megenberg[6]), ferner eines Cornelius Agrippa von Nettesheim[7]), Joannes Indagine[8]), H. Cardanus[9]), B. Anhorn[10]) u. s. w. übergegangen. In einer Beziehung jedoch unterscheiden sich die zuletzt Genannten von den Physiognomikern des Alterthums. Die Letztern nämlich waren hauptsächlich von drei Gesichtspunkten ausgegangen, nämlich von der Aehnlichkeit menschlicher Gesichtszüge mit gewissen thierischen Typen, ferner von den Eigenthümlichkeiten gewisser Menschenracen und endlich von rein ethischen Gesichtspunkten. Die Spätern hingegen verzichteten theilweise auf die beiden zuerst genannten Gesichtspunkte und hielten sich ausschliesslich an den dritten[11]); ausserdem verflochten sie die Sache auf die unvernünftigste Weise mit astro-

---

[1]) Das System ist in den den Abbildungen vorausgestellten „regulæ generales" enthalten. — [2]) Vgl. über Melampus Paulys Real-Encyclopädie, IV, 1727. — [3]) Vgl. den Artikel „Physiognomici veteres" in Ersch und Grubers allgem. Encycl., III, 25, 440 ff. — [4]) Noch ungedruckt, aber von den beiden Folgenden benutzt. — [5]) Speculum naturale, l. XXVIII, c. 50 u. 95. — [6]) Buch der Natur, herausg. v. Pfeiffer, S. 42 ff. — [7]) De occulta philosophia, I, 52. — [8]) Vgl. S. 33, Anm. 3. — [9]) Vgl. S. 35, Anm. 1. — [10]) Magiologia, S. 226, 227. — [11]) Eine Ausnahme macht Anhorn a. a. O.

logischen Vorstellungen. Bei Agrippa von Nettesheim z. B. haben die unter dem Einflusse Saturns stehenden Menschen traurige Gesichtszüge, die unter Jupiter stehenden heitere, die unter Venus stehenden liebenswürdige, und den Zügen des Gesichts entsprechen dann natürlich auch die des Charakters, die ganze Haltung, die Bewegungen.

Spätere Beobachtungen

In Betracht kommen nun die Haare, die Stirn, Augen, Brauen, Nase, Mund, Lippen, Zähne, Zunge, Ohren, Kinn, Bart, ferner der Totalausdruck des Gesichts und der ganze Kopf, aber auch Hals, Kehle, Schultern, Arme, Hände, Adern und Nägel. Auch die Brust, der Bauch, der Rücken, das Fleisch, die Rippen, die Haut überhaupt, die Hüften und die Lenden mussten sich der Beobachtung unterziehen, und sogar die Kniee, das Schienbein, die Füsse nebst den Fersen, ja sogar der ganze Gang wurden zur Entscheidung herbeigezogen[1]). Kleine Augen verrathen Neid, grosse Grobheit und Ungeschicklichkeit, gelbschwarze Gesichtsfarbe Unverstand und Eigensinn, weisse Furchtsamkeit. Ferner mussten sich Leute mit kleinen Augen mit den Affen auf die gleiche Stufe stellen lassen, während solche mit grossen an Ochs und Esel zu erinnern schienen. Schwarzgelbe Gesichtsfarbe giebt dem Gesicht Aehnlichkeit mit dem eines Mohren, während die weisse wenigstens dem Mann einen weibischen Anstrich verleiht[2]). Weiber mit langen Füssen galten für besonders fruchtbar, Leute mit gebogener Nase für freigebig, hochherzig, beredt und stolz; als Beispiel dieser Species wurde u. A. Kaiser Maximilian I. hervorgehoben[3]). Ein Mensch hingegen, dessen Angesicht aller physiognomischen und astrologischen Regeln spottete, und der die Leidenschaften, welche seine Züge angeblich zeigten, in Wirklichkeit nicht besass, war Socrates. Hören wir freilich den Firmicus Maternus[4]), so hatte Socrates dieselben allerdings, war aber in Folge seiner daneben ebenfalls vorhandenen Tugenden Herr über sie geworden.

---

[1]) Die astron. Lehrsätzen nach lehrende Chiromantie, benebenst der Geomantie und Physiognomie. 2. Aufl. Franckf. u. Lpz. 1746. (S. 188 ff.) — [2]) Anhorn a. a. O. 226, 227. — [3]) Indagine (edit. Argent. 1522) pag. 7. 8. — [4]) I, 3. —

Bekannt ist, wie noch am Ende des vorigen Jahrhunderts Johann Caspar Lavater sich einlässlich mit der Physiognomik beschäftigte, freilich ohne dieselbe über die Stufe einer geistreichen Spielerei erheben zu können.

Die Geomantie. Eine Trugwissenschaft endlich, welche ebenfalls mehr oder weniger hierher gehört, ist die *Geomantie* oder *Punctierkunst;* denn auch hier fehlt es nicht an Beziehungen zu den Sternen, und die Zwecke, um welcher willen punctiert wurde, sind im Allgemeinen die nämlichen wie die, denen zu lieb man die Sterne selbst oder die Linien der Stirne und der Hand befragte. Ihre ursprüngliche Heimat soll Arabien gewesen sein, und in der That klingt der Name, welchen Delrio[1]) an die Spitze der ihm bekannten Geomanten stellt, Hali, entschieden arabisch; ausser diesem nennt er noch Oliverius Malmesburius, Gerhard von Cremona, Bartholomäus von Parma, Caspar Peucer. Auch Agrippa von Nettesheim gehört mit seiner „Geomantie"[2]) hierher. Ursprünglich bestand das Verfahren der Geomanten darin, dass man eine Anzahl Punkte in die Erde grub, und Isidor erklärt in Folge dessen „geomantia" durch „divinatio e terra"[3]); später aber bediente man sich dazu auch anderer Stoffe, unter welchen uns hölzerne Tafeln, Pergament und Papier genannt werden. Die Grundlage des ganzen Verfahrens bildeten eine Anzahl Puncte, welche man zu bestimmten Figuren combinierte; diese Figuren wurden sodann in bestimmte Beziehungen zu den Planeten, den Zeichen des Thierkreises, den vier Elementen und Temperamenten, auch wohl zu den sieben Wochentagen gebracht. Die Hauptsache aber war die, dass man gewisse Begriffe wie Leben, Gesundheit, Glück, Erwerb und umgekehrt Verlust, Gefahr, Schmerz, Tod in ähnlicher Weise mit den geomantischen Figuren in Verbindung setzte[4]). Nahm man dazu etwa noch den Namen der Person, um welche es sich

---

[1]) Disquisitiones magicæ l. IV, c. 29, 7 sec. 3. — [2]) Opera ed. Lugd. s. a. tom. I, p. 405 ff.; de occult. philos. II, c. 48. — [3]) Etymol. VIII, c. 9. — [4]) Agrippa v. Nettesh. a. a. O. Die Astron. Lehrsätzen nach lehrende Chiromantie etc. S. 88—108. Dazu als Anhang: Oraculum geomanticum, oder gantz neue Punctir-Kunst, S. 1—24.

handelte, mit seinen einzelnen Buchstaben und deren Zahlenwerth, und addierte oder subtrahierte man diese Zahlen je nach der gegebenen Vorschrift, so fand sich schliesslich beinahe für jede denkbare Situation irgend eine günstige oder ungünstige Antwort. Der Phantasie war selbstverständlich bei diesem Verfahren ein ungeheurer Spielraum überlassen; die vielen möglichen Fragen, Zahlen, Figuren und Antworten konnten einem Menschen, welcher diesem Wahn einmal verfallen war, einen guten Theil seiner Zeit ausfüllen.

Die königliche Bibliothek zu Dresden besitzt noch jetzt einige dreissig Foliobände geomantischen Inhaltes. Dieselben enthalten die Regeln der Punctierkunst nebst darauf bezüglichem Apparat; dazu kommen dann noch zehn fernere Bände mit Anwendungen derselben auf alle möglichen Fragen des öffentlichen wie des privaten Lebens; von diesem letzteren hat Kurfürst August von Sachsen nicht weniger als drei eigenhändig geschrieben[1]). August punctierte oft unmittelbar hinter einander nach zahlreichen Methoden und berechnete die magischen Zahlen namentlich für ihm nahe stehende Personen, für Glieder seiner Familie, Beamte u. dgl.; namentlich eifrig scheint er während der Jahre 1576 bis 1580 in dieser Weise thätig gewesen zu sein[2]). Die Angelegenheiten, in welchen er es that, waren freilich von höchst seltsamer Tragweite. Ein relativ unschuldiger Zeitvertreib war es noch, wenn er den Ertrag der Jagd, welche am 19. April des Jahres 1576 stattfinden sollte, auf diese Weise zum Voraus constatieren wollte. Die Antwort lautete ungünstig, die Jagd selber aber fiel dennoch ergiebig aus; statt nun aber an der Richtigkeit seines Verfahrens zu zweifeln, suchte sich der Kurfürst den Widerspruch daraus zu erklären, dass er an einem Gründonnerstage, also an einem Tage punctiert hatte, an welchem dasselbe überhaupt unschicklich war[3]). Ebenso können wir es uns noch gefallen lassen, wenn August aus seinen geomantischen Figuren zu erfahren sucht, ob Kur-

---

[1]) O. Richter. Die Punctirbücher des Kurfüsten August von Sachsen (Forschungen zur deutschen Geschichte, Band XX, S. 15). — [2]) Ebend. S. 16—18. — [3]) Ebend. S. 19. —

fürst Johann Georg von Brandenburg sich zum zweiten Male vermählen werde[1]), oder wenn er zu wissen glaubt, dass seine eigene Tochter Elisabeth, die Gemahlin des Pfalzgrafen Johann Casimir, mit einem Knaben schwanger gehe, während dieselbe schliesslich doch mit einem Mädchen niederkam[2]). Schon bedenklicher ist der Versuch, aus den Punctierbüchern herauszulesen, ob Charlotte von Bourbon, eine ehemalige Nonne und später die Gemahlin Wilhelms von Oranien, eine Hure sei oder nicht[3]). Geradezu empörend aber war es, wenn er durch Punctieren Verbrechern und Verbrechen auf die Spur zu kommen suchte, zumal in seinen Augen der Calvinismus eines der strafwürdigsten Verbrechen war[4]). Man denke sich die Punctierkunst als Hilfsmittel des Untersuchungsrichters, als eine geomantia forensis!

Psychologisch interessant ist nun die Stellung, welche der Kurfürst zu den Prophezeiungen und Resultaten seiner geomantischen Tafeln einnimmt. Er ist von der Richtigkeit ihrer Antworten nur dann wirklich überzeugt, wenn sie zu seinen persönlichen Wünschen stimmen. Ist hingegen die Antwort unklar oder zweideutig, so formuliert er sie stets nach der ihm günstigsten Methode. Ist sie endlich entschieden ungünstig, so hofft er von Gott besseres, als seine Bücher ihn erwarten lassen[5]).

---

[1]) Ebend. S. 28. — [2]) Ebend. S. 20. — [3]) Ebend. S. 30. — [4]) Ebend. S. 22. — [5]) Ebend. S. 35. —

Zweites Capitel.

Die Alchemie.

Ein Wahn, welcher dem astrologischen ebenbürtig zur Seite steht und gleich ihm ebenfalls ein Erbtheil des Alterthums oder vielmehr der byzantinischen Cultur zu sein scheint, ist die Alchemie. Ihre ursprüngliche Heimat ist Aegypten[1]), die älteren Griechen und Römer haben von der Möglichkeit einer Verwandlung unedler Metalle in edle schwerlich etwas gewusst[2]); zur wirklichen Chemie verhält sie sich ungefähr wie die Astrologie zur Astronomie, und auch hier haben auf dem Gebiete und im Interesse der Afterwissenschaft unternommene Versuche häufig der wahren Dienste geleistet. Während aber verschiedene europäische Bibliotheken alchemistische Abhandlungen in griechischer Sprache besitzen, deren Verfasser der byzantinischen Zeit angehören, scheinen doch die mittelalterlichen Wortführer der Alchemie, Albertus Magnus, Roger Bacon, Raymundus Lullius, Arnaldus Villanovanus u. s. w. diese nicht gekannt zu haben; ihre hieher gehörigen Schriften beruhen vielmehr auf denen der Araber, welche ihrerseits die Alchemie in Aegypten selbst hatten kennen lernen[3]). Die Bekanntschaft mit den Griechen lässt sich erst im fünfzehnten Jahrhundert nachweisen, in umfassender Weise zuerst bei Giovanni Francesco Pico della Mirandola († 1533), und zwar in seiner Schrift „de auro"; allgemeiner wird sie dann im Laufe des sechszehnten Jahrhunderts[4]). *Ihre Heimat.*

An und für sich sind in der Alchemie drei verschiedene Bestrebungen zu unterscheiden, die Gewinnung von Gold, die des Steines der Weisen und die Bereitung des Homunculus, von welchen jedoch die zuletzt genannte an Bedeutung hinter den beiden andern sehr zurücktritt. Was zunächst die Gewin- *Die Metallveredlung.*

---

[1]) H. Kopp. Beiträge zur Geschichte der Chemie. S. 94. — [2]) Ebend. S. 24 ff. [3]) Ebend. S. 320. — [4]) Ebend. S. 321. —

nung von Gold betrifft, so glaubte man an die Möglichkeit, aus unedlen Metallen jenes durch allerlei chemische Proceduren, durch Kochen, Destillieren, Solvieren und namentlich auch durch Berührung mit dem sogenannten Steine der Weisen, bereiten zu können. Relativ unbedeutende Wahrnehmungen, welche an und für sich richtig sein mochten, führten zu grossen Irrthümern, und man schloss namentlich aus Farbveränderungen der Metalle auf Veränderungsfähigkeit derselben nach allen ihren Eigenschaften[1]. Im Gegensatze zu dem für das Abendland wenigstens relativ nicht hohen Alter des ganzen Vorstellungskreises machte sich überdiess schon frühe die Tendenz geltend, den alchemistischen Versuchen ein möglichst hohes und fabelhaftes Alter anzudichten. Nach einer solchen Annahme soll z. B. das goldene Vliess eigentlich nichts anderes als eine auf Thierhaut geschriebene Anweisung zum Goldmachen gewesen sein; so berichtet im siebenten oder achten Jahrhundert Johannes von Antiochien und ebenso Suidas unter der Rubrik δέρας[2].

Gönner der Alchemie.

Wichtig wird die Alchemie aber erst etwa seit dem dreizehnten Jahrhundert. Von jetzt an treten im Abendlande bald da bald dort Männer auf, welche entweder wirkliche Versuche auf diesem Gebiete machen oder wenigstens, sei es schon bei ihren Zeitgenossen, sei es erst bei späteren Generationen im Geruche von Adepten standen. Hieher gehören z. B. Raymundus Lullius aus Majorca, Arnaldus Villanovanus, wahrscheinlich ein Spanier, u. A. m. Lullius soll König Eduard I. von England zum Zwecke eines Kriegszuges gegen die Türken Gold im Werthe von mehreren Millionen gemacht haben, der König aber habe es schliesslich vorgezogen, dasselbe im Kriege gegen die Franzosen zu brauchen[3]. Dass die Adepten unter solchen Umständen an den Höfen grösserer und kleinerer Fürsten willkommen waren, ist begreiflich; die Kassen derselben waren zum Theil in Folge von Kriegen, zum Theil in Folge von Ver-

---

[1]) Kopp, Geschichte der Chemie II, 162 ff.; 262. — [2]) Kopp, Beiträge, S. 12. — [3]) Christophorus Parisiensis. Elucidarius I, 6 (Theatr. chemicum VI pag. 207).

schwendungen nur zu häufig leer, und an einem vernünftigen Steuersystem fehlte es in der Regel ohnehin. So war es denn kein Wunder, wenn die Alchemie Jahrhunderte hindurch ihre hohen und höchsten Gönner hatte, unter diesen z. B. König Alfons X. von Castilien, Heinrich VI. von England, die deutschen Kaiser Rudolf II., Ferdinand III. und Leopold I., ja vorübergehend sogar Friedrich den Grossen[1]. Dass die wirklichen Schätze, welche sich in den Händen solcher Leute befanden, nicht durch Goldkochen gewonnen waren, versteht sich eigentlich von selbst, die Tradition war aber von jeher geneigt, sie auf jenes zurückzuführen. Noch im vorigen Jahrhundert konnte man in verschiedenen Schatzkammern dergleichen angeblich gekochtes Gold sehen[2]. Auch die Chemiker, welche selber nicht gerade Alchemie trieben, gaben in der Regel wenigstens im Princip die Möglichkeit oder Berechtigung derselben zu[3]. Ganz bequem machten es sich manche Alchemisten mit der Widerlegung der ihnen gemachten Vorwürfe; wäre, meint ein Solcher, die Verwandlung eines Stoffes in einen andern überhaupt nicht möglich, so hätte der Satan Christum schwerlich aufgefordert, einen Stein in Brot zu verwandeln[4].

Blüthezeit.

Die eigentliche Blüthezeit der Alchemie waren, wenigstens für Deutschland, das sechszehnte nnd das siebenzehnte Jahrhundert; damals fiengen italienische Adepten, deren Ruf in der Heimat bereits erschüttert war, in andern Ländern an, die Leichtgläubigen auszubeuten[5]. Hieher gehören z. B. die Lehrer der Alchemie, welche Kurfürst Werner von Trier in Capellen um sich hatte[6]; Werners vierter Nachfolger, Kurfürst Johann, hielt sich ebenfalls einen fremden Goldkoch, den Croaten Georg, der ihm aber zuletzt weglief und bei Herzog Eberhard von Würtemberg Aufnahme fand[7]. Wie sehr man auch in andern deutschen Residenzen, z. B. in Berlin und Dresden, von der Möglichkeit des Goldmachens überzeugt war, beweisen Existenzen

[1] Kopp, Geschichte der Chemie II, 193 ff. — [2] Ebend. 171, 172, 175. — [3] Ebend. 159. — [4] Pancirollus, Nova reperta sive rer. memorab. libri II, edit. Francof. 1617, pag. 317. — [5] Burckhardt, Cultur der Renaissance. S. 549. — [6] Trithemius, Chronicon Hirsaugiense II, 286. — [7] Ebend. II, 287.

wie die Leonhart Thurneyssers oder Johann Friedrich Böttichers, des Erfinders des Porzellans [1]).

Gegner. Andrerseits hat es aber auch zu keiner Zeit an Gegnern der Alchemie gefehlt, welche ihre abweichenden Ansichten bald auf litterarischem Wege bald thatsächlich an den Tag legten. Pabst Johann XXII. erliess schon im Jahre 1317 ein Verbot gegen dieselbe, ohne übrigens damit namhafte Erfolge zu erreichen; das nämliche that 1380 König Carl V. von Frankreich namentlich wegen der häufig mit alchemistischen Versuchen verbundenen Falschmünzerei; in England erliess Heinrich IV. Verbote [2]), und im Jahre 1488 schritt die Republik Venedig ein [3]). Im Grossen und Ganzen aber waren die Fürsten doch zu sehr von Geldgier erfüllt, als dass von ihnen ein consequentes Vorgehen gegen das Treiben der Alchemie hätte können erwartet werden, und die Meisten unter ihnen schritten nur dann ernstlich ein, wenn ihre persönlichen Erwartungen sich nicht verwirklicht hatten. Was sodann die litterarischen Gegner betrifft, so versetzt z. B. Dante, der schon durch die räumliche Anlage seiner göttlichen Comödie zu summarischem Verfahren genöthigt war, dieselben in die Hölle, und zwar in die letzte der zehn schlimmen Bolgien [4]). Petrarcas Polemik gegen sie [5]) gehört ebenfalls nicht zu den „sine ira et studio“ geschriebenen Stücken dieses Gelehrten, und Sebastian Brant führt das Goldkochen unter der Rubrik „falsch vnd beschiss“ an; er bezeichnet dasselbe demgemäss in der derben Ausdrucksweise seines Jahrhunderts, als einen „grossen bschiss“ [6]). Aehnlich urtheilte Kaiser Maximilian I., welcher erklärte, für diese Kunst sei sogar ein Kaiser zu arm [7]). Der schon früher als Gegner der Astrologie erwähnte Erastus widerlegte den Glauben an die Verwandlung der Metalle in der Schrift „Explicatio

[1]) Ueber Thurneysser vgl Möhsen: Beiträge zur Geschichte der Wissenschaften in der Mark Brandenburg von den ältesten Zeiten an bis zu Ende des sechszehnten Jahrhunderts; S. 55; über Bötticher Kopp II, 207 ff. — [2]) Denkschr. der Gesellschaft für Wissenschaft u. Kunst in Giessen; Band I, S. 3. — [3]) Ebend. — [4]) Inferno XXIX, 118 ff. — [5]) De remediis utriusq fortunæ I, 111. — [6]) Narrenschiff 102, 50. — [7]) Vgl. Zarncke zu der eben angeführten Stelle des Narrenschiffs.

quæstionis famosæ illius, utrum ex metallis ignobilibus aurum verum et naturale arte conflari possit“, stand aber mit seiner Ansicht damals — es war im Jahre 1572 — noch ziemlich isoliert da[1]). Mehr satirisch ist die Schrift des Johannes Clajus gehalten, welche 1586 zu Leipzig erschien unter dem Titel „Altkumistika, das ist: die Kunst, aus Mist durch seine Wirkung Gold zu machen. Wider die betrieglichen Alchimisten und ungeschickte vermeynte Theophrastisten.“ Im siebenzehnten Jahrhundert läugnete der bekannte Jesuit Athanasius Kircher die Möglichkeit des Goldmachens auf chemischem Wege; statt aber consequent zu sein und jede Art von Goldmacherei zu verwerfen, gab er doch teuflisches Blendwerk als möglich zu[2]); das war allerdings im Geiste des siebenzehnten Jahrhunderts gedacht, der wissenschaftlichen Erkenntniss der Dinge aber war damit so wenig gedient als mit der Alchemie selbst. Selbstverständlich gab es endlich auch noch Solche, welche einerseits die factische Möglichkeit der Verwandlung zugaben, daneben aber auch die von Betrügern unter den Adepten; in diesem Sinne ist z. B. das Leben des Mechanicus Plager in Schnabels „Insel Felsenburg“ aufzufassen.

Das persönliche Loos der Adepten war übrigens, so gesucht sie unter Umständen sein mochten, doch meist ein trauriges, und die Geschichte mehr als eines Jahrhunderts berichtet von gegen dieselben verhängten Strafen an Leib und Leben. Notorisch unwissende, welche nichts zu Stande brachten, jagte man in der Regel einfach fort; stand aber ein Adept im Geruche wirklicher Kenntnisse, so wartete seiner, falls er nichts lieferte, die Folter, und notorische Betrüger wurden geradezu gehenkt. Aber auch die kleineren und grösseren Herren, welche Gönner der Alchemie waren, ruinierten sich häufig bald so bald anders. Der Prior der Carthäuser zu Nürnberg z. B. kochte heimlich Gold und brachte sein Kloster dadurch in Schulden; er gerieth in Folge dessen in Noth und Verzweiflung, wurde abgesetzt, in den Kerker geworfen und starb bald in diesem[3]). Andere ver-

[1]) Denkschr. I, 5. — [2]) Mundus subterraneus lib. XI, sect. 2, cap. 9. — [3]) Chron. Hirsaug. II, 288. —

ursachten durch ihre alchemistischen Versuche Feuersbrünste; als z. B. König Matthias von Ungarn im Jahre 1488 in Wien war, verbrannten daselbst in Folge eines solchen Versuchs hundert Häuser [1]). Und Franz Anselm von Hutten, Fürstbischof von Würzburg, soll sogar bei einem ähnlichen Anlass in seinem Laboratorium selbst verbrannt sein [2]). Dazu kommen dann noch gelegentliche Geständnisse, die von solchen gemacht wurden, welche die Erfolglosigkeit ihres Strebens zur rechten Zeit erkannten; so giebt Cornelius Agrippa von Nettesheim zu verstehn, er habe aus dem Geiste des Goldes genau so viel Gold zu Stande gebracht, als das Gewicht desjenigen Goldes betrug, aus welchem er den Geist gezogen hatte; doch fügt er hinzu, Andere hätten es vielleicht noch weiter bringen können [3]). Uebrigens wurde die Erfahrung, dass durch das Goldkochen noch Niemand reich, wohl aber schon sehr Viele arm geworden seien, zu allen Zeiten ausgesprochen [4]), und sie hat auch demgemäss bald da bald dort in Sprichwörtern ihren entsprechenden Ausdruck gefunden.

Verfall. Grössere Dimensionen nahm übrigens die Opposition gegen die Alchemisten erst im achtzehnten Jahrhundert an. Namentlich wiesen jetzt die Philanthropen, ohne sich um die Möglichkeit der Kunst viel zu kümmern, an der Hand der Erfahrung nach, dass die regelmässigen Folgen alchemistischer Versuche weitaus in den meisten Fällen Verarmung und in Folge dessen Verbrechen seien [5]); hieher gehört z. B. die Schrift von Wiegleb „historisch-kritische Untersuchung der Alchemie" vom Jahre 1777. Namentlich aber haben zwei Ereignisse am Ende des Jahrhunderts dazu beigetragen, sie vollends um allen Credit zu bringen. Das eine derselben trug sich in England zu; Doctor James Price nämlich, Arzt und Mitglied der Londoner royal society, hatte sich gerühmt, Gold machen zu können, und hatte überdiess einem allerdings nicht competenten Publikum angeblich gemachtes Gold und Silber vorgelegt; von der Societät auf-

---

[1]) Annales Mellicenses (Pertz. Monum. script. t. IX, p. 524). — [2]) Horst. Zauberbibliothek V, 235. — [3]) De occulta philosophia I, 14. — [4]) Theatrum chemicum VI, 203. Pancirollus a. a. O. pag. 358. — [5]) Denkschr. I, S. 2. —

gefordert, seinen Versuch zu wiederholen und zugleich im Falle des Misslingens mit Ausstossung bedroht, nahm er, da seine Ausreden nichts halfen, im Jahre 1783 aus Verzweiflung Gift [1]). Der zweite Fall sodann betraf den bekannten deutschen Theologen Semler, welcher anfänglich für die Alchemie in die Schranken trat, bis ihm im Jahre 1789 eine Mystification die Augen öffnete [2]). Etwa seit 1790 galt dieselbe so ziemlich überall als überwundener Standpunkt, bis sich plötzlich 1796 die Nachricht verbreitete, es bestehe in Deutschland ein grosser Verein von Adepten, die sogenannte hermetische Gesellschaft. In Wirklichkeit bestand jedoch dieselbe nur aus zwei Mitgliedern, dem bekannten Dichter der Jobsiade, Karl Arnold Kortüm, und einem gewissen Bährens, neben diesen figurierten freilich noch zahlreiche „Ehrenmitglieder". Kortüm hatte die ganze Sache theils brieflich theils in der Presse in Scene gesetzt und dazu namentlich den in Gotha erscheinenden Reichsanzeiger benutzt. Seine Absicht war, erstens Andere für sich arbeiten zu lassen und zweitens auf diesem Wege mit allenfalls noch vorhandenen Adepten bekannt zu werden [3]). Als das Publicum zuletzt ungeduldig wurde und anstatt der Correspondenzen auch wirkliche Erfolge sehen wollte, zogen sich die Beiden allmählich zurück, nachdem sie das fernere Risico einem badischen Baron aufgehalst hatten [4]). Die ganze Sache hörte nach und nach auf, da in den folgenden Kriegsjahren die nöthige Ruhe und die nöthigen Mittel fehlten; nur in Carlsruhe wurde bis zum Jahre 1812 Alchemie getrieben, und zwar in den höchsten gesellschaftlichen Kreisen der Residenz [5]).

Der Stein der Weisen.

Mit dem Bestreben, auf chemischem Wege edle Metalle zu gewinnen, ist nun aber der Begriff der Alchemie noch lange nicht erschöpft, vielmehr hat derselbe noch eine zweite Seite, bei welcher es sich weniger um Veredlung der Metalle als um Gesundheit und langes Leben handelt. Diese Seite der Alchemie hängt folglich mit der Medicin oder wenigstens mit dem, was man im Mittelalter so nannte, zusammen, und selbstverständlich

---

[1]) Ebend. S. 10, 11. — [2]) Ebend. S. 11, 12. — [3]) Ebend. S. 13 ff. — [4]) Ebend. S. 29, 30. — [5]) Ebend. S. 31, 32.

hat dann auch die Astrologie nebst andern ihr verwandten Hilfsmitteln der ältern Heilkunde ihren Antheil daran gehabt. Den Höhepunkt dieser Gattung von Alchemie und das Ziel, welchem Alle im Grunde zustrebten, bildet der sogenannte Stein der Weisen (lapis philosophorum). An und für sich eine rein imaginäre Substanz, wurde derselbe doch seit dem elften Jahrhundert zunächt zum Zwecke der Metallverwandlung gesucht; er heisst auch das grosse Elixir, weil man ihn auf dem Wege des Siedens (elixare) zu gewinnen wähnte, oder die rothe Tinctur mit Anspielung auf seine Thätigkeit, den unedlen Metallen durch Berühren die Farbe des Goldes mitzutheilen[1]). Daneben war aber der Stein der Weisen auch Universalheilmittel, Panacee, und zeichnete sich als solche namentlich durch seine heilende und verjüngende Kraft aus. Darum bezeichnet ihn Paracelsus als eine Substanz, welche „den gantzen corpus reynigt, vnnd seubert von allem seinem vnflat, mit gantzen newen vnnd jungen kräfften, die er zu seiner Natur bringt"[2]). Die Byzantiner und Araber haben freilich von dieser Eigenschaft des Steins noch nichts gewusst, die betreffenden Vorstellungen sind vielmehr entschieden abendländisch und scheinen erst im dreizehnten Jahrhundert aufgetaucht zu sein. Wahrscheinlich beruhen dieselben auf Missverständnissen und auf buchstäblicher Auffassung bildlicher Ausdrücke, deren die Araber sich bedienten, indem sie die unedlen Metalle als Kranke und ihre Veredlung als Heilung von ihrer Krankheit bezeichneten; wenn diese Ausdrücke an einzelnen Stellen ohne ausdrückliche Nennung des zu heilenden Objectes angewandt wurden, so lag es nahe, sie auf das Heilen überhaupt zu beziehen[3]).

Von da an haben sich die Menschen Jahrhunderte hindurch abgemüht, diese kostbare Materie zu gewinnen. Schon Arnold von Villanova im dreizehnten Jahrhundert preist ihre Eigenschaften und meint, wenn man einem Todtkranken nur ein Gränchen davon mittheile, so sei derselbe schon nach vierund-

[1]) Kopp, Geschichte der Chemie II, 155, 161. — [2]) Archidoxa lib. IV, fol. H IV der Strassburger Ausgabe v. J. 1570. — [3]) Kopp II, 178, wo namentlich die angeführte Stelle aus Geber zu beachten ist.

zwanzig Stunden wieder frisch und gesund[1]). Aber die Gewinnung derselben war nur Wenigen möglich, weil man dazu prædestiniert sein musste, und weil die Mittheilung des entdeckten Geheimnisses im Allgemeinen verpönt war[2]); es werden daher auch denjenigen, welche ihr Geheimniss Andern mittheilen, theils zeitliche theils sogar ewige Strafen in Aussicht gestellt[3]). In manchen Fällen mag hiezu die allerdings erklärliche Scheu beigetragen haben, nach einer Unzahl von gemachten Versuchen und dargebrachten Opfern an Zeit und Geld das beschämende Geständniss abzulegen, man wisse eigentlich doch nichts[4]); bei andern aber mag es auch wirkliche Gewissenhaftigkeit gewesen sein, welche sie von der Mittheilung ihrer Resultate abhielt. Viele Alchemisten trugen, um sich als die durch göttliche Gnade auserwählten zu kennzeichnen, eine auffallende Frömmigkeit zur Schau, während andere ihre Zuflucht zur Astrologie, ja sogar zu bösen Geistern nahmen, dann aber auch gelegentlich der Inquisition oder der weltlichen Gerechtigkeit verfielen[5]).

Alchemistischer Stil.

Mit dem Verbote der mündlichen und schriftlichen Mittheilung des Geheimnisses hängt nun auch die sprichwörtlich gewordene dunkle und räthselhafte Ausdrucksweise der alchemistischen Litteratur zusammen. Schon die Titel mancher hieher gehöriger Schriften zeichnen sich durch ihre unverständliche und überschwängliche Bildersprache aus. Da haben wir z. B. „Kerenhapuch, Posaunen Eliä des Künstlers, oder deutsches Fegefeuer der Scheidekunst", ferner anonym ein „alchymistisch Weizenbäumlein der Alchimey", Benedikt Figuli „Gebenedeyeter Rosengarten, darinnen von dem König Salomon, Trithemio, Theophrasto etc. gewiesen wird, wie der gebenedeyete goldne Zweig zu erlangen sey", einen „Wasserstein der Weisen", einen „kleinen Bauer, oder Geheimnisse der Natur", ein „Eröfnetes philosophisches Vaterherz" u. a. m.[6]). Diesen Titeln entspricht

---

[1]) Rosarius philosophicus II, 31. — [2]) Kopp a. a. O. II, 216, 217. — [3]) Erstere z. B. von Arnold v. Villanova im Rosarius philosophicus, letztere von Raymundus Lullius im Codicillus. — [4]) Ehrenvolle Ausnahmen bei Kopp a. a. O. S. 214. — [5]) Kopp, Geschichte der Chemie II, 219—221. — [6]) „Entwurf einer alchem. Bibliothek" in dem anonym erschienenen „Beytrag zur Geschichte der höhern Chemie oder Goldmacherkunde in ihrem ganzen Umfange". Leipz. 1785 (S. 544 ff.).

nun auch der Inhalt der meisten Bücher, in welchen Ausdrücke wie der „rothe Leu" oder das „Blut des goldnen Leuen", der „Leim des weissen Adlers", das „Rabenhaupt" oder der „weisse Schwan" die zu Grunde gelegten Materien und ihre verschiedenen Metamorphosen bezeichnen[1]). Eine qualvollere Lectüre z. B. als die von Leonhard Thurneyssers verschiedenen Schriften kann man sich kaum denken; man kann höchstens fragen, wer eigentlich übler daran war, ob der Leser, wenn er in diesem Buche blätterte, oder der Verfasser selbst, als er dasselbe schrieb[2]).

Die meisten Alchemisten weichen schon in den Hauptfragen von einander ab und widersprechen sich häufig so diametral als nur immer möglich; man wird also in ihren Schriften beinahe nirgends wirkliche Belehrung finden, auch wenn dieselbe noch so bestimmt in Aussicht gestellt wird. Nach Raymundus Lullius z. B. giebt es nur einen Stein der Weisen und nach Arnoldus von Villanova ebenfalls[3]); Isaac Hollandus hingegen spricht im vierzehnten Jahrhundert von dreien, einem mineralischen, einem vegetabilischen und einem animalischen[4]). Endlich gab es auch noch Alchemisten, welche versicherten, es gebe viele Wege, die zum Ziele führten[5]).

Die Materia prima. Als die grösste Schwierigkeit wird beinahe durchweg das Auffinden der Materia prima oder cruda dargestellt, d. h. die Entdeckung desjenigen Stoffes, aus welchem nach mancherlei chemischen Operationen der Stein schliesslich bereitet wird; ist nur diese einmal gefunden, so ergiebt sich das Uebrige leicht und beinahe von selbst. Aber gerade in Bezug auf die Materia prima herrscht auch die grösste Unsicherheit. Bei der überwiegenden Mehrzahl der Alchemisten gehört dieselbe dem Mineralreich an; es gab aber auch Andere, welche sie in der Luft, in der Erde, in vegetabilischen und animalischen Stoffen suchten[6]). Gegen das Ende des vorigen Jahrhunderts, als die

---

[1]) Paracelsus, Tincturæ physicæ, edit. Strassburg 1570, fol. Z II ff. — [2]) Vgl. Beytrag zur Geschichte der höhern Chemie oder Goldmacherkunde in ihrem ganzen Umfange. Leipz. 1785 (S. 60 ff.). — [3]) Kopp, Gesch. der Chemie II, 221. — [4]) De triplici ordine Elixiris et Lapidis theoria. — [5]) Christophorus Parisiensis. Elucidarius I, 6 (Theatr. chem. VI, pag. 209). — [6]) Kopp, Gesch. d. Chemie II, 224 ff.

Sache überhaupt gesunken und namentlich der frühere Zusammenhang mit der wirklichen Chemie ganz verloren gegangen war, suchte man sie gar nicht mehr in der grossen Welt, dem Macrocosmus, sondern man begnügte sich mit microcosmischen Stoffen, mit menschlichen Bestandtheilen von theilweise sehr unästhetischer Natur, z. B. mit Speichel, Koth. Nasenschleim u. dgl.[1]). Am meisten hat wohl Paracelsus in seinen Schriften zur Verbreitung dieses Wahnes beigetragen; bei ihm finden wir denn auch namentlich die Mittel und Wege angegeben, auf welchen sich aus der Materia prima der Stein gewinnen lässt[2]). Man glaubte nämlich, hiezu die feinste Digestion des männlichen und weiblichen Samens der Metalle nöthig zu haben und diese mit einander vermählen zu müssen. Den männlichen Samen lieferte das Gold, er hiess „Blut des goldnen Leuen" oder „rother Leu"; der weibliche wurde aus dem Silber gezogen und „Leim des weissen Adlers" genannt. Die Vermischung beider wurde symbolisch als eine Vermählung bezeichnet; sie geschah in einem Ofen von bestimmter Form, in welchen man das Gefäss mit dem Metallsamen, das sogenannte philosophische Ei (ovum philosophicum), brachte. Durch die Digestion entstand zunächst ein schwarzer Körper, das „Rabenhaupt", dann in Folge fortgesetzter Digestion ein weisser, der „weisse Schwan". Zuletzt wird das Feuer stärker gemacht, und nun entsteht nach und nach der Stein der Weisen, dessen Farbe die des Safrans ist:

> Da ward ein rother Leu, ein kühner Freier,
> Im lauen Bad der Lilie vermählt
> Und beide dann mit offnem Flammenfeuer
> Aus einem Brautgemach in's andere gequält.

Auch Johann Valentin Andreæ, welcher bekanntlich in mehreren Schriften den Aberglauben seines Zeitalters, des siebenzehnten Jahrhunderts, lächerlich machte, bediente sich in einer derselben dieses Bildes und verfasste demgemäss „Christian Rosenkreuzers „Chymische Hochzeit" [3]), erreichte aber dadurch das *Die Rosenkreuzer.*

[1]) Denkschr. S. 21. — [2]) Archidoxa, Buch IV, fol. H VI ff. der Strassburger Ausgabe von 1570. — [3]) Die erste Ausgabe erschien 1616 in Strassburg.

Gegentheil dessen, was er erstrebte. Man verstand seine Ironie nicht, und es entstanden nun im Anschluss an diese und andere Schriften dieses Mannes neue Fraternitäten, welche sich nach der erdichteten Andreæ's ebenfalls Rosenkreuzer nannten [1]).

Neben der Verwirrung, welche in Bezug auf die Mittel und Wege herrscht, auf welchen man den Stein zu gewinnen hoffte, nehmen sich nun die Erfolge, die man durch den Gebrauch einer so total imaginären Substanz zu erringen glaubte, sonderbar genug aus. Man war nämlich noch lange nicht damit zufrieden, in derselben ein Mittel zur Goldmacherei und zur Beförderung der Gesundheit zu besitzen; sie sollte vielmehr auch alt gewordene Leute wieder verjüngen und das menschliche Leben überdiess um Jahrhunderte verlängern können. Die Entdeckung wirklich stärkender und belebender Arzneien [2]), der Reiz der Neuheit, den dieselben anfänglich haben mochten, die Leichtgläubigkeit der Menge und endlich die Thätigkeit und das marktschreierische Auftreten schlauer Betrüger, welche für Wunderärzte wollten gehalten werden, mögen zur weiteren Verbreitung dieser Ansichten das Ihrige beigetragen haben. Salomon Trismosin, von welchem Paracelsus die Geheimnisse der hermetischen Kunst erlernt haben soll, gelangte erst in seinem höheren Alter in den Besitz des Steines der Weisen, verjüngte sich aber sofort, als er nur einen Gran von dieser Substanz eingenommen hatte; noch hundertundfünfzig Jahre später habe er ebenso frisch und jugendlich ausgesehen wie am ersten Tage nach seiner Verwandlung. Siebenzig-, ja neunzigjährige Frauen, welchen er die Substanz ebenfalls mittheilte, wurden gleichfalls wieder jung und gebaren hernach noch viele Kinder [3]). Ein gefangener Deutscher soll unter den Saracenen vollends fünfhundert Jahre alt geworden sein; der Chalif hatte nämlich von einem arabischen Philosophen eine kostbare Arznei erhalten, deren Wirkungen ihm aber verschwiegen wurden. Um nun persönlich nichts zu riskieren, liess der Beherrscher der Gläubigen zuerst den Gefangenen dieselbe versuchen, und dieser

[1]) Kopp, Gesch. d. Chemie II, 188 ff. — [2]) Ebend. II, 180. — [3]) Elucidarius chymicus. 1617, 8°. (Vorrede S. 11). Aureum vellus. Rohrschach 1599.

erreichte in Folge dessen ein so fabelhaftes Alter[1]). Seinen Höhepunkt erreicht dieser mystische Unsinn in der ruchlosen Vorstellung, ein gottloser Mensch, der den Stein verfertigt habe, werde sofort fromm und gottesfürchtig.[2]).

Die Quintessenz. Eine andere Art von Panacee, deren Gewinnung ebenfalls auf chemischem Wege vor sich gieng, ist die sogenannte Quintessenz (quinta essentia). Es handelte sich hier darum, durch Destillieren von Flüssigkeiten und das Auflösen mineralischer, vegetabilischer oder animalischer Stoffe in denselben eine Substanz zu gewinnen, welche im Stande war, alle Leiden und Gebrechen des menschlichen Körpers zu heilen[3]). Da die Welt, der Macrocosmus, aus vier Elementen besteht, und da die einzelnen mineralischen, vegetabilischen und animalischen Stoffe diese vier Elemente im Kleinen ebenfalls enthalten, so erklärt sich der Name der Quintessenz von selbst, er bezeichnet das aus jenen auf künstliche Weise gewonnene Universalmittel.

Der Homunculus. Die dritte in den Kreis der Alchemie fallende Vorstellung, die Erzeugung eines Menschen auf chemischem Wege, ist entschieden die abenteuerlichste von allen. Sie erscheint zuerst bei Paracelsus, welcher das hierauf bezügliche Recept ausführlich mittheilt. „Dass der sperma eines Mannes in verschlossenen Cucurbiten per se, mit der höchsten Putrefaction ventre equino, putreficirt werde auff 40 Tag, oder so lang biss er lebendig werde, vnd sich beweg, vnd rege, welchs leichtlich zu sehen ist. Nach solcher Zeit wirdt es etlicher Massen einem Menschen gleich sehen, doch durchsichtig, ohn ein Corpus. So er nun nach diesem, teglich mit dem Arcano sanguinis humani gar weisslich gespeiset und ernehret wirdt, biss auff 40 Wochen, vnnd in stäter gleicher Werme ventris equini erhalten: wirdt ein recht lebendig Menschlich Kind darauss, mit allen Gliedmassen, wie ein ander Kind, das von einem Weyb geboren wirdt, doch viel kleiner.“ Das charakteristische Merkmal der auf solche Weise entstandenen Menschen ist also zunächst mensch-

---

[1]) David Lagneus, Harmonia chemica (Theatr. chem. IV, pag. 790, 791). — [2]) Kopp II, 182. — [3]) Raimundi Lulii, de secretis natura sive Quinta essentia, libri duo. Venet. 1542. L. Thurneysser, Quinta essentia. Münster (1570).

licher Same als prima materia, ferner die chemische Procedur statt des Mutterleibs, endlich aussergewöhnliche Kleinheit des Leibes, auf welcher auch die deminutive Namensform Homunculus beruht. Dazu kommen aber gleichsam als Gegengewicht allerlei geheime Kenntnisse, durch welche der Homunculus den Elementargeistern nahe gerückt wird; „dann durch Kunst vberkommen sie jhr Leben, durch Kunst vberkommen sie Leib, Fleisch, Bein vnnd Blut, durch Kunst werden sie geboren: darumb so wirt ihnen die Kunst eyngeleybt und angeboren [1]." Die Homunculi, welche in den letzten Jahrhunderten von Alchemisten hie und da gezeigt wurden, waren selbstverständlich künstlich gemacht, aber nicht auf chemischem Wege sondern durch einfache Zusammensetzung aus kleinen elfenbeinernen Knochen [2]. Doch soll noch der im Jahre 1841 verstorbene Philosoph Johann Jakob Wagner die Behauptung aufgestellt haben, es müsse der Chemie noch einmal gelingen, organische Körper darzustellen und Menschen durch Crystallisation zu bilden [3].

Einige weniger bedeutende Nebengattungen der Alchemie z. B. das Alkahest, eine Art von universalem Auflösungsmittel, sowie die Palingenesie, d. h. die Wiedererweckung der Pflanzen aus ihrer Asche, mögen hier bloss vorübergehend erwähnt werden [4].

---

[1]) Paracelsus, de natura rerum lib. I (Opera, Strassburger Ausgabe von 1616, Bd. I, S. 883 C, 884 A). Nach Wolf (Biographien III, 27) war übrigens das Werk nicht für den Druck bestimmt und wenigstens zum Theil eine Mystification. — [2]) Rothscholz, Theatrum chemicum (1733) bei Kopp, Gesch. d. Chemie II, 244. — [3]) Gœthe's Faust, erläutert von Düntzer; 2. Auflage, S. 523, 524. — [4]) Kopp a. a. O. II, 240 ff.

Drittes Capitel.

Die drei Reiche der Natur.

Dachte man sich die Weltkörper in der im ersten Capitel geschilderten Weise menschlichen Schicksalen gegenüber thätig, und schrieb man den chemischen Stoffen alle möglichen wunderbaren Kräfte zu, so war es auch kein Wunder, wenn man den Körpern der uns umgebenden Natur, den unorganischen wie den organischen, allerlei geheimnissvolle und magische Kräfte zuschrieb. Man begnügte sich aber nicht einmal damit, sondern man stellte neben die wirklich vorhandenen auch noch solche, welche ihre Existenz überhaupt nur der menschlichen Einbildungskraft verdankten.

Das Mineralreich.

Was zunächst das Mineralreich betrifft, so ist schon im Alterthum die Naturgeschichte des Plinius mit hieher gehörigen Notizen versehen[1]. Auch Solinus, welcher freilich den Plinius grossentheils benutzte, gehört hieher, ferner aus dem vierten Jahrhundert die Schrift des Epiphanius „de duodecim gemmis"[2] und aus noch späterer Zeit Isidor's Etymologien. Plinius ist freilich in diesen Fragen verhältnissmässig besonnen; er spottet gelegentlich über das, was ihm unglaublich scheint, oder er überlässt wenigstens die Verantwortlichkeit dafür Andern. Es gab aber im Alterthum auch Schriftsteller, welche sich um die magischen Kräfte der Steine weit mehr kümmerten als um ihre wirklichen Eigenschaften, und welche demgemäss Alles, was ihnen in dieser Beziehung erreichbar war, sammelten und so auf die Nachwelt brachten. Zu diesen gehört z. B. eine Schrift, welche den Titel führt „Damigeron et varii ethnicæ vetustatis scriptores de virtutibus lapidum". Den Damigeron nennen Tertullian (de anima 57) und Arnobius (adv. gentes I, 52); er soll

---

[1]) Z. B. XXXVI, 21, 39; XXXVII, 9, 124; XXXVII, 10, 140 u. 142. — [2]) Im ersten Theile des vierten Bandes der Dindorf'schen Ausgabe des Epiphanius, pag. 225 ff.

zur Zeit Neros, dessen Vorliebe für derartige Schriftstellerei aus Plinius (h. n. XXX, 5, 6) bekannt ist, gelebt haben. Die Schrift selbst ist in einem Manuscript des vierzehnten Jahrhunderts erhalten und nach diesem von Pitra im dritten Bande des Spicilegium Solesmense (pag. 324 ff.) herausgegeben worden[1]. Die wichtigsten mittelalterlichen Schriftsteller und Schriften, welche von den Heilkräften und wunderbaren Eigenschaften der Steine handeln, sind folgende. Aus dem elften Jahrhundert stammt das von einem Franzosen Namens Marbod verfasste „Enchiridion de lapidibus pretiosis“, ein in lateinischen Hexametern gedichtetes Schriftchen[2]. In das dreizehnte gehört Albertus Magnus mit seinem Werke „de rebus metallicis“[3], ferner von Thomas von Cantimpré der „liber de natura rerum“[4] und von Vincent von Beauvais das „speculum naturale“; auch ein deutsches Gedicht, Volmars Steinbuch, wird von dem neuesten Herausgeber in dieses Jahrhundert gesetzt[5]. Konrad von Megenberg sodann, welcher sein „Buch der Natur“ in der Mitte des vierzehnten schrieb, folgt meist dem Thomas von Cantimpré[6]. Erst in das fünfzehnte gehört hingegen das ebenfalls in deutscher Sprache verfasste S. Florianer Steinbuch. Noch später endlich haben Gelehrte wie J. B. Porta und Simon Majolus in ganz ernsthafter Weise die Wunderkräfte der Steine erörtert; Porta giebt sogar gelegentlich zu verstehen, er habe die des Aëtites selber oft und mit Erfolg an Kreisenden erprobt[7].

An und für sich zerfallen nun diese Wirkungen in zwei Classen. Die einen sind durch den Stein selber bedingt, die andern durch auf demselben angebrachte Zeichnungen und Figuren. Da ist z. B. der Smaragd gut gegen das fallende Weh[8], der Jaspis stillt das Nasenbluten und das Bluten der Wunden[9],

---

[1]) So nach Pitra; vielleicht ist aber die ganze Schrift doch nur ein mittelalterliches Machwerk. — [2]) Vgl. über Marbod Grässe, Literärgeschichte II, 1, 1, pag. 364. — [3]) Lib. II, tract. 2; die Steine sind in alphabetischer Reihenfolge aufgezählt. — [4]) Ungedruckt, aber von Vincent v. Beauvais u. Thomas v. Megenberg benutzt. — [5]) Das Steinbuch. Ein altdeutsches Gedicht von Volmar, herausg. v. H. Lambel. Heilbronn 1877 (Einleit. pag. XIII). — [6]) Herausg. v. Pfeiffer; Einleit. pag. XXIX. — [7]) Vgl. Majolus Dies. canicul. II, 4. — [8]) Albertus II, 2, 17; Volmar V. 103 ff.; S. Flor. V. 156. — [9]) Volmar 259 ff.; S. Flor. 547.

der Diamant, an der linken Hand getragen, garantiert schwangern Frauen eine glückliche Niederkunft [1]), der Achat macht den Biss von Scorpionen und Giftschlangen unschädlich [2]). Fürstliche Maitressen tragen eine Species des Ortites, um nicht schwanger zu werden, und der Galacites verschafft, wenn er verstossen und in Wasser, Sect oder Meth aufgelöst wird, Müttern, welche ihre Kinder nicht selbst säugen können, den hiezu erforderlichen Milchvorrath [3]). Aber auch auf andern Gebieten als auf dem der Heilkunde wirken gewisse Steine Wunder. Der Jaspis z. B. verscheucht wilde Thiere und böse Geister [4]), der Topas schützt vor Räubern und Dieben und besänftigt siedendes Wasser [5]), der Achat schützt vor Gefangenschaft [6]), der Amethyst vor Trunkenheit [7]), der Crysolith vor bösen Geistern [8]), ausserdem vertreibt der Amethyst auch Regen- und Gewitterwolken [9]), u. s. w. Besonders merkwürdig ist der Magnet hinsichtlich seiner Wirkungen; Ehemänner nämlich, welche Ursache zum Misstrauen gegen ihre Frauen haben, legen denselben Nachts einer solchen unter das Kopfkissen; ist die Frau unschuldig, so wird sie ihren Gatten auf dieses hin sofort liebkosen, fällt sie aber aus dem Bett, so kann der Mann überzeugt sein, dass sein Verdacht kein ganz ungegründeter war [10]).

In andern Fällen aber liegt die Wunderkraft weniger im Material als in einer in den Stein gegrabenen Figur; darum heisst es in Volmars Steinbuch, V, 771 und 772:

> nû sint die steine gar ein wint
> sunder die ergraben sint.

Aus den Linien und Formen natürlicher oder künstlich in den Stein geschnittener Figuren dichtete man allerlei geistige Beziehungen, und mit diesen verknüpfte man namentlich, was man etwa sonst aus der Mythologie oder Symbolik von den

---

[1]) Volmar 289 ff. — [2]) Damig XVII, Marbod, c. 2; Volmar 191 ff. — [3]) Damigeron XVI, XXXIV, Albert. M. II, 2, 7. — [4]) Epiphanius ed. Dindorf, vol. IV, p. 2, pag. 229. — [5]) Volmar 85 ff.; S. Flor. 117, 118. — [6]) Volmar 206 ff. — [7]) Volmar V, 219, 220. — [8]) Damigeron XLVII; Marbod c. 11; Volmar 229 ff.; S. Flor. 277. — [9]) Epiphanius ed. Dindorf, vol. IV, p. 2, pag. 192. — [10]) Damigeron XXX; Marbod, c. 43; Volmar 587 ff.; S. Flor. 367 ff.

Eigenschaften der betreffenden Figuren wusste. Hieher gehört die Schrift eines angeblichen jüdischen Philosophen Namens Cethel, deren Abfassung in sagenhafter Weise in die Zeit verlegt wird, in welcher sich die Israeliten vor der Eroberung Canaans in der Wüste befanden. Der schon genannte Thomas von Cantimpré hat dieselbe in's Lateinische übersetzt und mit zwei Vorreden begleitet, immerhin in der Weise, dass er zur Vorsicht beim Gebrauche solcher Steine räth und bemerkt, sie verdienten kein volles Vertrauen, dürften aber doch auch nicht ganz ignoriert werden — nec approbandæ multum nec penitus refutandæ [1]). Am ausführlichsten ist in dieser Beziehung Albertus Magnus in der schon angeführten Schrift „de rebus metallicis", und bei ihm sind zugleich die hieher gehörigen Vorstellungen mit astrologischen Voraussetzungen in Verbindung gebracht. Da verleiht z. B. ein Stein mit dem Bilde Saturns und einer Sense Reichthum und Macht, Jupiter, in ähnlicher Weise angebracht, verleiht Beliebtheit, Mercur Beredtsamkeit und Geschicklichkeit im Handel, Mars Kühnheit und Jähzorn, u. s. w.[2]). Auch die zwölf Zeichen des Thierkreises kommen in Betracht. Der Widder, der Löwe und der Schütze vertreten das feurige Element und erweisen sich somit nützlich gegen Wassersucht und Lähmungen, ausserdem machen sie die Menschen klug, beredt und geehrt; Zwillinge, Wage und Wassermann wirken fördernd auf Eintracht, Freundschaft, Gerechtigkeit und Gehorsam gegen die Gesetze ein, ihr Element ist die Luft. Dem Krebs, dem Scorpion und den Fischen entspricht als Element das Wasser, sie wehren also trockenen, heissen Fiebern, begünstigen aber andrerseits Ungerechtigkeit, Unzuverlässigkeit und Verlogenheit, die letztere darum, weil der Scorpion das Bild des Lügenpropheten Mohammed ist. Stier, Jungfrau und Steinbock endlich stehen unter den Elementen der Erde am nächsten und heilen von Synochus und von andern hitzigen Fiebern; sie machen ferner ihren Eigenthümer oder Träger geschickt zu Ackerbau, Gartenbau und Wiesenbau, sowie zur Religiosität[3]). Das Bild des

[1]) Spicileg. Solesm. III, pag. 335 ff. — [2]) Albert. Magn. II, 3, 5. — [3]) Ebend.

Pegasus empfiehlt sich Reitern und dient als Mittel gegen die Krankheiten der Pferde, Hercules mit dem nemæischen Löwen verleiht Sieg, Perseus mit dem Haupte der Medusa hält Donner und Blitz ab[1]; wer einen Crystall oder Jachant trägt, in welchem sich eine Jungfrau mit aufgelösten Haaren befindet nebst einem Manne, welcher ihr mit den Augen winkt, wird bei den Frauen beliebt, so dass diese ihm nichts abschlagen können[2] u. s. w.

Ausserdem gab es noch Steine, welchen man einen erträumten Zusammenhang mit der Thierwelt zuschrieb. Die Kröte trägt z. B. nach dem Glauben des Mittelalters einen solchen im Hirn[3]; ein anderer, der Aëtites, stammt aus dem Neste des Adlers; er hilft Feinde in die Flucht schlagen, ist gut gegen die fallende Sucht[4] und soll von schwangern Frauen am linken Arme getragen werden[5]. Der Chelonites oder Chelidonius kommt von der Schwalbe und zeichnet sich ebenfalls durch wunderbare Kräfte aus[6]; im Magen oder Bauche des Hahns findet sich alle sieben Jahre ein Wunderstein, der Alectorius[7]. Vom Diamant, dessen Härte bekanntlich sprichwörtlich ist, glaubte schon Plinius, er könne durch Bocksblut weich gemacht werden[8]. Diese Vorstellung herrschte während des ganzen Mittelalters; Wolfram von Eschenbach z. B. lässt Gahmurets Diamanthelm durch Bocksblut erweichen, worauf jener in der That kann getödtet werden[9]. Noch im vorigen Jahrhundert enthielt ein deutsches Kirchenlied in Folge dessen die beiden Verse:

> Der Demant zerspringet,
> Wenn Boksblut ihn zwinget[10].

Noch deutlicher als an Gahmurets Helm zeigt sich die Wunderkraft der edlen Steine an einer andern Stelle des Parzival. Der heilige Gral nämlich ist zwar nicht in allen Quellen,

---

[1]) Ebend.; Volmar 951 ff. — [2]) Volmar 925 ff. — [3]) Ebend. 457 ff. — [4]) Ebend. 373 ff. — [5]) Marbod, c. 27. — [6]) Ebend. c. 14; Volmar 407 ff.; nach Plinius verdankt er seinen Namen freilich nur seiner Farbe (h. n. XXXVII, 10). — [7]) Marbod c. 3; Volmar 341 ff. — [8]) H. n. XXXVII, 10; vgl. Solin 52, 59; Marbod c. 1; Albert. II, 3, 2. — [9]) Parzival II, 1402 ff. — [10]) Plinius, übersetzt von Grosse, Bd. XII, S. 39.

welche wir über seinen Sagenkreis besitzen, wohl aber bei Wolfram von Eschenbach ein edler Stein, der die Dienste eines Tischleindeckdich versieht und zugleich den Bewohnern der Gralburg Munsalvæsch Nahrung spendet. Er hat überdies Eigenschaften, welche sonst dem Steine der Weisen zugeschrieben wurden; wer ihn ansieht, stirbt nicht, sondern er behält seine blühende Farbe, und die Haare werden ihm nicht grau; er verjüngt ferner Leute, welche schon alt sind, ja selbst der Vogel Phönix steigt, nachdem er sich zu Asche verbrannt hat, durch die Kraft des Grals verjüngt wieder aus derselben empor [1].

Nebenbei gab es freilich immer Leute, welche die Wunderkräfte der Steine bezweifelten und läugneten. Volmar hat sogar sein Steinbuch nach seinem eigenen Geständnisse gedichtet, um den „Lügen" jener in demselben die „Wahrheit" entgegenzustellen [2]. Und schon Epiphanius lehnt an mehreren Stellen die Verantwortlichkeit für die Eigenschaften der von ihm erwähnten Edelsteine ab und bezeichnet seine Gewährsmänner als Leute, „qui fabulosa confingunt" oder „qui fabulosa referunt" oder „qui fabulis credunt" [3].

II.

Das Pflanzenreich. Gleich den Edelsteinen spielt auch die Pflanzenwelt auf dem Gebiete des mittelalterlichen Aberglaubens eine hervorragende Rolle. Man beobachtete die Pflanzen weniger um ihrer selbst willen als wegen der ihnen eigenthümlichen oder auch nur fälschlich zugeschriebenen Heilkräfte. Gleich den Planeten gab man ihnen bestimmte Temperamente und erklärte die einen für trocken und heiss, die andern für feucht und kalt u. s. w. Galt nun ein Gewächs für feucht oder für kalt, sei es in Folge seines schattichten Standortes oder sei es bloss in Folge willkürlicher Voraussetzungen, so empfahl es sich natürlich als Heilmittel gegen hitzige Krankheiten, Fieber u. dgl; galt es

---

[1]) Parzival IX, 1083 ff.; 1119 ff. — [2]) V. 23 ff. — [3]) Ephiphanii episcopie Constantiæ opera ed. G. Dindorfius vol. IV, pars 1, pag. 182, 186, 192; so die alte lateinische Uebersetzung des Epiphanius; er selbst nennt sie μυθοποιοί (ebend. pag. 227, 229).

für trocken, so musste es sich selbstverständlich gegen alle möglichen Flusskrankheiten brauchen lassen. Dann erstreckten sich die Wirkungen der Pflanzen auch auf das Temperament der Menschen, welche sie in dieser oder jener Form genossen, und machten dieselben bald heiter, fröhlich und keck[1]), bald traurig und schwerfällig. Die einen erregten die geschlechtlichen Triebe bei Männern und Weibern, während die andern dieselben dämpften und die Frauen, welche sie genossen hatten, sogar unfruchtbar machten; letzteres wurde z. B. dem in irgend einer Flüssigkeit aufgelösten Samen der Weide nachgesagt[2]). Auch Frauen, welche ein Stück von der Wurzel eines Birnbaums bei sich trugen, wurden nicht schwanger, und wenn man auf eine ihrer Entbindung nahe Person eine Birne legte, so erschwerte diese jener die Niederkunft[3]). Wenn endlich einer Mutter nach der Niederkunft die Milch ausging, so hatte sie, um wieder solche zu bekommen, einfach acht Tage lang Maiblumen unter das, was sie trank, zu mischen[4]). So weit es sich um diese und um ähnliche Vorstellungen handelt, zweifeln die Autoren des dreizehnten und vierzehnten Jahrhunderts, Albertus Magnus, Thomas von Cantimpré, Vincent von Beauvais, Konrad von Megenberg, nicht leicht an der Glaubwürdigkeit derselben, und noch im sechszehnten enthalten die Kräuterbücher eines Otto Brunfels oder Hieronymus Bock ungefähr die nämlichen Regeln. Immerhin gehen die zuerst Genannten auf dem Gebiete des naiven Glaubens noch weiter als die Spätern. Nach Megenberg (S. 328) vermögen aus dem Holze des Hausbaums verfertigte und an die Häuser gehängte Tafeln sogar Feuersbrünste von diesen abzuhalten. Wer Artemisia (Beifuss) an die Beine bindet, wird unterwegs nicht müde, und wer den Samen des Bilsenkrautes geniesst, wird in Folge dessen vergesslich[5]). Besonders heilkräftig erweist sich die Pæonia; wer fünfzehn Körner derselben mit Rosenhonig getrunken hat, braucht sich vor keinem

---

[1]) So der Safran nach Megenberg (herausg. v. Pfeiffer, S. 392); der Rosmarin naeh Brunfels Kräuterbuch (Strassburg 1533) pag. CCIX. — [2]) Vincent, Beluac. spec. natur. XII, 95; Megenberg S. 347. — [3]) Vincent XIII, 36; Megenberg 340. — [4]) Brunfels pag. LXXXII. — [5]) Megenberg 385, 405.

Incubus zu fürchten, und wer dergleichen am Halse trägt, wird nicht krank[1]). Doch lehnt auch Megenberg in einzelnen Fällen die Verantwortlichkeit für das, was er berichtet, ab und überlässt sie den Zauberern, wo ihm etwa eine Sache gar zu fabelhaft erscheint[2]). Noch um ein Gutes vorsichtiger ist Brunfels; er spricht sich schon in der Einleitung seines Kräuterbuchs deutlich genug gegen den förmlich magischen Gebrauch der Pflanzen aus[3]) und hält auch diesen Standpunkt in dem Buche selber fest. So verwirft er z. B. die Ansicht, dass man durch Tragen des Gamanders dumm werde und sich bei den Leuten verhasst mache[4]) und das Messelesen und Hersagen abergläubischer Gebete über der Betonia bezeichnet er als „eitel narrenwerck“[5]).

Bei manchen Pflanzen ist das Brechen an bestimmte Stunden oder Tage gebunden, wenn ihre Wirkungen wirklich eintreten sollen. Der Teufelsabbiss z. B. muss um Mitternacht vor dem Tage Johannes des Täufers ausgegraben werden; dann ist seine Wurzel noch nicht vom Teufel abgebissen und dient nun zur Vertreibung desselben[6]). Junge Maiblumen, vor Sonnenaufgang gepflückt und unter das Gesicht gerieben, verhindern das Aufkommen von Sommersprossen[7]). Das Farrenkraut trägt nur in der Johannisnacht Samen, und dieser ist folglich nur in dieser und zwar mittelst Beschwörungen zu gewinnen[8]). Auch noch andere Umstände müssen beobachtet werden; wer z. B. die Mandragora ausgräbt, hat sich zu hüten, dass ihm der Wind nicht entgegenweht, und nach Westen zu sehen; er muss ferner vorher mit dem Messer drei Kreise um dieselbe ziehen[9]). Die Mandragora nimmt unter den mit magischen Kräften ausgestatteten Erzeugnissen der Pflanzenwelt eine höchst bedeutsame Stellung ein. Ihre Wurzel hat nämlich eine entfernte Aehnlichkeit mit einer menschlichen oder wenigstens gnomenhaften Figur, und es knüpfen sich in Folge dessen eine Menge abergläubischer

Das Galgenmännlein.

---

[1]) Vincent. IX, 116; Megenberg 415. — [2]) S. 321, 347. — [3]) Fol. B II. — [4]) Pag. XXVIII; vgl. auch pag. CVII. — [5]) Pag. XV. — [6]) Grimm, deutsche Mythologie, 4. Ausgabe, Bd. III, S. 440, No. 189. — [7]) Ebend. S. 475, No. 1075. — [8]) Brunfels pag. CXXXIV. — [9]) Vincent. Beluac. IX, 97.

Vorstellungen an dieselbe. Wahrscheinlich sind solche Wurzeln in heidnischer Zeit als eine Art von Haus- oder Heerdgöttern verehrt worden[1]); schon der deutsche Name Alraun scheint etwas derartiges anzudeuten; aus der heidnischen Zeit scheint sich dann diese Sitte auf spätere Jahrhunderte vererbt zu haben. Immerhin lag es in der Natur der Sache, dass man den Wurzeln, wo ihre natürliche Gestaltung nicht genügte, auf künstlichem Wege nachhalf, ja sie sogar gelegentlich aus Rüben geradezu verfertigte[2]). Der Aberglaube gieng aber im Ausmalen der wunderbaren Eigenschaften dieser Pflanze noch weiter. Der Alraun blüht angeblich während der heiligen Nacht[3]), an welche sich ohnehin zahlreiche seltsame Vorstellungen knüpfen. Nun dichtete man der Pflanze auch noch einen unheimlichen düstern Ursprung an; sie sollte unter dem Galgen und zwar speciell unter dem Leichnam eines Gehenkten, welcher Wasser oder Samen von sich gelassen hatte, gedeihen und heisst auch aus diesem Grunde Galgenmännlein. Sie auszureissen war gefährlich; denn das Männlein stiess im Momente des Ausreissens einen so fürchterlichen Schrei aus, dass derjenige, welcher es ausriss, in Folge dessen vor Schrecken starb. Man band daher einen schwarzen Hund mit dem Schwanz an die Pflanze fest und hielt ihm ein Stück Fleisch vor die Schnauze, worauf der Hund natürlich auf das Fleisch losstürzte und so die Pflanze aus dem Boden riss. Hatte man auf diese Weise das Galgenmännlein gewonnen, so musste es nach Hause gebracht, daselbst sorgfältig behandelt, wohl auch gebadet oder frisch bekleidet werden. Glück und Segen des Hauses, ja sogar die Fruchtbarkeit der Hausfrau — letztere wohl im Hinblick auf die Dudaim der Genesis (30, 14), welche die Vulgata mit Mandragora überträgt, — hiengen nun vorzugsweise von diesem Popanz ab. Man glaubte ferner, zum Alraun gelegte Geldstücke verdoppelten

---

[1]) So vermuthet schon J. Prætorius, Anthropodemus plutonicus I, 572. — [2]) Hans Sachs, herausg. von A. v. Keller, Bd. IX, S. 16, V. 13, 14; vgl. auch Tabulæmontanus. Neu vollkommen Kräuter-Buch (Basel 1687), S. 979. — [3]) Prætorius, Saturnalia absurditatis S. 154 ff.; ebend. S. 190 eine Abbildung des Galgenmännleins.

sich über Nacht, vorausgesetzt, dass man demselben nicht allzu oft mit dieser Zumuthung komme[1]). In Bezug auf das beim Galgenmännlein anzuwendende Erbrecht ist zu bemerken, dass dasselbe nach dem Tode seines Eigenthümers zunächst dem jüngsten Sohne und, wenn dieser kinderlos starb, dem ältesten zufiel. Wer als Besitzer eines Alrauns starb, dem musste Brot und Geld in's Grab mitgegeben werden; ebenso dem künftigen Besitzer, falls er starb, ehe er jenen erbte[2]).

Der Diebsdaumen. Uebrigens war die Hervorbringung des Alrauns keineswegs das einzige Verdienst, welches sich ein gehenkter Dieb um die Menschheit erwerben konnte; es kam vielmehr noch ein zweites Wunderding dazu, welches zwar genau genommen nicht gerade hieher gehört, das aber aus Rücksicht auf seinen verwandten Ursprung ebenfalls an dieser Stelle mag erwähnt werden. Man schnitt dem Gehenkten nämlich einen Daumen ab, oder man stahl wohl auch, wenn dieses nicht gerade thunlich war, die ganze Diebsleiche, um diese Operation nachträglich an ihr vorzunehmen[3]). Wer einen solchen Diebsdaumen besass, hatte zugleich mit demselben das Glück gewonnen, und um ihres hohen Werthes willen wurden solche Daumen wohl auch in Gold oder Silber eingefasst. Auch bei Krämern konnte man sich dieselben zuweilen verschaffen, und Wirthe hielten sich manchmal einen, um Gäste anzuziehen[4]). Selbstverständlich war es namentlich, dass Spieler wo möglich in den Besitz dieser glückbringenden Substanz zu gelangen suchten[5]).

Die Springwurzel. Während beim Galgenmännlein biblische und, wie es scheint, auch germanische Vorstellungen zusammenwirkten, scheint ein anderes fabelhaftes Gewächs, die Springwurzel, unmittelbar aus der Naturgeschichte des Plinius (X, 18, 40) entlehnt zu sein. Man gewann dieselbe am leichtesten mit Hilfe eines Schwarzspechtes, also eines Vogels, welcher so wie so im römischen Mythus zu Hause ist. Hatte man sich nämlich den Baum ge-

---

[1]) Tabernæmontanus a. a. O.; Grimm, Myth. II, 1005 ff. – [2]) Grimmelshausen, simplic. Schriften. Galgen-Männlin, cap. 2. — [3]) Ebend. cap. 3. — [4]) Panzer, Beitrag zur deutschen Mythologie II, 295. — [5]) So vermuthet wenigstens das deutsche Wörterbuch der Brüder Grimm II, 1094.

merkt, auf welchem der Specht nistete, so hatte man bloss, wenn dessen Brutzeit vorüber war, in Abwesenheit des Vogels die Oeffnung, welche zu seinem Neste führte, zu verspunten. Sobald der Specht bei seiner Rückkehr merkt, dass ihm der Zutritt zu seinen Jungen versperrt ist, so holt er ein Kraut, um mit Hilfe desselben wieder in sein Nest zu gelangen; dieses Kraut ist eben die Springwurzel, bei Konrad von Megenberg (S. 380) „paumhäckelkraut“ genannt. Breitet man nun unter dem Baume ein rothes Tuch aus, so erschrickt der Vogel, hält das Tuch für Feuer und lässt die Wurzel fallen [1]; nach andern Berichten lässt er sie erst fallen, wenn sein Nest wieder offen ist, und wieder Andere erregen durch Lärm in dem Vogel Furcht, um ihn zum Fallenlassen des Krautes zu bringen [2]. Wer die Springwurzel auf diese Weise gewonnen hat, kann mittelst derselben Geister vertreiben und verschlossene Thüren öffnen.

Die wunderlichsten Dinge, welche man den Pflanzen überhaupt andichten konnte, finden sich aber in dem fälschlich dem Albertus Magnus zugeschriebenen Buche „De secretis mulierum libellus; ejusdem de virtutibus herbarum, lapidum, et animalium quorundam libellus“ [3]. Nach diesem bewirkt z. B. der Heliotrop, wenn er in eine Kirche gelegt wird, dass in dieser allenfalls vorhandene Ehebrecherinen sich nicht entfernen können, bevor jener wieder entfernt ist. Das Kraut Nephta wird mit einem Steine vermischt, den man im Neste des Wiedehopfs findet; reibt man nun mit der hieraus entstandenen Mischung einem beliebigen Thiere weiblichen Geschlechts den Bauch, so wird dasselbe in Folge dessen trächtig und wirft nach einiger Zeit ein ganz schwarzes Junges; legt man hingegen die nämliche Mischung in einen Bienenstock, so bewirkt sie, dass die Bienen niemals auswandern. Das Kraut der Lilie sodann wird gesammelt, wenn die Sonne im Zeichen des Löwen steht; mischt man es mit Lorbeersaft und stellt es hierauf unter das Heu, so ent-

---

[1]) Horst, Zauberbibliothek IV, 46 ff. — [2]) Grimm, Myth. II, S. 813. — [3]) Vgl. über dasselbe Ernst H. F. Meyer, Geschichte der Botanik IV, 78 ff. In dem oben citierten Buche vgl. pag. 113, 115, 116, 117 der Amsterdamer Ausgabe von 1760.

stehen nach einiger Zeit Würmer darin. Wenn diese Würmer nun zu Staub geworden sind und dieser Staub Jemanden auf den Hals oder in die Kleider gestreut wird, so kann dieser nicht schlafen; legt man hingegen den Staub in ein Gefäss mit Kuhmilch und bedeckt man letzteres mit der Haut einer einfärbigen Kuh, so verlieren alle Kühe im Stall ihre Milch. Einigen Pflanzen wird in diesem Buche beschwörende Kraft zugeschrieben. Legt man z. B. Hundszunge (lingua canis) mit dem Herz und der Gebärmutter eines Frosches an einen beliebigen Ort, so sammeln sich alle Hunde aus der Nachbarschaft ebendaselbst; tritt man gar noch mit der grossen Zehe auf die Hundszunge, so kann keiner mehr bellen. Hängt man viscus querci mit dem Flügel einer Schwalbe zusammen an einen Baum, so versammeln sich die Vögel von fünf Meilen im Umkreis ebendaselbst, u. s. w.

Die Wünschelruthe. Alles bisher erwähnte wird jedoch durch die magischen Kräfte der Wünschelruthe weit überboten. Schon die griechische Mythologie schrieb dem Gotte Hermes einen Stab zu, welcher sowohl hinsichtlich seiner Form als hinsichtlich seiner Eigenschaften an die spätere Wünschelruthe erinnert. Dieser Stab, von den Griechen *κηρύκειον* genannt, war eine Gerte mit einer Zwiesel, ursprünglich ohne Schlangen; die Zwiesel dachte man sich in einen Knoten verschlungen. Er galt im Allgemeinen für segenspendend und verwandelte alles, was mit ihm in Berührung kam, in Gold; Hermes selber hiess in Folge dessen *χρυσόρραπις*[1]). In Deutschland lässt sich der Name der Wünschelruthe bis in's achte Jahrhundert zurückverfolgen[2]). Nichtsdestoweniger haben wir es schwerlich mit einer wirklich germanischen Vorstellung zu thun, und zwar hauptsächlich darum nicht, weil die Vorstellung selbst auch ausserhalb Deutschlands, z. B. in Frankreich, nachweisbar ist. Hinsichtlich der magischen Kräfte, welche man dieser Ruthe zuschrieb, ist die spätere Zeit weit über das, was wir vom Stabe des Hermes wissen, hinausgegangen, immerhin so, dass die neu hinzugekommenen Züge ebenfalls keineswegs einen speciell deutschen Charakter haben.

---

[1]) Preller, griechische Mythologie, 2. Auflage I, 319. — [2]) Grimm Mythol. 813.

Was nun zunächst die Bedingungen betrifft, unter welchen die Wünschelruthe gewonnen wird, so liefert in den meisten Fällen die Haselstaude das nothwendige Material; letztere soll einjährig sein, nirgends älteres Holz enthalten und so stehn, dass ihre Gabeln sowohl von der Morgen- als von der Abendsonne beschienen werden[1]). Hat man eine solche Ruthe von einer Haselstaude gewonnen, so kann man sich derselben zu verschiedenen Zwecken bedienen, doch ist ihr Eigenthümer auch seinerseits verschiedenen Bedingungen unterworfen. Er muss zunächst ein unbescholtener und christlich gesinnter Mann sein und darf weder Geld noch Eisen bei sich tragen[2]). Ferner galt der Gebrauch unbekannter Wörter und das Hersagen falscher Gebete während des Schneidens sowie das Einritzen von Zeichen bei den Einen als Missbrauch[3]), während Andere sich gerade bei dieser Gelegenheit allerlei Beschwörungen erlaubten[4]). Am häufigsten glaubte man, mit Hilfe der Wünschelruthe verborgene Schätze, Metalladern oder verborgene Wasserquellen entdecken zu können[5]); auf letztere hat vielleicht der Umstand eingewirkt, dass im Exodus Moses mit Hilfe seines Stabes Wasser aus dem Felsen schlägt[6]); mittelalterliche Dichter wie Conrad von Würzburg nennen diesen Stab auch wirklich „wünschelgerte" [7]). Ferner fragte man sie nach dem Geschlecht eines zu erwartenden Kindes, nach verlorenen oder entlaufenen Hausthieren, nach dem Befinden entfernter Angehöriger, nach Dieben, ja sogar nach Mördern[8]). Die Ruthe einer Dame Namens Ollivet, welche in der zweiten Hälfte des siebenzehnten Jahrhunderts in Grenoble lebte, schlug sogar auf verborgene Reliquien und unterschied dabei die Ueberreste canonisierter und nicht-

---

[1]) Der Heimliche und unerforschliche Natur-Kündiger, oder: Accurate Beschreibung von der Wünschelruthe. Aus dem Französischen ins Hoch-Teutsche übersetzt durch Matthiæ Willen. Nürnberg 1694. 8°. (S. 19.) J. Grimm, Myth. S. 814. — [2]) Feudivir, Gebrauch der Berg- und Wünschel-Ruthe. S. 54. — [3]) Ebend. S. 55. — [4]) Vgl. Jahrbücher des Vereins für meklenb. Gesch. u. Alterthumskunde. Jahrg. V, 110 ff. — [5]) Grimm, Myth. 815. — [6]) Exodus XVII, 5, 6. — [7]) Goldene Schmiede 664 (614). — [8]) Feudivir, S. 58, 60, 61.

canonisierter Heiliger sehr genau [1]). Schlägt die Ruthe unrichtig, so trägt der Teufel die Schuld [2]), oder es liegt nicht im Rathschlusse Gottes, dass der gesuchte Gegenstand gefunden wird [3]). Andere dachten sich ihre Wirksamkeit von den himmlischen Aspecten abhängig [4]). Nach Luther übertritt derjenige, welcher sich einer solchen Gerte bedient, das erste Gebot [5]).

Eine höchst merkwürdige hierher gehörige Criminalgeschichte trug sich im Jahre 1692 in Lyon zu. Dort wurde am fünften Juli des genannten Jahres ein Weinhändler nebst seiner Frau in einem Keller mit einer Axt erschlagen, das Geld der Ermordeten aber entwendet. In der Dauphiné lebte damals ein Bauer Namens Jacques Aymar, welcher im Geruche stand, mit Hilfe seiner Ruthe gestohlene Gegenstände, Diebe und Mörder entdecken zu können. Aymar wurde also nach Lyon berufen und erschien wirklich daselbst, zwei höhere Gerichtsbeamte führten ihn in den Keller, welcher der Schauplatz der Mordthat gewesen war. Eine Ruthe, welche man ihm in die Hand gab, schlug sofort, als er an die Stelle kam, wo der Weinhändler umgekommen war, sein Puls bewegte sich zu gleicher Zeit fieberhaft. Die Nachforschungen wurden durch die ganze Stadt fortgesetzt, sie führten zuletzt an die Rhone, und es ergab sich daraus, dass die Mörder zu Schiffe entflohen waren. Aymar verfolgte sie weiter, indem er einfach seiner Ruthe nachgieng, und es gelang ihm zunächst zu constatieren, dass es drei Mörder gewesen waren. Ueberall, wo diese geweilt hatten, bei den Betten, in welchen sie geschlafen, bei den Tischen, an welchen sie gegessen, bei Flaschen, aus welchen sie getrunken, ja sogar bei Personen, mit welchen sie auf ihrer Flucht gesprochen hatten, schlug seine Wünschelruthe. Man vergrub die Mordaxt nebst einigen andern von ganz gleicher Grösse und Form in einem Garten; die Ruthe Aymars schlug sofort, als er sich der

---

[1]) Brieffe | oder | Send-Schreiben Vornehmer und | Gelehrter | Leute Welche | Die Verspottung | Der | Wünschel-Ruthe | Vorstellen u. s. w. Aus dem Französischen ins Hochteutsche gebracht | Von | Johann Leonhard Martini u. s. w. Franckf. a. M. (S. 232). — [2]) Ebend. S. 192 ff. — [3]) Feudivir, S. 68. — [4]) Ebend. S. 16, 17. — [5]) Sämmtl. Werke, Erlanger Ausgabe, Bd. 36, S. 148.

Stelle näherte, wo die echte Axt verscharrt war; man verbarg die Aexte unter den Gewächsen des nämlichen Gartens und verband Aymarn die Augen, und er fand sie ebenfalls. Endlich gelang es ihm, in Beaucaire einen der Mörder zu entdecken; das Individuum nannte sich Bossu und läugnete anfänglich nicht nur seine Mitschuld, sondern behauptete geradezu, noch gar nie in Lyon gewesen zu sein. Als man ihm aber mittelst der Wünschelruthe bewies, dass er dort gewesen sei, und auf welchem Weg er von Lyon nach Beaucaire gekommen war, als ihn ferner alle die Personen, mit welchen er auf der Flucht verkehrt hatte, wieder erkannten, gab er seine Anwesenheit bei der Mordscene zu, behauptete aber, nicht er, sondern seine beiden Begleiter seien die eigentlichen Mörder. Nichtsdestoweniger wurde ihm „mit einem sonderbaren Fleiss" der Process gemacht, und schliesslich ward er zum Tode durch das Rad verurtheilt. Die beiden Andern waren Aymars Wünschelruthe zufolge ostwärts in der Richtung nach Toulon geflohen; Aymar verfolgte sie bis an die Landesgrenze, musste aber, da jene dieselbe überschritten hatten, unverrichteter Dinge umkehren[1]).

An und für sich ist natürlich das Anwenden der Wünschelruthe zur Entdeckung von Missethätern um kein Haar besser als das der Physiognomik oder des Punctierbuches zu ähnlichen Zwecken. Was speciell Aymars Ruthe betrifft, so wird uns an einer andern Stelle[2]) berichtet, dass sie sich in Paris als ganz unzulänglich erwies, über verstecktem Gold oder Silber unbeweglich blieb und dafür über einem mit Kieselsteinen gefüllten Sacke schlug. Und als Aymar in Begleitung zweier Prinzen von Geblüt und des königlichen Gerichtsprocurators an eine Stelle geführt ward, an welcher eben erst ein Mord war begangen worden, gerieth daselbst weder sein Blut noch sein Stab in Bewegung.

Während das Beobachten der Natur und das Studium derselben den Blick einzelner Menschen sowohl als ganzer Generationen schärft und dieselben zum Erkennen wie zur künst-

---

[1]) Brieffe, S. 107—112. — [2]) Ebend. S. 192, 193.

lerischen Wiedergabe der angeschauten Objecte befähigt, trübt sich umgekehrt der Blick ganzer Generationen, welche sich von ihr abwenden. Das Mittelalter leistet den Beweis hiefür nicht nur in seinen schriftlichen Denkmälern sondern auch in seiner plastischen oder malerischen Auffassung und Darstellung der Gegenstände, in seinen mangelhaften Perspectiven, seinen scheinbar muskellosen Körpern und namentlich seiner schiefen Auffassung von Ursache und Wirkung. Und auch nachdem dasselbe vorüber war, gab es noch genug Leute, welche seine seltsamen Befangenheiten in spätere Jahrhunderte verpflanzten. So hat es denn nichts Auffallendes, wenn im Jahre 1646 die Magd des Pfarrers von Schönewalda bei Hertzberg im Gras ein Gewächs abmähte, welches wie ein Mensch schrie und aussah wie zwei Menschen, der eine „wie ein Türck in aller Statur und Habit", der andre „wie ein Christ, so für den Türcken gekniet, und gleichsam umb Gnade gebeten" [1]. Noch wunderlicher klingt, was uns zum Jahre 1592 aus Emmerich gemeldet wird. Dort liess ein Bürger Namens Johann Gerlich einen grossen Baum, den er im Bergischen Busche (Walde) gekauft hatte, vor seiner Hausthüre zerhacken; da sah man in der Mitte des Stammes „beyde grosse Kriegs-Heer, Haupt-Leute, Fendrich, Trommelschläger, Doppelsoldener, Hackenschützen, Muscatirer, die in der Ordnung gestanden, wie in einer Schlacht." Ein Theil dieser Soldaten soll auf Befehl des Magistrats auf dem Rathhause, der andere Theil im Bruderhause zu Emmerich aufbewahrt worden sein [2].

III.

Auch die Thierwelt wurde im Mittelalter mit ganz andern Augen angesehen als heutzutage. Wir haben hiebei zweierlei zu unterscheiden, nämlich einerseits die Annahme von in der Wirklichkeit gar nicht vorhandenen Geschöpfen und andrerseits fabelhafte Eigenschaften, welche man den factisch vorhandenen

---

[1] Prætorius, Anthr. plut. I, 559, 560. — [2] Ebend. 563, 564.

Thieren andichtete. Auch hierin war das Alterthum mit seinem Beispiele vorangegangen, und nicht mit Unrecht hat wohl A. W. Schlegel die Indica des Ctesias als „die grosse Schatzkammer für alle folgenden Fabelkreise" bezeichnet[1]). Eine Ausnahme bildet freilich Aristoteles; er nimmt aber eine viel zu isolierte Stellung ein, als dass die Resultate seiner Forschungen zum Gemeingute des Alterthums hätte werden können. Vergleicht man z. B. die Naturgeschichte des Plinius mit den hieher gehörigen Schriften des Aristoteles, so erstaunt man förmlich über die Ansichten, welche man hier erwähnt findet, und welche den herrschenden Ansichten der antiken Welt viel näher stehen als die Resultate der aristotelischen Forschungen; dass aber gerade jene nebst andern geistesverwandten Erzeugnissen eines Aelian, Solinus u. s. w. das ganze Mittelalter hindurch hochgehalten wurde, versteht sich eigentlich von selbst. Kein einziger Schriftsteller von Plinius bis zum dreizehnten Jahrhundert hat die Thierwelt selbständig beobachtet, kein einziger war Naturforscher im jetzigen Sinne des Wortes, und nicht mit Unrecht bezeichnet sie daher der Geschichtschreiber der Zoologie als litterarische Sammler[2]). Dazu kam aber noch ein zweiter Umstand. Neben den ererbten litterarischen Schätzen des Alterthums besass das Mittelalter eine specifische christlich gefärbte Naturgeschichte, den sogenannten Physiologus. Der Physiologus ist alexandrinischen Ursprungs, hat aber keinen bestimmten Verfasser[3]); er erschien zuerst in griechischer Sprache, wurde aber im Laufe der Zeit in alle möglichen abendländischen und zum Theil auch morgenländischen Sprachen übersetzt[4]); die Uebersetzer verfuhren keineswegs immer sclavisch, sie erlaubten sich vielmehr häufig Aenderungen ihrer Vorlagen, Auslassungen sowohl als Zusätze. Das Buch kann in Folge dessen nicht als das Werk eines Einzelnen bezeichnet werden, es haben vielmehr ganze Generationen an demselben gearbeitet. Sein christlicher Ursprung aber ergiebt sich zum Theil aus dem Umstande, dass nur die in der Bibel vorkommenden Thiere in dasselbe aufgenommen

Der Physiologus.

[1]) Indische Bibliothek I, S. 149. — [2]) Carus, Geschichte der Zoologie S. 106. — [3]) Ebend. 142. — [4]) Ebend. 109 ff.

sind[1]), zum Theil auch daraus, dass sich neben der eigentlichen Schilderung das Symbolische immer mehr in den Vordergrund drängt[2]). Man entnahm also die Thierformen selbst der heiligen Schrift, und das, was man über sie wusste oder zu wissen vorgab, zum Theil der schon vorhandenen Profanlitteratur, zum Theil der eigenen Phantasie, welche die christliche Lehre gerne möglichst sinnlich auffasste und anwandte. Manche Züge des Physiologus stimmen in Folge dessen genau mit dem überein, was wir auch sonst aus Plinius oder Aelian wissen, z. B. dass die Hyäne ihr Geschlecht nach Belieben wechselt, oder dass der weibliche Rabe nach dem Tode des Männchens verwitwet bleibt[3]). Im Uebrigen hatte namentlich Pabst Gregor der Grosse den Physiologus in die abendländische Zoologie eingeführt, und es war fortan der ausgesprochene Zweck der Kirchenlehrer, mit der Thiergeschichte den rechten christlichen Begriff zu verbinden[4]).

Fabelhafte Thiere. Unter den fabelhaften oder wenigstens bis zur Unkenntlichkeit entstellten Thieren nehmen das Einhorn, der Drache und der Basilisk die bedeutendste Stellung ein. Das Einhorn galt für ausserordentlich wild, doch glaubte man, es lege sich einer reinen Jungfrau in den Schoos und schlafe so ein[5]). Der Name des Thieres stammt bekanntlich aus der Bibel; doch kümmerte sich während des Mittelalters kein Mensch darum, an welches Geschöpf bei der Erwähnung desselben eigentlich zu denken sei. Den Drachen sodann bezeichnet schon sein Name als dem griechisch-römischen Alterthum angehörig; die wirklichen Naturforscher des Mittelalters versetzen ihn daher auch in ferne südliche oder östliche Länder, und nur in Volkssagen oder Heldendichtungen tritt er gelegentlich auch in Europa auf. Allgemein galt er für schlangenförmig, geflügelt und ungeheuer gross; als

---

[1]) Ebend. 121; von Steinen und Pflanzen ist überhaupt weniger die Rede. — [2]) Z. B. des Panthers und des Einhorns auf Gott, des Krokodils auf Tod und Hölle, der Wasserschlange auf Christus u. s. w. (Müllenhoff u. Scherer, Denkmäler, S. 200). — [3]) Aelian, Var. histor. I, 25 u. III, 9. — [4]) Kolloff in Raumers histor. Taschenbuch IV, 8, S. 194. — [5]) Gregorii Magni Moralia lib. XXXI, cap. 13. Isidor etymol. XII, 2.

sein Aufenthaltsort wurden Höhlen und Klüfte bezeichnet, in welchen er, wenigstens in Sagen, Schätze hütete [1]). Ohne Zweifel haben antike Sagen oder Mythen, in welchen der Drache vorkommt, also z. B. die von Heracles, Cadmus oder Jason auf die Darstellung desselben in späterer Zeit eingewirkt; denn die wirklich vorhandenen Schlangen Europas wären nicht im Stande gewesen, ein derartiges Phantasiegebilde hervorzurufen. Das merkwürdigte und zugleich schrecklichste unter den genannten drei Fabelthieren ist aber entschieden der Basilisk. Er verscheucht alle lebendigen Wesen aus seiner Nähe, versengt jede Vegetation, zerbricht Felsen, und sein blosser Hauch ist im Stande, sowohl Menschen als Thiere zu tödten. Das Abenteuerlichste an ihm ist aber seine Herkunft. Wenn ein abgelebter Hahn ein Ei legt und eine Schlange dasselbe ausbrütet, so entsteht daraus ein Basilisk; darum vereinigt auch dieser in sich die Gestalt der Schlange und des Hahns; von jener hat er den Schweif, von diesem die Flügel und den Kopf nebst Kamm [2]). Natürlich melden denn auch die Chroniken von Zeit zu Zeit, dass ein solches Unthier an dem oder jenem Orte zur Welt gekommen sei; im Jahre 1474 z. B. legte ein elfjähriger Hahn in Basel ein Ei und wurde zur Strafe dafür am vierten August des nämlichen Jahres enthauptet und nebst zwei andern noch in seinem Leibe befindlichen Eiern durch den Henker verbrannt [3]).

Dämonisierung der Thierwelt.

Noch interessanter und charakteristischer für den Glauben des Mittelalters sind aber diejenigen Fälle, in welchen wirklich vorhandenen und genau bekannten Thieren, sogar Hausthieren, die fabelhaftesten Dinge zugetraut und angedichtet werden; doch treten hier die zahmen von Pflanzenkost lebenden Hausthiere mit Ausnahme des tief in den Hexen- und Teufelsglauben verflochtenen Ziegenbockes sehr in den Hintergrund. Erzählungen wie die von jenem Hengste, welcher sich, als man ihn zur Begattung mit seiner eigenen Mutter verlockt hatte, aus

[1]) Vincent. Beluac. spec. nat. XX, 29—32; Megenberg, S. 268—270. — [2]) Vincent. XX, 22, 23, Megenberg, S. 263 s. v. „von dem unken". — [3]) Knebel Diarium (Basler Chroniken; Bd. II, pag. 102, Z. 11—17).

Reue in einen Abgrund stürzte, worauf die Mutter dasselbe that[1]), sind verhältnissmässig selten. Die Katze freilich spielt gleich dem Bock im Hexenglauben eine hervorragende Rolle; sie besitzt aber auch gerade diejenigen Vorrechte, welche das Pferd, das Rind, das Schaf u. a. m. nicht haben, nämlich Freiheit der Bewegung bei Tag und Nacht; sie empfahl sich in Folge dessen auch der dichtenden Volksphantasie weit besser als jene. So konnte denn der Kämmerer des Abtes von Lutri im Jahre 1478 in der Herrenstube zu Gebweiler ganz gut, und ohne auf erheblichen Widerspruch zu stossen, von einer in der Nähe des Neuenburgersees gelieferten Katzenschlacht berichten; der Caplan Knebel, welcher diesen Zug in seiner Chronik[2]) aufgezeichnet hat, fürchtete im Gegentheil in Folge dessen Böses. Häufig sind die Katzen, namentlich die schwarzen, Menschen, zumal Weiber, welche diese Thiergestalt nur vorübergehend angenommen haben; wir werden jedoch sowohl diese Vorstellung als die verwandte vom Wärwolf besser später bei der Schilderung des Hexen- und Teufelsglaubens behandeln. Dafür mögen hier einige Fälle von Dämonisierung des Wolfes angeführt werden, welche Cäsarius von Heisterbach im zehnten Buche seines „Dialogus miraculorum“ (cap. 64—66) erzählt.

Wölfe. Schulknaben aus Kerpen in der Erzdiöcese Cöln hatten in einem Walde junge Wölfe in einer Höhle gefunden und diese herausgenommen, einer der Knaben hatte denselben überdiess mit einem Beil die Pfoten abgehauen. Als die alte Wölfin zurückkam und ihre Jungen im Zustande der Verstümmelung traf, eilte sie den Knaben nach und fand den eigentlichen Missethäter sofort aus den übrigen heraus. Der Junge flüchtet sich auf einen Baum, die Wölfin, welche ihm dahin nicht folgen kann, beginnt mit ihren Pfoten an der Wurzel des Baumes zu graben; zuletzt, da sie auch so ihrem Ziel nur langsam näher kommt, ruft sie andere Wölfe zur Unterstützung herbei. Unterdessen hatten die übrigen Knaben den Vorfall zu Hause erzählt, und in Folge dessen waren bewaffnete Männer hinausgeeilt, um

[1]) Aelian IV, 7; Maiolus, Dies canicul. tom. I, colloq. 7. — [2]) Knebel, Chronik, deutsch von Buxtorf, S. 179.

den Bedrohten zu retten; es gelang ihnen auch, die Wölfe zu vertreiben und jenen in ihrer Mitte nach Hause zu geleiten. Allein die rachsüchtige Wölfin gab ihre Absicht noch nicht auf; sie folgte vielmehr der bewaffneten Schaar, und als diese schon ganz in der Nähe des Dorfes war, durchbrach sie dieselbe plötzlich, sprang auf den Knaben los und zerbiss ihm die Kehle; unmittelbar darauf erlag dann auch sie den Hieben der Männer.

In einer andern Ortschaft unweit Aachen hatten es die Wölfe auf die Kinder eines Mannes förmlich abgesehen; sie raubten ihm alle drei der Reihe nach, eines sogar zweimal, nachdem es das erste Mal durch die Intervention eines Ritters aus dem Rachen einer solchen Bestie war gerettet worden. An einem dritten Orte zwang ein Wolf ein Mädchen, mit ihm in den Wald zu kommen und da einem Collegen, welchem ein Knochen im Halse stecken geblieben war, diesen herauszuziehen; nachdem dieses geschehen war, geleitete er das Mädchen unversehrt wieder nach Hause.

Selbst nach seinem Tode kann der Wolf noch dämonisch wirken. So glaubte man u. a. von einer aus einem Wolfs- oder auch Bärenfell verfertigten Pauke, sie mache die Schafe verstummen und verscheuche die Pferde [1]).

Mehr ergötzlich, als unheimlich klingen diejenigen Vorstellungen, welche sich, zum Theil bis in neuere Zeit, an den Fuchs knüpfen und theilweise nichts als Weiterbildungen der natürlichen Schlauheit dieses Thieres sind. Hierher gehört namentlich der Glaube, der Fuchs stelle sich, wenn er hungrig sei, todt und halte den Athem so lange zurück, bis die Vögel in der Meinung, ein Aas gefunden zu haben, sich auf ihm niederlassen [2]); oder er nehme, wenn ihn die Flöhe übermässig plagen, ein Büschel Heu in die Schnauze, steige dann rücklings in's Wasser und lasse das Heu, sobald die Flöhe sich von seinem Balg in jenes zurückgezogen hätten, in's Wasser fallen, oder er benutze seinen Schwanz, um Krebse zu fangen [3]).

---

[1]) Porta, magia naturalis I, 14. — [2]) Vincent. XIX, 122; Megenberg S. 163, 164. — [3]) Raff, G. Ch., Naturgeschichte für Kinder, S. 449 der Göttinger Ausgabe von 1778.

Vögel. Unter den Vögeln spielte namentlich der Storch eine hervorragende Rolle. Man glaubte wohl, die Störche seien nur bei uns Vögel, während ihres Aufenthaltes im Süden hingegen Menschen. Schon im Alterthum finden sich Spuren dieses Wahns[1]; im Mittelalter vertritt ihn Gervasius von Tilbury[2]. und selbst in neuerer Zeit ist derselbe nicht ganz erloschen; im Oldenburgischen z. B. galten die Störche nicht nur für gewöhnliche Menschen sondern speciell für Freimaurer[3]. Die Störche zeichnen sich ausserdem durch ihre Keuschheit aus, und eine Störchin, welche die Ehe wirklich gebrochen hat, wird von ihrem Gatten getödtet, selbst wenn sie sich nach begangenem Incest im Wasser gereinigt hat[4]. Bei Gervasius von Tilbury hingegen findet sich das Ehegericht auf die Schwäne übertragen[5]; bei dem nämlichen Autor wird aber auch eine Störchin von ihren Verwandten verurtheilt und umgebracht, weil sie ein ihr von Menschen untergeschobenes Rabenei ausgebrütet hat[6]. Der Baumgans (anser torquatus oder anas ruficollis) dichtete man wenigstens eine abenteuerliche Entstehungsweise an; sie wachse, hiess es, auf Bäumen in Irland und falle, wenn sie ausgewachsen sei, entweder herab oder fliege davon; so Sylvester Giraldus (1154—1189) in seiner Topographia Hiberniæ[7]. Gervasius von Tilbury[8]. giebt ihr die nämliche Entstehungsweise, verlegt aber die betreffenden Bäume in die Nähe der englischen Abtei Faversham; Jacobus de Vitriaco († 1240) lässt sie an der flandrischen Küste wachsen[9]. Man ass das Fleisch dieser Gänse auch während der Fastenzeit wegen ihres vermeintlichen vegetabilischen Ursprungs oder nach Andern, weil sie in Folge ihrer Abstammung keinen Coitus ausübten, bis es Pabst Innocenz III. verbot[10]. Die ganze Fabel lässt sich ein halbes Jahrtausend hindurch vom zwölften bis zum siebenzehnten Jahrhundert verfolgen; in letzterem vertritt dieselbe noch der

---

[1]) Alexander Myndius bei Aelian de nat. animal. III, 23. [2]) Otia imperalia III, 73. — [3]) Wuttke, der deutsche Volksglaube der Gegenwart; 2. Aufl., S. 114. — [4]) Vincent. XVI, 48. Gesta Romanorum ed. Oesterley, cap. 82. — [5]) Otia imper. III, 96. — [6]) Ebend. III, 97. — [7]) Cap. 11. — [8]) Otia imper. III, 123. — [9]) Gesta Dei per Francos. Hanoviæ 1611, pag. 1112. — [10]) Vincent. Beluac. spec. natur. XVI, 40.

königlich schottische Rath Sir Robert Moray in einem Berichte der Philosophical Transactions[1]), wo jedoch die Vögel zunächst aus Muscheln hervorkommen, welche an den betreffenden Bäumen, meist Föhren oder Eschen, hängen. Wie alt dieselbe hingegen war, als Giraldus sie aufzeichnete, lässt sich, so lange kein älterer Bericht aufgefunden ist, natürlich nicht nachweisen. Der bekannte Sprachforscher Max Müller hat nun nachgewiesen, dass die erste Entstehung und Ausbildung dieser Fabel durch die Sprache veranlasst worden sei; die betreffende Gans heisst nämlich Bernikelgans, wobei der Name Bernikel, wie Müller annimmt, wahrscheinlich aus Hibernicula entstanden ist; Giraldus, unser ältester Gewährsmann, verlegt ja in der That Bäume und Vögel dorthin. Daneben aber gab es eine Muschel, welche bernacula hiess, und welche, wie sich aus Morays Bericht ergiebt, in die Fabel verflochten war[2]). So konnten aus den Muscheln durch irgend eine Verwechslung bei so grosser Namensähnlichkeit leicht Gänse werden, zumal wenn noch beide in denselben Gegenden zu Hause waren; der Umstand, dass man den Vogel auch während der Fasten essen konnte, wenn er von einem Baume stammte, mochte der Fabel überdiess eine längere Existenz verschaffen als andern, denen ein practischer Werth fehlte. — Von der nordischen Eidergans glaubte man noch im vorigen Jahrhundert, sie müsse, wenn man ihr einen Stab von der Länge einer halben Elle in's Nest stecke, so lange Eier legen, bis die Spitze des Stabes von Eiern bedeckt sei, dann aber sterbe sie vor Erschöpfung[3]). Auf der Insel Rhodus hingegen soll es Strausse gegeben haben, deren scharfer Blick dazu hinreichte, ihre Eier auszubrüten[4]).

Im Ganzen nehmen die Vögel an den Schicksalen der Menschen einen viel bedeutenderen Antheil als die Säugethiere. Der Ruf des Kuckucks z. B. zeigt die Zahl der noch folgenden Lebensjahre an. Ein Laienbruder aus dem Orden der Cistercien-

---

[1]) No. 137, Jan. u. Febr. 1677—78. — [2]) M. Müller, Vorlesungen über die Wissenschaft der Sprache, deutsch von Böttger; II. Serie, S. 503 ff. — [3]) Anderson, Nachrichten v. Island, Grönland u. der Strasse Davids, S. 51. — [4]) Harff, Pilgerfahrt, herausg. von E. v. Groote, S. 71.

ser schloss aus demselben, er habe noch zweiundzwanzig Jahre zu leben; er trat also aus seinem Kloster aus in der Absicht, zwanzig Jahre lang die Freuden der Welt zu geniessen und dann während der zwei noch übrigen Jahre Busse zu thun. Gott aber hatte es anders beschlossen; er liess ihn zwei Jahre die Freuden der Welt geniessen, dann aber rief er ihn aus derselben ab; so sind, fügt Cæsarius von Heisterbach, unser Gewährsmann, hinzu, die Versprechungen des Teufels [1]). In Schweden glauben die Mädchen, aus dem Rufe des Kuckucks errathen zu können, wie manches Jahr sie bis zur Hochzeit noch warten müssten [2]). Der Storch bringt nach einem weitverbreiteten Volksglauben die neugeborenen Kinder in's Haus; diese Vorstellung hat einen gemüthlich scherzhaften Anstrich, und es lag nahe, dem Vogel, dessen Familienleben man täglich vor Augen hatte und bewunderte, auch ein gewisses Interesse an der menschlichen Familie anzudichten, auf deren Dach er nistete; jedenfalls ist es höchst überflüssig, dieselbe bis auf die indogermanische Urzeit zurückzuführen.

Manche Vögel lässt der Aberglaube ein fabelhaft hohes Alter erreichen, so z. B. die Krähe, den Raben, die Schneegans [3]); von dem Adler, welcher ebenfalls hierher gehört, heisst es überdiess, er verjünge sich wieder, wenn er alt geworden sei [4]), eine Vorstellung, welche wohl der ursprünglich orientalischen vom Phönix nachgebildet ist, der sich in einem Alter von fünfhundert Jahren selbst verbrennt, hernach aber verjüngt wieder aus der Asche emporsteigt [5]). Das Mittelalter hat in Folge dessen auch diesen fremden und überdiess mehr oder weniger erdichteten Vogel in seine Naturgeschichte aufgenommen [6]). Der Adler zwingt ferner seine Jungen, in die Sonne zu blicken, und wirft diejenigen, welche ihren Glanz nicht ertragen können, hinab [7]); umgekehrt zeichnet sich der Pelican durch seine zärtliche Liebe zu seiner Brut aus und belebt dieselbe mit seinem eigenen Blute

---

[1]) Miraculor. lib. V, 17. — [2]) Arndt, Reise durch Schweden; IV, 5, 6. — [3]) Mones Anzeiger für Kunde der teutschen Vorzeit, V. 342. Saga Thidhriks konungs af Bern, c. 408. — [4]) Vincent. XVI, 36. — [5]) Lactantius de Phœnice in Wernsdorfs Poetæ Latini minores II, 298 ff. — [6]) Vincent. XVI, 74; Megenberg, S. 186. — [7]) Vincent. XVI, 32; Megenberg, S. 166.

neu; in Folge dessen erscheint sein Blut hie und da als belebendes Heilmittel überhaupt [1]) und er selbst in der Kunst des Mittelalters als Symbol Christi [2]).

Auch menschliche Klugheit wurde manchen Vögeln zugeschrieben. In Burgund z. B. lebte nach Gervasius von Tilbury ein Rabe, welcher auf einem Schlosse regelmässig Anzeige machte, wenn sich eine Gefahr in der Nähe zeigte oder feindlicher Ueberfall drohte. Als dieser Vogel einst bemerkte, dass die Burgfrau neben ihrem Gatten noch einen Geliebten hatte, erzählte er es dem Burgherrn, wurde aber zur Strafe dafür von dem Nebenbuhler desselben durch einen Pfeilschuss getödtet [3]). Die Kunst der Sprache erscheint überhaupt in vielen mittelalterlichen Sagen und Erzählungen, in abendländischen sowohl als in morgenländischen, als ein den Vögeln eigenthümlicher Zug [4]); sie ist wohl von der Wahrnehmung ausgegangen, dass einzelne Arten derselben, und unter diesen namentlich der Rabe, im Stande sind, den Menschen gewisse Worte nachzusprechen; nur erscheint dann diese Fähigkeit im Volksglauben in fabelhafter Weise gesteigert.

Endlich glaubte das Mittelalter auch noch an Kämpfe und Schlachten, welche sich die Vögel gegenseitig lieferten. In Deutschland vertreten Walther von der Vogelweide [5]) und Johann von Winterthur [6]) diese Ansicht, in Italien speciell in Bezug auf die Elstern und Dohlen Poggio [7]).

Amphibien.

Unter den Amphibien spielt, abgesehen von dem fabelhaften Drachen und dem ebenso fabelhaften Basilisken, entschieden die Kröte die unheimlichste Rolle. Es war nicht genug, dass sie Jahrhunderte hindurch für giftig gehalten wurde [8]) und bei manchen Leuten noch jetzt dafür gilt, man dichtete ihr vielmehr dämonische Züge in Hülle und Fülle an und verflocht sie theilweise auch in den mittelalterlichen Hexen- und Teufelsglauben. Es klingt noch ziemlich harmlos, wenn im Simplicianischen

[1]) Parzival IX, 1482 ff. — [2]) Piper, Mythologie der christlichen Kunst. I, 463. — [3]) Otia imperialia III, 95. — [4]) Vgl. W. Wackernagel, kl. Schriften III, 196 ff. — [5]) S. 181, Z. 11 in Pfeiffers Ausgabe. — [6]) Chronicon ed. G. v. Wyss, pag. 194, 195. — [7]) Facctiæ, fol. 180 der opera der Strassburger Ausgabe v. J. 1513. — [8]) Vincent. XX, 57; Megenberg, S. 295.

Galgen-Männlin (cap. 3) erzählt wird, eine Kröte auf dem Boden des Butterhafens mache, dass die Butter nicht abnehme. Was hingegen Cæsarius von Heisterbach von der dämonischen Natur dieses Thieres zu berichten weiss[1]), stellt sich seinen unheimlichen Wolfsgeschichten ebenbürtig an die Seite.

Ein Mann aus dem schon erwähnten Kerpen trat, als er noch ein Knabe war, auf dem Felde beim Ausjäten von Unkraut zufällig auf ein solches Thier; dieses erhob sich drohend gegen ihn, worauf es der Knabe mit Hilfe eines Stückes Holz todtschlug. Nun aber verfolgte ihn die todte Kröte bei Tag und Nacht, obschon er sie noch mehrmals tödtete und zuletzt sogar zu Asche verbrannte. Als er einst mit einem Freunde auf die Jagd ritt, kletterte die Kröte an dem Schweife seines Pferdes herauf, bis sie wieder getödtet wurde; endlich aber gelang es ihm auf folgende Weise, die Bestie loszuwerden. Als er einst mit seinen Freunden zusammensass, erschien die Kröte wieder an einem Pfosten der nächsten Wand; da entblösste jener seine Hüfte und liess sich von der Bestie beissen, damit diese endlich einmal ihre Rachgier befriedigen könne. Nun schnitt er die Wunde rasch mit einem Rasiermesser aus und warf das ausgeschnittene Fleisch weg. Dieses schwoll alsbald bis zur Grösse einer Faust an; die Kröte aber, welche sich nunmehr gerächt hatte, erschien nicht wieder.

Einem Priester in der Diöcese Cöln, welcher dem Trunke leidenschaftlich ergeben war, erschien einst eine grosse Kröte auf dem Boden seiner Weinflasche. Die Sache war um so auffallender, als der Bauch des Gefässes zwar weit, sein Hals aber so eng war, dass gar kein wirkliches Thier hineinkriechen konnte. Der Priester konnte die Kröte nicht herausbringen, andrerseits wollte er auch das Gefäss nicht zerschlagen, er stellte es also einstweilen auf die Seite. Als er nach einer Stunde wieder nachsah, war die Kröte verschwunden, und der Priester schloss hieraus, der Teufel habe diese Gestalt angenommen, um ihn vom ferneren Trinken abzuschrecken[2]). Teufel und Kröte sind überhaupt Begriffe, welche dem mittelalterlichen

---

[1]) Dial. mir. X, 67. — [2]) Ebend. X, 68.

Menschen mehr oder weniger in einander übergiengen; nur liegt es sonst nicht gerade in der Natur des Teufels, die Menschen vom Bösen abzuschrecken.

Kaum weniger abenteuerlich klingt das, was Johann von Winterthur in seiner Chronik[1]) von einer Viper erzählt. Diese hatte in einem Bauernhause unweit Ravensburg Junge, der Eigenthümer des Hauses aber hatte ihr diese versteckt. Da spritzte der Wurm, um sich zu rächen, mit seinem Schwanze Gift in einen gerade über dem Herdfeuer befindlichen Topf mit Gerste; als man ihm aber die Jungen wieder brachte, stiess das Thier aus Dankbarkeit den Topf um, so dass die vergiftete Speise aus demselben auf die Erde rann. In einem Weinberge bei Strassburg hängte sich eine Schlange einer säugenden Frau an die Brust; sie blieb zehn Monate lang an dieser und konnte, nachdem sie ungeheuer dick und lang geworden war, nur durch Beschwörungen wieder entfernt werden[2]).

Ueberhaupt gehören alle unheimlichen, lästigen oder schädlichen Geschöpfe zum Reiche des Teufels und können daher gleich diesem durch Beschwörungen vertrieben werden. So reinigte der heilige Pirmin schon im Anfange des achten Jahrhunderts die bis zu seiner Ankunft von Schlangen und Kröten schwer heimgesuchte Insel Reichenau, einfach indem er ein Kreuz daselbst aufrichtete[3]). Im Bisthum Chur wurden Käfer, welche Bäume und Felder arg zugerichtet hatten, sogar vor Gericht geladen und, da sie natürlich nicht erschienen, durch einen Advocaten vertreten; schliesslich wurde ihnen ein bestimmtes Stück Land angewiesen, auf welchem sie ihre Nahrung fortan sollten suchen können[4]). Aehnlich verfuhren im Jahre 1479 die Berner, nur mit dem Unterschiede, dass hier der Bischof von Lausanne Käfer und Würmer wirklich verfluchte. Er wiederholte dieses Verfahren noch einmal im Jahre 1505, und er soll auch das zweite Mal grösseren Erfolg gehabt haben als bei der ersten Excommunication[5]). Die Luzerner wandten

---

[1]) Pag. 133. — [2]) Louyse Bourgeois, Hebammen-Buch; pag. 179. — [3]) Surius, de probatis sanctor. vitis, 3 Nov. — [4]) Hemmerlin, Tractatus de exorcismis. — [5]) Anshelm, Berner Chronik I, 206. Stettler, Chronik I, 278.

sogar noch im Jahre 1732 Exorcismen an, als das Ungeziefer die Umgebungen von Sursee arg mitgenommen hatten[1]). So fehlte es denn auch im Mittelalter nicht an Beschwörungsformeln, welche man bei solchen Anlässen anwandte[2]), und dass dieselben hie und da wirksam waren, ergiebt sich ebenfalls aus verschiedenen Berichten. Im Schlosse zu Neuburg am Rhein z. B. unterhalb Constanz hielten sich keine Mücken auf, weil ein fahrender Schüler dieselben aus Dankbarkeit dafür, dass man ihn daselbst gut aufgenommen und bewirthet, gebannt hatte[3]), und ebenso gab es auch Kirchen, in welchen keine Mücke blieb[4]). Die bekannte Erzählung vom Rattenfänger von Hameln[5]) gehört ebenfalls hieher, und Weiber, welche mit dem Teufel gebuhlt haben, müssen zur Strafe dafür hässliche haarige Würmer gebären[6]).

Meerwunder. Auch die Bewohner des Meeres, namentlich die grösseren unter denselben, gaben zu manchen abergläubischen Vorstellungen Anlass. Von den Delphinen z. B. hiess es, sie seien unter dem Meeresspiegel Ritter, und man solle ihnen darum kein Leid zufügen[7]). Wer von dem Fleisch eines Delphins gegessen hat, wird, wenn er in's Meer fällt, wieder von den Delphinen gefressen, wer dasselbe hingegen verschmäht, wird von ihnen gegen andere Seeungeheuer geschützt und an's Land getragen[8]). An der Küste von Campanien soll sogar ein Delphin aus Gram über den Tod eines Kindes, welches ihn regelmässig mit Brot gefüttert hatte, ebenfalls gestorben sein[9]). Die Veranlassung zu derartigen Ansichten und Erzählungen wird wohl in der Gewohnheit der Delphine zu suchen sein, die Schiffe schaarenweise zu begleiten und sich so in der Nähe der Menschen zu halten.

Andere Bewohner des Wassers dachte man sich, wahr-

---

[1]) Attenhofer, Sursee. S. 94. — [2]) Müllenhoff u. Scherer, Denkmäler deutscher Poesie und Prosa; S. 8. — [3]) Zimmerische Chronik, herausg. von Barack, Bd. III, S. 273, 274. — [4]) Ebend. III, 273. — [5]) Ebend. III, 274. Wierus I, 16. — [6]) Anhorn, Magiologia, S. 552, 553. — [7]) Gerv. v. Tilb. ot. imp. III, 63. — [8]) Megenberg 235, 236, 250, der übrigens zwischen einem Meerwunder und einem Fisch Delphin unterscheidet. — [9]) Vincent. XVII; 112; Megenberg 236.

scheinlich nach dem Vorgange der Alten, halb menschlich und halb thierisch geformt, und zwar gewöhnlich so, dass die obere Hälfte ihrer Körper menschlich ist, die untere hingegen in einen Fischleib oder Fischschwanz übergeht. Hieher gehören namentlich die Nereiden[1]), Tritone[2]) und Meermönche[3]); von den zuerst genannten glaubte man, ihr Weinen und Klagen deute den baldigen Tod eines Gliedes ihrer Gesellschaft an. Noch fabelhafter klingen die seit dem fünfzehnten Jahrhundert gar nicht seltenen Berichte von Meerbischöfen; im Anthropodemus plutonicus heisst es z. B. (I, 490): „Man lieset weiter, in den Holländischen Chronicken, und also hat auch damahls gen Rom geschrieben Cornelius von Amsterdam an einen Medicum, mit Namen Gelbert: dass im Jahr 1531 in dem Nordischen Meer nahe bey Elpach ein ander Meermann sey gefangen worden, der wie ein Bischoff bey der Römischen Kirchen habe aussgesehen; Dem habe man dem Könige in Pohlen zugeschickt. Weil er aber gantz im geringsten nichts essen wollen von allem, das man ihm dargereicht, sey er am dritten Tage gestorben, habe nichts geredet, sondern nur grosse tieffe Seufftzer geholet.“ Und S. 501 des nämlichen Buches liest man: „Im Jahr 1433 hat man in dem Baltischen Meer gegen Polen einen Meermann gefangen, welcher einem Bischoff gantz ähnlich gewesen: Er hatte seinen Bischoffshut auff dem Haupte, seinen Bischoffsstab in der Hand, und Messgewand an. Er liesse sich berühren, sonderlich von den Bischoffen des Orts, und erwiese ihnen Ehre, jedoch ohne Rede. Der König wolte ihn in einem Thurm verwahren lassen, darwieder setzte er sich mit Geberden, und baten die Bischoffe, dass man ihn wieder in sein Element lassen wolte, welches auch geschehen, und wurd er von zweyen Bischoffen dahin begleitet, und erwiese sich freudig. Sobald er in das Wasser kame, machte er ein Creutz, und tauchte sich hinunter, wurde auch künfftig nicht mehr gesehen“[4]).

---

[1]) Vincent. XVII, 121; Megenberg 239. — [2]) Poggii facetiæ fol. 160. — [3]) Vincent. XVII, 120; Megenberg 239. — [4]) Abgebildet ist der Meerbischof z. B. in C. Gessner's Fischbuch, pag. CV der Ausgabe von 1575, in Schott's Physica curiosa, edit. 3a, pag. 363, etc.

IV.

Die zuletzt erwähnten Geschöpfe führen mehr oder weniger von selbst zum Menschen hinüber. Auch dieser gieng in Bezug auf fabelhafte an seine äussere Erscheinung geknüpfte Vorstellungen keineswegs leer aus. Und kann man vielleicht in Betreff der soeben erwähnten Phantasiegeschöpfe schwanken, ob man dieselben noch zu den thierischen Bewohnern des Wassers oder ob man sie schon zum Geschlechte der Menschen rechnen will, so giebt es andere Fabelwesen genug, welche nur unter der Rubrik Mensch können untergebracht werden. Die Ansichten, welche das Mittelalter von den menschlichen Bewohnern der Erde hatte, bewegen sich stets innerhalb einer gewissen Peripherie, und was jenseits derselben liegt, verliert sich regelmässig in den Nebel wunderbarer Vorstellungen. Aber auch hier hat das Mittelalter nur die Erbschaft des Alterthums angetreten, und seine Schriftsteller schöpfen, sobald sie auf die Schilderung monströser Menschen oder auch ganzer Völker kommen, stets aus Herodot, Ctesias, Plinius, Solinus u. A. Herodot z. B. weiss von Menschen mit Ziegenfüssen im nördlichen Ural (IV, 25), von Einäugigen (IV, 27), von Menscheu, welche jährlich einmal Wolfsgestalt annehmen (IV, 105), von Menschen mit Hundsköpfen und von solchen, welche gar keinen Kopf, sondern bloss zwei Augen auf der Brust haben (IV, 191). Aehnliche Wundermenschen begegnen uns auch in den Indica des Ctesias oder vielmehr in dem Auszug aus denselben, welchen wir dem Byzantiner Photius verdanken; auch da erscheinen die Hundsköpfigen (c. 20 ff.), ferner schwarze Stämme, deren After keine Oeffnung hat (c. 24), und die in Folge dessen genöthigt sind, Alles mittelst der Harnröhre von sich zu geben. Auch Plinius kennt Kopflose[1]), und nach Indien versetzt er Menschen ohne Mund, Einbeinige u. s. w.[2]). In diesem Stile geht es nun das ganze Mittelalter hindurch; hinter den bekannten Ländern beginnt regelmässig das Gebiet der Amazonen, der Greife, der

---

[1]) Historia natur. V, 8. — [2]) Ebend. VII, 2.

Hundsköpfe u. s. w. Die Autorität der von Alters her gebrauchten schriftlichen Quellen galt weit mehr als die empirische Erforschung der Thatsachen und nüchterne Erwägung des Denkbaren und Möglichen, und so glaubte man Jahrhunderte hindurch diesen Fabelgeschöpfen irgend einen entlegenen Winkel der Erde reservieren zu müssen. Selbst Ereignisse wie die Entdeckung Amerikas und die erste Weltumseglung vermochten keineswegs, diese Irrthümer sofort zu beseitigen. Bildliche Darstellungen der betreffenden Wundermenschen finden sich daher noch traditionell in Werken aus dem Ende des fünfzehnten Jahrhunderts, z. B. in Hartmann Schedel's Weltchronik[1]), in solchen des sechszehnten und sogar noch des siebenzehnten, also in Sebastian Münster's Cosmographie, im Anthropodemus plutonicus u. a. a. O.; der Einbeinige liegt da in der Regel auf dem Rücken und bedient sich seines einzigen, aber ganz enorm breiten Fusses wie eines Sonnenschirms, um sich gegen die sengenden Strahlen der indischen Sonne zu schützen.

Einiges an diesen und andern ähnlichen Vorstellungen mag bildlichen Darstellungen entnommen sein, bei welchen das Monströse irgend eine symbolische Bedeutung hatte. In andern Fällen mögen wirkliche Verhältnisse in Folge von ungenauen Berichten oder scherzhaften Mährchen allmählich die Fabeln hervorgerufen oder es mag das Neue oder Ungewohnte irgend einer Erscheinung zu fabelhaften Ansichten geführt haben. Es ist bekannt, dass zur Zeit der Entdeckung Americas die Indianer beim Anblick der ersten Reiter Mann und Ross für ein einziges Geschöpf hielten, und wenn dieselben überhaupt im Stande gewesen wären, Aufzeichnungen oder gar Abbildungen des von ihnen Angeschauten anzufertigen, so würden wir in denselben ohne allen Zweifel aus Mensch und Pferd zusammengesetzten Fabelgeschöpfen begegnen. Auch die Centauren des griechischen Mythus sind bekanntlich schon auf diese Weise für wirkliche

---

[1]) Nürnberger Ausgabe von 1493, fol. XII. Sogar in der Rosette des südlichen Querschiffs der Cathedrale von Lausanne (Ende des 13. Jahrhunderts) finden sie sich auf Glas gemalt; vgl. Rahn, Gesch. der bildenden Künste in der Schweiz, S. 569.

Reiter erklärt worden[1]), während Andere freilich zu anderen Deutungen ihre Zuflucht genommen haben[2]). Ferner hat man aus Mensch und Thier zusammengesetzte Geschöpfe auf Bewohner des hohen Nordens bezogen, welche den ganzen Körper in Thierfelle hüllten und nur das Gesicht freiliessen, die Menschen mit den Ziegenfüssen aber auf Gebirgsbewohner von wunderbarer Gewandtheit im Klettern und Steigen[3]); Manches wird wohl auch immer räthselhaft bleiben.

Aber auch abgesehen von solchen Fabelmenschen, welche man sich doch wenigstens in weiter Ferne dachte, schrieb man auch manchen gewöhnlichen Menschen, mit welchen man täglich verkehrte oder wenigstens verkehren konnte, mancherlei wunderbare Eigenschaften zu. Manche der hieher gehörigen Züge fallen in das Gebiet des Zauber- und Hexenwesens und werden also später erörtert werden, z. B. der Glaube, dass der Blick und die Worte gewisser Leute schädlich seien, oder dass ihr Hauch vergifte. Zuweilen tauchen aber solche Ansichten auch ohne Zusammenhang mit dem Hexenwesen auf und scheinen eine allgemeinere Giltigkeit gehabt zu haben. Megenberg z. B. behauptet, dass das menschliche Auge schlechthin in Folge seines feuchten und giftigen Inhaltes im Stande sei, sowohl die Luft als die Thiere, auf welche sein Blick fällt, zu schädigen, ferner dass auch Schwangere durch ihren blossen Anblick in den Augen eines Kranken Blattern zu erregen vermöchten[4]). Namentlich aber glaubte man, aus verschiedenen äusseren Anzeichen mit Sicherheit schliessen zu können, ob eine Schwangere mit einem Knaben oder mit einem Mädchen niederkommen werde[5]); dieser Glaube spuckt bekanntlich auch noch heutzutage in vielen Köpfen.

Endlich waren auch die Vorstellungen, welche man in Bezug auf Missgeburten hatte, sehr ausgebildet, und der mittelalterliche Mensch dachte sich Manches als möglich oder gar wirklich, was die moderne Wissenschaft absolut verwirft. Die jetzige Sprache

---

[1]) Palæphatus, de incredibilibus, cap. 1. — [2]) Preller, griech. Mythol. 2. Aufl. II, 15. — [3]) Müllenhoff, deutsche Altertumskunde I, 493—495. — [4]) S. 9. — [5]) Ebend. S. 39 ff. Albertus Magnus, de secretis mulierum libellus, cap. 8.

verzichtet bekanntlich darauf, zu dem Substantiv Mund einen Plural zu bilden; wenn aber Conrad von Megenberg von einem Kinde mit elf mundartigen Oeffnungen und folglich mit zweiundzwanzig Lippen spricht, so verschmäht er natürlich die hiezu nothwendige Pluralform nicht [1]. Der nämliche Megenberg spricht auch von menschlich geformten Kindern mit Thierköpfen und umgekehrt von jungen Thieren mit Menschenköpfen wie von etwas ganz Gewöhnlichem [2] und macht für die Existenz solcher Geschöpfe die Sterne verantwortlich. Eine wahre Fundgrube aber für Liebhaber monströser Körperformen bildet das fünfte Buch von Caspar Schott's „Physica curiosa"; da finden sich neben den Kopflosen (cap. 1) Mehrköpfige (cap. 2), Eier mit Gorgonenhäuptern (cap. 26) und dergleichen mehr. Manches derartige mag durch den Anblick heidnischer Götzenbilder veranlasst worden sein, die man nicht für Gebilde der Phantasie sondern für Nachbildungen wirklicher Menschen hielt, und deren Abnormitäten man gerne noch übertrieb. In der Tiber soll im Jahre 1496 ein ganz greuliches Monstrum gefunden worden sein, welches Schott (cap. 29) folgendermassen beschreibt: Der Leib war schuppig, der Kopf der eines Esels, die linke Hand menschlich geformt, an der Stelle der rechten ein Elephantenfuss; der rechte Fuss sah aus wie der eines Adlers, der linke wie der eines Ochsen; dazu kam ein normal menschlicher Bauch mit Brüsten, und endlich schaute noch ein haariger Kopf aus dem After hervor. Das ganze Geschöpf sollte durch seine Missgestalt entweder die verdorbenen Sitten seines Zeitalters oder die bald nachher aufkommenden Ketzereien veranschaulichen. Ueberhaupt glaubte man ganz allgemein, Gott wolle durch solche Zeichen die Menschen warnen und auf den rechten Weg bringen [3]. Selbstverständlich gerieth man auch beim Anblicke solcher Monstra hinsichtlich des Taufens in Verlegenheit, da man häufig gar nicht wusste, ob sie noch zu den Menschen gehörten oder nicht. Schott räth in zweifelhaften Fällen zu der Tauffformel: „sies homo, ego te baptizo" und empfiehlt überdiess, zweileibige Missgeburten zweimal zu taufen [4].

---

[1] S. 487. — [2] S. 488. — [3] Schott, Physica curiosa V, 29. — [4] Ebend. V, appendix cap. 4.

V.

Luftmenschen. Diesen Vorstellungen von den verschiedenen Bewohnern des Erdbodens entsprechen nun auch die von dem, was man über und unter demselben vermuthete. Zunächst dachte man sich auch die Luft theilweise von menschlichen Wesen bevölkert und glaubte demgemäss an sogenannte Luftschiffer, welchen man die böswillige Absicht andichtete, sie kämen bisweilen auf die Erde herab, um Feldfrüchte zu stehlen und dieselben in ein fabelhaftes Land, welches Magonia hiess, zu entführen. Erzbischof Agobard von Lyon erzählt in seinem „liber contra insulsam vulgi opinionem de grandine et tonitruis", wie die Leute in seiner Gegenwart vier derartige vermeintliche Luftschiffer steinigen wollten[1]). Noch wunderlichere Dinge berichtet Gervasius von Tilbury von den nämlichen Luftschiffern[2]). Zu seinen Lebzeiten, also am Ende des zwölften oder am Anfange des dreizehnten Jahrhunderts, seien an einem trüben neblichten Tage in England die Leute gerade aus der Kirche gekommen, da habe sich ein Anker an einem Tau aus der Luft herabgesenkt. Darauf schien es — denn deutlich konnte man die Gegenstände wegen des Nebels nicht sehen —, als ob man sich oben Mühe gebe, den Anker wieder hinaufzuwinden, wobei sich auch die Stimmen der Luftschiffer hören liessen, und schliesslich liess sich sogar ein Mann an dem Tau herab. Schon hatte der Luftmensch den Anker aus der Erde losgemacht, und die Umstehenden wollten ihn gerade packen, da gab er den Geist auf, wahrscheinlich weil die Luft auf der Erde für ihn zu schwer war. Nach einer Stunde, als die übrigen Luftmenschen merkten, dass ihrem Genossen etwas widerfahren sei, schnitten sie das Seil entzwei, überliessen den Anker seinem Schicksal und fuhren weiter. Aus dem Anker wurde später das Eisenwerk der Kirchthüre, vor welcher der ganze Spectakel sich ereignet hatte, verfertigt.

---

[1]) S. Argobardi episc. Lugd. opera. ed. St. Baluzius, I, 145 ff. — [2]) Otia imperialia I, 13.

Auch diese Vorstellungen waren dem Alterthum keineswegs ganz fremd, es ergiebt sich das z. B. aus dem zweiten Buche der Maccabäer (V, 2 u. 3) und aus der Naturgeschichte des Plinius (II, 49), und auch nach dem Ablaufe des eigentlichen Mittelalters tauchen sie noch hie und da auf; namentlich gerne dachte man sich Geisterschaaren, welche in der Luft mit einander kämpften. Im Jahre 1608 z. B. entstand in der Nähe von Angoulême aus heruntergefallenen Wolken ein solches Heer mit vollständiger Bewaffnung, mit Trommelschlägern und blauen Fahnen, ungefähr zwölftausend Köpfe stark[1]; 1652 beobachteten Leute, welche auf der Maas fischten, eine Seeschlacht in der Luft[2]. Im Jahre 1678 endlich, am neunten Juli Morgens früh um fünf Uhr fand bei Demitz an der Elbe eine Geisterschlacht in der Luft statt, in welcher es sehr viele Todte gab; zuletzt kam ein grosser schwarzer Sarg herab, dann kam Dampf und Knall, und mit letzterem war um sieben Uhr Alles wieder verschwunden[3].

Gleich den obern Lufträumen dachte man sich auch unterirdische Behausungen, in welche man durch Höhlen oder durch den Spiegel von Gewässern gelangte, von menschlichen oder wenigstens halbmenschlichen Wesen bevölkert[4]. Diese Geschöpfe gehören ursprünglich meist den heidnischen Naturreligionen an, welche dem Christenthum in Europa vorangegangen sind, und wir versparen demgemäss ihre Schilderung auf das fünfte Capitel.

Die Gestirne hielt man natürlich nicht für grosse, der Mehrzahl nach unsere Erde an Umfang und Durchmesser übertreffende Körper sondern für kleine Punkte. Man traute ihnen überdiess hinsichtlich ihrer Bewegungen lauter Willkür und

---

[1]) Beauchamp, Histor. divers. pag. 517 bei Remigius Dämonolatrie, II, 438. — [2]) Remigius a. a. O. II, 445, 446. — [3]) Horst, Zauberbibliothek II, 315 ff. — Noch im Juli 1881 berichteten glaubwürdige Zeitungen, ein Bauernmädchen im Elsass habe einen herabfallenden Luftballon für den Teufel in Gestalt eines grossen Vogels gehalten. Vgl. auch Prato, Storia di Milano ad a. 1514 (Archivio storico italiano t. III, pag. 324). — [4]) Gervas. Tilb. ot. imper. III, 45; Guilemus Neubrigensis rer. Angl. lib. I, cap. 27; Giraldus itinerar. Cambr. I, 8.

namentlich auch eine stark ausgeprägte Neigung zu, auf menschliche Verhältnisse Einfluss zu üben. Die grosse Mehrzahl der hieher gehörigen Ansichten fällt natürlich unter den Begriff der Astrologie und ist also schon früher im ersten Capitel besprochen worden; einige andere, welche nicht gerade in die genannte Categorie passen, mögen nachträglich hier ihre Stelle finden. Die Erde bildete selbstverständlich den Mittelpunkt der Welt; die Sonne, der Mond und die übrigen Gestirne ohne Ausnahme kreisten oder, wie Conrad von Megenberg sich ausdrückt, walzten um sie herum. Da die Sonne, der Mond und die fünf Planeten Mercur, Venus, Mars, Jupiter und Saturn jeder einen besondern Himmel haben, so ergeben sich zunächst sieben Himmel, welche Conrad wegen ihres Walzens auch „Walzer" nennt. Auf diese sieben folgt dann als achter das Firmament, als neunter der Crystallhimmel, welcher sich jeweilen in vierundzwanzig Stunden um die Erde dreht. Zuoberst endlich wölbt sich der zehnte Himmel, das sogenannte Empyreum; dieser „walzt" nicht, sondern er steht stille, und in ihm weilt Gott mit seinen Auserwählten[1]). Es ist das die auf dem Werke des griechischen Astronomen Ptolemæus basierte Weltordnung, welche uns auch sonst in den Werken des Mittelalters entgegentritt, und in welcher, wie Dante sich ausdrückt, der griechische Geograph und der wahre katholische Glaube übereinstimmen[2]).

Gelegentlich wird dann die Monotonie der neun walzenden Himmel durch allerlei auffallende Erscheinungen unterbrochen. So spaltete sich nach Cäsarius von Heisterbach[3]) im Januar 1207 die Sonne in drei Theile, deren jeder wie eine gelbe Lilie mit dreiblättriger Blüthe aussah, und erst nach einiger Zeit vereinigten sich die drei Theile wieder. Cäsarius bezog diese Erscheinung auf das dreifache Schisma des römischen Reiches, auf welches damals Philipp von Schwaben, Otto IV. und der junge Friedrich II. Ansprüche machten. Im Jahre 1514 sah man in Wittenberg ebenfalls drei Sonnen, jede mit einem blutigen Schwert[4]), ebenso 1528 in Zürich[5]). Manchmal waren die

---

[1]) Megenberg S. 55. Vincent. Bel. III, 82 ff. — [2]) Floto, Dante Alighieri. S. 113. — [3]) Dial. mir. X, 23. — [4]) Maiolus, Dies canicul. I, 1. — [5]) Ebend.

Sonnenstrahlen so massiv, dass man Kleider an ihnen aufhängen konnte; letzteres that z. B. der heilige Goar in Gegenwart des Erzbischofs von Trier[1]) und ebenso Bischof Florentius von Strassburg vor König Dagobert[2]).

Auch der Regen beförderte zuweilen sehr seltsame Gegenstände auf die Erde, z. B. Korn, Gerste und Gemüse[3]), ferner Blut[4]), ja sogar Fleisch[5]) und Fische[6]).

Viertes Capitel.

Der medicinische Aberglaube.

Die mittelalterliche Naturlehre war wenig mehr als die Magd der Heilkunst, während es gegenwärtig zahlreiche Zweige der Naturwissenschaft giebt, welche ganz unabhängig von der Medicin und um ihrer selbst willen bestehen. Die Medicin selbst erscheint uns jetzt nur als angewandte Naturkunde, und es lässt sich ja auch nicht läugnen, dass sie ohne diese kaum existieren kann. Im Mittelalter war es anders; damals galten die Krankheiten nicht immer für Störungen des natürlichen Organismus, und da man ihre Ursachen nicht ausschliesslich in letzterem suchte, so glaubte man, auch die Heilmittel zum Theil anderswo suchen zu müssen. In Folge dessen erscheint die mittelalterliche Heilkunde durch zwei von einander sehr verschiedene Factoren bedingt, von welchen der eine natürliche noch jetzt allgemeine Geltung hat, während der andere nur noch ausnahmsweise und jedenfalls ausserhalb desjenigen, was man gewöhnlich unter Medicin versteht, vorkommt.

Der moderne Mensch nämlich hält Krankheiten, Verletzungen

[1]) Acta Sanctor; Julii tom. II, pag. 335a. — [2]) Surius, de probatis sanctorum vitis, 7 Nov. — [3]) Vincent. Beluac. specul. histor. XXIII, 148. — [4]) Ant. Bonfinii rer. Ungar. decas III, lib. 8. — [5]) Ebend. — [6]) Vincent. Beluac. spec. hist. XXIV, 97.

u. dgl. für Störungen des körperlichen Organismus und wendet folglich, um sie zu beseitigen, auch natürliche Heilmittel an. Anders das Mittelalter, welches auch hier wie in so vielen andern Dingen den Vorstellungen des Alterthums, des heidnischen sowohl als des jüdischen, folgte. Man sah in einer Menge von Fällen göttliche oder dämonische Einwirkung für den Hauptfactor an und dachte sich nun diese Einwirkung möglichst direct und unmittelbar. Nun giebt es ja allerdings krankhafte Zustände, welche man mit Recht als Strafen für begangene Fehler ansehen kann, Zustände, wie sie namentlich an Menschen hervortreten, welche durch einen sittenlosen Lebenswandel den Keim künftiger Leiden in sich aufgenommen haben. Allein auch in solchen Fällen ist die Krankheit eben doch nur eine durch die Principien der göttlichen Weltordnung gewollte und nicht eine durch unmittelbares Eingreifen guter oder böser Geister verhängte Strafe.

Hielt man aber nach mittelalterlicher Weise die Krankheit als eine direct von Gott oder mit Gottes Zulassung von bösen Geistern geschickte, so war es allerdings consequent, wenn man sich auch zur Abhilfe ebenso unmittelbar an Gott oder einen Heiligen und folglich gegen die bösen Geister wandte, wenn man also statt zu natürlichen zu magischen Mitteln seine Zuflucht nahm.

Nun entwickelte sich allerdings im Alterthum wie im Mittelalter neben der magischen Heilung auch die wirkliche medicinische Wissenschaft. Es hätte aber in der That seltsam zugehen müssen, wenn jene durch diese sofort wäre verdrängt worden. Vielmehr wirkte die Gewohnheit, Ursachen von Krankheiten nicht auf dem Gebiete der Natur und ihrer Gesetze zu suchen, auch auf diejenigen Fälle ein, in welchen man natürliche Ursachen an und für sich gerne zugab; man wandte die magischen Heilmittel auch da an, wo eigentlich kein Mensch an der Natürlichkeit der Ursachen zweifelte. Dazu kam dann noch, dass die eigentliche Kenntniss des menschlichen Körpers und seiner einzelnen Bestandtheile Jahrhunderte hindurch völlig im Argen lag. Allerdings hatte in Italien schon Kaiser Friedrich II. bei der Reorganisation der Universität Salerno befohlen, dass die Professoren der Medicin auch Anatomie lehren sollten; doch war auch hier noch lange kein Uebermass anatomischer Kenntnisse zu befürchten; lesen wir doch, dass der nämliche Kaiser im Jahre 1238 verfügt, es solle alle fünf Jahre eine Leiche öffentlich zergliedert werden, und es seien dazu alle Aerzte und Wundärzte der Reihe nach zuzuziehen[1]). In Deutschland und Frankreich aber gieng es noch mehr als ein Jahrhundert, bis ähnliche Ansichten zum Durchbruche kamen; in Prag z. B. wurden zwar seit 1348 hie und da menschliche Leichen zergliedert, allein die regelmässigen anatomischen Vorlesungen begannen erst im Jahre 1460[2]); in Frankreich endlich erhielt die medicinische Facultät von Montpellier 1376 von dem Herzog von Anjou als Statthalter König Carls V. die „Erlaubniss“, an den Leichen Hingerichteter Operationen vorzunehmen[3]). Aber auch jetzt gediehen die magischen Heilmittel neben den natürlichen weiter. Oft genug mochte es auch jetzt noch vorkommen, dass Kranke, denen wirkliche Aerzte entweder gar nicht oder wenigstens nicht rasch genug zur Genesung verhalfen, ihre Zuflucht wieder zur Magie nahmen; handelt es sich doch hier um einen Standpunkt, der auch heutzutage noch lange nicht zu den überwundenen darf gezählt werden.

Die Incubation.

Ein Hauptmittel, Krankheiten los zu werden, bestand im Alterthum in der sogenannten Incubation, dem Tempelschlaf. Selbstverständlich suchte man zu diesem Zwecke die Tempel solcher Gottheiten auf, welchen man die zum Heilen nothwendigen Kräfte und zugleich den hiezu erforderlichen guten Willen auch sonst zutraute. Schon in Aegypten wurde der Serapistempel zu Memphis in dieser Weise besucht; doch war hier der Aberglaube insofern kein ganz plumper, als man die Genesung nicht unmittelbar durch den Schlaf zu finden glaubte; man hoffte vielmehr im Traume von der Gottheit angewiesen zu werden, durch was für erst noch anzuwendende Mittel man Linderung oder Heilung finden werde.

In Griechenland hieng die Incubation namentlich mit dem

---

[1]) Häser, Geschichte der Medicin. 3. Bearbeitung, Bd. I, S. 733 — [2]) Ebend. 746. — [3]) Ebend. 745.

Cultus des Heilgottes Asclepios zusammen. Seine Tempel standen in frischer Luft, waren von der Sonne mild beschienen und befanden sich in der Nähe von Quellen, welche möglicherweise mineralische Bestandtheile enthielten. Seine Priester, die sogenannten Asclepiaden, besassen wirkliche medicinische Kenntnisse; sie verwiesen hoffnungslose Kranke, ihrer Entbindung nahe Frauen u. dgl. aus der Nähe des Tempels, damit nicht plötzliche Unglücksfälle dem Ansehen und den Einkünften desselben schaden möchten. Ausserdem suchten sie auch durch Regeln der Diät die Kranken für die Genesung empfänglich zu machen [1]). Ausser den eigentlichen Asclepiostempeln gab es noch andere Heiligthümer mit ähnlichen Heilmethoden, z. B. das des Amphiaraus zu Oropus auf der Grenze von Attica und Böotien [2]), ferner das Plutonicum bei Acharaka in Lydien, wo indessen die Incubation nicht durch die Kranken selbst sondern durch die Priester ausgeführt wurde [3]).

Aus dem Alterthum ist nun die Sitte des Tempelschlafs auch in die christliche Kirche des Mittelalters, in die morgenländische sowohl als in die abendländische, übergegangen; nur traten jetzt die Madonna und die Heiligen an die Stelle der heidnischen Götter. Auf dem Vorgebirge Prochthoi oder Brochoi am europäischen Ufer des Bosporus stand ein von Kaiser Constantin in eine christliche Kirche umgewandelter und dem Erzengel Michael geweihter, ursprünglich aber heidnisch gewesener Tempel, Michaelion genannt; den hier schlafenden Kranken wurden durch Visionen die Mittel zur Heilung ihrer Leiden angegeben. Aquilin, ein berühmter Advocat und guter Bekannter des Kirchenhistorikers Sozomenus, litt an der Galle, und die Aerzte hatten ihn bereits aufgegeben. Er liess sich nun in das Michaelion tragen, und hier rieth ihm Gott in nächtlicher Erscheinung ein aus Honig, Wein und Pfeffer gemischtes Getränk an; dieses brachte ihm in der That seine verlorene Gesundheit wieder. Ebenso wurde dem Hofarzte Probian, welcher an den Füssen litt, daselbst eine Vision zu Theil,

---

[1]) v. Rittershain, der medicinische Wunderglaube und die Incubation im Alterthume, S. 24, 57. — [2]) Pausanias I, 34, 3. — [3]) Strabo XIV, 1, 44.

welche ihm Genesung brachte. Sozomenus, unser Gewährsmann, fügt noch hinzu, dass dergleichen Genesungen im Michaelion ausserordentlich zahlreich seien, dass er aber diese beiden Fälle allein ausgewählt habe[1]).

Im Allgemeinen aber lässt sich hinsichtlich der Incubation in der christlichen Zeit eine gewisse Vergröberung, namentlich in der abendländischen Kirche, nicht verkennen. Wir hören zunächst nichts mehr von ärztlichen Kenntnissen der an den betreffenden Kirchen functionierenden Priester, und ebensowenig kann von besonders günstigen localen Verhältnissen die Rede sein. Die Diätvorschriften hören gleichfalls auf, und der Heilige, vor dessen Schrein die Kranken die Nacht zubringen, giebt keineswegs blosse Rathschläge. Der Ort ist jetzt vielmehr das Entscheidende, insofern der daselbst begrabene Heilige einen ganz besondern Nimbus hat, und es genügt, an dem betreffenden Grabe eine oder mehrere Nächte zuzubringen, um zu genesen. Das Wunder ist also hier ein vollkommenes, und der Glaube an dasselbe ist in der Regel die einzige Bedingung, an welche die Heilung gebunden ist. Oder sollen wir annehmen, dass unsere Quellen nur die Heilungen selbst berichten und diesen oder jenen äussern Umstand verschweigen? Die in den folgenden Zeilen erwähnten Fälle sprechen nicht sonderlich zu Gunsten dieser Annahme.

Derjenige Ort, welcher sich unter allen abendländischen der grössten Zahl solcher Heilungen rühmen konnte, war die Kirche des heiligen Martin in Tours; hier kam der Tempelschlaf in der That zur Zeit Gregors von Tours ausserordentlich häufig vor[2]). Manche erleichterten sich überdiess die Sache, indem sie die Reise nach Tours vermieden und einfach Gegenstände bei sich trugen, welche irgend einmal von dem Grabe S. Martins gekommen waren, z. B. Asche oder Staub[3]), ferner Wachs oder geweihtes Oel[4]). In andern Fällen genügte es, wenn man den kranken Körpertheil mit dem Vorhange der Gruft in Berührung brachte. Gregor von Tours selbst versuchte

---

[1]) Historia ecclesiastica II, 3. — [2]) Histor. Francor. IV, 16 und VIII, 16. — [3]) Ebend. VIII, 15. — [4]) Greg. Tur. de miraculis D. Martini I, 34.

letzteres, als ihn der linke Schlaf schmerzte, und genas augenblicklich. Zehn Tage später liess er sich eine Ader schlagen; da brachte ihn der Teufel, wie er glaubte, auf den Gedanken, eigentlich möchte der Aderlass seine Genesung bewirkt haben; nun fieng aber der Schmerz, dieses Mal an beiden Schläfen, auf's neue an und hörte nicht eher auf, bis Gregor nochmals den Kopf an den Vorhang des heiligen Martin hielt[1]). Zuweilen zeigte sich der Heilige freilich unerbittlich. Ein gewisser Leo von Poitiers hatte sich über ihn und über S. Martial geringschätzig geäussert und war zur Strafe dafür taubstumm geworden. Er eilte nun zwar nach Tours und machte der Kirche des heiligen Martin reiche Geschenke, ja er schlief sogar in derselben; es half aber nichts, der Frevler wurde vielmehr wahnsinnig und starb in diesem Zustande[2]).

Im Ganzen gehört aber die Incubation nur den früheren Jahrhunderten der abendländischen Kirche an, und Fälle aus späterer Zeit stehen im Ganzen vereinzelt da. Nach Padua z. B. kamen noch im sechszehnten Jahrhundert junge Bursche und Mädchen, um in der Kirche des heiligen Antonius daselbst eine Nacht zuzubringen[3]). Und in der Abtei S. Hubert in den Ardennen herrschte dieselbe Sitte noch im siebenzehnten[4]). Immerhin scheint sie sowohl im spätern Mittelalter als in den darauf folgenden Jahrhunderten keine allgemein verbreitete gewesen zu sein; wenigstens erwähnt Thomas Naogeorgus, welcher in seinem 1553 zum ersten Male gedruckten „regnum papisticum“ sonst so ziemlich Alles zusammengestellt hat, was sich von protestantischem Standpunkte aus gegen katholische Dogmen und Gebräuche sagen liess, derselben nicht. In Griechenland hingegen haben sich einzelne hierher gehörige Züge bis auf die neueste Zeit erhalten; da schlafen die Mütter noch jetzt zu den Füssen der Heiligen für ihre kranken Kinder[5]).

---

[1]) Ebend. II, 60. — [2]) Histor. Francor. IV, 16. — [3]) G. Fabricius, Commentarius ad poetas Christianos, ed. Basil. a. 1564, pag. 72. — [4]) P. Lebrun, histoire des pratiques superstitieuses, 2e édition, t. II, pag. 1 ff. — [5]) B. Schmidt, das Volksleben der Neugriechen u. das hellen. Alterthum. S. 77—82.

Nicht ganz dasselbe, aber doch etwas aus verwandter Anschauung hervorgegangenes ist es, wenn die Zimmerische Chronik erzählt, im Jahre 1040 seien Deutsche, welchen der Böhmenherzog Wratislaus Fesseln angelegt hatte, dieselben los geworden, während sie zu S. Leonhard bei Ettenhain-Münster schliefen[1]; S. Leonhard ist nämlich der Schutzpatron der Gefangenen.

Zahlreicher sind jedenfalls diejenigen Fälle, in welchen keine eigentliche Incubation erforderlich war, in welchen aber doch das Grab irgend eines Heiligen wunderthätig wirkte. Auch war natürlich die Zahl der Heiligengräber in allen Ländern der Christenheit, welche sich derartiger Erfolge rühmen konnten, eine beträchtliche. So befreite z. B. Staub von der Gruft S. Gereons in Cöln den Bischof Evergislus vom Kopfweh[2]. Zu S. Denys am Grabe des heiligen Ludwig genasen Lahme, Blinde und Taubstumme; Ritter Peter von Laon hielt seinen kranken Arm an die Haare des todten Königs und genas, und ein englischer Priester, welcher in Chartres erkrankt war, brauchte eine Wallfahrt nach S. Denys nur zu geloben, um sofort wieder gesund zu werden[3]. Sogar unvernünftige Thiere, bei welchen doch weder der Glaube an die Möglichkeit der Genesung noch die Absicht, sich heilen zu lassen, denkbar war, genasen ebenfalls; einen Bock z. B., dessen gebrochenes Bein nur ganz zufällig an das Pheretrum eines Märtyrers gerieth, heilte dieses gleichfalls[4]. Zur Zeit der Belagerung von Neuss durch Carl den Kühnen endlich, im Jahre 1475, wurde ein gefallener Neusser, dessen Leichnam seine Mitbürger vor das Grab des heiligen Quirinus gelegt hatten, sogar wieder lebendig[5].

In Würzburg setzt man noch jetzt in der Mariencapelle den Schädel des heiligen Macarius zur Vertreibung von Kopfschmerzen auf. In der Kirche der dortigen Franciscaner empfiehlt

---

[1]) Bd. I, S. 58 der Ausgabe von Barack. — [2]) Ennen. Geschichte der Stadt Cöln I, S. 72. — [3]) Guillelmus Carnotensis, de vita et miraculis S. Ludovici regis. (Du Chesne Historiæ Francor. scriptores, t. V, pag. 475 bis 477. — [4]) Guibertus Novigent. de vita sua, III, 19. — [5]) Knebel, Diarium (Basler Chroniken, Bd. II, pag. 219).

sich das Küssen und Berühren der Reliquien des heiligen Valentin gegen Epilepsie und Fraisen. Aus dem Brunnen von S. Amor zu Amorbach trinken unfruchtbare Frauen, ja es wird sogar erzählt, die Kaiserin Maria Theresia habe sich Amorwasser auf den Rath ihres Beichtvaters nach Wien kommen lassen[1]). Ebenso gilt das in der Gruft der heiligen Walburgis zu Eichstätt vom October bis zum Februar hervorquellende sogenannte Walburgisöl schon seit dem vierzehnten Jahrhundert für heilkräftig[2]). Und in Sitten im Canton Wallis ärgert sich der neben der hochgelegenen Valeriakirche wohnende und um die Erhaltung ihrer Alterthümer eifrig besorgte Eremit oft genug über die Wallfahrer, welche den Staub von der Gruft des Matthias Will zu ähnlichem Gebrauche wegschaben.

Votivbilder. Wer nun seine Genesung einer unmittelbaren göttlichen Intervention in Folge Tempelschlafs oder irgend einer andern der Gottheit erzeigten Leistung zuschrieb, ermangelte natürlich nicht, sich der betreffenden Gottheit erkenntlich zu beweisen. Es geschah das hauptsächlich durch sogenannte Anathemata, d. h. durch künstliche Nachbildungen des krank gewesenen Gliedes in Gold, Silber, Elfenbein u. s. w., welche in dem betreffenden Tempel aufgehängt wurden. Eine noch erhaltene griechische Inschrift zählt die Dinge auf, welche man an solchen Orten in Folge dieser Sitte gelegentlich zu Gesicht bekommen konnte; es waren menschliche Antlitze, Hände, weibliche Brüste, sogar Schamglieder[3]). Anderwärts fand man die Reliefbilder ganzer Familien, welche sich der meist sitzend dargestellten Gottheit nahen. Auf solchen Votivbildern standen überdiess Worte des Dankes, Angaben über die Krankheit selbst oder über die von den Göttern angerathenen Heilmittel. Nach Plinius[4]) sollen Hippocrates und andere Aerzte ihre medicinischen Kenntnisse aus diesen Votivbildern geschöpft haben!

Die christliche Kirche hat diese Sitte anfänglich als eine heidnische verabscheut. Der heilige Gallus z. B. verbrannte

---

[1]) Lammert, Volksmedicin u. medicinischer Aberglaube in Bayern. S. 25. — [2]) Ebend. S. 26. — [3]) Böckh, Corpus inscript. græc. I, pag. 750. — [4]) Hist. nat. XXIX, 4. —

nach Gregor von Tours[1]) in Cöln dergleichen hölzerne Glieder geradezu, und der Indiculus superstitionum et paganiarum[2]) bezeichnet das Verfahren ausdrücklich als ein heidnisches. Allein auf die Dauer vermochte ihm die Kirche nicht zu widerstehen, und allmählich füllten sich die Wallfahrtskirchen der Christenheit mit Votivtafeln und plastischen Darstellungen von Körpertheilen, mit Fesseln, welche man nicht mehr zu tragen brauchte, entbehrlich gewordenen Krücken u. s. w. Auf den Tafeln sieht man ebenfalls wieder menschliche Glieder gemalt, ferner brennende Häuser, Leute, welche in's Wasser fallen, Ställe voll kranken Viehs u. a. m. Auch die Neugriechen kennen solche Votivbilder[3]).

Unfruchtbarkeit.

Die bis jetzt erwähnten Heilmittel wurden zur Linderung der verschiedensten Gebrechen angewandt; es giebt nun aber auch solche, welche bloss bestimmte Leiden zu heilen vermögen. Unter den Gebrechen, um welche es sich hier handelt, spielt kaum ein anderes eine so grosse Rolle wie die weibliche Unfruchtbarkeit, und man griff, um diese zu beseitigen, zu allen nur denkbaren magischen und abergläubischen Mitteln. Die Hauptrolle unter diesen spielte der Phallus, dessen symbolische Bedeutung ursprünglich den verschiedensten Naturreligionen angehören kann. Ein solcher Phallus befand sich z. B. in der S. Veitscapelle bei Schwitzerhoff, und die unfruchtbaren Weiber wurden nicht müde, ihn zu verehren[4]). Ueber der Steenport zu Antwerpen befand sich ebenfalls das Bild eines Mannes mit übergrossem Zeugungsglied, es scheint dasselbe eher germanischen als römischen Ursprungs gewesen zu sein; an dieses Bild nun wandte man sich in sehr verschiedenen Fällen um Hilfe und Beistand, und namentlich brachten ihm die unfruchtbaren Frauen Blumen und Kränze dar. So berichtet Goropius Becanus in seinen „Origines Antverpianæ“ [5]); doch bemerkt er dabei,

---

[1]) Vitæ patrum 6. — [2]) No. XXIX (gedruckt in den Monum. German hist. Leg. t. I, pag. 20). — [3]) Wachsmuth, das alte Griechenland im neuen S. 29. — [4]) Mémoires de l'Académie de Metz, a. 1850—1851, pag. 204 ff. — [5]) Pag. 26; abgebildet ist dasselbe bei J. W. Wolf, Beiträge zur deutschen Mythologie, I, Tafel 2, Fig. 1.

dass schon zu seiner Zeit, also im sechszehnten Jahrhundert, diese Sitte für altfränkisch gelte, aber doch noch nicht erloschen sei. Aehnliche Bilder befanden sich in Geldern, Löwen u. s. w. Auch kam es vor, dass die unfruchtbaren Frauen etwas Weniges von solchen Phallusbildern abschabten und in einem Glase Wasser mitnahmen. Ein anderes Bild von ähnlicher Art befand sich in dem Dorfe Emenzheim im Nordgau[1]; hier setzten sich die Weiber auf den in einem Garten befindlichen Stein, an welchem das Bild angebracht war, und welcher ursprünglich wohl ein Altar sein mochte[2]. Unter den Kräutern traute man hauptsächlich dem Bibergeil ähnliche Wirkungen zu, und der Nachtschatten sollte wenigstens üppige Brüste machen[3]; auch die Mandragora gehörte nach Genesis 30, 14 in dieselbe Classe von Gewächsen. Höchst originelle hierher gehörige Vorstellungen enthält auch ein in der zweiten Hälfte des vorigen Jahrhunderts anonym herausgekommenes Buch, betitelt „Reise durch den Baierschen Kreis" (Salzburg und Leipzig 1784. 8⁰), welches übrigens in Bayern selbst auf mancherlei Widerspruch stiess. Hier wird nämlich (S. 31 ff.) folgendes erzählt: Auf dem Bogenberg bei Straubing befand sich in der dortigen Wallfahrtskirche ein Bild, welches die Madonna in schwangerem Zustande darstellte, und zu diesem pflegten unfruchtbare Frauen zu wallfahrten. Der Zudrang soll zuweilen gar nicht gering gewesen sein, und, fügt der boshafte Verfasser des Buches hinzu, „besonders sollen unfruchtbare junge schöne Damen nie ungesegnet von der schwangeren Maria nach Hause kehren." Die männliche Impotenz endlich wurde am sichersten dadurch beseitigt, dass der betreffende Mann das Wasser durch den Trauring liess[4]. Uebrigens wusste der mittelalterliche Aberglaube auch in denjenigen Fällen Rath, in welchen die Unfruchtbarkeit als das Wünschenswerthere erschien. Der Verfasser der fälschlich dem Albertus Magnus zugeschriebenen Schrift „de mirabilibus Mundi" empfiehlt, für diesen Fall den Urin eines Maulthiers

---

[1]) Falkenstein, Antiquitates Nordgavienses, I, pag. 86, tab. III. — [2]) Vgl. das Bild bei Wolf a. a. O. Tafel 2, Fig. 2. — [3]) Pichler, Drama des Mittelalters in Tirol; S. 43. — [4]) Wierus, de præstig. dæmon. V, 9.

oder eines Widders oder auch Hasenblut zu trinken, oder die Excremente eines Hasen über sich aufzuhängen [1]).

Die Niederkunft.

War eine Frau wirklich schwanger geworden, so brachte die Niederkunft neue Schmerzen und Gefahren, und man griff daher sehr gerne zu Mitteln, von welchen man für jene Beförderung oder Erleichterung hoffte. Zu diesen Mitteln gehörte z. B. das Trinken von Wasser, welches mit Reliquien in Berührung gewesen war [2]). Oder man band der Kreisenden einen Rabenducaten, einen Johannesgroschen oder einen Adlerstein zur Erleichterung an das Schienbein; letzteres soll noch im siebenzehnten Jahrhundert vorgekommen sein [3]). In Griechenland streut man sogar noch jetzt gewisse Kräuter, z. B. das nach seiner handartigen Form so genannte Cheri Panagias Schwangern auf das Haus, damit ihre Niederkunft leichter von Statten gehe; auch rutschen die Weiber in Athen am Nordabhange des sogenannten Nymphenhügels hinab, und die betreffende Stelle soll in Folge des vielen Rutschens ziemlich glatt geworden sein [4]). Bei den Juden nahm in früheren Jahrhunderten, wenn eine Frau in Kindesnöthen lag, der Rabbi Hirschpergament und verfertigte aus diesem drei Zeddel, welche mit allerlei Wörtern und Zeichen beschrieben waren; einen derselben legte er auf den Kopf der Gebärenden, den zweiten in ihren Mund und den dritten in ihre rechte Hand [5]). Die Neugriechen kennen sogar ein Kraut, das Arsenikobotanó, dessen Genuss männliche Geburten bewirkt und weibliche ausschliesst; und umgekehrt kann man schwangere Frauen, wenn man durchlöcherte Geldstücke vor ihrer Thüre vergräbt, zum Gebären von Mädchen nöthigen [6]). Umgekehrt wird die Niederkunft erschwert, wenn das Bett sich an einer Stelle des Zimmers befindet, wo früher Jemand gestorben ist [7]) oder wenn sich Birnen im Zimmer befinden [8]); und wenn dieselbe vollends einen Diamant trägt, so

---

[1]) Edit. Amstelodami 1740, p. 177, 179. — [2]) Hermannus Monachus, de miraculis B. Mariæ Laudunensis I, 10. — [3]) Männling, denckwürdige Curiositäten, S. 175. — [4]) Wachsmuth, das alte Griechenland im neuen. S. 71. — [5]) S. F. Brenz. Jüdischer abgestreiffter Schlangen-Balg (Nürnberg 1614) S. 5. — [6]) Wachsmuth a. a. O. S. 71, 72. — [7]) Lammert S. 167. — [8]) Vgl. S. 61.

kann sie überhaupt nicht gebären[1]). Von fernern in das Gebiet der Gynäcologie gehörigen abergläubischen Vorstellungen wird später bei der Schilderung der Hexen und ihrer Wirksamkeit die Rede sein.

Auch gegen übermässige Menstruation gab es abergläubische Mittel. In Cöln z. B. wurde in der Carthäuserkirche S. Barbara der Saum des ungenähten Rockes Christi aufbewahrt; blutfüssige Frauen hielten einen Lappen an diese Reliquie, tauchten denselben darauf in Wein und fanden durch den Genuss dieses Weines Heilung[2]).

Auch gegen Zahnschmerzen wurden mancherlei magische Mittel gebraucht. Johannes Weier, welcher im sechszehnten Jahrhundert in seinem Werke „de præstigiis dæmonum" den Zauber- und Hexenglauben seines Zeitalters bekämpfte und verspottete, führt den Unsinn, welchen er lächerlich machen will, häufig mit grosser Ausführlichkeit an und ist insofern in manchen hierher gehörigen Fragen eine sehr ergiebige Quelle. Hinsichtlich des Stillens der Zahnschmerzen berichtet er nun, man pflege, während die Messe gelesen werde, die Zähne zusammenzubeissen und dazu die Worte „os non comminuetis ex eo" (Exod. 12, 46; Ev. Joh. 19, 36) zu sprechen[3]); anderwärts herrschte wohl auch die Ansicht, wer Brot esse, an welchem eine Maus genagt habe, bekomme kein Zahnweh[4]). Oder man behauptete, wer jeden Morgen mit der Zunge im Munde ein Kreuz mache, bleibe von demselben verschont[5]). In Schwaben hängen sich diejenigen, welche böse Zähne haben, den Zahn eines Todten, den sie in der Mitternacht in einem Beinhäuslein geholt haben, um und reiben die krankhaften Zähne mit demselben[6]). Oder man löst von der der aufgehenden Sonne zugewandten Seite einer Erle oder Weide im Frühjahr die Rinde, schneidet einen Splitter vom Holze heraus und stochert damit das Zahnfleisch, bis es blutet; dann fügt man den Splitter wieder an seiner vorigen Stelle

---

[1]) Feudivir, Gebrauch der Berg- und Wünschel-Ruthe. S. 33. — [2]) Winheim, Sacrarium Agrippinæ Colon. 1607, pag. 205 (oder ebend. 1736, pag. 163). — [3]) Wierus V, 4. — [4]) Kuhn, westfälische Sagen. S. 34. — [5]) Lammert S. 233. — [6]) Lammert S. 235.

ein, zieht die Rinde darüber oder verklebt dieselbe. Sobald der Splitter wieder festgewachsen ist, soll der Zahnschmerz vorüber sein, wo nicht, muss die Operation wiederholt werden [1]). Gegen das Fieber sprach man den hundertvierundvierzigsten Psalm: „exaltabo te, Deus, meus rex“, oder man ergriff die Hand des Fieberkranken mit den Worten: „Aeque facilis tibi febris hæc sit atque Mariæ virgini Christi partus“ [2]). Hatte ein Mann das viertägige Fieber, so gab er seiner schwangeren Frau seine Kleider zu tragen und zog dieselben hernach, ohne sie vorher zu waschen, selber an [3]). Sonst suchte man auch das Fieber dadurch los zu werden, dass man es auf Andere übertrug; man schrieb z. B. auf ein Stück Papier die Worte

Fieber, bleib' aus, Ich bin nicht zu Haus!

und practicierte dieses irgend einer Person in die Tasche [4]) Oder man liess den Urin während des Fieberanfalles, mischte denselben mit Mehl und machte Brot daraus; letzteres gab man einem Bracken oder einer „Fraitsch“ zu fressen, je nachdem der Patient selber männlichen oder weiblichen Geschlechtes war [5]). Selbst auf leblose Gegenstände, z. B. auf Pflanzen oder auf die Erde, suchte man Fieberkrankheiten zu übertragen, wobei jedoch dieselben schliesslich wieder auf Menschen übergehen konnten [6]). Aehnliche Mittel kannte übrigens schon das Alterthum, das griechische sowohl als das römische; man half sich damit, dass man Andern Nägelabschnitte in Wachs auf die Hausthür klebte [7]). Auch den Schnupfen glaubte man durch Uebertragung los werden zu können und glaubt es zum Theil noch jetzt. Man wirft z. B. eine mit dem Excret befeuchtete Kupfermünze, in ein Stückchen Papier gewickelt, auf die Strasse, worauf der Finder den Schnupfen erhält; oder man schneuzt Jemanden in die Schuhe, oder man bestreicht am frühen Morgen einen Thürgriff mit dem Excret und hängt so den Schnupfen demjenigen an, welcher den Griff zuerst berührt [8]). Wer seine

---

[1]) Ebend. — [2]) Wierus V, 4. — [3]) Albertus Magnus, de mirabilibus Mundi. S. 176. — [4]) Lammert a. a. O. 264. — [5]) Ebend. 264. — [6]) Ebend. 263. — [7]) Plin. hist. nat. XXVIII, cap. 7; vgl. auch Plato leges XI, 12. — [8]) Lammert a. a. O. 240.

Warzen gerne los geworden wäre, berührte die Hand eines Todten oder liess sich die eigene Hand im Winter, wenn die Fensterscheiben angelaufen waren, von diesen benetzen[1]; im erstern Falle glaubte man wohl, die Warzen auf den Leichnam übertragen zu haben. Oder man zählte die Warzen und machte aus einem Zwirnfaden so viele Knoten, als man Warzen hatte, und vergrub dann den Faden stillschweigend unter der Dachtraufe, im Schweinetrog oder in einem Düngerhaufen; sobald dann der Faden verfault war, vergiengen auch die Warzen[2]. Andere Krankheiten übertrug man auf Bäume. Wer z. B. am Zipperlein litt, schnitt sich an den Fingern die Nägel und an den Schenkeln die Haare ab. Dann bohrte er ein Loch in eine Eiche, steckte Nägel und Haare in dasselbe, verspuntete das Loch wieder und schmierte Kuhmist darauf. Stellte sich auf dieses hin das Zipperlein drei Monate lang nicht ein, so hatte es die Eiche[3]. Das Kopfweh vertrieb man, indem man den Kopf auf das Evangelium des Johannes legte[4], und gegen Mangel an Appetit empfahl Abt Richalm von Schönthal Salz und Weihwasser[5]. Andere hierher gehörige Mittel gehören zu den Amuleten. So sollte z. B. gegen Krämpfe das Tragen von Ringen nützlich sein, welche nackte Schmiede am Karfreitag geschmiedet hatten[6]. Gegen den Schwindel half das Tragen von Zwiebeln, welche man, ohne zu feilschen, gekauft hatte, und welche man nun, in die Tasche eingenäht, trug, gegen Kopfschmerzen die auf dem blossen Leibe getragene Klaue eines Elenns[7]. Namentlich suchte man auch die Kinder durch allerlei Amulete gegen Krämpfe zu schützen, z. B. durch einen abgebissenen Mauskopf, durch Maulwurfs- oder Schneckenzähne, durch eine in die Wiege gesteckte Pæonienwurzel[8], ferner durch das sogenannte Regenbogenschüsselchen, eine schüsselartig vertiefte und mit einem astrologischen Zeichen versehene Gold-

---

[1]) Männling a. a. O. 212. — [2]) Frischbier, Hexenspruch und Zauberbann. S. 93. — [3]) Rob. Flud. Philosophia Mosaica l. II, membr. 2, fol. 120. — [4]) Augustinus, Expositio in Evangel. Joh., tract. 7 (ed. Basil. a. 1569, t. IX, pag. 66.) — [5]) Revelationes cap. 24 u. 26 bei Pez. Thesaurus anecdotorum novissimus tom. I, pars 2, pag. 375 ff. — [6]) Simplic. Vogelnest II, c. 26. — [7]) Lammert S. 224. — [8]) Ebend. 123.

oder Silbermünze [1]); speciell in Würzburg setzte man auch gichtkranken Kindern die den dortigen Franciscanern gehörigen Reliquien des heiligen Valentin auf den Kopf [2]). Die noch jetzt, wenigstens wo die Todesstrafe noch nicht abgeschafft ist, bekannte Sitte, die fallende Sucht durch das Trinken des noch warmen Blutes Hingerichteter zu vertreiben, war schon den Römern bekannt; sie bedienten sich dazu des Blutes gefallener Gladiatoren [3]).

Hat ein Kind einen Bruch, so spaltet man in Unterfranken in der Nacht des vierundzwanzigsten Juni ein junges Eichbäumchen in der Mitte und zieht das Kind, den Kopf voran, stillschweigend im Namen der heiligen Dreifaltigkeit durch die Spalte. Hernach wird das Bäumchen wieder verbunden, und wenn sein Spalt zusammengewachsen ist, soll auch der Bruch geheilt sein [4]). In der Oberpfalz wird zur Heilung jedes Körperschadens eines Neugeborenen, den das „Krückerlweib“ (die Hebamme) entdeckt, in ähnlicher Weise ein Weidenstämmchen geschlitzt und wieder verbunden [5]).

Selbstverständlich setzen Kuren dieser Art keinen Arzt im jetzigen Sinne des Wortes voraus, sie erfordern vielmehr die Abwesenheit oder wenigstens die Nichtbenutzung eines solchen. Manche der eben erwähnten Heilmittel sind ja rein privater Natur und konnten daher von jedem beschafft und angewendet werden; auch kommt es ja noch heutzutage auf dem Land und in Gebirgsgegenden häufig genug vor, dass die Leute in der angegebenen Weise vorgehn und sich erst, wenn derartige Mittel erfolglos geblieben sind, an einen Arzt wenden. Zuweilen aber wurden auch, wenn es sich um magische Heilungen handelte, andere Personen um ihren Beistand angegangen, nämlich die Priester. Die Sitte, den Priester in Krankheitsfällen als Arzt zu gebrauchen, ist eine uralte und reicht in ein Zeitalter zurück, welches jenseits der Grenzen desjenigen liegt, welches man Civilisation zu nennen pflegt. Das hindert aber keineswegs, dass nicht auch in Zeitaltern von fortgeschrittener

---

[1]) Ebend. 124. — [2]) Ebend. 126. — [3]) Plin. hist. nat. l. VIII, c. 2. — [4]) Lammert S. 119, 120. — [5]) Ebend. S. 121.

Civilisation — und als ein solches müssen wir doch das Mittelalter im Vergleiche mit der keltischen oder germanischen Urzeit bezeichnen, — die theurgische Medicin neben der empirischen, theils geduldet theils auch als die überwiegende, weiter existiert. Hieraus erklärt sich der Umstand, dass die Klöster in früheren Jahrhunderten meist mit Apotheken versehen waren, und dass sogar einer der Conventualen geradezu als der Arzt bezeichnet wird; schon der noch erhaltene Grundriss des Klosters S. Gallen vom Jahre 830 zeigt beides, die Wohnung des Arztes und die Apotheke, neben einander[1]), und in einzelnen Klöstern findet man noch jetzt eine solche. Auch lässt sich nicht läugnen, dass dieses Verhältniss für gewisse Jahrhunderte ein durchaus wohlthätiges war, zumal da die Klöster des Mittelalters sich auf Anbau und Benutzung heilkräftiger Pflanzen besser als sonst Jemand verstanden[2]). Uebelstände traten erst ein, wenn man statt wirklicher Arzneien Reliquien, geweihtes Oel u. dgl. zu rein physischen Zwecken verwandte, oder wenn man in späteren Jahrhunderten hinter den Resultaten der inzwischen förmlich ausgebildeten Arzneikunde gar zu sehr zurückblieb. In manchen Fällen aber mögen dergleichen Klosterapotheken, namentlich in Gegenden, in welche ohnehin kein Arzt kommt, gerade wie die sogenannten Hausmittel noch jetzt wohlthätig wirken.

Mit der theurgischen Heilmethode hängt nun auch die Anschauung zusammen, nach welcher in gewissen fürstlichen Dynastien die Gabe, Krankheiten auf wunderbare Weise zu heilen, sich von Glied zu Glied vererbte. Schon dem vorchristlichen Alterthum waren derartige Anschauungen nicht ganz fremd; nach Sueton[3]) wandten sich ein Blinder und ein Lahmer auf einen ihnen im Traum im Serapistempel zu Memphis erhaltenen Rathschlag an den Kaiser Vespasian mit der Bitte, jenen anzuspucken und diesem einen Fusstritt zu geben. Der Kaiser spuckte in der That dem Blinden in's Gesicht und trat den

[1]) Rahn, Geschichte der bildenden Künste in der Schweiz I, 1, S. 95. — [2]) Das Kloster S. Gallen hatte einen ausschliesslich mit Heilkräutern bepflanzten Gartenraum; vgl. Rahn a. a. O. — [3]) Vita Vesp. c. 7.

Lahmen, und der Erfolg liess nicht auf sich warten (nec defuit eventus). Im Mittelalter waren namentlich die Könige von England und von Frankreich durch die Heilung von Kröpfen berühmt, welche sie durch blosses Handauflegen bewirkten. Eduard der Bekenner soll diese Gabe im Jahre 1062 von Gott als Lohn für seine Frömmigkeit erhalten haben[1]). In Frankreich setzten sich zur Zeit Philipps des Schönen diejenigen, welche Kröpfe hatten, vor das Portal der Kirche zu S. Denys; nach beendigtem Gottesdienste trat dann der König heraus und begann die Kuren[2]). Die Sitte selbst war aber viel älter als die Zeit Philipps des Schönen; denn schon von Ludwig dem Heiligen wird berichtet, er habe sich nicht wie seine Vorgänger damit begnügt, durch blosse Berührung (tangendo) zu heilen, sondern er habe ausserdem das Zeichen des Kreuzes über der kranken Stelle gemacht († imprimebat super locum morbi)[3]). Später zur Zeit Heinrichs IV. wurde die ganze Sache zu einer Controversfrage zwischen englischen und französischen Gelehrten; Tooker plaidierte im Jahre 1597 in seiner „Charisina" für die Könige von England, worauf im Jahre 1609 ein gewisser Laurent eine Abhandlung schrieb, welche den Titel führte „de mirabili strumas sanandi vi solis Galliæ regibus concessa". Carl X. von Frankreich soll noch in unserm Jahrhundert, als er am neunundzwanzigsten Mai des Jahres 1825 in Rheims gekrönt wurde, in dieser Weise thätig gewesen sein. Von Eduard dem Bekenner wird ausserdem noch gerühmt, das Wasser, mit welchem er sich die Hände gewaschen, habe Blinde wieder sehend gemacht[4]).

Heilung von Wunden.

Gegen Wunden bediente man sich der sogenannten Waffensalbe (pulvis sympatheticus), und zwar in sympathetischer Weise. Man bestrich nämlich diejenige Waffe, welche die Wunde gemacht hatte, mit einer Salbe und glaubte, die Wunde ziehe nun diese Salbe an; das ganze Verfahren hiess desshalb auch cura

---

[1]) Alford annal. eccles. Anglic. vol. III, p. 563. — Der Kropf selbst hiess in Folge dessen „the king's evil" (Königsübel). — [2]) Anhorn, Magiologia. S. 829. — [3]) Guil. de Nangiaco. Gesta S. Ludovici (bei Du Chesne Historiæ Francorum scriptores tom. V, p. 369). — [4]) Guil. Malmesbir, Gesta regum Anglorum lib. II, cap. 223.

magnetica. Stand die Waffe dem Verwundeten nicht zur Verfügung, so nahm man eine Weidenruthe, machte sie zuerst in der Wunde blutig und feucht, und der Erfolg soll auch in diesem Falle der nämliche gewesen sein. Diese Art von Heilung hatte überdiess noch den Vortheil, dass bei gehöriger Behandlung der Waffe oder der Weidenruthe diese nicht einmal zu dem Verwundeten brauchte gebracht zu werden, sie heilte vielmehr auch in absentia; nur musste dann die Wunde jeden Morgen mit Harn oder mit frischem Wasser sauber ausgewaschen, der Eiter entfernt und die Wunde darauf mit einem reinen Leinentuche verbunden werden. Die Waffe ihrerseits musste ebenfalls mit einem leinenen Tüchlein verbunden, an einen reinen und warmen Ort gelegt und nicht anders behandelt werden, als ob sie das verwundete Glied selber wäre[1]). Auch an andern Mitteln zur Stillung des Blutes bei Wunden fehlte es übrigens nicht. Nach Weier[2]) schrieb man z. B. auf die Stirn des Blutenden ebenfalls mit Blut „consummatum est“, oder man declamierte dreimal die Worte:

1. Sanguis mane in te, sicus fecit Christus in se.
2. Sanguis mane in tua vena, sicut Christus in sua poena.
3. Sanguis mane fixus, sicut Christus quando fuit crucifixus.

Oder:

† In sanguine Adæ orta est mors:
† In sanguine Christi redempta est mors:
† in eodem sanguine Christi præcipio tibi
† o sanguis, ut fluxum tuum cohibeas.

Auch der Musik bediente man sich in magischer Weise zu Heilungen. Im Alterthum war sie gegen Hüftschmerzen[3]), Wuthanfälle[4]) und den Biss giftiger Schlangen[5]) gut gewesen; das Mittelalter seinerseits wandte sie namentlich gegen die Tanzwuth an. Der Biss einer für giftig gehaltenen Spinne erregte nämlich Nervenleiden, und die Sympathie verbreitete diese weiter. Durch Musik erregte man nun ecstatische Anfälle, be-

---

[1]) Anhorn, Magiologia S. 814, 815. — [2]) De præstig. dæmon. V, 4. — [3]) Plin. Hist. nat. XXVIII, c. 2. — [4]) Cael. Aurelian. Morbi chronici I, c. 5, § 175, 176. — [5]) Gellius, Noct. Att. IV, 13.

schwor aber dieselben gleichzeitig auf magische Weise[1]). Ihren Höhepunkt erreichte diese Krankheit im siebenzehnten Jahrhundert.

Neben den bisher betrachteten Krankheiten, denen man wenigstens einen natürlichen Ursprung und Verlauf zuschrieb, zu deren Heilung man sich jedoch theilweise bereits magischer Mittel bediente, kommt nun noch eine zweite Classe von Erkrankungen in Betracht. Hier führte man den krankhaften Zustand von vornherein auf übernatürliche Ursachen, namentlich auf den Einfluss von Teufeln und Dämonen oder auf die Thätigkeit von Menschen zurück, welche man für Verbündete des Teufels hielt. Dass man in solchen Fällen zu magischen, namentlich zu kirchlich geweihten Mitteln seine Zuflucht nahm, um zu genesen, lag um so näher, als man schon bei zugestandenermassen natürlichen Ursachen ebenso verfuhr; überdiess glaubte man, den bösen Geistern, Zauberern und Hexen auf diesem Wege weitaus am sichersten beikommen zu können.

Was nun zunächst die Dämonen betrifft, so giebt es kaum ein belehrenderes Buch in Bezug auf die durch sie hervorgerufenen Leiden als die Revelationen des Abtes Richalm. Richalm war ein Zeitgenosse des schon häufig citierten Cäsarius von Heisterbach, er gehörte gleich diesem dem Orden der Cistercienser an und lebte als solcher in der ersten Hälfte des dreizehnten Jahrhunderts. Er übertrifft aber den Cäsarius noch an Leichtgläubigkeit; während sich dieser bei seinen Wundergeschichten wenigstens auf Andere beruft, welche dieselben wollen erlebt haben, will Richalm Alles geradeswegs an sich selbst erfahren haben. Was er erzählt, sind in Folge dessen nicht Mirakel, wie wir sie später bei Cäsarius finden werden, also weder Ritte durch die Luft noch Besuche in der Hölle noch Erzählungen von Bildern, welche ihre Altäre verlassen und demjenigen, welcher sie beschimpft hat, nachlaufen; hingegen glaubte sich Richalm täglich, ja stündlich von bösen Geistern umgeben, welche er zwar nicht sah, wohl aber hörte, und welchen er seine sämmtlichen körperlichen Beschwerden und alle Anfech-

---

[1]) Hecker, die grossen Volkskrankheiten des Mittelalters. S. 170 ff.

tungen seines Gemüthes zuschrieb. Er muss ein Mensch von ganz eigenthümlich krankhafter Disposition gewesen sein, und er glaubte wie noch jetzt an gewissen Gattungen von Hallucinationen Leidende, wenn er allein war, und wenn er sich unter seinen Ordensbrüdern befand, beständig Stimmen um sich herum zu hören. Offenbar waren es diese vermeintlichen Stimmen, welche ihn veranlassten, sich beständig für von Dämonen umgeben zu halten, und diese letztern hielt er nun bei allen seinen körperlichen Leiden für die eigentlichen Urheber derselben. Fühlte also Richalm Neigung zum Erbrechen, so mussten ihm die Dämonen diese eingeflösst haben[1]); zeigten sich Runzeln auf seiner Nase, oder hieng die Unterlippe herab, so waren wieder die Dämonen schuldig[2]); sein Husten, die Verstopfungen seiner Nase oder seines Mundes konnten ebenfalls nicht auf natürliche Weise entstanden sein[3]). Bückte sich Richalm, z. B. um Früchte zu sammeln, und stieg ihm währenddessen das Blut gegen den Kopf, so waren auch da die Dämonen thätig[4]). Die Stiche der Flöhe und der Läuse waren ebenfalls das Werk der bösen Geister; denn, sagt Richalm, „das Ungeziefer selbst sticht eigentlich nicht[5]).“ Auch die Zahnschmerzen waren dämonischen Ursprungs[6]), und wenn Jemand schnarchte, so schnarchte eigentlich nicht er, sondern ein Dämon that es aus ihm heraus[7]). Wollte endlich Richalm seine Nothdurft verrichten, und empfand er dabei Schmerzen in der Ruthe, so war es wieder ein böser Geist, welcher ihm den Urin zurückhielt[8]).

Diesen zahllosen bösen Geistern stehen nun freilich ebenso zahlreiche gute gegenüber, allein die erstern suchen den Einfluss der letztern nach Kräften zu paralysieren. Wenn z. B. Jemand hustete oder rülpste, so hatten ihn die Dämonen in der bestimmten Absicht dazu veranlasst oder genöthigt, um ihn die Stimmen der guten Geister überhören zu machen[9]). Sogar förmliche Fachdämonen nimmt Richalm an, welchen ganz bestimmt abgegrenzte Functionen angewiesen waren, gerade wie

---

[1]) Revelationes cap. 1. — [2]) Ebend. cap. 12. — [3]) Ebend. cap. 21. — [4]) Ebend. cap. 21. — [5]) Ebend. cap. 29. — [6]) Ebend. cap. 44. — [7]) Ebend. cap. 47. — [8]) Ebend. cap. 28. — [9]) Ebend. cap. 1.

er umgekehrt auch an Fachmänner unter den Engeln glaubte[1]). So heisst z. B. in den Klöstern derjenige Dämon, dessen Aufgabe es ist, den Abt zu plagen, unter seinen Getreuen ebenfalls Abt, derjenige, welcher den Prior chicaniert, Prior, derjenige, welcher den Cantor stört, ebenfalls Cantor, u. s. w.; und wenn einer über seine Sphäre hinausgreift, wird er von seinem Vorgesetzten scharf zurechtgewiesen (graviter corripitur a magistro suo). Besonders gefährlich sind unter diesen die sogenannten Berauschungsdämonen (dæmones inebriantes); sie erscheinen zuweilen in den Klöstern, aber nur wenn in denselben recht guter Wein getrunken wird, während ihr gewöhnlicher Aufenthaltsort die Wirthshäuser sind; durch sie werden nun die Mönche berauscht gemacht, und ihre Macht ist so gross, dass sie die Leute sogar ohne Wein (absque vino) in das Stadium der Trunkenheit zu versetzen vermögen[2]). Man darf wohl sagen, eine Satire auf den Dämonenglauben des Mittelalters hätte sich kaum besser anfertigen lassen als mit denjenigen Farben und Zügen, mit welchen Richalm seine Schilderung völlig arglos verfasst hat.

Dachte sich Richalm in dieser Weise alle Abweichungen vom normalen körperlichen Zustande durch Dämonen veranlasst, so wählte er begreiflicherweise zur Beseitigung derselben ebenfalls lauter Mittel, welche nicht in die Categorie der Materia medica gehörten, also hauptsächlich Weihwasser[3]) und das Zeichen des Kreuzes[4]); letzteres empfiehlt er u. a. namentlich als Schutzmittel gegen die Stiche der Flöhe: „signate et vos, cum mordemini, et videmini vobis morderi, et huius rei capietis experimentum.“

Uebrigens zeigen sich ähnliche Vorstellungen nicht nur bei einzelnen krankhaft angelegten Individuen, sondern sie sind theilweise auch in den eigentlichen Volksglauben übergegangen. Hierher gehören z. B. die sogenannten „Unstätten“, Stellen auf dem Felde, an welchen böse Geister hausten. Empfand Jemand auf freiem Felde einen plötzlichen Schmerz, so nahm man an,

---

[1]) Ebend. cap. 70. — [2]) Ebend. cap. 37. — [3]) Ebend. cap. 4. — [4]) Ebend. cap. 1, 44, 46.

er sei über eine solche Unstätte gegangen; an und für sich hatte diese keine besondern Merkmale, aber ihre Bewohner manifestierten sich in der angegebenen Weise [1]). Andere hierher gehörige Vorstellungen werden später in Verbindung mit dem Teufels- und Hexenwesen erörtert werden.

Ein Volk, welches noch jetzt theilweise auf diesem bei uns als mittelalterlich verschrieenen Standpunkte steht und seine Krankheiten gerne auf den Einfluss von Dämonen zurückführt, sind die Neugriechen [2]). Seine Dämonen sind zum Theil dämonisierte Heidengötter, und die Parzen z. B. leben als Pestdämonen noch jetzt im griechischen und albanesischen Volksglauben weiter. Als solche rennen sie mit einander durch die Städte, um diese zu entvölkern. Die eine trägt eine grosse Rolle Papier, die zweite eine Scheere, die dritte einen Besen; die erste trägt nun den Namen ihrer Opfer auf ihrer Rolle ein, die zweite verwundet dieselben mit ihrer Scheere, und die dritte fegt dieselben aus [3]).

Dass man neben der Geisterwelt auch den Gestirnen und ihren Constellationen mancherlei Einflüsse, theils auf den ganzen Menschen theils auf einzelne Glieder desselben, zuschrieb, ist schon im ersten Capitel angedeutet worden und bedarf also hier keiner Wiederholung. Ebenso wenig kommen wir hier auf den Stein der Weisen oder auf die mineralischen und vegetabilischen Heilmittel zurück, von welchen im zweiten und dritten bereits die Rede gewesen ist. Nur das mag hier um des Zusammenhangs willen nochmals angedeutet werden, dass manche Aerzte, sei es aus Ueberzeugung, sei es aus blosser Berechnung, ihre Wissenschaft und ihre Praxis mit der Astrologie sowohl als mit der Alchemie verbanden. Ein Hauptvertreter dieser Richtung war z. B. Thurneysser, ein Hauptgegner hingegen Paracelsus [4]). Jener verkaufte den Leuten, nachdem er ihnen zuerst aus den Sternen Unheil prophezeit hatte, aller-

---

[1]) Eckhardt, Comment. de rebus Franciæ orientalis I, 426. — [2]) Ukert, Gemälde von Griechenland. S. 283. — [3]) Hahn, albanesische Studien I, 148. Fauriel, Chants populaires de la Grèce moderne. Tome Ier, discours préliminaire pag. LXXXIII. — [4]) Billwiller, R., über Astrologie; S. 25.

lei Talismane, durch welche sie jenes wieder glaubten bannen zu können[1]).

Von denjenigen Krankheiten, welche man nicht unmittelbar, auf böse Geister sondern auf böse Menschen zurückführte, welche dann ihrerseits für mit solchen Geistern im Bunde stehend galten, und ebenso von den Mitteln, durch welche man sich gegen diese schützte oder zu schützen glaubte, wird ebenfalls später die Rede sein.

Fünftes Capitel.

Reste des Heidenthums.

Liessen sich die bisher geschilderten Gattungen des Aberglaubens schon in's Alterthum zurückführen, so giebt es nun auch Vorstellungen, deren Ursprung noch viel augenscheinlicher im heidnischen Glauben der Nord- und Westeuropäer wurzelt, welche dann aber nach dem Erlöschen des officiellen Heidenthums nur noch als Aberglaube weiterleben konnten. Und auch das classische Alterthum hat im südlichen Europa ähnliche Spuren hinterlassen, so dass wir hier neben den ererbten Vorstellungen auf dem Gebiete der Astrologie, der Alchemie, der Naturgeschichte überhaupt, auch noch ganz directen Nachklängen seines Götterglaubens begegnen.

In Frankreich z. B., wo einst der Stamm der Kelten sein nationales Heidenthum gehabt hatte, erinnern noch jetzt gewaltige, aber formlose Steindenkmäler, Pfeiler, Spindeln, Steinbänke u. dgl. an die ehemalige Existenz jenes Heidenthums, und noch tief in das Mittelalter hinein brannten bei denselben Nachts Lichter, es wurden Opfer dargebracht und Gelage ab- *Keltisches.*

[1]) Beiträge zur vaterländ. Geschichte. Herausg. von der Histor. und Antiquar. Gesellschaft in Basel. Bd. XI, S. 312, 313.

gehalten. Die Kirche erklärte natürlich Alles das für Aberglauben und sprach über diese Steindenkmäler ihren häufig genug vergeblichen Exorcismus aus. Die Wesen selbst, welche der Volksglaube an solchen Stellen zu ehren glaubte, waren die sogenannten *Feen*[1]). Ueberhaupt finden sich überall da, wo die Bevölkerung einst keltisch gewesen war, zahlreiche Quellen, Brunnen und Seen, deren ehemalige Heiligkeit noch Jahrhunderte hindurch aus den bei ihnen ausgeübten abergläubischen Handlungen ersichtlich ist. Man opfert bei denselben, man lässt sich die Zukunft voraussagen, taucht Heiligenbilder in ihre Fluthen und erregt wohl auch mit ihrer Hilfe fürchterliche Ungewitter; besonders reich an solchen Gewässern ist von jeher die Bretagne gewesen[2]), also derjenige Theil des europäischen Festlandes, in welchem das Keltenthum sich am längsten, theilweise sogar bis in die Gegenwart, erhalten hat. So weiss denn schon Gregor von Tours von einem See Gabali nahe beim Berge Helanus, welchem die Umwohner jährliche Opfer darbrachten[3]); die Opfer bestanden darin, dass man bestimmte Gegenstände, bei Sainte-Eugénie in der Bretagne z. B. Stecknadeln[4]), in's Wasser warf. Anderwärts, z. B. in Perpignan, badete man die Reliquien eines Heiligen in demselben[5]). Der Kirche waren natürlich diese Gebräuche ebenso zuwider wie die den Feen dargebrachten Opfer, und sie suchte dieselben bald auf diese bald auf jene Weise zu beseitigen. Man wandelte wohl die heidnischen Züge des Verfahrens in christliche um und brachte, wie es gerade in Perpignan geschah, statt des heidnischen Gottes die Reliquien irgend eines Heiligen damit in Verbindung. Damit war äusserlich das heidnische Element allerdings beseitigt, allein als Schattenseite dieses Verfahrens blieb eine, wenn gleich bloss locale, Paganisierung des Christenthums übrig. Anderwärts verfuhr man ohne Zweifel richtiger, indem man die Anschauung des Volkes selbst benutzte, um ihm sein Verfahren als ein gefährliches darzustellen. Die ursprüngliche Vorstellung

---

[1]) Schreiber, die Feen in Europa. Freiburg i. Br. 1842. 4°. — [2]) Maury, a. a. O. pag. 159. — [3]) De gloria confessor. cap. 2. — [4]) Maury, a. a. O. — [5]) Ebend. 158.

war nämlich ohne Zweifel die gewesen, dass das dargebrachte Opfer die Gottheit der betreffenden Gewässer gnädig und hilfreich stimmen sollte [1]); statt dessen bildete sich nun allmählich, und zwar unstreitig unter kirchlichem Einflusse, eine dieser diametral entgegengesetzte aus, und es hiess nun, es werde alsbald ein verheerendes Gewitter ausbrechen, sobald man in ein sonst für heilig gehaltenes Wasser Steine oder sonst welche Gegenstände werfe. Um letzteres zu verhindern, konnte man entweder, wie es der Rath von Luzern bekanntlich gegenüber dem auf einer Alp des Pilatus befindlichen kleinen See hielt, den Besuch überhaupt verbieten und die Umwohner solcher Localitäten veranlassen, Fremde nicht in die Nähe derselben zu lassen; oder man konnte, wo ein derartiges Verfahren nicht möglich war, wenigstens die Folgen so schlimm als möglich darstellen. So kam Ritter Arnold von Harff auf seiner in die Jahre 1496 bis 1499 fallenden Pilgerfahrt in der Nähe von Norcia auf einen sogenannten Venusberg; auf dem Berge befand sich ein kleiner See, und neben diesem stand eine Capelle. Wenn nun, erzählte ihm der Castellan eines in der Nähe befindlichen Schlosses, vor Zeiten Zauberer kamen und an dem Altar der Capelle ihre Künste ausübten, so stiegen aus dem See Dünste auf, welche sich nachher als fürchterliches Ungewitter entluden und das ganze Land bis auf drei oder vier Meilen im Umkreise verheerten; zuletzt liessen die Besitzer des Schlosses zwischen dem See und der Capelle einen Galgen errichten und drohten, jeden, welcher hier ferner Beschwörungen vornehme, zu hängen [2]). Noch bekannter und im Ganzen auch deutlicher ist eine hierher gehörige Schilderung aus dem Iwein Hartmanns von Aue [3]). Nach diesem befand sich in dem Walde von Breziljan in der Bretagne ein von einer immergrünen Linde beschatteter Brunnen und über diesem ein Marmorstein; an dem Marmor war ein goldenes Becken angebracht, und wenn Jemand

[1]) Man wollte wohl namentlich damit Regen erbitten; vgl. Liebrecht zu Gervasius v. Tilbury Anm. 63. — [2]) Harff. Pilgerfahrt, herausg. von E. v. Groote, S. 38. — Dasselbe erzählt übrigens schon Gregor von Tours in Bezug auf den See Gabali. — [3]) V. 565 ff. — Vgl. auch Grimmelshausen Simplicissimus, Buch V, Cap. 10 u. 12.

Wasser aus diesem auf den Stein goss, erhob sich ebenfalls ein fürchterliches Ungewitter mit Donner, Blitz und Hagel. Auch hier stand neben dem Brunnen eine Capelle, welche gleich der oben erwähnten deutlich die Absicht verräth, den heidnischen Cultus durch den christlichen zu ersetzen. Nur der eine Zug fehlt bei Harff, dass die Beschwörungen ursprünglich doch wohl unmittelbar am See und nicht in der Capelle vorgenommen wurden. Auch aus Spanien weiss Gervasius von Tilbury Aehnliches zu berichten[1]).

Auch die im Innern hohler Berge schlafenden Gestalten mittelalterlicher Kaiser und Helden scheinen ursprünglich in keltischen Vorstellungen zu wurzeln, so sehr sie auch im Laufe der Zeit allmählich ein deutsches Gewand angenommen haben. Derjenige, welcher nachweislich zuerst in dieser Weise erscheint, ist nämlich kein Anderer als der keltische Nationalheros Artus; auf ihn folgt zunächst Kaiser Friedrich II, und erst dieser geht später in die populärere Gestalt seines Grossvaters, Friedrich Barbarossas, über[2]).

Germanisches. Fast noch deutlicher als die Reste des keltischen Götterglaubens sind die Spuren des germanischen im Volksglauben wie in der Litteratur späterer Jahrhunderte nachweisbar. So zahlreich allerdings, wie sie Jacob Grimm, der Begründer der deutschen Mythologie, und nach ihm die meisten spätern Forscher angenommen haben, sind dieselben entschieden nicht. Und dennoch bleiben, wenn wir auch nicht mehr hinter jedem Rothbärtigen den Thor, nicht mehr hinter jedem gespensterhaften Reiter den Wodan und hinter jeder mittelalterlichen Teufelsfigur den scandinavischen Loki suchen, noch ganz stattliche Nachklänge übrig. Eines lässt sich aber nicht läugnen; wenn die deutschen Mythologen sich in ihren Werken auf die wirkliche deutsche Mythologie beschränkt und den rein mittelalterlichen Aberglauben, das dem classischen Alterthum angehörige, die christlichen Mythenbildungen nebst zahlreichen allegorischen

---

[1]) Otia imper. III, 66. — [2]) Ebend. II, 12; Cæs. Heist. XII, 12. Vgl. dazu Voigt in Sybels Zeitschr. 26, 131 ff. u. Martin. Zur Gralsage, S. 32 ff.

oder märchenhaften Zügen weggelassen hätten, so wären manche ihrer Bücher kaum halb so umfangreich geworden, als sie es jetzt sind. Jacob Grimms deutsche Mythologie z. B. ist, wenigstens soweit es sich um das Zusammentragen des Materials handelt, für mittelalterlichen Aberglauben eine viel ergiebigere Fundgrube, als sie es eigentlich ihrem Titel und ihrer wirklichen Bestimmung nach sein sollte.

Elfen und Zwerge.

Sagen und Lieder des scandinavischen Nordens wie der britischen Inseln erzählen viel von dem lichten glänzenden Volke der *Elfen,* welche in mondhellen Nächten auf den Wiesen tanzen, zuweilen wohl auch unerkannt unter die Menschen sich begeben, ihnen hilfreich beistehen, manchmal aber auch auf boshafte Weise in menschliche Verhältnisse eingreifen und Glück und Leben derer, welche sich von ihnen bethören lassen, vernichten[1]). Unter den südlichen Germanenstämmen, im eigentlichen Deutschland, in Deutschösterreich und der Schweiz ist von den Elfen wenig oder gar nicht, dafür aber von *Zwergen* desto mehr die Rede. Man möchte beinahe glauben, erstere seien eigentlich scandinavischen Ursprungs, und der Glaube an sie sei von den Normannen nach Frankreich und von da erst nach England gebracht worden; auf diesem Wege würde es sich z. B. am leichtesten erklären, dass der Name des Elfenkönigs nicht nur in Frankreich sondern auch in England in der romanisierten Form Oberon erscheint. Natürlich soll damit die ursprüngliche Verwandtschaft und die grosse Aehnlichkeit von Elfen und Zwergen nicht geläugnet werden; aber bezeichnend ist es doch, dass der hochdeutschen Sprache sogar der Name der ersteren abhanden gekommen ist, so dass in Folge dessen die englische Form in dieselbe musste aufgenommen werden[2]). Auch die ursprünglich keltischen Feen scheinen sich, wenigstens in England, mit den germanischen Elfen im Volksglauben ge-

---

[1]) Hauptquelle für die Elfen sind die von den Brüdern Grimm i. J. 1823 herausgegebenen irischen Elfenmärchen, ferner J. Grimms deutsche Mythologie, S. 363 ff. — [2]) Die neuerdings in Aufnahme gekommene mhd. Form „elbe" ist nicht über den Kreis germanistischer Fachschriften hinausgekommen.

mischt zu haben; Shakespere z. B. unterscheidet kaum zwischen beiden und nennt sie häufig genug neben einander[1]).

Im Uebrigen haben Elfen und Zwergen mancherlei ähnliche Züge, soweit es sich um das Eingreifen in menschliche Angelegenheiten oder um den Dualismus ihres eigenen Wesens handelt. Nur sind jene feiner und durchsichtiger und ausserdem des Fliegens kundig, diese plumper und ungeschlachter, ausserdem oft geradezu alt oder verwachsen. Jene gehören mehr dem Flachland und seinen Wiesen und Wäldern, diese mehr dem Gebirg an, wo sie in Höhlen und Klüften hausen, schmieden oder Schätze sammeln und hüten. Letztere sind entschieden mit dem Elemente der Erde verwandt, wie schon ihr schweizerischer Name Erdmännlein[2]) beweist, während bei den Elfen gerade die Fähigkeit fliegen zu können, auf Wesen der Luft hinweist. Endlich gehören auch noch mancherlei männliche und weibliche Bewohner des Wassers, Nixen, Wassermänner u. dgl. hierher, bei welchen mythische Grundlagen unverkennbar vorhanden sind. Die Zwerge treten in der Regel in einer Grösse auf, welche hinter der gewöhnlicher Menschen zurückbleibt; auch bei den Elfen findet sich dieser Zug, wenn schon weniger consequent durchgeführt, bei den Geistern des Wassers hingegen ist die gewöhnliche menschliche Grösse die normale.

Den Menschen gegenüber erweisen sich diese Wesen häufig dienstfertig, nur wollen sie nicht gesehen und belauscht sein[3]). Sie vollenden denselben die Arbeit zu Hause und auf dem Felde, hüten ihnen das Vieh und beschenken sie zuweilen sogar mit unterirdischen Schätzen[4]). Manchmal nehmen sie auch umgekehrt den Beistand der Menschen in Anspruch, und namentlich gerne bedienen sich ihre Weiber menschlicher Hebammen[5]); Daneben aber kehrt auch seit Jahrhunderten regelmässig die Klage wieder, dass die Zwerge entweder weggezogen seien,

---

[1]) Tschischwitz. Shakspere-Forschungen II, S. 47, der 2. Ausgabe. — [2]) Eigentlich „Herdmännlin"; vgl. Lütolf, Sagen, Bräuche und Legenden aus den fünf Orten Lucern, Uri, Schwyz, Unterwalden und Zug, S. 47 ff.; auch Bergmännlein heissen sie; vgl. Wyss, Reise in das Berner Oberland, S. 410 ff. — [3]) Wyss a. a. O. 415. — [4]) Zimmerische Chronik IV, 227. Wyss, a. a. O. 414. — [5]) Prätorius, Anthr. plut. I, 100 ff. —

oder dass sie wenigstens aufgehört hätten, sich den Menschen hilfreich zu erweisen [1]); als Ursache hiefür wird dann entweder die Neugier oder die Bosheit der Menschen angegeben [2]). Andrerseits erscheinen aber auch Elfen und Zwerge, ohne von den Menschen gereizt zu sein, boshaft; sie stehlen z. B. denselben gerne die Kinder [3]), oder sie bringen ihnen durch ihre Berührung, ja sogar durch ihren blossen Hauch, den Tod oder wenigstens langwierige Krankheiten.

Was sodann die Bewohner der Gewässer betrifft, so trägt der Wassermann einen grünen Hut und hat auch grüne Zähne, letzteres eine Eigenschaft, welche sich sonst eher bei Leuten findet, die mit dem Wasser möglichst wenig in Berührung kommen. Namentlich aber ist er an seinem Gewande kenntlich, dessen Saum nass bleibt, wenn er auch noch so lange auf trockener Erde geweilt hat [4]). Zuweilen mischen sich diese Geschöpfe unter die Menschen, und namentlich die weiblichen, die sogenannten Nixen, lieben es, mit schönen Jünglingen zu tanzen; nur müssen sie in solchen Fällen zur rechten Stunde wieder in ihr feuchtes Element zurückkehren, sonst kostet es sie das Leben [5]). Manchmal ist zur Abwechslung nicht von der Schönheit dieser Wassermenschen sondern vielmehr von ihren grässlichen und grossen Augen die Rede; so z. B. in Salfeld, wo sie früher häufig in die Stadt kamen und daselbst Fleisch kauften [6]). Endlich kommt es auch vor, dass in spätern Zeiten der Teufel an die Stelle der ursprünglich elfischen Wassergeister tritt. Im Simplicissimus z. B. (Buch V, Cap. 6) heisst es, wenn Jemand etwas von einem gestohlenen Gegenstande in's Wasser werfe, so könne ihm kein Teufelsbanner seinen Raub wieder abgewinnen. Ursprünglich hatte wohl das Werfen in's Wasser keinen andern Sinn als den eines den Gottheiten oder Geistern dieses Elementes dargebrachten Opfers. (Vgl. M. Rieger in Pfeiffers Germania, Jahrg. III, S. 182).

Wassergeister.

---

[1]) Wyss a. a. O. 415; Zimmerische Chronik IV, 229. — [2]) Wyss a. a. O. 415. — [3]) Prätorius a. a. O. I, 86. — [4]) Prätorius, a. a. O. I, 483. — [5]) Br. Grimm, deutsche Sagen; 2. Aufl. Bd. I, S. 63. — [6]) Prätorius, a. a. O. I, 483. —

Paracelsus unterscheidet im Ganzen vier Classen von Elementargeistern, nämlich Wasserleute, Bergleute, Feuerleute und Windleute. Sie bewohnen die vier Elemente, die Nymphen und Undinen das Wasser, die Sylphen und Sylvestres die Luft, die Pygmäen und Gnomen die Tiefen der Erde, die Salamander und Vulcane endlich das Feuer. Eine unsterbliche Seele fehlt allen, ein Zug, der bekanntlich auch sonst, z. B. in Sagen, häufig wiederkehrt[1]. Dass sich übrigens bei Paracelsus bereits antike Vorstellungen mit den nationalen vermischt haben, zeigt sich schon in den von ihm gewählten Namen.

Ausserdem giebt es noch mancherlei vereinzelte Vorstellungen und Gebräuche, deren Ursprung aus dem nationalen Heidenthum wenigstens in hohem Grade wahrscheinlich ist. So erinnert z. B. das Feiern am Donnerstag auffallend an eine Zeit, in welcher dieser noch der heilige Tag des Donnergottes war, und rief daher von Seite der Kirche Abmahnungen und Verbote hervor[2]. Auch bei den im Indiculus superstitionum erwähnten Göttern Jupiter und Mercur, welchen in merowingischer und carolingischer Zeit auf fränkischem Gebiete noch geopfert wurde[3], ist wohl nicht an die römischen Gottheiten dieses Namens sondern an die mit diesen häufig identificierten deutschen Götter Donar (Thórr) und Wodan zu denken; diese Annahme liegt um so näher, als das ganze Verzeichniss, welches übrigens nur aus Titeln und nicht aus wirklichen Beschreibungen besteht, fränkischen und nicht romanischen Ursprungs ist[4]. Dasselbe enthält auch sonst noch zahlreiche aus dem fränkischen Heidenthum stammende Gebräuche, welche die Kirche von ihrem Standpunkte aus mit vollem Recht als abergläubisch brandmarkte, z. B. Verehrung von heiligen Hainen (VI) und Quellen (XI), Beobachtung des Vogelflugs und der heiligen Pferde (XIII), das sogenannte Nothfeuer (XV) u. a. m.; bei andern Nummern desselben ist der fränkische Ursprung ebenfalls möglich, aber nicht sicher nachweisbar, entweder weil

---

[1]) Paracelsi opera, ed. Strassburg 1616, II, pag. 181 ff. — [2]) Grimm. Myth. 159; III, 402. — [3]) Indiculus superstitionum et paganiarum (Pertz Mon. Germ. hist. Leg. t. I, p. 20, No. VIII, XX. — [4]) Grimm, Myth. III, 404.

dieselben im Wesen des Heidenthums überhaupt liegen, oder weil die aus wirklich heidnisch germanischer Zeit stammenden Quellen keinen genügenden Aufschluss geben. Ausserdem erinnern die sogenannten Johannisfeuer an den germanischen Lichtgott Balder und die in der Zeit der winterlichen Sonnenwende an manchen Orten üblichen Festlichkeiten mögen sich ursprünglich auf die Vermählung von Wodan und Frigg bezogen haben; indess haben sich gerade bei letztern germanische, römische, kirchliche und vielleicht sogar orientalische Anschauungen in einer Weise gemischt, dass das Herausschälen des wirklich Germanischen nicht mehr immer möglich ist. Auch darf nicht übersehen werden, dass wir es hier mehr mit momentanen Belustigungen als mit eigentlich abergläubischen Vorstellungen, von welchen das gewöhnliche Alltagsleben beherrscht ist, zu thun haben. Ebenfalls in der Weihnachtszeit zieht Frau Holla oder Holda im Thüringischen umher; sie hat ein stattliches Gefolge bei sich, an dessen Spitze der treue Eckart sich befindet. Letzterer warnt die Leute und fordert sie auf, ihr aus dem Wege zu gehen oder wenigstens sich schweigend zu verhalten. Vom Dreikönigstag an lässt sich die Göttin nicht mehr blicken[1]).

Römisches Heidenthum.

Der römische Götterglaube hat namentlich in Italien zahlreiche Spuren hinterlassen. Auch hier war die Kirche nicht im Stande, alle heidnischen Erinnerungen zu unterdrücken, zumal wenn diese mit Festlichkeiten zusammenhiengen, welche sich das Volk nicht gerne nehmen liess. So erinnert z. B. der heilige Antonius als Schutzpatron der Pferde an den Neptunus Equester der Römer[2]), und noch jetzt werden diese alljährlich an seinem Namenstage, dem siebenzehnten Januar, in Rom vor der Kirche S. Antonio Abate in halbheidnischer Weise geweiht[3]). Auch an andern italienischen Orten herrscht die nämliche Sitte, und wenn eine Kirche dieses Heiligen nicht gerade vorhanden ist, so wird die betreffende Weihe an jenem Tage vor irgend einer andern vollzogen. In Sicilien scheinen hauptsächlich die

---

[1]) Prätorius, Saturnalia absurditatis oder Weihnachtsfratzen, propos. 54 und 55. — [2]) Maury a. a. O. pag. 154. — [3]) Vgl. Göthe's italienische Reise, vollständige Ausgabe letzter Hand, Bd. 27, S. 262.

Heiligthümer der Ceres und der Venus in Kirchen oder Capellen der Madonna verwandelt worden zu sein, was dann namentlich auf das Aeussere im Cultus der letzteren oft genug einwirkte[1]). Auch die Sitte der Italiener, die Madonnen und Heiligen bestimmter Kirchen nach diesen zu benennen und auf characteristische Weise zu feiern, erinnert an die römische Sitte, an bestimmten Tagen die Feier einer nach einem bestimmten Tempel benannten Gottheit zu begehen[2]). Das Hinstellen von Speise für die Todten vier Tage vor Petri Stuhlfeier, wie es noch am Ende des fünfzehnten Jahrhunderts Sitte war, fiel genau auf den Tag der alten Feralien, den achtzehnten Februar[3]). Anderwärts erhielt sich die Sitte, den Todten allerlei Gegenstände, namentlich Geld, mit in's Grab zu geben, in der Schweiz z. B. im Canton Waadt[4]), wo sie freilich ebensowohl burgundischen als romanischen Ursprungs sein kann. Namentlich merkwürdig klingt aber, was ein vom zehnten April des Jahres 1536 aus Catania datierter und gedruckt herausgegebener Brief meldet (Li horrendi et spauentosi prodigii: et fuochi aparsi in Sicilia nel Monte de Ethna o uero Mongibello con li particolari del danno et la qualita del fuoco con altri successi nel Isola. s. l. et a. 12°). Nach diesem begegneten einem reisenden Kaufmann zwischen Messina und Catania Maurergesellen nebst ihrem Meister[5]), welche erklärten, sie giengen auf den Aetna, um dort etwas zu bauen (per farvi certo edifitio). Der Kaufmann starb bald nach seiner Ankunft in Catania vor Schrecken und wurde daselbst am dreiundzwanzigsten März des genannten Jahres begraben. Am Abend desselben Tages — es war ein Donnerstag — zeigte sich auf dem Aetna Feuer, und die Erde erbebte. Ganz Catania gerieth in Bewegung, man läutete mit den Glocken, und alles Volk strömte nach der Kirche der heiligen Agatha; von hier aus bewegte sich dann eine enorme Procession, Priester und

---

[1]) Maury p. 153. — [2]) Ebend. p. 153. — [3]) Burckhardt, Cultur der Renaissance, S. 484. [4]) Vuilliemin, der Kanton Waadt, I, 53. Ueber die Germanen vgl. in dieser Beziehung Weinhold „Die heidnische Todtenbestattung in Deutschland" in d. Sitzungsberichten der Wiener Acad. Bd. XXIX, 117 ff. u. XXX, 171 ff. — [5]) Andere bezeichnen den Meister deutlich als Vulcan; vgl. Prätorius, Anthr. plut. I, 266.

Mönche mit dem Schleier und einem Arm der Heiligen an der Spitze, bis zu dem draussen vor der Stadt gelegenen Kloster Santa Lucia und von da nach S. Agatha zurück. Während dessen erlosch das Feuer auf dem Berg in der That nach und nach. Aehnliche Aufzüge wiederholten sich an den drei folgenden Tagen, ohne jedoch verhindern zu können, dass am Sonntag Abend der Aetna abermals in Flammen stand, wobei ein etwa sechszehn Miglien von Catania entferntes Kloster total verschüttet wurde. Zuletzt wurde der Berg wieder ruhig, Catania selbst blieb verschont, und nur die Bevölkerung blieb noch längere Zeit in einer äusserst devoten Stimmung. Das Merkwürdigste an dieser ganzen Schilderung sind nun ohne Zweifel die Handwerker, welche sich kurz vor der Catastrophe auf der Strasse zwischen Catania und Messina zeigten, und man wird schwerlich irren, wenn man in denselben ein Wiederaufleben des heidnischen Glaubens oder wenigstens der Erinnerung an die Cyclopen, die Schmiede Vulcans, erkennt.

Reste des griechischen Heidenthums.

Am deutlichsten sind aber die Reste des Heidenthums bei den Neugriechen, indem hier die mythischen Wesen nicht bloss der Sache sondern grossentheils auch dem Namen nach sich erhalten haben. Da sind zunächst die *Nereiden* (Νεράϊδες) zu erwähnen[1]), welche indess ihren Wirkungskreis insoforn erweitert haben, als sie aus blossen Wesen des Meeres zu Nymphen überhaupt geworden sind und den Elfen des germanischen Volksglaubens auffallend gleichen. Sie verstehen sich gleich diesen auf die Kunst des Fliegens, nehmen daneben alle möglichen Gestalten an und sind geschickte Spinnerinnen und Weberinnen. Gleich allen Wesen des Wassers lieben sie Musik und Tanz, und ihre Schönheit ist beinahe sprichwörtlich geworden. Zu schönen Jünglingen fühlen sie sich förmlich hingezogen, verlangen aber von denjenigen, welchen sie sich ergeben, Treue und strafen die Untreue; doch vermeiden sie es in der Regel, dauernde Verbindungen mit sterblichen Menschen einzugehen. Wer sie dauernd zu besitzen wünscht, muss ihnen ihr Tuch

---

[1]) Bernhardt Schmidt, das Volksleben der Neugriechen und das hellenische Alterthum. Thl I, S. 100 ff.

rauben und dieses hernach sorgfältig vor ihnen verborgen halten; denn die Nereide wendet alle möglichen Mittel an, um wieder in den Besitz desselben und dadurch in den ihrer vorigen Freiheit zu gelangen; die Uebereinstimmung mit dem Schwanenhemd oder dem Schleier germanischer Sagen ist in diesem Punkte eine ganz auffallende. Noch jetzt soll es in Griechenland Familien geben, welche eine Nereide in ihrem Stammbaum haben, und die Glieder derselben zeichnen sich meist durch grosse körperliche Schönheit aus. Aber auch da, wo diese Geschöpfe schädlich wirken, finden sich Züge, welche genau mit dem übereinstimmen, was in Deutschland und in den übrigen Ländern germanischer Zunge von Elfen und Zwergen erzählt wird. Sie können den Menschen Schläge ertheilen, an welchen diese geistig oder körperlich erkranken, und besonders gefährlich sind sie Kindern, schwangern Frauen und Neuvermählten; die Kinder namentlich rauben sie gerne und legen dann dafür ihre eigenen hin. Ausserdem wird ihnen das Erregen von Wirbelwinden zugeschrieben, in welchen sie Menschen entführen; am grössten ist ihre Macht in den heissen Mittagsstunden, und darum gilt es für gefährlich, zu dieser Zeit an verrufenen Orten zu verweilen oder gar zu schlafen.

Auch die *Lamien* stammen aus der Zeit des Heidenthums. Man denkt sich dieselben theils als feindselige Meerdämonen, welche Wirbelwinde und Wasserhosen erregen, Jünglinge zu sich in's Meer ziehen und, wenn sie nicht folgen wollen, tödten; ferner singen sie wie die Sirenen in der Odyssee und locken so die Schiffer in's Verderben. Theilweise erscheinen sie aber auch als Ungethüme des festen Landes, welche namentlich den kleinen Kindern nachstellen[1]). Ferner giebt es Meerdämonen, welche halb Mensch halb Fisch sind, auf Delphinen reiten und gleich dem Poseidon des Alterthums den Dreizack führen[2]). Auch die *Striglen* gelten für gefährlich; sie fliegen Nachts in Vogelgestalt an die Wiegen der Kinder und saugen denselben das Blut aus; besonders gefährlich sollen sie den ungetauften Kindern sein, weshalb diese niemals allein gelassen werden[3]).

---

[1]) Ebend. S. 131—133. — [2]) Ebend. 135. — [3]) Ebend. 136, 137.

Vom *Kalikantsaros*, der neugriechischen Form des Wärwolfs, und von den *Broukolaken*, den Vampyrn der Neugriechen, wird später die Rede sein. Merkwürdig ist es auch, dass die alten Hellenen ihren Nachkommen zu einer Art von Hünengeschlecht geworden sind; wahrscheinlich haben die Grösse ihrer Bauten und namentlich die noch erhaltenen Tempelstufen mit ihrer allerdings mehr als normalen Höhe die jetzt landläufigen Vorstellungen von ihrer fabelhaften Körperlänge hervorgebracht[1]. Sonst denkt sich der moderne Grieche Riesen gerne im Innern der Erde, wo sie mit gewaltigen Steinblöcken hantieren; wenn ihre Bauten einstürzen, so entstehn, wenigstens nach dem Glauben der Bewohner der Insel Zakynthos, Erdbeben. Sie sind bärtig und nach dem Vorbilde der Cyclopen der Odyssee einäugig; nur eine einzige Stelle ihrer Körper ist verwundbar, nämlich das Fussgelenk, was wieder auffallend an Achilles erinnert[2].

Die *Mören* des vormaligen Heidenglaubens haben sich ebenfalls erhalten. Sie erscheinen gewöhnlich in der Dreizahl, sind alt und hässlich und haben das Gesicht voll Runzeln. Gewöhnlich treten sie in der dritten Nacht nach der Geburt eines Menschen auf; eine von ihnen bestimmt seine Lebensdauer durch Spinnen eines Fadens, die zweite verleiht ihm Glück, die dritte Unglück; um sie günstig zu stimmen, redet man sie mit Kosenamen an, stellt ihnen wohl auch Brot, Zuckerwerk und Gold hin[3]. Aus dem unterweltlichen Fährmann *Charon* endlich ist eine Figur geworden, welche mit erweiterten Functionen zu einer Personification des Todes überhaupt sich umgestaltet hat. Dieser moderne Charon oder vielmehr Charos — denn so nennen ihn die Neugriechen — ist ganz schwarz und reitet häufig auf einem ebenfalls schwarzen Pferde; er hat ein Schwert, Pfeile, zuweilen wohl auch eine Sichel oder Sense, ja er erscheint sogar manchmal als blosses Gerippe. Beim Tode der Menschen ist er zugegen[4]. Die Hölle ist gleich dem antiken Hades finster, traurig und ausserdem eiskalt[5]; man denkt sich dieselbe

[1]) Ebend. 203, 204. — [2]) Ebend. 201, 202. — [3]) Ebend. 210 ff. — [4]) Ebend. 222 ff. — [5]) Ebend. 240.

tief unter dem Erdboden und rings von einem Strom umflossen; eine Treppe führt zu ihr hinab [1]).

Die Hölle. Die Neugriechen sind übrigens keineswegs das einzige christliche Volk, welche sich die Hölle theilweise mit antiken Farben ausgemalt hat, wir treffen vielmehr ähnliche Vorstellungen schon bei verschiedenen Kirchenvätern, und dem Mittelalter sind dieselben ebenfalls nicht fremd geblieben. Charon z. B. erscheint sowohl in Dantes göttlicher Comödie [2]) als in der bildenden Kunst bei Michel Angelo und Luca Signorelli als Todtenschiffer; doch kann natürlich Dante mit Absicht Schilderungen des Alterthums nachgeahmt haben, und Michel Angelo hatte jedenfalls die erwähnte Stelle der göttlichen Comödie im Sinne, als er seinen Charon in der sixtinischen Capelle malte. Entschieden populär war hingegen die Vorstellung, nach welcher man sich die Krater verschiedener feuerspeiender Berge als Eingang zur Hölle dachte. Papst Gregor der Grosse z. B. wollte den Ostgothenkönig Theoderich entschieden als einen Verdammten hinstellen, wenn er ihn nach seinem Tode in den Schlund eines solchen werfen liess [3]). Und wenn zur Zeit Kaiser Heinrichs VI. einem Decan der Kirche zu Palermo ein Pferd entläuft, dem dasselbe suchenden Knechte der Bescheid zu Theil wird, dasselbe befinde sich im Aetna bei König Artus, und dieser erwarte den Decan selbst ebenfalls auf seinen nächsten Hoftag; wenn endlich der Decan bald darauf stirbt [4]), so erscheint auch hier der Aetna als Aufenthalt der Abgeschiedenen. In einer dritten ebenfalls hieher gehörigen Erzählung ferner machen böse Geister für Herzog Berthold von Zähringen das Feuer des nämlichen Berges zurecht [5]). Und im entlegensten Norden Europas knüpft sich an den Hekla die Vorstellung, dass man aus ihm von Zeit zu Zeit die Seufzer und Klagen der verdammten Seelen höre [6]).

Magische Götterbilder. Nun sind auch noch diejenigen Fälle namhaft zu machen, in welchen die abergläubische Vorstellung an sich nicht gerade

---

[1]) Ebend. 236. — [2]) Inferno III, 82 ff. — [3]) Dialogi IV, 30. Otto Frising, Chronicon V, 3. — [4]) Cäsar. Heisterb. XII, 12. — [5]) Ebend. XII, 13. — [6]) Albericus Chronicon (Leibnitii accessiones historicæ, tom. II, pag. 266).

aus dem Heidenthum zu stammen braucht, in welchen aber letzteres durch die Statuen, welche es späteren Jahrhunderten hinterliess, auf deren Phantasie einwirkte. In Griechenland soll es noch jetzt vorkommen, dass man erhaltenen antiken Bildwerken magische Kräfte zuschreibt und ihnen namentlich den Rang eines localen Schutzgeistes beimisst; das ist auch der Grund, wesshalb der Grieche solche Bilder nicht gerne von ihrer Stelle schafft[1]). Aber auch an die Ueberreste der antiken Kunst in Italien knüpften sich, wenigstens im Mittelalter, ähnliche Ideen. Da stand z. B. auf dem Marsfeld in Rom eine Statue mit ausgestrecktem rechtem Zeigefinger; auf ihrem Haupte waren die Worte „hic percute" geschrieben, und es war in Folge dessen schon seit Jahrhunderten, freilich ohne Erfolg, mit dem Beil an derselben gearbeitet worden. Pabst Gerbert, im Mittelalter auch sonst als Zauberer bekannt und verschrieen, war indessen klüger als andre Leute; er merkte sich die Stelle, auf welche der Schatten des ausgestreckten Fingers Mittags um zwölf Uhr fiel, genau, indem er daselbst einen Pfahl in die Erde stiess. In der nächstfolgenden Nacht kam er dann, von einem einzigen Diener begleitet, wieder und begann seine Beschwörungen. Die Erde that sich auf, und in der Tiefe kam ein gewaltiger Palast zum Vorschein; in demselben war Alles aus lauterem Golde, die Wände, die Decken, ausserdem würfelnde Soldaten, König und Königin nebst Dienerschaft; auch ein Knabe mit ausgespanntem Bogen war da, und ein einziger Carfunkel erleuchtete die ganze unterirdische Herrlichkeit. Es durfte jedoch Alles nur angestaunt, aber nichts berührt werden; so oft der Pabst oder sein Diener letzteres versuchte, rückten die goldenen Figuren gegen sie heran. Zuletzt nahm der Diener ein goldenes Messer weg, da schoss der Knabe seinen Pfeil ab und löschte den Carfunkel mit demselben; gleichzeitig rückten alle Statuen knirschend heran, so dass jener das ergriffene Messer wieder fallen liess und Beide, Gerbert und sein Diener, mit ihrer Laterne davon liefen. Das war der Schatz des Kaisers

Der Thesaurus Octaviani.

[1]) B. Schmidt a. a. O. 184.

Octavian[1]). Wilhelm von Malmesbury, der dieses Abenteuer erzählt, weiss übrigens über den „thesaurus Octaviani“ noch einen zweiten Bericht, welchen er einem Mönche seines eigenen Klosters verdankte[2]). Dieser Mönch war nämlich in seiner Jugend in Italien zu einem zerklüfteten Berge gekommen, in welchem dieser Schatz angeblich liegen sollte, und es war ihm gelungen, in Gesellschaft mehrerer Anderer in das Innere dieses Berges zu gelangen. Um den Rückweg nicht zu verfehlen, schlugen sie jeweilen nach tausend Schritten einen Pfahl in den Boden und verbanden die Pfähle unter sich mit einem langen Faden. Im Innern des Berges stiessen sie auf zahlreiche Leichen und Gerippe, welche von solchen herrührten, die vor ihnen den versunkenen Schatz hatten heben wollen. Zuletzt erreichten sie ein Wasser, über welches eine eherne Brücke führte, und jenseits desselben sahen sie goldene Rosse und Reiter in heller Beleuchtung und ebenso die übrigen Gegenstände, welche schon Gerbert gesehen hatte. Indess gelang es keinem von ihnen über die Brücke zu kommen, weil dieselbe unter ihren Füssen zu sinken begann, während sie zu gleicher Zeit am jenseitigen Ufer stieg, und weil überdiess ein eherner Bauer das Wasser mit seinem Hammer in solchem Grade aufwühlte, dass es in Folge dessen ganz finster wurde. Bei einem zweiten Versuche, in das Innere des Berges zu gelangen, hatten sie sich zwar vorgesehen und einen Magier mitgenommen, sie konnten aber den Eingang nicht mehr finden. Glücklicher als dieser Mönch und seine Begleiter war ein Jude; er gelangte in der That in den Berg und über das Wasser, ja er brachte sogar Sand von dort zurück, welcher Alles, was mit ihm in Berührung kam, in Gold verwandelte. Es war aber lauter Blendwerk; sobald das vermeintliche Gold mit Wasser in Berührung kam, wurde es wieder, was es vorher gewesen war[3]).

---

[1]) Willelmus Malmesbiriensis, Gesta regum Anglorum II, 169. — [2]) Ebend. II, 170. — [3]) Nach Konrad von Hildesheim (bei Leibnitz scr. rer. Brunsvic. II, 698) lag der Schatz der sieben Könige, von Dämonen in ehernen Bildsäulen bewacht, im Innern des Monte Barbaro im Neapolitanischen.

Noch bekannter als die eben erwähnte Statue ist eine zweite geworden, welche sich ebenfalls in Rom befand und die Göttin Venus darstellte. Ein junger Römer aus vornehmem Geschlecht hatte seine Vermählung gefeiert, und die Hochzeitsgäste belustigten sich nach Tische im Freien. Während sich der junge Ehemann mit dem Ballspiel belustigte, steckte er seinen Trauring an den ausgestreckten Finger des Venusbildes; als er aber jenen, nachdem das Spiel zu Ende war, wieder zu sich nehmen wollte, hatte die Statue den Finger so eingezogen, dass er den Ring verloren geben musste. Gegen Mitternacht begab er sich noch einmal an die betreffende Stelle; das Bild streckte den Finger wieder aus, allein der Ring war verschwunden; als er sich hernach zu seiner Gemahlin legen wollte, fühlte er, dass sich etwas zwischen dieser und ihm befand; er vernahm gleichzeitig die Worte: „Liege bei mir, da du dich heute mit mir verlobt hast; ich bin Venus, an deren Finger du deinen Ring gesteckt hast, ich habe diesen und werde dir ihn nicht mehr zurückgeben.“ Alle ferneren Versuche des jungen Ehemannes, den Coitus mit seiner Frau auszuüben, waren vergeblich; so oft er es versuchte, stellte sich das nämliche Hinderniss ein. Endlich wandte er sich an einen Priester Namens Palumbus, welcher, wie es hiess, mit der Geisterwelt Verkehr unterhielt. Der Priester gab ihm einen Brief und befahl ihm, sich Nachts auf einem Kreuzweg aufzustellen und schweigend daselbst zu verharren. Der Römer that, wie ihm befohlen war, und begab sich an die bezeichnete Stelle. Da zogen Menschen von jeglichem Geschlecht, Alter und Stand an ihm vorüber, theils zu Fuss theils auf Pferden; unter diesen befand sich auch ein beinahe nacktes Weib, welches auf einer Mauleselin ritt, mit aufgelösten Haaren und goldenem Stirnband; es sah wie eine Buhlerin aus und machte auch in der That unablässig unzüchtige Bewegungen. Den Schluss des langen Zuges machte ein riesengrosser Mann auf einem Wagen, und dieser fragte den Jüngling mit grimmigen Blicken nach der Ursache seiner Anwesenheit. Jener aber antwortete der Weisung des Palumbus gemäss nichts sondern übergab dem Fragenden einfach seinen Brief. Da hob dieser die Hände gen Himmel empor und rief:

Die Venusstatue und der Ring.

„Allmächtiger Gott, wie lange willst du noch die Schlechtigkeiten des Priesters Palumbus dulden?“ Dann aber befahl er seinen Dienern, der Venus — denn diese war das entblösste Weib — den Ring zu entreissen und denselben dem jungen Römer zu geben; letzteres gelang nicht ohne Mühe, und unmittelbar darauf verschwanden die Geister. Als Palumbus erfuhr, dass der Dämon den Zorn Gottes auf ihn herabbeschworen hatte, fühlte er, dass es mit ihm zu Ende gehe. Er fiel in tiefe Reue, verstümmelte sich freiwillig alle Glieder seines Leibes und beichtete dem Pabst vor allem Volk unerhörte Frevelthaten [1]).

Die Telesmen. Zu den Ueberresten des Heidenthums, welche uns in den verschiedensten Städten des Orients und des Occidents begegnen und sich bisweilen auch allerlei mehr oder weniger mittelalterliche Umformungen mussten gefallen lassen, gehören endlich noch die sogenannten Telesmen. Bei der feierlichen Gründung gewisser Städte hatte im Alterthum der Telest oder Weihepriester nicht fehlen dürfen. Er hatte die Aufgabe gehabt, die Existenz und das Wohlergehen der Stadt durch bestimmte Denkmäler, zuweilen auch durch heimlich vergrabene Gegenstände, auf magische Weise sicher zu stellen; diese Gegenstände sind dann eben die Telesmen [2]). Das Telesma war im Alterthum häufig ein Bild der Schutzgottheit der betreffenden Gemeinde. Hierher gehört namentlich das berühmte Bild der Göttin Athene auf der Burg von Troja, das sogenannte Palladium, welches der Sage nach vom Himmel herabgefallen war; so lange dieses im Besitze der Trojaner war, konnte ihre Stadt nicht erobert werden, und desshalb entwendeten Diomedes und Odysseus dasselbe durch List [3]). Auch das Bild der Athene auf der Acropolis von Athen und der zu Numas Zeit in Rom vom Himmel gefallene Schild gehören in die nämliche Gattung von Telesmen [4]). In späterer Zeit rühmten sich die Bewohner

---

[1]) Ebend. II, 205. — [2]) Vgl. den Artikel τελεσμα bei H. Stephanus Thesaurus Græcæ linguæ edd. Hase, L. & G. Dindorf, t. VII, pag. 1968, 1969. — [3]) Vgl. Palladium in Pauly's Real-Encyclopädie, Bd. V, S. 1084, 1085. — [4]) Plutarch Numa, cap. 13.

von Edessa, einen Brief Christi zu besitzen, welcher, unter ein Thor der Stadt gelegt, gleich einer Befestigung das Eindringen der Barbaren unmöglich machte [1]).

Im Mittelalter wurde nun der Weihepriester, dessen religiöse Bedeutung jetzt natürlich nicht mehr verstanden wurde, zum Zauberer schlechthin, der dann beim Anfertigen der Telesmen namentlich auch die Constellationen der Himmelskörper zu beobachten hatte; letzteres that z. B. Guido Bonatti, als er zur Sicherung der Stadt Forli ein steinernes Bild unter den neu erbauten Stadtmauern vergrub [2]). Namentlich häufig verfuhr man jetzt nach dem bekannten Grundsatze der Homöopathen „similia similibus curantur", und das vergrabene oder sonst irgendwie versteckte Bild musste den nämlichen Gegenstand vorstellen, gegen welchen man sich durch dasselbe sicher stellen wollte. Gregor von Tours erzählt z. B., die Stadt Paris sei seit Menschengedenken von Feuersbrünsten, Schlangen und Ratten verschont geblieben; als man aber eine eherne Schlange und eine eherne Ratte, welche früher unter der Erde im Canal der Brücke gewesen seien, hervorgegraben und entfernt hätte, da hätten sich fortan die wirklichen Schlangen und Ratten eingestellt, und auch die Feuersbrünste seien nicht ausgeblieben [3]). In ähnlicher Weise soll die eherne Fliege über einem Thore von Neapel und ein ebendaselbst in einen Brunnen geworfener Blutegel Fliegen und Blutegel ferngehalten haben [4]); der Urheber beider war nach der neapolitanischen Ueberlieferung der Dichter Vergil, welchem das Mittelalter überhaupt Kräfte und Wunder in Hülle und Fülle zuschrieb. So soll er u. a. auch eine Heuschrecke verfertigt, an einen Baum befestigt und so die Heuschrecken aus Neapel vertrieben haben [5]). Ebenso wenig gab es im Palaste zu Toledo und im venezianischen Dogenpalaste Fliegen, weil eingegrabene Bilder dieselben ferne hielten;

---

[1]) Procop. bell. Pers. II, 12. — [2]) Annales Foroliviensen bei Muratori XXII, col. 207, 238. — [3]) Hist. Francor. VIII, 33. — [4]) Gervas. Tilbury III, 10. Konrad v. Hildesheim bei Leibnitz Scr. rer Brunsv. II, 696. Alexander Nequam bei Walter Burley de vita et moribus philosophor. et poetar. cap. 103 — [5]) Croniche de la inclita cita de Napoli etc. bei Grässe, Beiträge zur Litteratur und Sage des Mittelalters, S. 29.

ja in einer ungenannten ägyptischen Stadt soll ein unter einem Tempel verscharrtes bleiernes Crocodil sogar bewirkt haben, dass die Crocodile die Stadt ausnahmsweise mit ihren Besuchen verschonten [1]).

Abgesehen von derartigen Landplagen zeigt sich hie und da sogar der Glaube, man könne Menschen, z. B. Feinde, durch das nämliche Verfahren ferne halten. So hieng die Sicherheit des oströmischen Reiches angeblich von drei auf der thracisch-illyrischen Grenze in der Erde vergrabenen silbernen Bildsäulen in barbarischer Tracht ab, welchen überdiess die Hände auf den Rücken gebunden waren. Als man zur Zeit des Kaisers Constantinus diese Statuen herausgrub, brachen unmittelbar darauf drei barbarische Stämme, die Gothen, die Hunnen und die Sarmaten, in Thracien und Illyrien ein [2]).

Sechstes Capitel.

Der Glaube an Vorzeichen.

Weniger mit den in den letzten vier Capiteln als mit der zuerst behandelten Astrologie ist der Glaube an Vorzeichen bis zu einem gewissen Grade verwandt. Schon das Alterthum war reich an Divinationen, und die verschiedenen Heidenthümer, welche im mittleren und nördlichen Europa dem Christenthum vorausgiengen, waren es natürlich ebenfalls. Man würde indessen sehr irren, wenn man das ganze hierher gehörige Material auf heidnische Superstitionen zurückführen wollte, das Mittelalter hat im Gegentheil noch zahlreiche hier zu erwähnende Vorstellungen selbständig hervorgebracht. Manche unter diesen sind zwar nicht gerade christlich, sie hangen aber doch in der oder jener Weise wenigstens mit den äussern Symbolen und

---

[1]) Bodin. Dæmonomania I, 3. — [2]) Olympiodor in Photii Bibliotheca Tom. I, pag. 60, col. 1, ed. Bekker.

Gebräuchen der Kirche zusammen; manche hinwiederum stehen so wenig mit einer bestimmten Nationalität oder Religion in Verbindung, dass sie im Grunde überall entstehen konnten, wo die Phantasie auf Unkosten des Verstandes das Denken und Empfinden der Leute bestimmte.

Wir haben es nun hauptsächlich mit denjenigen Divinationen zu thun, welche nicht auf höherer Inspirationen beruhen, sondern sich einfach auf die Beobachtung gewisser Zeichen beschränken. Hinter den sinnlich wahrnehmbaren Vorzeichen dachte man sich allerdings Gott und war auch in Folge dessen überzeugt, dass dieser die Menschen die betreffenden Zeichen wahrnehmen lasse, um ihr Verhalten in dieser oder jener Weise zu bestimmen. Allein derjenige, welchem ein Zeichen erschien, bedurfte keiner besondern Inspiration, um aus demselben gewisse Schlüsse zu ziehen. Letztere ergaben sich vielmehr aus dem wahrgenommenen Gegenstande von selbst, und es existierte eine förmliche halb mündliche, halb schriftliche Tradition, nach welcher z. B. jedermann wusste, dass gewisse Erscheinungen Glück, andere hingegen Unglück brachten. Der Hauptunterschied zwischen Alterthum und Mittelalter in Bezug auf das Verhalten zu den Vorzeichen lag darin, dass in letzterm die Deutung eine reine Privatangelegenheit war, mit welcher sich in der Regel weder Kirche nach Staat officiell befasste. Im Alterthum hingegen war das anders gewesen; da hatte es zahlreiche officielle Persönlichkeiten gegeben, welche aus dem Fluge der Vögel oder aus den Eingeweiden eines Opferthieres bestimmte Schlüsse zogen und insofern einen öffentlich anerkannten Stand bildeten.

Selbstverständlich waren es mehr oder weniger auffallende und seltene Ereignisse, welche als Vorzeichen angesehen wurden. Die Sonne an sich z. B. war kein solches, wohl aber konnte eine Verfinsterung ihres Lichtes Schlimmes bedeuten. Wurde eine Glocke in hergebrachter Weise zum Gottesdienste geläutet, so hatte das nichts zu bedeuten; erklang sie aber zu ungewohnter Stunde von selbst, so erwartete man irgend ein auffallendes Ereigniss. Ein Crucifix, über dem Altar einer Kirche oder an einer Strasse aufgestellt, gehörte ebenfalls zu den Dingen, über welche sich Niemand den Kopf zerbrach; zeigte sich aber, wie es im Mittelalter und sogar in neuerer Zeit häufig soll geschehen sein, das Bild des Kreuzes an Mauern oder Fenstern oder gar auf den Kleidern der Leute, so war Gefahr im Anzug. Im Ganzen war natürlich die Zahl der Erscheinungen, welche von Bedeutung sein konnten, eine beträchtliche. Aussergewöhnliche Gebilde am Himmel und in der Luft, das Zusammentreffen mit gewissen Menschen oder Thieren, das Blühen einer Pflanze ausserhalb der gewöhnlichen Blüthezeit, kurz alles Mögliche konnte die Bedeutung eines Vorzeichens haben.

Und was nun die Bedeutung dieser Zeichen betrifft, so treten sofort die grossen Gegensätze von Glück und Unglück mit ihren verschiedenen Nüancen und Abzweigungen in den Vordergrund. Es konnte sich bloss um das Schicksal einzelner Individuen handeln; es konnten aber ebenso gut auch ganze Familien, Gemeinden und Länder in Frage kommen, ja es giebt sogar Fälle, in welchen man an nichts geringeres als an den Untergang der ganzen Welt dachte. Ferner konnten die angedeuteten Geschicke nur vorübergehende, sie konnten aber auch ebensowohl definitive sein. Das Unglück nimmt natürlich eine viel hervorragendere Stellung ein als das Glück. Während es sich hier höchstens um einige wenige Gattungen, z. B. um Genesung eines Kranken, um ein gutes Weinjahr oder etwa um das Zustandekommen einer gewünschten ehelichen Verbindung handelt, ist die Scala der möglichen und denkbaren Unglücksfälle eine viel reichere und manigfaltigere. Da kommen Krieg und Pestilenz in Betracht, ferner Mord und Todtschlag, Beraubung, Eroberung von Städten und Ländern, Todesfälle jeglicher Art, Explosionen feuerspeiender Berge, Uebertritte von einer Confession zur andern, Weltende, kurz was man sich überhaupt Entsetzliches denken konnte. Und neben den Prodigien, welche den menschlichen Sinnen ungesucht entgegentreten, sind schliesslich auch noch andere zu berücksichtigen, bei welchen sich der Mensch seine Vorzeichen durch das Aufschlagen besonders heiliger Bücher oder durch das Enträthseln geheimnissvoller Buchstaben oder

Zahlen gleichsam selber schafft und seine Entschlüsse nach diesen bestimmmt.

Glück hat im Allgemeinen derjenige zu erwarten, welchem am Morgen eine öffentliche Dirne begegnet [1]), und ebenso derjenige, welchem es im rechten Ohr läutet [2]); auch eine Spinne auf dem Spinnrocken macht wenigstens für einen Tag glücklich [3]). Juckt einem Mädchen der Hals oder die Kehle, so wird ihm das Glück der Liebe zu Theil; tritt dasselbe bei einer schon verheiratheten Frau ein, so wird dieselbe Kindbetterin [4]). Glücklich und reich dazu wird derjenige, welcher ein vierblätteriges Kleeblatt gefunden hat [5]), und wer Montags in der Frühe dreimal hinter einander niesst, hat ebenfalls Gutes zu erwarten [6]). Genesung eines Kranken soll dann eintreten, wenn auf dem Dache des Hauses, worin jener liegt, eine Elster schreit [7]); schreit hingegen letztere vor dem Hause, oder leckt sich die Katze, so hat man Gäste zu erwarten [8]), was freilich nicht unter allen Umständen ein Glück ist. In einem Hause zu Weinsberg hörte man, namentlich vom December bis in den Februar ein Geräusch, als ob ein Küfer auf ein leeres Fass schlüge; je lauter und öfter dieser Lärm eintrat, desto ergiebiger war die Weinlese im folgenden Herbst. Stadtrath Muff in Weinsberg richtete seine Weinspeculationen nach diesen Tönen und wurde in Folge dessen ein reicher Mann [9]). In Mergentheim glaubt man noch jetzt, auf ein gutes Weinjahr zählen zu dürfen, wenn zur Adventszeit der Büttner im Hospitalkeller erscheint, an den Fässern herumklopft, dieselben an den Brunnen trägt und darauf wieder in den Keller zurückschafft; besonders deutlich soll dieses Vorzeichen im Advent des Jahres 1841 wahrnehmbar gewesen sein [10]). *Gute Vorzeichen.*

Im Allgemeinen überwiegen aber wie gesagt die bösen Vorzeichen, und es giebt sogar Schriftsteller, welche ausschliesslich von diesen sprechen. Zu diesen gehört u. a. Johannes Prätorius, welcher in seinem Anthropodemus plutonicus (Bd. II, *Schlimme.*

[1]) Anhorn S. 147. — [2]) Der alten Weiber Philosophi (Franckf. a. M. 1556) fol. 105b. — [3]) Ebend. 105b. — [4]) Ebend. 108a. — [5]) Ebend. 105b. — [6]) Anhorn, Magiologia S. 147. — [7]) Der alt. Weiber Philos. 106a. — [8]) Anhorn a. a. O. 145. — [9]) Kerner, Seherin von Prevorst II, 241. — [10]) Birlingers Alemannia V, 263.

S. 27 ff.) nichts als Missgeburten, Wolkenbrüche, Cometen, feurige Ruthen am Himmel, Neben- und Doppelsonnen, Ueberschwemmungen, Kriege der Vögel in den Lüften, namentlich der Raben, als solche anführt.

Unglück im Allgemeinen. Unglück hat also derjenige, welcher zuerst den linken Strumpf oder Schuh anzieht [1]), ferner der, welcher beim ersten Ausgang am Morgen einer keuschen Jungfrau begegnet [2]). Ferner ist das Zusammentreffen mit Hinkenden und Einäugigen bedenklich [3]) und ebenso das mit alten Weibern. Begegnet einem Manne, welcher zu Pferde sitzt, seine Frau spinnend, so ist es ebenfalls nicht geheuer, und der Mann thut wohl daran, umzukehren und einen andern Weg einzuschlagen [4]). Unter den vierfüssigen Thieren bedeutet der Hase Unheil, der Hirsch, der Wolf und der Eber hingegen Glück; doch lässt sich jenes abwenden, wenn man sich dreimal umkehrt [5]). Unter den Vögeln spielt der Rabe eine ähnliche Rolle [6]) und unter den Reptilien die Schlange [7]). Zuweilen kann jedoch der nämliche Vogel sowohl Glück als Unglück bringen, und dann hängt das, was er in jedem einzelnen Falle bedeutet, von dem oder jenem äussern Umstande seines Erscheinens ab. Die Umstände, auf welche es in solchen Fällen ankommt, sind entweder die Seite, auf welcher der Vogel fliegt, oder die Tageszeit, in welcher er erscheint. Die rechte Seite galt natürlich für die günstige und die linke für die ungünstige; darum heisst es im alten Epos vom Cid (Z. 11 ff):

A la exida de Vivar ovieron la corneia diestra,
E entrando à Burgos ovieron la siniestra.

Ebenso muss die vorhin angeführte Bedeutung des Schreiens der Elster auf einem Krankenhause dahin eingeschränkt werden, dass sie nur dann für eine glückliche galt, wenn dasselbe am Vormittag stattfindet, und wenn man den Vogel von vorne sieht [8]).

---

[1]) Anhorn 147. — [2]) Ebend. 153. — [3]) Ebend. — [4]) A. Weiber Philos. 107b. — [5]) Ebend. 105a. — [6]) Anhorn 144. Die Ursache ist nicht in der nordischen Mythologie bei den Raben Odhins zu suchen sondern einfach in der schwarzen Farbe und dem hässlichen, Regen verkündenden Geschrei des Vogels; Noahs Rabe könnte allenfalls noch in Betracht kommen. — [7]) Anhorn 145. — [8]) Chemnitzer Rockenphilosophie 158.

Dazu kommen noch einige weitere Vorzeichen, welche Unglück im Allgemeinen bedeuten, so z. B. das Ausgiessen von Wein oder das Umstossen des Salzfasses bei Tisch, das Schlagen der Uhr, während gerade geläutet wird[1]), u. a. m.

Seuchen. Eine bevorstehende Pestilenz kann durch allerlei Zeichen zum Voraus angedeutet werden. Vor der des Jahres 571 z. B. zeigten sich Nebensonnen, ein Comet, eine Sonnenfinsterniss, und der Himmel schien in Flammen zu stehn; letzteres mag seine Ursache in dem Erscheinen eines Nordlichtes gehabt haben; in der Cathedrale von Clermont löschte eine Lerche bei der Frühmesse sämmtliche Lichter aus, und in der S. Andreaskirche daselbst geschah das nämliche[2]). Blühten im Herbste die Rosen und Veilchen wieder, so glaubte man ebenfalls, es stünden Seuchen bevor[3]). Die schrecklichsten Prodigien aber giengen einer Pest voraus, welche Constantinopel zur Zeit Kaiser Justinians heimsuchte; da sah man schwarze Männer ohne Köpfe in ehernen Schiffen über das Meer nach den verschiedenen Städten, welchen die Seuche bevorstand, fahren, und in Constantinopel selbst liefen die Pestdämonen in der Gestalt von Geistlichen und Mönchen umher[4]).

Krieg. Wenn sich die Waffen in den Zeughäusern von selbst bewegten[5]), oder wenn die Knaben auf den Strassen im Scherz mit Fähnlein und Spiessen gegen einander zogen[6]), erwartete man Krieg. Aehnliches deutete, wie schon früher erwähnt wurde, die Erscheinung eines Cometen an, ferner Blutregen[7]), das Heulen der Wölfe[8]), Luftspiegelungen[9]) und Kämpfe der Vögel in der Luft; in Thüringen z. B. sollen sich die Störche vor dem Bauernkrieg vom Jahre 1525 herumgebissen haben[10]). Auch glaubte man, die Fahnen flatterten nicht frei in der Luft, son-

---

[1]) Anhorn 147. — [2]) Greg. Tur. hist. Francor. IV, 32. — [3]) Majolus, Dies caniculares II, 4. — [4]) So Bischof Johannes von Atria (Atri in den Abruzzen), welchen Calmet (I, 265, 266) als Gewährsmann anführt; Procopius (bellum Persicum II, 22) malt die Pestdämonen weniger aus, nimmt aber doch ebenfalls solche an. — [5]) Lavater, von gespänsten, vnghüren etc. .. (Zürych 1569) I, 16. — [6]) A. Weiber Philos. 105 a. — [7]) Annales Laureshamenses ad. a. 786 (Perz. Mon. Scr. I, 33). — [8]) A. Weiber Philos. 106 b. — [9]) Annal. Lauresh. a. a. O. — [10]) Prätorius, Storchs- u. Schwalben Winter-Quartier. S. 130.

dern sie schlügen ihren Trägern um die Köpfe, wenn diese in den Krieg zögen[1]).

Todesfälle. Selbstverständlich gab es auch zahlreiche Anzeichen eines baldigen Todesfalles, welche dann entweder allgemein giltig waren oder nur in Beziehung auf bestimmte Persönlichkeiten, Stände u. s. w. in Betracht kamen. Von den Vögeln gehören namentlich wieder der Rabe, ferner die Eule und der Wik hierher[2]). Rumort es speciell in einem Rathhause, so ist zu befürchten, dass in Bälde eine Magistratsperson mit Tod abgehen werde[3]); soll hingegen ein Bettler das Zeitliche segnen, so wird er vorher von den Läusen, welche sich bisher in seinen Haaren gütlich gethan haben, verlassen[4]). Der Kirchner zu S. Jobst bei Nürnberg nahm an den Bewegungen des Bahrtuchs und am Geräusch in der Leichenkammer wahr, dass demnächst ein Todesfall eintreten werde, und Meister Franz, Scharfrichter in Nürnberg, wusste, wenn sein Schwert zitterte, zum Voraus, dass die seiner Obhut anvertrauten Gefangenen zum Tode würden verurtheilt werden[5]). Wer die Todten irgendwo tanzen sieht, kommt selbst bald in die Gesellschaft derselben; so ergieng es z. B. dem Koch des Grafen Bernhard von Eberstein im Jahre 1518, als er sich selbst mitten unter den Tanzenden erblickt hatte[6]). Ueberhaupt ist es ein Zeichen baldigen Todes, wenn Jemand sich selbst, d. h. seinen Geist in seiner eigenen Gestalt, wie eine zweite Person sieht; letzteres widerfuhr z. B. einer alten Kindsmagd im Schlosse zu Mösskirch im Jahre 1554 und ebenso noch früher der Gemahlin des Grafen Reinhart von Solms[7]). Noch Göthe hat bekanntlich in Wilhelm Meisters Lehrjahren dieses Motiv zu verwerthen gewusst. Der bekannte Caspar Peucer musste sterben, als eine Uhr in seinem Hause, welche nicht aufgezogen war, plötzlich schlug[8]), und auch sonst liebte man es, auffallende Ereignisse mit dem Tode hervorragender Männer in Verbindung zu bringen. So verfährt z. B.

---

[1]) Lavater a. a. O. — [2]) A. Weiber Philos. 106a; Anhorn 144. — [3]) Lavater a. a. O.; Pfyfer, der Kanton Luzern I, 246. — [4]) Männling, denckwürdige Curiositäten. S. 337. — [5]) Lammert a. a. O. S. 97; vgl. auch Lavater a. a. O. — [6]) Zimmerische Chronik IV, 216; vgl. auch IV, 217. — [7]) Ebend. IV, 295. — [8]) Stockkausen, Todes-Vorboten pag. 103.

Einhart mit Carl dem Grossen, auf dessen Absterben er diverse Sonnen- und Mondfinsternisse sowie den Einsturz der Rheinbrücke zu Mainz bezieht[1]). Je mehr sich dann der Geist des Mittelalters allmählich dem Düstern und Unheimlichen zuwendet, desto düsterer und unheimlicher werden auch die Prodigien. So zählt Abt Guibert von Nogent kurz nach 1100 die Ereignisse auf, welche der Ermordung des Bischofs Gerard von Laon vorausgiengen und diese folglich anzeigten: ein Stein fällt aus der Luft, in der Cathedrale werden drei Balken vor den Knieen des Gekreuzigten sichtbar, Dämonen lärmen, Feuersbrünste erhellen in der Nacht den Himmel, und zuletzt erblickt sogar ein zweiköpfiger Knabe das Licht der Welt[2]). In Lübeck wurde im Jahre 1351 der Koch des Predigerklosters Nachts durch eine Stimme aufgefordert, für sechsunddreissig Klosterbrüder und zwei Gäste zu kochen, weil dieselben abreisen müssten. Er sah auch wirklich trotz der ungewohnten Stunde achtunddreissig Personen im Refectorium sitzen und kehrte auf dieses hin entsetzt in seine Zelle zurück; wenige Tage später starben im Kloster achtunddreissig Personen, unter diesen zwei Gäste[3]). Noch Unheimlicheres weiss Johannes Vitoduranus aus dem Minoritenkloster in Bern zu berichten[4]). Dort wachte einst ein Mönch in seiner Zelle Nachts und betete; da sah er im Garten Minoriten paarweise auf- und abgehen; schliesslich kamen dieselben in's Kloster und klopften an den Zellen vieler schlafender Brüder und ebenso im Dormitorium an deren Decken; der wachende Mönch zitterte und bebte, doch wurde bei ihm nicht geklopft. Alle Brüder aber, bei welchen die Geister in Mönchsgestalt gepocht hatten, starben bald darauf, und zwar in der nämlichen Reihenfolge, in welcher bei ihnen war angeklopft worden. Dieses Ereigniss soll sich kurz vor 1313 zugetragen haben. Noch im siebenzehnten Jahrhundert seien kurz vor Gustav Adolfs Tod im Schlosse zu Stockholm alle Thürschlösser von selbst aufgegangen; zu gleicher Zeit erklangen durch

[1]) Vita Caroli Magni cap. 32. — [2]) Guibertus Novigent. de vita sua III, 11. — [3]) Zimmerische Chronik IV, 218, 219. — [4]) Chronicon ed. Wyss, pag. 91, 92. —

ganz Finnland die Kirchenglocken von selbst, und über der Stadt Stockholm erschien am Himmel eine Jungfrau[1]).

Häufig sind dergleichen Vorboten des Todes an gewisse Localitäten gebunden und haben lediglich für die Bewohner derselben Geltung, für diese aber dann in regelmässig wiederkehrenden Zeiträumen. So läutete im Dominicanerkloster zu Camora in Spanien drei Tage, bevor ein Mönch starb, regelmässig eine Glocke von selbst, und dasselbe wurde auch von den Klöstern dieses Ordens in Cordova und Salerno erzählt[2]). Eines noch merkwürdigeren Zeichens erfreute sich die Abtei S. Maurice im Canton Wallis. In dem Fischteiche derselben befanden sich nämlich genau so viele Fische, als die Abtei Conventualen zählte; so oft nun der Tod eines Chorherrn bevorstand, kam einer der Fische krank auf der Oberfläche des Teiches zum Vorschein[3]). Ganz in ähnlicher Weise soll auch in Rothsee im Canton Luzern ein Fisch den baldigen Tod des jeweiligen Besitzers des Sees angezeigt haben[4]). In Franken verliert ferner ein am Fusse eines Berges stehender Brunnen regelmässig für einige Wochen sein Wasser, wenn in dem Schloss auf dem Berge Jemand sterben soll[5]). Am schwarzen Brette der Academie in Zürich endlich standen im Jahre 1667 plötzlich die lateinischen Worte:

carmina iam moriens canit exequialia cygnus;

Niemand wusste dieselben zu deuten, bis acht Tage später Johann Heinrich Hottinger, Professor der Theologie in Zürich, starb[6]).

Verschiedenes. Von andern bedeutenderen Naturereignissen oder Begebenheiten im menschlichen Leben, an welche sich bestimmte Vorzeichen knüpften, mögen noch einige kurz erwähnt werden. Von dem Ausbruche des Aetna im Jahre 1536 ist bereits früher (Cap. 5) die Rede gewesen. Im Jahre 1665 sah man in Plauen drei Viertelstunden lang ein Crucifix am Himmel, an welchem

---

[1]) Prätorius Anthr. plut. II, 36. — [2]) Eusebius Nierembergicus. De miraculis natur. in Europa I, 12 bei Schott, Physica curiosa VI, 4, 1. — [3]) Euseb. Niermberg. I, 53 bei Schott a. a. O. — [4]) Pfyfer, der Kanton Luzern I, 247. — [5]) Seyfried. Medull. mirabil. nat. 268. — [6]) Anhorn. S. 158.

sämmtliche Finger, Nägel und Haare genau zu unterscheiden waren; es deutete an, dass eine Fürstin bald papistisch werde[1]). Als 1333 das Thal des Arno überschwemmt wurde, vernahm ein Eremit im Paradisino oberhalb Vallombrosa teuflischen Lärm; als er vor seine Zelle trat, erblickte er schwarze Reiter, und einer derselben erklärte, sie zögen dahin, um die sündige Stadt Florenz, wenn Gott es zulasse, zu ersäufen[2]). Etwas mehr als hundert Jahre später, im Jahre 1453, sah man in der Nähe von Como Abends viele Hunde in der Luft, sowie einen drei Stunden lang dauernden Zug von Thieren, bewaffnetem Fussvolk und Reitern; bald darauf wurde Constantinopel von den Türken erobert[3]).

Das jüngste Gericht.

Auch der jüngste Tag, welchen bekanntlich sowohl die ersten christlichen Jahrhunderte als das Mittelalter von Zeit zu Zeit für nahe bevorstehend hielten, hatte seine bestimmten Vorzeichen. In dem hierauf bezüglichen Stellen erscheinen dieselben meist in der Zahl von fünfzehn, und sie sollten der gewöhnlichen Annahmen zufolge zuerst von S. Hieronymus geweissagt worden sein; Aufzeichnungen derselben in Poesie und in Prosa sind nichts weniger als selten[4]). Manche unter diesen Zeichen sind nun freilich nicht Aberglauben im gewöhnlichen Sinne des Wortes, insofern sie nicht regelmässig wiederkehrende Begebenheiten des wirklichen Lebens zum Ausgangspunkte haben sondern die eschatologischen Stellen der heiligen Schrift, mit allerlei Erweiterungen und Ausschmückungen versehn, wiedergeben. Die Sache spielt vielmehr erst dann in das Gebiet des Aberglaubens hinüber, wenn man, statt bei der blossen Annahme dieser Zeichen stehen zu bleiben, jedes aussergewöhnliche Naturereigniss sofort als Vorzeichen des nahen Weltuntergangs auffasste. Viel sonderbarer und viel abergläubischer im gewöhnlichen Sinne des Wortes klingt es jedenfalls, wenn man im siebenzehnten Jahr-

---

[1]) Prätorius, Anthr. plut. I, 251 ff. — [2]) Giov. Villani, Chroniche XI, 2 (das betreffende Capitel hat auch ausführliches astrologisches Material). — [3]) Alexander ab Alexandro. Genialium dierum lib. III, cap. 15. — [4]) Vgl. Pfeiffer in Haupt's Ztschr. f. deutsches Alterthum I, 117 ff.; W. Wackernagel, die altdeutschen Handschriften der Basler Universitätsbibliothek, S. 22 ff.; VonderHagen, Minnesinger III, 96, 97.

hundert aus dem rein zufälligen Zusammentreffen der römischen Zahlen MDCLXVI glaubte schliesen zu müssen, das Jahr 1666 werde den jüngsten Tag bringen [1]).

Wir sind bisher in der Betrachtung der Vorzeichen von dem ausgegangen, was man im Allgemeinen aus nicht ganz gewöhnlichen Begegnungen und Erscheinungen glaubte schliessen zu dürfen. Man kann nun aber auch umgekehrt von den Zeichen selber ausgehn und auf diese Weise erkennen, was für Dinge dem mittelalterlichen Menschen am meisten auffielen und ihn in Folge dessen am ehesten auf trübe Gedanken brachten Die hervorragendste Stellung unter diesen Erscheinungen nimmt nun entschieden das Zeichen des Kreuzes ein, aber nicht das gewöhnliche in den Kirchen oder an den Strassen angebrachte Kreuz sondern das an aussergewöhnlichen Stellen plötzlich erschienene und ebenso plötzlich wieder verschwundene. Ein solches Kreuz war ein Zeichen des Todes, und zwar des Todes im weitesten Sinne, also namentlich auch weit verbreiteter Seuchen; es erschien etwa auf den Kleidern der Leute, zuweilen auch auf ihrer Stirn, auf Vorhängen in den Kirchen u. s. w. Schon im Jahre 748 und dann wieder 786 wurden dergleichen Kreuze beobachtet [2]), ferner erschienen sie 806 auf der Mondscheibe [3]), dann im zehnten Jahrhundert kurz hinter einander 956 [4]) und 958 [5]) und im elften im Jahre 1096 [6]). Im Jahre 1500 kamen nach Trithemius abermals Kreuze zum Vorschein [7]) und ebenso in den unmittelbar darauf folgenden Jahren 1501, 1502 und 1503 [8]). Die erregte Phantasie der Leute will sogar noch in unserm Jahrhundert solche wahrgenommen haben, und es lässt sich ja auch begreifen, dass in Zeiten religiöser Aufregung und heftiger kirchlicher Kämpfe manches wahrgenommen wird, was unter andern Umständen vielleicht unsichtbar geblieben wäre. Mit den Kreuzen des Jahres 1501 befasste sich u. a. die Univer-

---

[1]) Prätorius, Anthr. pluton. II, 77. — [2]) Sigeberti chronica a. 718: Annalista Saxo a. 786. — [3]) Annales S. Columbæ Senonensis (Pertz I, 103). — [4]) Annales Sangallenses maiores a. 956. — [5]) Thietmar Mersebg. II, 22: annal. Saxo a. 958. — [6]) Annal. Saxo a. 1096. — [7]) Trithemius, Chronicon Hirsaug. edit. S. Gall. 1690, tom II, pag. 580. — [8]) Altenstaig zu Bebelii triumphus Veneris.

sität Cöln in corpore; es erschien damals ebendaselbst eine gedruckte Abhandlung über diesen Gegenstand, deren Titel folgendermassen lautet: „Quæstio de crucibus quæ in plerisque Germaniæ et Galliæ oppidis miro modo apparuerunt, a quodam profundissimo sacræ Theologiæ Professore in Agrippinensi Colonia publice in celebri auditorio disputata.“ Am Schlusse derselben steht: „Determinatio hæc facta est Coloniæ in scolis Theologorum presenti tota universitate in profesto Viti et Modesti martirum Anno salutis 1501“[1]).

Münzen, auf welchen irgend eine Zahl oder ein Buchstabe in unrichtiger Stellung angebracht war, bedeuteten ebenfalls irgend ein Unglück. Hierher gehört z. B. das verkehrte D auf Thalern, welche Kurfürst Friedrich V. von der Pfalz, der sogenannte Winterkönig, im Jahre 1621 hatte prägen lassen[2]); übrigens hatte es schon hundert Jahre früher Thaler mit dem Bildniss Johann Friedrichs von Sachsen gegeben, deren verkehrtes 3 denselben den nämlichen Ruf verschafft hatte[3]). Man sieht, wie in beiden Fällen der Fehler der Geldstücke und das persönliche Unglück der beiden Fürsten zusammenwirkten, um eine solche Vorstellung hervorzubringen.

Wo der sogenannte Angang, d. h. die Begegnung eines Thieres für unglückbringend galt, da konnte diese Vorstellung bald durch diese bald durch jene Eigenschaft des betreffenden Geschöpfs hervorgerufen sein. Beim Raben waren es ohne Zweifel Farbe und Stimme, bei der Eule wieder letztere in Verbindung mit der unheimlichen nächtlichen Thätigkeit, beim Hirsch und beim Hasen vielleicht die flüchtige, zahllosen Verfolgungen preisgegebene Existenz, welche zu den betreffenden Anschauungen führte. Welchem Umstande der noch jetzt wenigstens im Scherze häufig ausgesprochene Satz, dass reisende Personen von geistlichem Stand ein Zeichen baldigen Regens seien[4]), seinen Ursprung verdankt, kann ich nicht sagen. Hie und da half wohl auch der Glaube, dass gewisse Geschöpfe wie z. B. der Rabe

[1]) Panzer, Annales typographici VI, pag. 349, No. 20. — [2]) G. D. Seyler. Histor. Nachricht von wahrsagenden Müntzen. Franckf. u. Lpzg. 1783; S. 4. — [3]) Ebend. S. 8. — [4]) A. Weiber Philos. 107 b.

und die Katze mit dem Bösen in Bunde stünden, ja sogar verwandelte Zauberer, Hexen u. dgl. seien, derartige Vorstellungen erzeugen.

Träume. Auch Träume galten vielfach als Vorzeichen. Natürlich handelt es sich hier nicht um Träume, welche einer sagenhaften Vorzeit angehören und in Folge dessen lediglich in das Gebiet der Poesie fallen, sondern es können bloss diejenigen Vorstellungen in Betracht kommen, welche der Volksglaube Jahrhunderte hindurch in dieser Beziehung gehabt hat; in diesem Falle ist es aber auch vollkommen gleichgiltig, ob sich ein solcher Traum durch wirkliche Beispiele belegen lässt oder nicht, weil es ja hier überhaupt nur auf die Vorstellung als solche ankommt. Immerhin dürfen wir annehmen, dass die zahlreichen Stellen der heiligen Schrift, an welchen ein Traum als unmittelbare Eingebung Gottes erscheint, auch späteren Jahrhunderten die Bedeutung derselben verstärken halfen. Das Entscheidende ist nun weniger die Persönlichkeit, welcher ein Traum zu Theil wird, als vielmehr Zeit und Ort. Je näher der Morgen ist, desto näher kommt im Allgemeinen der Traum der Wahrheit, und ebendarum ist es besser, nach der Mitternachtsstunde zu träumen als vorher[1]). Dazu kommen dann noch bestimmte Nächte des Jahres oder des menschlichen Lebens, z. B. die Neujahrsnacht[2]) und die Hochzeitnacht[3]). Von Oertlichkeiten kommt namentlich ein neugebautes Haus in Betracht, dessen Balken jedoch vorher müssen gezählt werden[4]). Ausserdem haben noch die verschiedenen Gegenstände, mit welchen man sich träumend beschäftigen kann, ihre bestimmte Bedeutung; Aepfel z. B. bedeuten Liebesglück, Eier Glück überhaupt und gute Nahrung, Gemälde Trauer u. s. w.[5]). Wer von Tragödien träumt, dem stehn Gefahr und Unglück bevor, wer von Komödien, muss sich auf Spott und Hohn gefasst machen; doch wird sich, falls die Komödie in die Gegenwart fällt, schliesslich die Sache wieder zum Bessern wenden. Träumt Jemand von Todten, welche ihn

---

[1]) Ecbasis 227. — [2]) Grimm, Mythol. III, 452. — [3]) Aimoin I, 8. — [4]) Grimm a. a. O. 959, 960. — [5]) Die astronom. Lehrsätzen nach lehrende Chiromantie etc... 2. Aufl. (Franckf. u. Lpz. 1746) S. 317 ff.

berauben, so hat er den eigenen Tod oder den eines nahen Angehörigen zu erwarten [1]).

Erdbeben. Endlich fassten Manche auch die Erdbeben theils als Warnungen oder Strafen für begangene Frevel, theils als Vorzeichen kommenden Unglücks auf. Die zweite Auffassung berührt sich natürlich sehr nahe mit dem im ersten Capitel über die Cometen Gesagten, indem man später eintretende Kriege, Seuchen, Theurungen u. dgl. gerne als Folgen der Erdstösse darstellte. Doch erreichen letztere die ominöse Bedeutung der Cometen nicht ganz, vermuthlich desshalb, weil sie in der Regel handgreifliches Unheil anrichteten, während der Comet mehr den Charakter des blossen Vorzeichens behielt. Immerhin fehlt es auch auf diesem Gebiete nicht an Schriftstellern, welche die ihnen aus Chroniken u. dgl. bekannt gewordenen Erdbeben chronologisch zusammenstellten und mit andern nachfolgenden Calamitäten in Verbindung brachten. Die hierher gehörige Schrift des Hagenauer Advocaten Johann Michael Beuther z. B. [2]) beginnt mit Christi Geburt und reicht bis zum Jahre 1601, während Johann Georg Gross, Pfarrer bei St. Peter in Basel, in seiner Zusammenstellung von „Basler Erdbidem" erst mit dem Jahre 1021 beginnt [3]), vermuthlich weil seine Quellen in Folge der localen Abgrenzung des Stoffes nicht weiter zurückreichten.

Gesuchte Vorzeichen. Nun gab es aber neben den zufällig sich darbietenden Vorzeichen auch solche, welche man suchen musste. Das Material war allerdings auch hier meist ein herkömmliches und gegebenes, in der Regel ein Buch, die Verhaltungsmassregeln hingegen, welche man zu haben wünschte, mussten erst gefunden werden. Dabei handelte es sich natürlich nicht um ein überlegtes oder systematisches Suchen, sondern man schlug die betreffenden Bücher einfach auf und überliess es ganz dem Zufalle, was für eine Stelle einem zuerst in die Augen fiel; nach der betreffenden Stelle aber richtete man das eigene Verfahren ein.

Unter den hierher gehörigen Büchern nahm im Mittelalter die heilige Schrift entschieden die erste Stelle ein, und inner-

[1]) Alemannia X, 27, 28 (nach einem Strassburger Traumbuche). — [2]) Compendium Terræ motuum. Strassburg 1601. 4°. — [3]) Basel 1615. 4°.

halb derselben kamen vorzugsweise die Evangelien und der Psalter in Betracht. An und für sich mochte diesem Verfahren die ganz löbliche Vorstellung zu Grunde liegen, dass in diesen Schriften für zahlreiche mehr oder weniger kritische Situationen Rath und Belehrung zu finden sei; allein sowohl die Art und Weise, in welcher man diese suchte, als in den meisten Fällen die Gründe, wesshalb man es that, bleiben nichtsdestoweniger verwerflich. Darum erschienen auch schon frühzeitig, z. B. unter Carl dem Grossen, Verbote gegen das ganze Verfahren[1]), welche freilich höchstens vorübergehend wirken mochten. Wie verbreitet dasselbe schon im ersten Jahrtausend unserer Zeitrechnung war, ergiebt sich u. a. aus dem unbefangenen Ton, in welchem Gregor von Tours davon wie von etwas ganz gewöhnlichem spricht[2]). Als z. B. im Jahre 557 die Stadt Dijon von Chramnus belagert wurde, legten Geistliche die Bücher der Propheten, die Evangelien und die Apostelgeschichte an einem Sonntag auf den Alter einer Kirche und schlugen dieselben auf; die Stellen, auf welche sie stiessen, waren Jesaja V, 4. 5. 1 Thessalonicher V, 2. 3 und Matthäus VII, 26. 27[3]). Auch hier legte man zuweilen noch besonderes Gewicht darauf, dass das Aufschlagen an einem besonders heiligen Ort, z. B. am Grabe S. Martins in Tours[4]) stattfinde. Dass die Sache selbst allen Verboten zum Trotz, weiterlebte, versteht sich von selbst und rief auch von Zeit zu Zeit neue Erlasse hervor, im Jahre 1310 z. B. einen des Erzbischofs Balduin von Trier[5]). Diejenige Stelle der Bibel selbst, mit welcher man das Verfahren zu rechtfertigen suchte[6]), mochte es sich nun um jene oder um ein profanes Buch handeln, war dem Evangelium des Lucas entnommen, wo es bekanntlich (IV, 17) von Christus selbst heisst: „Und da er das Buch herumwarf u. s. w." Doch mögen systematische Vertheidiger desselben ziemlich selten gewesen sein.

Sortes Virgilianae. Neben der Bibel erfreute sich hauptsächlich Vergil eines ähnlichen Ansehens. Bekanntlich war dieser römische Dichter

[1]) Pertz, Mon. German. histor. leg. tom. I, 68, Z. 29, 30. — [2]) Histor. Francor. IV, 16; V, 14. — [3]) Ebend. — [4]) Ebend. V, 14. — [5]) Hefele, Conciliengeschichte VI, 437. — [6]) Anhorn, Magiologia. S. 484.

im Volksglauben im Lauf der Jahrhunderte allmählich zum Zauberer geworden[1]), und im Zusammenhange mit dieser Vorstellung bildete sich nun nach und nach die Sitte aus, seinen Versen magische, namentlich prophetische Kräfte zuzuschreiben. Unterstützt wurde diese Anschauung noch dadurch, dass man annahm, Vergil habe in seiner vierten Ecloge den Messias geweissagt[2]), wodurch der heidnische Dichter in den Ruf einer gewissen Heiligkeit kam. Man schlug in Folge dessen seine Werke gleich der Bibel in kritischen Lagen auf und merkte sich denjenigen Vers, auf welchen zufällig der erste Blick gefallen war; der Inhalt desselben wurde nun entweder mit der Gegenwart oder mit der Zukunft irgendwie in Verbindung gebracht, oder man machte das eigene Benehmen von dem Inhalte desselben abhängig. So bestimmte im Jahre 1529 die Stelle Vergil Aeneis III, 44

heu! fuge crudelis terras, fuge litus avarum

zwei Florentiner zur Flucht[3]). Uebrigens scheint der Dichter schon im Alterthum zu ähnlichen Zwecken gebraucht oder vielmehr missbraucht worden zu sein, indem namentlich die römischen Imperatoren einzelne Stellen der Aeneis auf sich bezogen; letzteres lag umso näher, als dieselbe in der That ab und zu in einen mehr oder weniger prophetenhaften Ton verfällt und die Imperatoren ihrerseits theils in Folge ihrer Lage theils auch aus individuellen Gründen auf Divination angewiesen waren[4]). Uebrigens mussten sich neben Vergil auch noch andere Dichter denselben Missbrauch gefallen lassen, z. B. Homer[5]) und Ovid; eine Stelle aus den Metamorphosen des Letztern z. B. bezieht Prætorius[6]) auf die angebliche Verschwörung des Don Carlos

---

[1]) Roth in Pfeiffer's Germania IV, 257 ff.; Comparetti, Virgilio nel medio evo, II, pag. 21 ff. — [2]) L. Gauricus, Prognosticon cuius initium erit uertente Anno humanati uerbi 1556. Finis autem Anno 1587, fol. 2. — [3]) Varchi, Storie fiorentine, pag. 296 der Cölner Ausgabe v. J. 1721. — [4]) Beispiele in Aelius Spartianus' Hadrianus c. 2 und in Aelius Lampridius' Alexander Severus c. 14. — [5]) Wierus, de præstig. dæmon. II, 13. — [6]) Anthrop. pluton. II, 555.

vom Jahre 1568, weil diejenigen Buchstaben von Vers 148 des ersten Buchs

FILIVs ante DIeM patrIos InqVIrIt In annos,

welche zugleich Zahlenwerth haben, zusammen die Zahl 1568 geben.

Das Glücksrad. Endlich gehört noch das Glücksrad hierher, welches in einem Buche angebracht war und aus einem Kreise nebst Zeiger bestand; der Kreislinie nach liefen allerlei Buchstaben und Zeichen und es kam folglich darauf an, bei welchem Zeichen der Zeiger stehen blieb, und was für eine Bedeutung man für jenes in Anspruch nahm[1]).

Siebentes Capitel.

Der kirchliche Wunderglaube.

In den bisherigen Capiteln ist von lauter Gattungen des Aberglaubens die Rede gewesen, welche im Grossen und Ganzen keinerlei Beziehung zu dem wirklichen Glauben des Mittelalters und zum christlichen Glauben überhaupt haben. Es waren entweder unmittelbare Nachklänge der heidnischen Religionen der Vorzeit oder Auffassungen der Natur und ihrer einzelnen Erscheinungen, welche vor der wissenschaftlichen Erkenntniss und Erforschung derselben nicht Stand halten können. Jetzt hingegen handelt es sich um ein Gebiet, in welchem der Aberglaube in höherem Grade als bisher unmittelbar neben den wirklichen Glauben tritt und, seiner eigentlichen Bedeutung entsprechend, Vorstellungen umfasst, welche jenem zwar nicht gerade ebenbürtig zur Seite stehn, aber doch in dem Glauben an ein directes Eingreifen einer höhern Macht in menschliche Verhältnisse wurzeln, also Vorstellungen, welche denjenigen,

---

[1]) Anhorn S. 487, 488.

auf welche der wirkliche Glaube sich beruft, in hohem Grade ähnlich sind.

Christus und seine Apostel haben bekanntlich nach den Erzählungen der Evangelisten und des Verfassers der Apostelgeschichte eine Menge Wunder gethan, d. h. sie haben Thaten vollbracht, durch welche das, was man Naturgesetze zu nennen pflegt, bald in der bald in jener Weise umgangen oder aufgehoben wird. Es kann nun natürlich nicht unsere Aufgabe sein, uns an dem Streite zu betheiligen, welcher in unsern Tagen heftiger als je über die grössere oder geringere Glaubwürdigkeit der genannten biblischen Quellen geführt wird; die verschiedenen Ansichten stehen sich in dieser Beziehung einstweilen so diametral gegenüber, dass an eine baldige Ausgleichung gar nicht zu denken ist. Der in religiösen Dingen Indifferente oder Freisinnige wird die Möglichkeit des Wunders bis an das Ende der Tage läugnen, der positiv gläubige Protestant wird ebenso lange mit Tholuck[1]) annehmen, die Kraft, Wunder zu verrichten, habe sich in der Christenheit etwa bis zur zweiten Hälfte des dritten Jahrhunderts erhalten, sei aber dann erloschen, der römisch-katholische Christ endlich wird dieselbe, wenn er vielleicht auch in Bezug auf die Glaubwürdigkeit des einzelnen Falles zu möglichst grosser Vorsicht räth, wenigstens im Princip als noch vorhanden annehmen.

Wir haben es mit diesen Wundern nur insofern zu thun, als dieselben in spätern nachapostolischen Zeiten noch practische Folgen gehabt haben. Eine sehr hervorragende Rolle spielen nun unter denselben bekanntlich Heilungen der verschiedensten leiblichen und geistigen Krankheiten; denn gerade diesen musste ihr practischer Werth auch bei spätern Generationen eine hohe Bedeutung sichern. Und wie sich nun die Wunderthaten der Apostel chronologisch an die Christi anschliessen, so folgen auch auf jene ähnliche Erzählungen in grosser Zahl, welche sich um die Persönlichkeiten späterer hervorragender Männer der Kirche ansammeln und den eigentlichen Kern ihrer Lebensläufe nur zu oft verhüllen. Wie dankbar wären wir z. B. Pabst

[1]) Vermischte Schriften I, 33 ff.

Gregor dem Grossen, wenn er uns in seiner Schrift „de vita et miraculis sancti Benedicti“ statt der dreissig bis vierzig Wundergeschichten eine auch nur halbwegs verlässliche Biographie dieses um die Kirche und um die ganze Cultur des Abendlandes so hochverdienten Mannes hinterlassen hätte? Statt dessen lässt er S. Benedict in der genannten Schrift Dämonen austreiben (cap. 16), künftige Ereignisse wie den Tod des Gothenkönigs Totilas prophezeien (cap. 15), die Fesseln von Gefangenen durch seinen blossen Blick lösen (cap. 31) und sogar Todte wieder lebendig machen (cap. 32). Man glaubt in der That den sonst in seinem Leben wie in seinen Schriften gleich grossen Mann kaum wieder zu erkennen, wenn man diese und andere ähnliche Dinge liest; und doch bildet die genannte Schrift nur das zweite von vier Büchern verwandten Inhalts, den bekannten Dialogen dieses Pabstes[1]).

Erzählungen von ähnlichem Inhalte wiederholen sich das ganze Mittelalter hindurch in Schriften kirchlichen wie profanen Inhaltes, in Heiligenbiographien und erbaulichen Anecdotensammlungen, aber auch in Chroniken, Annalen, ja sogar gelegentlich in Urkunden. Am häufigsten treten sie freilich dann auf, wenn aussergewöhnliche Ereignisse die Gemüther in Bezug auf kirchliche oder religiöse Fragen in aussergewöhnliche Aufregung versetzen, also zuerst in den Zeiten der Christenverfolgungen und später wieder zur Zeit der Kreuzzüge oder in Gegenden, wo Ketzer und Juden der Kirche Gefahr zu bringen scheinen. Auch das Aufkommen neuer geistlicher Orden, z. B. das der Cistercienser und der Dominicaner und Franciscaner, wirkte fördernd, weil diese den ältern Orden, namentlich den Benedictinern in Bezug auf Zeichen besonderer göttlicher Gnade nicht nachstehn wollten. Die Quellen, auf welche wir in diesem Capitel angewiesen sind, behandeln zuweilen bloss einzelne Seiten des gesammten Mirakelwesens; es giebt aber auch solche, in welchen dasselbe eine wenn auch nicht erreichte, doch

[1]) Nach Paulus Diaconus, gest. Langob. IV, 5, sind sie um 593 verfasst und von Gregor der Königin Theodelinde übersandt worden; vgl. auch Lau „Gregor I. der Grosse“ S. 316.

wenigstens beabsichtigte Gesammtdarstellung gefunden hat. Endlich fehlt es selbstverständlich auch nicht an Werken, in denen das hierher gehörige Material nur vorübergehend und in einzelnen Zügen vorkommt.

Cäsarius von Heisterbach. Unter den beabsichtigten Gesammtdarstellungen findet sich namentlich bei Cäsarius von Heisterbach in seinem Hauptwerke, dem in der ersten Hälfte des dreizehnten Jahrhunderts verfassten „dialogus miraculorum" eine reiche Fülle hierher gehöriger Erzählungen [1]). Cäsarius gehörte dem Orden der Cistercienser an; er war kurz vor 1200 in denselben getreten [2]) und lebte als Glied desselben zuerst als Mönch, später als Prior, in der rheinischen, noch jetzt als Ruine bewunderten Abtei Heisterbach bis gegen das Jahr 1240 [3]). Seinem Orden, welcher damals freilich auch in der Zeit der ersten Blüthe stand, gehörte er mit Leib und Seele und mit einer Ausschliesslichkeit an, die den Orden gelegentlich sogar über den Pabst stellte. Characteristisch für diese Anhänglichkeit ist namentlich folgende Erzählung (VII, 60): Ein verstorbener Cistercienser kam in den Himmel und sah daselbst Engel, Propheten, Patriarchen, Apostel, Märtyrer, kurz Glaubenszeugen jeder Art, endlich auch Prämonstratenser und Cluniacenser. Erstaunt und zugleich betrübt fragt er die Himmelskönigin: „Wie kommt es, o Königin, dass ich hier keinen aus dem Orden der Cistercienser sehe? Warum sind deine Knechte, die dir doch so andächtig dienen, von der Gemeinschaft der Seligen ausgeschlossen?" Maria sah seine Bestürzung und antwortete: „Mir sind die Cistercienser so lieb, dass ich sie sogar unter meinem Ellenbogen habe." Mit diesen Worten schlug sie ihr aussergewöhnlich weites Gewand zurück; da wimmelte und krabbelte es unter demselben förmlich von Cisterciensern. Die Seele des Mönchs kehrte hierauf vor übergrosser Freude in ihren Leib zurück, und so konnte er auf der Erde wieder erzählen, was er im Himmel gesehen hatte [4]).

---

[1]) Illustrium miraculorum et historiarum memorabilium libri XII. Col. Agr. 1599. 8°. — [2]) Kaufmann A. Cäsarius von Heisterbach. Ein Beitrag zur Culturgeschichte des zwölften und dreizehnten Jahrhunderts. Zweite Auflage. S. 83. — [3]) Ebend. S. 97. — [4]) Bildliche Darstellungen dieser

Die Wundergeschichten des Cäsarius sind, wohl nach Gregors des Grossen Vorbild, in Gesprächsform aufgezeichnet, doch fehlt denselben jedes wirklich dramatische Leben. Apollonius, der Novize, welchem er dieselben vorträgt, verhält sich zu den Gegenständen dieses Vortrages ungefähr wie ein Kind zu den Märchen der Grossmutter oder der Amme. Er stimmt bei, bewundert, bittet um Fortsetzung oder um Mittheilung fernerer Mirakel, von ernsthafter Opposition oder auch nur Discussion ist hingegen nirgends die Rede. Aber auch Cäsarius selbst nimmt seinen Erzählungen gegenüber den Standpunkt der unbedingten Gläubigkeit ein; es ergiebt sich das beinahe aus jedem Capitel seines Werkes. Wunderbar ist dabei namentlich der Umstand, dass sich die Mehrzahl derselben entweder geradezu bei seinen Lebzeiten oder wenigstens unmittelbar vorher soll ereignet haben. Absichtlichen Betrug wird man ihm allerdings kaum vorwerfen können, da er fast überall seine Gewährsmänner nennt und überdiess in der Vorrede seines Buches Gott zum Zeugen anruft, dass er auch nicht ein einziges Capitel desselben ersonnen habe. Wohl aber war Cäsarius in hohem Grade leichtgläubig und, wie sein Buch als solches schon beweist, wundersüchtig. Dazu kommt noch, dass das klösterliche Leben gerade da, wo man mit der Ascese Ernst machte, ecstasische Zustände und Visionen in hohem Grade begünstigte. Bedenkt man ferner, dass Cäsarius mit seinem Wunderglauben nicht allein stand sondern meist die Befangenheiten seines Zeitalters theilte und nicht über demselben stand, so wird man ihn wohl richtiger beurtheilen, als wenn man ihn zum absichtlichen Betrüger stempelt. Die ethische Tendenz seines Buches ist ohnehin beinahe durchweg eine löbliche, insofern die bösen Neigungen des menschlichen Herzens in der Regel bestraft, die guten hingegen belohnt werden. Dass seine Begriffe von Gut und Böse desshalb auch immer die unsrigen sein müssen,

---

Art finden sich z. B. al fresco zu S. Vitus in Mühlhausen am Neckar (14. Jahrhundert), ferner in einem zu Basel i. J. 1489 gedruckten Büchlein, welches den Titel führt „Die Walfart oder bilgerschafft der allerseligisten Junggfrowen Marie" u. s. w.

ist damit noch nicht gesagt; es giebt vielmehr zahlreiche Fälle, in welchen wir seinen Standpunkt schwerlich theilen werden. Zu diesen gehören z. B. seine Beurtheilung der Ketzer (V, 18, 19) und sein absoluter Mangel an Rechtsgefühl gegenüber den Juden (II, 24); doch müssen wir auch hier die Ehrlichkeit anerkennen, mit welcher er den betreffenden Thatbestand gerade so, wie er ihn vernommen hat, wiedergiebt und uns so noch jetzt nach mehr als sechs Jahrhunderten eine gewisse Controle desselben ermöglicht. Manche der von ihm mitgetheilten Züge mögen auch nach der Art anderer weltlicher Anecdoten schon lange circuliert haben und im Grunde nirgends geschehen sein. Sie wurden dann, wie es im Geiste eines poetisch noch productiven und zugleich kritiklosen Zeitalters liegt, bald da bald dort örtlich angeknüpft und gleichzeitig chronologisch fixiert, wie es ja auch sonst mit an und für sich heimatlosen Anecdoten zu gehen pflegt.

Thomas von Cantimpré.

Ein Schriftsteller von ähnlicher Art, nur hinsichtlich seines Wissens begabter und vielseitiger als Cäsarius, ist der Dominicaner Thomas von Cantimpré aus Brabant. Er stammte aus Leuwis bei Brüssel und war daselbst im Jahre 1210 geboren [1]), Anfangs Canonicus in der Abtei Cantimpré bei Cambrai trat er später in den Predigerorden und brachte es in demselben bis zum Generalprediger der Provinz Deutschland; gestorben ist er um 1270. Sein Hauptwerk, „de natura rerum" betitelt, ist zwischen den Jahren 1233 und 1247 oder 1248 verfasst worden, hat aber bis jetzt keinen Herausgeber gefunden. Später als dieses schrieb Thomas ein zweites, jetzt in der Regel unter dem Titel „miraculorum et exemplorum memorabilium sui temporis libri duo" angeführtes Buch [2]), welches für unsere Darstellung von hohem Interesse ist. Ursprünglich hiess dasselbe jedoch „Bonum universale de apibus", und zwar aus folgendem Grunde. Das Werk enthält nämlich, wie sein jetzt üblicher Titel andeutet, eine Menge von Wundergeschichten, namentlich solche, welche mit dem kirchlichen und religiösen Leben im

---

[1]) Carus, Geschichte der Zoologie; S. 212 ff. — [2]) Ausgabe von Georg Colvenerius. Duaci 1605.

Zusammenhange stehn, deren äussere Einkleidung aber dem Leben und Treiben der Bienen entnommen ist. Letzteres vergleicht Thomas mit dem Leben und den Pflichten der Christen, namentlich der Geistlichen und der Mönche; er fasst also dasselbe durchaus symbolisch auf und nicht etwa vom Standpunkte des Naturforschers aus. Da wird z. B. der Umstand, dass sich in jedem Bienenkorbe nur eine Königin oder, wie Thomas sich ausdrückt, nur ein König befindet, als Beweis dafür gebraucht, dass es auch nur einen Kaiser, einen König und einen Pabst geben dürfe (I, 5), und dass jener keinen Stachel hat, soll nach Thomas andeuten, dass Prälaten mild sein sollen (I, 4). Die Drohnen vergleicht er mit den Laienbrüdern der geistlichen Orden, was für diese allerdings kein gerade schmeichelhafter Vergleich war, und die Drohnenschlacht mit den ab und zu an den Laienbrüdern vollzogenen Geisselungen (II, 4 und II, 6). In den Bienenstöcken tritt, wenn der Abend hereingebrochen ist, plötzlich Stille ein; ebenso soll es in den Conventen sein (II, 13), und ebenso soll auch die Eintracht der Bienen den Mönchen als Vorbild dienen (II, 14). Leute, welche stark schwitzen und übel riechen, werden vorzugsweise von den Bienen verfolgt; in ähnlicher Weise sollen ungehorsame und streitsüchtige Klosterbrüder zurechtgewiesen werden (II, 16). Ferner sollen die Mönche gleich den Bienen gastfreundlich sein (II, 20), und die jungfräuliche Keuschheit der letztern soll ihnen ebenfalls zur Aufmunterung dienen. Den sieben oder höchstens zehn Jahren endlich, welche zu leben den Bienen vergönnt ist, entsprechen auf der andern Seite die siebenfältige Gnade des heiligen Geistes und die zehn Gebote (II, 52).

In dieser Weise geht es das ganze Buch hindurch fort. Zuerst wird regelmässig ein wirklicher oder auch nur erträumter Umstand aus dem Leben der Bienen angeführt und dann flugs sinnbildlich auf die Menschen, namentlich die Cleriker, angewandt; die litterarischen Beweisstellen liefern die heilige Schrift, die Werke der Kirchenväter und allenfalls noch Seneca. Den hauptsächlichsten Werth aber verleihen dem Werke die zahlreichen aus dem Leben gegriffenen Beispiele, mit welchen Thomas in möglichst handgreiflicher Weise die Richtigkeit seiner Sätze zu beweisen sucht und zeigt, wie dem Schlechten stets seine Strafe und dem Guten sein Lohn schon hienieden zu Theil wird.

Für seinen Orden ist Thomas von Cantimpré kaum in geringerem Grade eingenommen als Cäsarius von Heisterbach. Auch bei ihm hat die Madonna Mönche unter dem Mantel, und zwar selbstverständlich Dominicaner, sie erscheint aber nicht etwa ebenfalls Dominicanern mit denselben sondern einem Cistercienser (II, 10). Ferner lässt er einen gleichzeitigen Pabst, welcher gegen die Privilegien der Predigermönche und der Baarfüsser geschrieben hatte, sofort stumm werden, ja ein sehr heiliger Mann in Rom soll sogar gesehen haben, wie der Papst den beiden Heiligen Dominicus und Franciscus zum Urtheil übergeben wurde (II, 10). Endlich hebt er auch den bedeutendsten Mann, welchen der Predigerorden im dreizehnten Jahrhundert hervorbrachte, den Albertus Magnus, seinen Lehrer, gebührend hervor. Ein bayrischer Dominicaner nämlich, welcher zu Rom in der Peterskirche betete, sah diese plötzlich voll von Schlangen. Ein Mann in der Tracht eines Dominicaners tritt herein, die Schlangen umzingeln ihn, er aber schüttelt sie ab, liest darauf den ersten Spruch des Johannesevangeliums, und die Schlangen fliehn; der Mann war Albertus Magnus. Thomas von Cantimpré bezieht dieses Gesicht auf die Disputation seines Lehrers mit Magister Wilhelmus, welcher durch seine Lehren Clerus und Volk von Rom verführt hatte, der aber, als er den Albertus das Evangelium des Johannes und die canonischen Briefe lesen und erklären hörte, plötzlich verstummte (II, 10). Immerhin ist Thomas in manchen Fragen billiger, als man von ihm erwarten möchte. Er spricht sich z. B. sehr entschieden dagegen aus, dass man unmündige Kinder zum Voraus für das Cölibat bestimme (II, 36, 2) und weiss sogar, was bei einem Dominicaner etwas heissen will, von einem Bischof von Cambrai, welcher wegen allzugrosser Strenge gegen die Ketzer in's Fegefeuer gekommen sei (I, 4).

In sehr vielen hierher gehörigen Fällen handelt es sich nun zunächst darum, den Leuten die allgemein christlichen Tugenden so eindringlich als möglich zu empfehlen. Dieses konnte auf doppelte Weise geschehn, entweder durch Hinweisung auf den Lohn und das Glück, welche auf den Tugendhaften warteten, oder durch Erwähnung der zeitlichen und ewigen Strafen, welche der Gottlose zu gewärtigen hatte. Da findet sich z. B. in dem Brustwirbel eines Priors der Dominicaner zu Strassburg, welcher während seines Lebens unablässig das Zeichen des Kreuzes gemacht hatte, ein aus Knochen gebildetes lateinisches Kreuz; Thomas von Cantimpré will es selber gesehn haben, ja er will sogar dieser Merkwürdigkeit zu Lieb vierzig Meilen weit gelaufen sein (I, 25, 6). Anderswo, in Brabant, hatte Abt Wilhelm von Vilariens einer schwangern Frau zu Lieb einen besonders schönen Ochsen, nach dessen Fleisch jene lüstern war, schlachten lassen; Tags darauf aber erschien der nämliche Ochse wieder frisch und gesund bei der Arbeit auf dem Felde (II, 25, 5). In der gleichen Gegend hatte eine Edelfrau während der Hungersnoth des Jahres 1195 den Armen unentgeltlich Mehl ausgetheilt. Ihr Gemahl, ein hartherziger Mensch, verbot ihr, das Werk der Nächstenliebe fortzusetzen und mass ihr täglich gerade so viel Mehl zu, als sie zur Unterhaltung der Hausbewohner nöthig hatte. Da erschien ein Bettler, welcher schon zwei Tage nichts zu essen gehabt hatte, als der Mehltrog gerade leer war; die Dame befahl ihrer Magd nichtsdestoweniger, den Trog zu öffnen, da war dieser ganz mit herrlichem Waizenmehl angefüllt. Auf dieses hin priesen Alle Gott, der Edelmann selbst liess seine Scheunen öffnen und theilte den Armen gerne von seinem Ueberflusse mit, er wurde dafür auch von Gott im darauf folgenden Sommer durch eine sehr ergiebige Ernte belohnt (II, 25, 7); Thomas will den Hergang unmittelbar aus dem Munde des Edelmanns vernommen haben. Auch die Demuth geht nicht leer bei ihm aus; als bei der Elevation der Leiche des heiligen Dominicus in Bologna ein demüthiger Ordensbruder zu den Füssen des Heiligen, ein Cardinalbischof aber bei dessen Haupte stand, kehrte sich der Leichnam des Heiligen von selbst um (II, 1, 3). Ebenso verhält es sich mit der Keuschheit. Eine bildschöne Frau in Schwaben war beständig von Liebhabern umworben und bat daher, um nicht in Gefahr zu kommen, ihrem Gatten die Treue zu brechen, Gott, sie hässlich zu machen; dieser erhörte ihr Gebet in der That und machte sie aussätzig.

Nun fand aber ihr Beichtvater, ein Dominicaner, die Frau sei doch in ihrem Eifer zu weit gegangen; er veranlasste sie also, Gott zum zweiten Mal anzurufen, und nun gewann sie ihre frühere Schönheit wieder. Als aber ihr Mann ein Jahr später starb, nahm die Verwitwete, um künftigen Werbungen zu entgehn, den Schleier und wurde Dominicanerin (II, 30, 29). Noch energischer verfuhr ein Priester in Nivelles, welcher das Bild eines schönen Weibes Tag und Nacht nicht los werden konnte. Als das betreffende Weib gestorben war, gieng er in der Nacht an dessen Grab, öffnete dasselbe und hielt seine Nase so lange an den bereits in Verwesung übergegangenen Leichnam, bis er in Folge unerträglichen Gestankes ohnmächtig wurde (II, 30, 31).

Umgekehrt fehlt es aber auch nicht an Beispielen von Sünden und deren Bestrafung. In Brüssel hörte man einen Priester, welcher dem Trunke ergeben gewesen war, nach seinem Tod in seinem Grabe unaufhörlich laut jammern (II, 30, 16), und ein leidenschaftlicher Jäger, welcher trotz allen Mahnungen seiner Frau regelmässig der Jagd zu Lieb den Gottesdienst versäumte, erhielt zur Strafe ein Kind, dessen Kopf wie der eines Jagdhundes aussah (II, 49, 17). Am schlimmsten aber kommen die Gottesläugner und Gotteslästerer weg. Ein Theologe in Paris, Simon von Tournay, hatte gelehrt, Moses, Christus und Mohammed seien alle drei Betrüger gewesen; er wurde zur Strafe dafür epileptisch, brüllte fürchterlich und starb am dritten Tage (II, 49, 5). Noch schlimmer gieng es einem Trompeter, welcher auf der Grenze von Flandern und Brabant obscöne Melodien zum Tanze blies. Es nahte ein schweres Gewitter, so dass sich alle Leute ängstlich entfernten, nur der Trompeter blies „turpiter" weiter; da traf ihn ein Blitzstrahl und schlug ihm den einen Arm ab, worauf zwei schwarze Hunde denselben alsbald wegtrugen. Der Trompeter selbst starb an seiner Verletzung und wurde, obschon es die Geistlichkeit nur ungerne zuliess, in geweihter Erde bestattet; am andern Morgen aber fand man sein Grab offen und leer, die Dämonen hatten ihn geholt (II, 57, 4).

Liest man Erzählungen von der Art der bei den eben angeführten Schriftstellern erwähnten oder andere von ähnlichem

Charakter, so fühlt man sich oft unwillkürlich zu der Frage nach dem objectiven Thatbestande gedrängt. Die einfachste und scheinbar am nächsten liegende Antwort ist nun die, es sei in solchen Fällen absichtlich Betrug geübt worden. Diese Antwort ist überdiess schon sehr alt und ist schon in den ersten Jahrhunderten unserer Zeitrechnung faktisch gegeben worden. Die Arianer z. B. erklärten die unter den Katholiken vorgefallenen Wunder einfach für Priesterbetrug, und die Katholiken verfuhren den Arianern gegenüber genau ebenso; die eigenen wagte freilich Niemand anzutasten, und die Kritik hatte somit ihre sehr bestimmten Grenzen [1]. Allein diese Antwort ist auch eine sehr oberflächliche und verträgt sich durchaus nicht immer mit den sonstigen Charakterzügen der genannten Autoren. Wir müssen vielmehr berücksichtigen, das gerade diese Autoren in der Regel keineswegs die Augenzeugen der von ihnen erzählten Begebenheiten sondern häufig nur die ersten Aufzeichner von Dingen sind, welche bereits eine kürzere oder längere mündliche oder schriftliche Tradition hinter sich hatten, und welche auch von der Mehrzahl der Zeitgenossen ohne Anstand geglaubt wurden. Ein lehrreiches Beispiel, wie z. B. der Glaube an Reliquien aus einer an sich ganz unschuldigen Ursache hervorgehen kann, findet sich im fünften Bande von Muratoris antiquitates Italicæ [2]; in S. Ambrogio zu Mailand nämlich befindet sich seit dem Jahre 1002 die eherne Schlange, welche einst Moses in der Wüste nach 4 Moses 21, 9 aufgerichtet hatte. Muratori selber vermuthet nun im fünften Bande seiner Antiquitäten, und zwar höchst wahrscheinlich mit Recht, die Schlange sei ursprünglich nichts als eine sinnbildliche Darstellung zu Ev. Joh. 3, 14 gewesen und erst später sei der Glaube entstanden, man habe hier wirklich die von Moses aufgestellte. Für diese Annahme spricht ausserdem eine der das Bild der Schlange tragenden gegenüberstehende Säule, auf welcher sich ein Crucifix befindet. Die Kunst des Mittelalters liebte es bekanntlich in hohem Grade,

---

[1]) H. Rückert, Culturgeschichte des deutschen Volkes in der Zeit des Uebergangs aus dem Heidenthum in das Christenthum II, 208. — [2]) Diss. 59 (de superstitionum semine in obscuris Italiæ sæculis), pag. 73.

alttestamentliche und neutestamentliche Begebenheiten symbolisch zusammenzustellen, wobei sie sich speciell in diesem Falle auch noch auf die eben angeführte Stelle des Evangelisten Johannes berufen konnte. Es ist also jedenfalls natürlicher anzunehmen, die falsche Auffassung des Bildes sei im Laufe der Zeit allmählich entstanden, als zu glauben, sie sei von irgend einem bestimmten, wenn auch jetzt nicht mehr zu ermittelnden Individuum der Bevölkerung von Mailand zu einer ebenfalls bestimmten Zeit aufgedrungen worden. In ähnlicher Weise sehen wir, wie von den bildlichen Darstellungen von Heiligen oder Märtyrern, welche ihre abgehauenen Köpfe in der Hand tragen, der Glaube ausgegangen ist, dieselben seien wirklich in diesem Zustande noch herumgelaufen. An und für sich waren aber die betreffenden Bilder einfach in symbolischem Sinne verfertigt; der Kopf in der Hand sollte ursprünglich nichts anderes als die Todesart des Märtyrers, seine Enthauptung, andeuten [1].

Dass in einzelnen Fällen wohl auch Betrug geübt wurde, soll damit natürlich nicht in Abrede gestellt werden; es wird sich auch im Folgenden hin und wieder Gelegenheit finden, auf die Möglichkeit eines solchen hinzuweisen. Aber im Allgemeinen dürfen wir nicht übersehn, wie weit das Mittelalter von empirischer Beobachtung der Thatsachen entfernt war, und wie sehr es dafür die Neigung hatte, jede unerwartete oder ausserordentliche Begebenheit auf ein unmittelbares Eingreifen höherer Mächte zurückzuführen. Ohnehin zeigt sich die nämliche Befangenheit auch auf Gebieten, welche mit Kirche und Religion gar nichts zu thun haben, und sie erlischt auch am Ende des Mittelalters keineswegs sofort. Der schon mehrmals citierte Johannes Prätorius z. B. hat es sich noch im Jahre 1676 nicht verdriessen lassen, in einer mehr als vierhundert Seiten zählenden Schrift den Nachweis zu führen, dass die Störche und die Schwalben den Winter nicht im Süden sondern bei uns in Klüften oder unter dem Schlamme von Weihern zubringen [2].

---

[1]) Müller-Böttger, Vorlesungen II, 508, 509, wo noch andere hierher gehörige Fälle aufgezählt sind. — [2]) Storchs- und Schwalben Winter-Quartier. Frankf. u. Lpz 1676. Vgl. auch Fischarts Flöh Haz, V. 2758, 2759 in der Ausgabe von H. Kurz.

Zur Vertheidigung dieses früher, wie es scheint, ziemlich verbreiteten Wahnes bietet er einen gelehrten Apparat auf, welcher in Bezug auf Umfang und Belesenheit nichts zu wünschen übrig lässt; von eigener Beobachtung enthält die Schrift freilich auch nicht die leiseste Spur; sonst wäre Prätorius nicht dazu gekommen, das Unbeweisbare beweisen zu wollen. Auf die Versuche, die Berechtigung der Astrologie oder die Möglichkeit der Metallverwandlung theoretisch zu begründen, mag hier nur in Kürze nochmals hingewiesen werden.

Vergehungen gegen die Kirche und ihre Diener und Bestrafung derselben.

Kehren wir von Cäsarius von Heisterbach und Thomas von Cantimpré auf den Boden des kirchlichen Aberglaubens überhaupt zurück, so begegnen wir natürlich hier wie anderswo einer grossen Menge von verschiedenen Anschauungen, Motiven und Bräuchen. Häufig handelt es sich darum, die Vortrefflichkeit und Heiligkeit des geistlichen Standes in recht handgreiflicher Weise darzuthun und die Feinde der Kirche an den Pranger zu stellen, mochten dieselben nun als Ketzer ihrer Lehre entgegentreten, oder mochten sie sich, wie es ja auch im Mittelalter gar nicht selten vorkam, an dem Eigenthum derselben vergreifen, ohne im Uebrigen ihren Dogmen zu nahe zu treten. Schon Gregor der Grosse verfolgt in seinen Dialogen diese Tendenz mit unverkennbarer Deutlichkeit, und er liebt es namentlich, die von den Italienern in kirchlicher wie in nationaler Beziehung getrennten germanischen Eroberer Italiens, Gothen sowohl als Langobarden, wegen ihres heidnischen oder ketzerischen Unglaubens in ein schiefes Licht zu stellen. Da wird z. B. ein arianischer Bischof, welcher in Spoleto eine katholische Kirche erbricht, plötzlich blind; gleichzeitig öffnen sich alle Thüren und Schlösser der Kirche von selbst, und die Lichter, welche der Küster am vorhergehenden Abend alle gelöscht hatte, beginnen von selbst wieder zu brennen[1]). In Rom selbst will Gregor folgendes erlebt haben. Die arianische Kirche daselbst wurde, nachdem sie zwei Jahre unbenutzt gewesen war, den Katholiken zurückgegeben; als sie nun von diesen durch einen feierlichen Gottesdienst wieder eingeweiht wurde, verliess sie der unsaubere

---

[1]) III, 29.

Geist, welcher bisher in derselben geherrscht hatte, in Gestalt eines Schweines, welches alle Anwesenden zwischen den Beinen fühlten, das aber Keiner sehen konnte. In den zwei nachfolgenden Nächten rumorte es in der Kirche noch gewaltig, dann aber senkte sich eine Wolke vom Himmel auf den Hochaltar herab, und alle Lichter begannen von selbst zu leuchten[1]).

Ueberhaupt folgt jedem Unrecht, welches der Kirche und ihren Dienern zugefügt wird, die Strafe auf dem Fusse nach. So hatte, ebenfalls zur Zeit Gregors des Grossen, ein Dieb in der Provinz Valeria den Priestern einer Kirche einen Hammel gestohlen. Als er aber mit demselben an dem Grab eines vor kurzer Zeit beerdigten Geistlichen vorübereilte, fühlte er sich plötzlich von einer unsichtbaren Macht festgehalten. Er musste nun die ganze Nacht hindurch mit dem gestohlenen Thiere stehen bleiben, und erst am folgenden Morgen, als die Priester aus der Kirche kamen und er seinen Diebstahl reumüthig gestanden hatte, gelang es jenen, durch fortgesetztes Beten seine Befreiung zu erwirken[2]). Noch schlimmer kam ein Ritter davon, welcher den Mönchen von Nogent in der Champagne Rinder gestohlen hatte; als er das Fleisch derselben essen wollte, verlor er seine Zunge nebst beiden Augen[3]). In Bonn wurde ein Edelmann, welcher der dortigen Kirche nicht bezahlen wollte, was er ihr schuldig war, zur Strafe lahm und stumm[4]). Am schlimmsten kommen natürlich die Kirchenräuber im Grossen weg. So musste Landgraf Ludwig von Thüringen in der Hölle in einem mit Feuer und Schwefel angefüllten Behälter dafür büssen, dass er bei seinen Lebzeiten Kirchengut entwendet hatte[5]). Wegen ähnlicher Verbrechen kam auch Berthold, der letzte Zähringer, in den Krater des Aetna. Man hörte in der Nähe dieses Berges eine gewaltige Stimme dreimal rufen: „Macht das Feuer zurecht!“ Als die Stimme zum dritten Mal ertönte, fragte eine andere: „Für wen soll ich es zurecht machen?“ Darauf antwortete die erste: „Der Herzog von Zähringen, unser

---

[1]) Ebend. III, 30; vgl. noch III, 12, 28 u. 32. — [2]) Ebend. III, 22. — [3]) Guibertus Novigent. de vita sua III, 17. — [4]) Cäsar. Heist. IV, 58. — [5]) Ebend. I, 34.

lieber Freund, ist da, der uns so manchen Dienst erwiesen hat." Diejenigen, welche diese Stimmen gehört hatten, statteten dem Kaiser Friedrich schriftlich darüber Bericht ab, und nun ergab sich, dass der Herzog am nämlichen Tage und zur nämlichen Stunde gestorben war [1]).

Es lässt sich nicht läugnen, dass in Zeiten, in welchen sich das Recht häufig genug vor der Gewalt beugen musste, derartige Erzählungen vielleicht am ehesten im Stande waren, Gewaltthätigkeiten zu verhindern. Im Uebrigen waren die geistlichen Verfasser solcher Mirakelsammlungen gegen Vergehungen, die sich Mitglieder ihres eigenen Standes zu Schulden kommen liessen, in der Regel ebenfalls streng; nach Cäsarius von Heisterbach z. B. muss sich ein Priester, welcher auf der Erde seine Amtspflichten nachlässig erfüllt hatte, in der Hölle von seinen ebenfalls dorthin gekommenen frühern Pfarrkindern mit Steinen werfen lassen [2]).

Manchmal tritt auch statt der eigentlichen Strafe zunächst nur eine nicht zu verkennende Warnung ein. So schiesst z. B. ein Spieler in der Verzweiflung einen Pfeil in die Luft, um Gott zu treffen, der Pfeil aber fällt, mit frischem Blute bedeckt, wieder auf die Erde, worauf jener in sich geht und Busse thut [3]). Und als eine Frau in Dornbirn am Tage des heiligen Laurentius Brot buk, kehrte sich der Teig im Ofen um und war blutroth [4]).

Leidet vollends ein Priester persönlich Unrecht, so tritt der Himmel ganz entschieden durch ein Wunder für ihn ein. Als Bischof Bricius von Tours in den Verdacht gerieth, der Vater eines Kindes seiner Wäscherin zu sein, forderte er das erst einen Monat alte Kind auf, zu reden und seine Unschuld zu bezeugen. Dieses erhielt in der That die Gabe, momentan zu sprechen und zu bezeugen, dass der Bischof nicht sein Vater sei [5]). Auch den Gebräuchen der Kirche und ihren Sacramenten zu Lieb geschehen hie und da Wunder. So rief im Jahre 1415

---

[1]) Ebend. XII, 13. — [2]) Ebend. XII, 6; vgl. auch Thomas Cantipr. II, 30, 6. — [3]) Thomas Cantipr. II, 49, 4. — [4]) Joh. Vitodur. Chronicon, pag. 211. — [5]) Gregor. Tur. hist. Franc. II, 1.

der abgehauene Kopf eines im bosnisch-ungarischen Kriege gefallenen Soldaten unter einem Haufen von Leichen hervor und bat um einen Priester; als ein solcher erschien und der Kopf des Gefallenen demselben gebeichtet hatte, verstummte er auf ewig [1]).

Es giebt wenige Biographien von Heiligen, in welchen nicht dieses oder jenes Wunder erwähnt wäre. Nur haben diese Lebensbeschreibungen häufig so sehr den Character poetischer Erzeugnisse angenommen, dass sie viel eher in Sagen- und Legendensammlungen als in Darstellungen des eigentlichen Aberglaubens gehören. Auf einige Punkte muss indessen doch besonders hingewiesen werden. Es ist schon früher bemerkt worden, dass die meisten, spätern Heiligen zugeschriebenen wunderbaren Thaten oder Erlebnisse darauf ausgehen, dieselben der Persönlichkeit Christi möglichst nahe zu rücken, und dass sie dieses hauptsächlich dadurch zu erreichen suchen, dass sie die von Christus vollbrachten Wunder copieren und wo möglich noch überbieten. Die Hagiographen wissen also viel von wunderbaren Heilungen, vom Austreiben von Teufeln, Wiedererweckung von Todten u. s. w. zu erzählen. Sie gerathen aber auf diesem Gebiete nur zu oft in Uebertreibungen, und diese machen dann auf den Leser statt des beabsichtigten erhebenden Eindruckes leicht einen unangenehmen. „Hat Christus", sagt Tholuck, „durch die Gewalt des gesprochenen und von der Kraft des Blickes unterstützten Wortes die Dämonen überwunden, so Ignatius durch einen Brief; ist Christus Einmal auf dem Meere gegangen, so Ignatius mehrmals in der Luft; hat Christus Einmal durch strahlendes Antlitz und Gewand die Seinigen in Erstaunen gesetzt, so Ignatius oftmals und in finstere Zimmer tretend hat er wie mit Kerzenlicht sie erhellt; erzählt die evangelische Geschichte von drei Todten, die Jesus auferweckt hat, so hat Xaverius vom Jahre 1716 bis 1728 auf das Gebet der Gläubigen in Steyermark allein nicht weniger als dreissig in's Leben gerufen [2]). In einem ähnlichen Verhältnisse zu Christus

---

[1]) Bonfinius, rer. Ungar. dec. III, lib. 3 (pag. 400 der Basler Ausgabe v. J. 1543). — [2]) Tholuck, vermischte Schriften, Thl. I, S. 50, 51.

steht bekanntlich auch der heilige Franz von Assisi, dessen Leben in Folge dessen geradezu als eine mittelalterliche Copie des Lebens Jesu ist bezeichnet worden[1]). Das hauptsächlichste Wunder, die Stigmatisation, wird sich allerdings nicht so leicht in Abrede stellen lassen[2]); schon sonderbarer lautet hingegen, was z. B. von seinem Verhältnisse zur Thierwelt erzählt wird; auch wenn man gerne zugiebt, dass die Thiere besonders gutmüthigen Menschen gegenüber die ihnen angeborene Schüchternheit manchmal ablegen, so können doch die betreffenden Erzählungen in derjenigen Form wenigstens, in welcher sie uns hier entgegentreten, keinen Anspruch auf Glaubwürdigkeit machen. Wo aber derartige Legenden von Uebertreibungen frei sind, ist ihr Character doch häufig ein so spielender, dass sie oft geradezu an die Kunststücke von Taschenspielern erinnern. Dieser spielende Character ist namentlich schon den apocryphischen Büchern des neuen Testaments eigen, welche bekanntlich hauptsächlich bestrebt sind, die wirklichen oder vermeintlichen Lücken des Lebens Christi mit allerlei Mirakeln auszufüllen. Schon die katholische Kirche hat diese Schriften in Folge dessen für nicht canonisch erklärt, sie hat es aber trotzdem nicht verhindern können, dass mittelalterliche Dichter aller Nationen dieselben poetisch verarbeiteten und sogar noch mit eigenen Zuthaten bereicherten.

Zu den am höchsten gepriesenen Wundern, welche noch weniger das Mittelalter als die auf dasselbe folgenden Jahrhunderte an besonders heiligen Personen hervorheben, gehören namentlich zwei, die Stigmatisation und die Fähigkeit, über der Erde schweben zu können. Letztere, deren biblisches Vorbild jedenfalls die Verklärung ist, dürfen wir unbedingt als abergläubische Vorstellung bezeichnen; die bedeutendsten Heiligen, welche sie sollen besessen haben, sind Filippo Neri, Ignatius von Loyola und S. Cajetan, der Stifter des Theatinerordens. Nach Thomas von Cantimpré (II, 33, 5) sollen ein Dominicaner und eine Nonne, jener, wenn er betete, diese, als sie einst am Pfingstfeste die Worte „veni creator spiritus“ sang,

---

[1]) Hase, Franz von Assisi; Vorrede, pag. V. — [2]) Ebend. S. 121 ff.

in der Höhe eines Ellenbogens über der Erde gewesen sein. Ja noch im vorigen Jahrhundert will der lothringische Benedictiner A. Calmet einen Ordensmann und eine Nonne gekannt haben, welche bisweilen über der Erde schwebten[1]. Bei den Wundmalen hingegen, wie sie im dreizehnten Jahrhundert der heilige Franz und die heilige Catharina von Siena hatten, und wie dieselben auch noch in unserm Jahrhundert an der westfälischen Nonne Catharina Emmerich wahrgenommen wurden[2], ist die factische Existenz der Wunden constatiert, und man wird sich demgemäss höchstens über ihre Erklärung streiten können; die Einen werden in solchen Fällen auf die Annahme eines wirklichen Wunders nicht leicht verzichten wollen, während Andere die Erklärung der Thatsache in dem überwiegenden Phantasieleben der Stigmatisierten, welches den Leib gleichsam zum Mitleiden zwang, zu finden geneigt sind[3]. Natürlich lässt sich in einzelnen Fällen auch absichtlicher Betrug nachweisen; den bekanntesten hierher gehörigen Fall liefern die Schicksale des Berner Dominicaners Jetzer, welchem vier Ordensbrüder die Wundmale in der sträflichen Absicht beibrachten, der Concurrenz der Franciscaner entgegenzuarbeiten[4].

Reliquienwunder.

Desto entschiedener gehören hingegen diejenigen Vorstellungen hierher, in welchen der betreffende Heilige seine Wunder nicht bei Lebzeiten verrichtet, in welchen vielmehr erst nach seinem Tode seine irdischen Ueberreste wunderthätig wirken. Schon der griechische Heros lebte in seinem Grabe gleichsam weiter, und man legte desshalb Werth darauf, seine Leiche zu besitzen, zumal wenn der Heros selbst sich während seines Lebens schon nützlich und wohlthätig erwiesen hatte. Aus dieser Vorstellung erklärt sich z. B. das Zurückholen der Leiche des Theseus durch die Athener[5] wie überhaupt das Holen oder

[1]) Calmet, Gelehrte Verhandlung der Materi von Erscheinungen der Geisteren, und denen Vampiren in Ungarn, Mahren etc. Deutsche Uebersetzung; dritte Auflage (Augspurg 1757) Thl. I, S. 153. — [2]) Tholuck a. a. O. 111 ff. — [3]) Ebend. 127 ff; Hase, Franz von Assisi, S. 126 ff. — [4]) Historia mirabilis quatuor heresiarcharum ordinis prædicatorum de observantia apud Bernenses combustorum. A. v. Tillier, Gesch. des eidgen. Freistaates Bern. Bd. III, S. 185 ff. — [5]) Plutarch, Theseus c. 36.

Entführen von Heroenleichen. Manche derselben zeichneten sich durch aussergewöhnliche Länge aus, so z. B. die sieben Ellen langen angeblichen Gebeine des Orestes in Sparta[1]), und es ist gar nicht unmöglich, dass hin und wieder den Knochen eines grossen Sauriers oder eines andern vorsündfluthlichen Thieres die unverdiente Ehre zu Theil wurde, für die eines halbgöttlichen Heroen gehalten zu werden. Zuweilen treten die Heroen auch geradezu wieder aus ihren Gräbern hervor und nehmen an notorisch geschichtlichen Kämpfen ihrer Nachkommen oder Verehrer Theil; namentlich berühmt war in dieser Beziehung das Auftreten der Dioscuren auf ihren weissen Pferden in verschiedenen Schlachten[2]); auch in den Choephoren des Aeschylus gehen manche Stellen von der Voraussetzung aus, als ob der längst ermordete und begrabene Agamemnon in seiner Gruft noch Alles höre[3]). Andere rumorten in ihren Gräbern mehr in gespensterhafter Weise, namentlich wenn ihnen irgend etwas nicht behagte[4]). Ausserdem kam es auch vor, dass man neben ganzen Heroenleichen bloss einzelne Gegenstände aufbewahrte und zeigte, welche denselben angehört hatten, z. B. ihr Schwert, den Schild, das Scepter u. s. w., ja wohl auch noch seltsamere Dinge. Ueberhaupt fehlen dem Reliquienwesen der Hellenen die paradoxen Züge so wenig als dem des Mittelalters, und das Ei der Leda[5]), die Zähne des erymantischen Ebers[6]), die Erde, aus welcher Prometheus den ersten Menschen geschaffen hatte[7]), u. a. m. werden gelegentlich als noch vorhandene Gegenstände erwähnt. Darum haben auch diejenigen nicht Unrecht, welche das Reliquienwesen als eine siegreiche Reaction des überwundenen Heidenthums auf die christliche Religionssphäre bezeichnen[8]).

Hatte schon das vorchristliche Heidenthum sich in dieser Weise für die wirklichen oder vermeintlichen Ueberreste seiner Todten erwärmt, so war es kein Wunder, wenn das Mittelalter

---

[1]) Herodot I, 67; vgl. auch Paus. I, 35. — [2]) Preller, griech. Myth. II, 101 ff. — [3]) Z. B. Vers 315 ff. — [4]) Pausanias I, 32; IX, 18, 3. — [5]) Pausanias III, 16, 2. — [6]) Ebend. VII, 24, 2. — [7]) Ebend. X, 4, 3. — [8]) Herzog, Real-Encyclopædie f. protestant. Theol. u. Kirche XII, 730.

auf der nämlichen Bahn weitergieng. Schon im Jahre 325 soll sich auf der übrigens fast ausschliesslich von morgenländischen Bischöfen besuchten Synode von Nicæa folgendes zugetragen haben. Zwei Bischöfe waren während der Verhandlungen gestorben, und nun wurden die Listen derer, welche nach dem Willen Constantins zu Ungunsten der arianischen Auffassung unterzeichnet hatten, zu den betreffenden Leichen gelegt; am folgenden Morgen fand man die Namen der Verstorbenen darauf eingetragen[1]). Im Abendlande knüpft sich namentlich an die irdischen Ueberreste S. Martins von Tours *S. Martin von Tours.* eine höchst umfassende Reliquienandacht. Schon die Art und Weise, wie der Leichnam des Heiligen nach Tours gekommen war, muss als eine mehr oder weniger wunderbare bezeichnet werden; die Bewohner der Stadt hatten nämlich mit denen von Poitiers um den Besitz desselben gestritten, die Letztern waren aber eingeschlafen, und nun fielen die Gebeine von selbst den Bewohnern von Tours zu[2]). Fortan genas jeder Kranke, welcher zu S. Martins Grab wallfahrtete; selbst Gregor von Tours rühmt sich dessen, und gerade dieser Umstand in Verbindung mit mehreren nächtlichen Visionen bestimmte ihn, seine vier Bücher über die Wunder, welche an diesem Grabe vorgefallen waren, niederzuschreiben[3]). Wir ersehen zugleich aus seinen Aufzeichnungen, was für Dimensionen das ganze Reliquienwesen schon damals angenommen hatte. Hatte man nämlich Anfangs zwischen ganzen Leibern von Heiligen und blossen Theilen derselben, den Reliquien (*λείψανα*) im engern Sinne unterschieden, so wurde nun nicht nur dieser Unterschied allmählich aufgegeben, sondern es werden überdiess seit dem vierten Jahrhundert, zuerst bei Gregor von Nazianz, auch die Kleider der Heiligen, ihre Marterwerkzeuge u. a. m. den Leibern selbst ebenbürtig an die Seite gestellt[4]). Diesem Zustande des Reliquienwesens begegnen wir nun bei Gregor von Tours, und es zeigt sich

---

[1]) Nicephorus Callistus, Historia ecclesiast. VIII, 23. — [2]) Greg. Tur., Historia Francorum I, 48 (43). — [3]) Greg. Tur. mir. D. Martini I, 32, 33. Epistola in IV libros, quos de miraculis b. episc. Martini descripsit. — [4]) Herzog a. a. O. 725.

derselbe bei ihm bereits vollständig entwickelt. Man mischte z. B. den Staub, welcher aus S. Martins Gruft stammte, unter die Getränke [1]), man legte Wachs aus derselben auf die Bäume, um diese und das Land gegen Hagelschläge sicher zu stellen [2]), und zur Zeit einer Viehseuche wurde gesunden und kranken Thieren mit heiligem Oel von ebendaher das Zeichen des Kreuzes auf Stirn und Rücken gemacht; jene blieben in Folge dessen von der Seuche verschont, und diese genasen wieder [3]). Selbst an Versprechungen und an Drohungen fehlte es gelegentlich nicht, wenn man heilige Gebeine zu Wundern veranlassen wollte, diese letztern aber nicht rasch genug erfolgten [4]).

Hie und da wurden wohl auch Reliquien aus Tours von Reisenden der grössern Sicherheit wegen mit auf den Weg genommen. Gregor von Tours hatte z. B. dergleichen bei sich, als er im Jahre 585 den Rhein hinabfuhr; das Schiff war überfüllt und wäre in der Nähe von Coblenz beinahe zum Sinken gekommen, wenn die Reliquien es nicht verhindert hätten [5]). Bisweilen wurde in Tours mit S. Martin sogar correspondiert; man legte beschriebene Zeddel auf seine Gruft und unbeschriebene daneben, jene enthielten die Frage, diese waren für die Antwort bestimmt; letztere erschien dann zuweilen in der That nach einiger Zeit, zuweilen blieb sie freilich auch aus [6]). Diese Sitte, mit Abgeschiedenen schriftlich zu verkehren hat einen entschieden heidnischen Anstrich und ist ohne Zweifel auf den christlichen Heiligen erst übertragen worden; die Kelten kannten sie bereits [7]), und da Tours auf ehemals keltischem Boden liegt, so wird ihr Ursprung bei jenen zu suchen sein.

Andere Heilige. Natürlich verrichteten auch andere Heilige ähnliche Wunder. So heilte z. B. Oel aus der Gruft des Bischofs Nicetius von Lyon ebenfalls Blinde, Lahme und Besessene [8]). In Cöln wurden bei anhaltender Dürre die Gebeine S. Severins ausgestellt, worauf dann regelmässig Regen eintrat [9]). Ueber dem Grabe

---

[1]) Greg. Tur. l. c. II, 1. — [2]) Ebend. I, 34. — [3]) Ebend. III, 18. — [4]) Greg. Tur. a. a. O. III, 8. — [5]) Greg. Tur. hist. Francor. VIII, 14. — [6]) Ebend. V, 14. — [7]) Diodor. Sicul. V, 28. — [8]) Greg. Tur. hist. Franc. IV, 36; vgl. auch Paul. Diac. gest. Langob. II, 13. — [9]) Ennen. Geschichte der Stadt Köln. Bd. I, S. 71.

S. Medards in Soissons sprangen die Ketten von Gefangenen entzwei; sie wurden hierauf ex voto in der betreffenden Kirche aufgehängt[1]). Als im Jahre 864 die Ueberreste des heiligen Othmar von S. Peter in Constanz nach St. Gallen transportiert wurden, hatte der Heilige schon fünfunddreissig Jahre in seinem ersten Grabe gelegen; nichts destoweniger fand man auf seiner Brust und unter seinem Haupte ganz frische Oblaten[2]). An ihrem neuen Aufenthaltsorte dufteten hierauf die Reliquien drei Tage und drei Nächte unaufhörlich süss, und die Lichter fiengen von selbst an zu brennen[3]); Lahme und Stumme, welche an den Schrein des Heiligen kamen und daselbst schliefen, fanden augenblickliche Genesung[4]). Aehnliches wurde auch von S. Wiborad erzählt; auch an ihrem Grabe fieng eine Kerze dreimal von selbst an zu brennen[5]), und ein im Herbst auf dasselbe gesteckter Fenchelzweig blieb den ganzen Winter hindurch grün[6]); ihr Kamm heilte einen aufgeschwollenen Kopf, und wer am Zahnweh litt und seine Zähne an ihren hölzernen Sarg hielt, verlor dasselbe alsbald[7]).

Natürlich hat das ganze Reliquienwesen auch seine bizarre Seite. Was soll man z. B. dazu sagen, wenn die Kelheimer aus rothem Wasser, welches die Donau mit sich brachte, auf verborgene Reliquien schlossen und diesen zu Lieb an der betreffenden Stelle eine Capelle errichteten, wenn sogar ein Conrad von Megenberg sich bei der Erzählung dieser Thatsache des Lächelns nicht enthalten kann[8])? Hierher gehört auch der Cyclus von Mirakeln, welche sich an die in der Cathedrale von Laon aufbewahrten Heilthümer knüpfen. Die betreffende Kirche, eine Stiftung des heiligen Remigius, verbrannte nämlich im Jahre 1112 bei Gelegenheit eines Aufruhrs in der Stadt. Auf dieses hin zogen sieben Geistliche und sechs Laien aus Laon mit dem Reliquienschrein ihrer Cathedrale durch ganz Frankreich, um

---

[1]) Greg. Tur. hist. Franc. IV, 19; vgl. auch V, 49. — [2]) Iso de miraculis S. Othmari abbatis I, 3. (Goldast. Rerum Alamannicarum scriptores, tom. I.) — [3]) Ebend. I, 1, 6, 7, 8. — [4]) Ebend. I, 11, 12, 13. — [5]) Hepidannus. De miraculis S. Wiboradæ virginis lib. II, c. 1 (Goldast. Rer. Alam. scriptores, tom. I). — [6]) Ebend. c. 3. — [7]) Ebend. c. 13. — [8]) Buch der Natur S. 82, 11–15. —

Mittel zum Wiederaufbau ihres Gotteshauses zu sammeln. An diesen Zug nun knüpft die Legende zahlreiche Wunderthaten, welche uns theils Abt Guibert von Nogent in seiner Selbstbiographie, theils ein Mönch Namens Hermann in einer speciell diesen Ereignissen gewidmeten Schrift erzählt[1]). Zum Führer des Zuges hatte sich ein Rind freiwillig angeboten[2]). In der Folge finden nun zahlreiche Kranke jeder Art Heilung durch die Reliquien, indem sie mit denselben je nach ihren persönlichen Bedürfnissen verfahren; Lahme z. B. legen sich auf den Schrein, Taubstumme trinken das Wasser, mit welchem die Knochen waren gewaschen worden, Blinde waschen sich damit die Augen[3]). Im folgenden Jahre zogen dann Geistliche aus Laon mit den nämlichen Reliquien nach England, wo sich neue und noch grössere Wunder einstellten. Auf dem Meere gewährten dieselben selbstverständlich Schutz vor Seeräubern[4]). Eine Stadt, in deren Kirche man das Feretrum nicht dulden wollte, wurde zur Strafe hiefür durch einen fünfköpfigen Drachen, welcher Feuer aus seinen Nasenlöchern blies, in Brand gesteckt, wobei aber ein einzelnes Haus, in welchem die Reliquien doch Aufnahme gefunden hatten, natürlich verschont blieb[5]). An einem andern Orte stellte sich ein junger Mensch, als wolle er die Reliquien küssen, und leckte statt dessen das Geld, welches Andächtige auf dieselben gelegt hatten, weg. Hernach reute es ihn, und er erhenkte sich aus Verzweiflung in einem Walde. Zwei seiner Verwandten fanden den Todten und brachten das gestohlene Geld zurück, es war noch feucht von dem Speichel des Unglücklichen[6]).

Echte und unechte Reliquien. Im Allgemeinen dürfen zwei Hauptgattungen von Reliquien nicht verwechselt werden. Die einen gehören historisch beglaubigten Heiligen des frühern oder spätern Mittelalters, zuweilen auch späterer Jahrhunderte, an; ihre Echtheit darf, wo nicht besondere Gründe zum Zweifel vorliegen, nicht in Frage

---

[1]) Guibertus „de vita sua“ und Hermannus Monachus „de miraculis B. Mariæ Laudunensis (mit Guiberts Werken herausgegeben). Paris 1651, pag. 526 ff. — [2]) Guib. III, 12. — [3]) Herm. Monach. I, 4, 5, 7 etc.; II, 12. — [4]) Ebend. II, 4. — [5]) Ebend. II, 11. — [6]) Ebend. II, 20. —

gestellt werden, auch wenn man die ihnen zugeschriebenen magischen Kräfte selbstverständlich preisgiebt. Ganz anders verhält es sich hingegen mit denjenigen Leibern heiliger Personen oder mit denselben angehörigen Gegenständen, welche in die christliche Urzeit oder gar in die Zeit des alten Bundes zurückreichen. Was Christus selbst, seiner Mutter oder seinen Jüngern angehörte, ist entschieden unecht; die Länge der Zeit, die räumliche Entfernung, die ungewisse Todesart oder Grabstätte der meisten hierher gehörigen Personen wirken hier zusammen und machen jede Echtheit von vornherein unmöglich. Nichtsdestoweniger wurden gerade diese aus leicht erklärlichen Ursachen in der Regel mit der allergrössten Ehrfurcht behandelt. Als z. B. im Jahre 1239 Kaiser Balduin II. die Dornenkrone Christi Ludwig IX. als Geschenk nach Sens schickte, trug dieser nebst seinem Bruder Robert die Reliquie; beide giengen baarfuss und in blosser Tunica, vor und hinter ihnen zogen ebenfalls baarfusse Ritter, und Welt- und Ordensgeistliche sowie eine grosse Menge Volk beiderlei Geschlechts schlossen den Zug; die Stadt selbst war festlich geschmückt, und es wurde mit allen Glocken geläutet. Am folgenden Tage brachte man die Reliquien nach Paris, und hier wurde denselben, namentlich in der königlichen S. Nicolascapelle, ein ähnlicher Empfang zu Theil [1]. Aehnlich lauten die Berichte über den Empfang, welcher am 23. Juli 1164 den Gebeinen der heiligen drei Könige in Cöln zu Theil wurde [2].

Lucasmadonnen.

Zu den auch künstlerisch interessanten Reliquien der christlichen Urzeit gehören namentlich die sogenannten Lucasmadonnen, in deren Besitz sich die morgenländische und die abendländische Kirche theilen. Der Evangelist Lucas erscheint zuerst bei dem Constantinopolitaner Theodorus Anagnostes [3]) als Maler, und im spätern Mittelalter wurde er bekanntlich von den Malern als Schutzpatron verehrt [4]. Die ihm zugeschrie-

[1]) Galterus Cornutus, archiep. Senens. Historia susceptionis coronæ spineæ Jesu Christi (Du Chesne. Hist. Franc. scriptores, V, 407 ff). — [2]) Annales Colonienses majores ad a. 1164 (Pertz. Scriptores, tom. XVII, pag. 779). — [3]) Grimm W. Die Sage vom Ursprung der Christusbilder, S. 51. — [4]) a. a. O. S. 52. —

benen Bilder der Madonna, zu welchen ausnahmsweise wohl auch noch Christusbilder kommen, gehören zwar nicht der christlichen Urzeit, wohl aber der byzantinischen und altchristlichen Malerei an und zeichnen sich auch durch alterthümliche Steifheit aus; die Tradition machte sie in Folge dessen noch um einige Jahrhunderte älter, als sie in Wirklichkeit waren. Die griechische orthodoxe Kirche behauptet, drei solcher Bilder zu besitzen, unter welchen das der Panagia im Höhlenkloster Sumelas bei Trapezunt das berühmteste ist und sich sogar der Verehrung durch Türkinen erfreut [1]). Im Abendland besitzen oder besassen wenigstens in Rom die Kirchen S. Maria Maggiore und S. Maria del Popolo [2]), ferner die Wallfahrtskirche der Madonna del Monte bei Varese [3]) und die nach demselben benannte Madonna di S. Luca bei Bologna solche Lucasmadonnen, während sich in einer Capelle des Lateran ein von dem nämlichen Evangelisten stammendes Christusbild befindet [4]). Die berühmteste von allen ist aber die des Montserrat in Catalonien, welche S. Lucas in Folge einer Vision und eines förmlichen Befehles soll gemalt haben; sie wurde im Jahre 880 von Hirten gefunden und in einer Capelle des Montserrats untergebracht, da das Bild zu verstehen gab, dass es nicht mehr weiter wolle [5]). Euagrius († 593) erwähnt sogar eine εἰκὼν θεότευκτος in der Abgaruslegende, und ähnlich verhält es sich ja auch mit dem bekannten Bilde Christi mit der Dornenkrone in der Legende von Veronica [6]).

Alttestamentliche Reliquien

Noch weiter über den Kreis des Wahrscheinlichen und Möglichen gehen die Ueberreste alttestamentlicher Personen oder Gegenstände hinaus, also die Gesetzestafeln des Moses, der Stab Arons, Stücke von der Arche Noahs und von dem brennenden Busch am Berge Horeb, wie sie z. B. Nicolaus Muffel im fünfzehnten Jahrhundert in Rom sah [7]). Ja man zeigte sogar Federn des Engels Gabriel, das Knöchelchen eines Cherubs,

---

[1]) Fallmerayer, Fragmente aus dem Orient. I, 178 ff. — [2]) Harff, Pilgerfahrt, S. 17, 27. — [3]) Guida al Sacro-monte di Varese, p. 63. — [4]) Harff, S. 16. [5]) Florez, España sagrada, t. XXVIII, p. 38. — [6]) W. Grimm a. a. O. S. 26. — [7]) Bibliothek des literar. Vereins, Bd. 128, S. 11. —

einzelne Strahlen des Sternes, welcher den Magiern den Weg nach Bethlehem gezeigt hatte u. a. m [1]). Zuweilen verstieg man sich wohl auch zu Gegenständen, welche die Evangelisten gar nicht in den geschichtlichen Theilen ihrer Schriften sondern nur in den Gleichnissen erwähnen, und deren wirkliche Existenz folglich in den Evangelien überhaupt nicht behauptet wird. So wurde z. B. den Pilgern in Jerusalem das Haus des reichen Mannes (Luc. c. 16) gezeigt [2]).

Natürlich fehlte es nicht an Orten, an welchen sich nach und nach eine ganz enorme Zahl solcher Gegenstände angesammelt hatte. So zählt z. B. der bekannte Wagenseil die Reliquien seiner Vaterstadt Nürnberg auf [3]); es waren ein Stück von der Krippe zu Bethlehem, ein Arm der heiligen Anna, ein Zahn Johannes des Täufers, ein „merckliches" Stück vom Kreuze Christi u. a. m. In ähnlicher Weise waren die Stiftskirche in Quedlinburg [4]), der Dom zu Goslar [5]) und S. Simon und Juda ebendaselbst [6]) ausgestattet. Eine Beschreibung des Mailänder Doms aus dem vorigen Jahrhundert, betitelt „Distinto ragguaglio dell' ottava maraviglia del mondo, o sia della gran metropolitana dell' Insubria volgarmente detta il Duomo di Milano" (Milano 1739. 8°; pag. 123 ff.) hält es wegen der grossen Zahl der vorhandenen Reliquien für zweckmässig, dieselben von vornherein in vier Abtheilungen zu bringen; sie unterscheidet demzufolge zwischen Reliquien Christi, der Maria, der Apostel und späterer Märtyrer. Unter denselben sind die Martersäule, das Grabtuch Christi, Nägel von seinem Kreuze, der Stab des Moses u. a. besonders hervorzuheben. Aber alle übrigen Städte der Christenheit wurden natürlich in dieser Beziehung von Rom übertroffen. Die Zahl der hier verwalteten Reliquien ist eine ganz ungeheure, und unter den Kirchen der Stadt zeichnet sich vor allen andern namentlich die Cathedrale S. Giovanni in Laterano aus; ein schon im fünfzehnten Jahrhundert gedrucktes

---

[1]) Fabricius ad Cod. Pseudepigr. V. T. pag. 93. — [2]) Harff, Pilgerfahrt S. 177. — [3]) De civit. Norib. commentatio, pag. 230—232. — [4]) Annal. Quedlinburg. ad, a. 1021. — [5]) Scriptores rer. Brunsvic. ed. Leibnitz. III, 431, 432. — [6]) Ebend. II, 533 ff. —

Verzeichniss derselben, die „Reliquie rhomane vrbis atque indulgentie“ [1]) nennen u. a. ebenfalls den Stab des Moses, ein Gefäss mit Manna, das erste Hemd, welches das Jesuskind trug, seinen Purpurrock, die Bundeslade, den Tisch, an welchem Chrisus das Abendmahl mit den Aposteln hielt, die Martersäule, das härene Gewand Johannes des Täufers, den Kopf des Zacharias u. s. w. Manche von diesen Gegenständen sollen schon Vespasian und Titus aus Palästina mitgebracht haben, andere wie z. B. das Kreuz Christi erst die Kaiserin Helena. Bei dem Brande, welcher die Kirche im Jahre 1308 zerstörte, wurden sämmtliche Reliquien gerettet. Unter den deutschen Städten dürfte wohl Cöln, das deutsche Rom, mit seinen Domreliquien und namentlich mit der stattlichen Zahl seiner elftausend Jungfrauen die erste Stelle einnehmen [2]). Auch verschiedene Basler Kirchen waren früher reichlich ausgestattet, und zwar meist ebenfalls mit Gebeinen der elftausend Jungfrauen [3]); doch mögen hier die Bilderstürmer so ziemlich aufgeräumt haben. Dass endlich in Palästina trotz der gewaltigen Ausfuhr immer noch ein stattlicher Rest zurückblieb, bezeugt u. a. Arnold von Harff in seiner in die Jahre 1496 bis 1499 fallenden Pilgerfahrt [4]). Es handelt sich hier grossentheils um Gebäude, welche man in die Zeiten des neuen, theilweise auch des alten Bundes zurückführte und mit irgend einem wichtigen Ereigniss oder einer hervorragenden Persönlichkeit in Verbindung brachte. Da zeigte man z. B. die Geburtsstätte des Propheten Elias, die Gräber der unschuldigen Kinder von Bethlehem, das Grab des Stephanus, das Haus des Caiphas u. a. m., Gegenstände, welche ihre Namen zum Theil bis auf unsere Tage behalten haben [5]). Daneben kommen aber doch auch andere Gegenstände vor, welche man als Reliquien im gewöhnlichen Sinne des Wortes bezeichnen kann: die Erde, aus welcher Adam geschaffen

---

[1]) S. l. & a.; vgl. Hain, Repertorium bibliographicum, Nr. 13855. — [2]) Bock, das heil. Köln; S. Ursula S. 26, 27; S. Jacob S. 11—15. — [3]) Andrea Gattaro, Descrizione del viaggio dei Legati Veneti al Concilio di Basilea 1433—35 e Diario di quel Concilio. (Cod. 188 della classe XIV dei Ms. lat. della R. Biblioteca Marciana di Venezia; einen Auszug hievon besitzt die Basler histor. Gesellschaft; vgl. fol. 5 desselben) — [4]) S. 161 ff. — [5]) C. v. Orelli, Durch's Heilige Land. S. 88, 93, 127, 131 u. s. w.

wurde[1]), der Wurzelstock des heiligen Kreuzes[2]), ein Stück der Martersäule[3]) u. a. m.

Die Geschichte nennt uns einzelne hervorragende Persönlichkeiten, welche besondern Werth auf Reliquien legten. So verlangte schon der Suebenkönig Chararich Reliquien von S. Martin in Tours, als sein Sohn krank lag[4]). Und als König Chilperich seinen Einzug in Paris hielt, liess er welche vor sich her tragen; diese hatten freilich eine etwas bedenkliche Aufgabe, sie sollten nämlich den König vor den Flüchen seiner Brüder, welchen er den Vertrag gebrochen hatte, schützen[5]). Eine höchst umfassende Reliquienandacht bewies namentlich Ludwig XI. von Frankreich auf seinem Sterbebette, und es ist wohl der Mühe werth, die vielen heiligen Gegenstände aufzuzählen, welche sich damals in Plessis les Tours zusammenfanden. Da waren erstens Reliquien aus Cöln, zweitens Reliquien aus Aachen, drittens ein Stück vom wahren Kreuze Christi aus Charroux, viertens die sainte ampoule aus Rheims, fünftens die echten Stäbe von Moses und Aron, sechstens Carls des Grossen croix de la victoire[6]). Dazu kamen siebentens Reliquien aus dem Lateran, welche Pabst Sixtus IV. geschickt hatte[7]). Und endlich stellte achtens sogar Sultan Bajazet II. Reliquien aus Constantinopel in Aussicht; doch starb der König, noch ehe er diese letztern zu Gesichte bekam[8]). Bei alledem war Ludwig XI. noch ein verhältnissmässig vorurtheilsfreier Mensch.

Dass man Reliquien, wenn man ihnen alle nur denkbaren magischen Kräfte zutraute, zu erwerben suchte, und dass man diejenigen, welche man schon besass, mit Sorgfalt und Aengstlichkeit hütete, liegt in der Natur der Sache. Als ein Engländer die angeblichen Gebeine Vergils aus einem Berge bei Neapel fortschleppen wollte, widersetzte sich die Bevölkerung[9]), und auch Sixtus IV. stiess auf Widerspruch, als er den sterbenden Ludwig XI. mit Reliquien versah. Zuweilen verstand man sich *Theilung von Reliquien*

1) Harff S. 161. — 2) Ebend. S. 164. — 3) Ebend. 169. — 4) Greg. Tur. de mirac. D. Martini I, 11. — 5) Greg. Tur. hist. Francor. VI, 27. — 6) Chronique du roy Loys XI, Paris 1558, p. 166 b. — 7) Jac. Volaterran, Diarium Romanum bei Muratori XXIII, col. 187. — 8) Commines, Mémoires VI, 10. — 9) Gervas. Tilbur. ot. imper. III, 112.

aber auch gutwillig zu Theilungen, zumal wenn es sich um ganze Körper handelte. So theilten z. B. Cöln und Trier im zehnten Jahrhundert den Stab Petri, mit welchem S. Maternus vom Tode war auferweckt worden, weil dieser beide Bischofssitze inne gehabt hatte [1]). Ebenso traten die Cölner im Jahre 1106 eine Anzahl Reliquien der elftausend Jungfrauen an belgische Kirchen und Klöster ab, als beim Umgraben des Terrains, auf welchem jene beerdigt waren, zwei derselben den dort beschäftigten Arbeitern erschienen und über die Entweihung des Bodens klagten [2]). Von dem Leichname des heiligen Bruno, welcher zu S. Stefano in Calabrien gestorben war, erhielt seine älteste Stiftung, die grosse Carthause bei Grenoble, im Jahre 1513 auf Befehl Leos X. einen Theil des Unterkinnbackens nebst zwei Zähnen, und auch die oberrheinischen Carthausen mussten mit einzelnen Reliquien versehen werden [3]). Als Kaiser Carl IV. im Jahre 1354 auf der Hohenburg im Elsass war, begnügte er sich damit, von dem Leichnam der heiligen Odilia, der dort begrabenen Schutzpatronin des Elsasses, einen Theil des rechten Armes abzulösen und mit sich nach Prag zu nehmen [4]). Namentlich aber rühmt sich eine solche Unzahl von Kirchen der Christenheit, einen Splitter vom wahren Kreuze Christi zu besitzen, dass sich aus denselben wohl mehr als ein Kreuz von normaler Grösse anfertigen liesse. Ueberhaupt hat die Reliquiensucht bekanntlich nicht nur zur Theilung sondern auch zur Vervielfältigung der Exemplare geführt. Schon Guibert von Nogent machte darauf aufmerksam, wie lächerlich es sei, wenn man z. B. den Kopf Johannes des Täufers sowohl in Angers als in Constantinopel zeige [5]), und mit grosser Heftigkeit weist er die Mönche von S. Medard in Soissons zurecht, welche einen angeblichen Zahn Christi aufbewahrten [6]). Ebenso befand sich die Hand des Apostels Thomas nach Harff [7]) in S. Denis, Moabar und Mastricht. Noch energischer aber und

Doubletten.

---

[1]) Ennen, Geschichte der Stadt Köln: I, 60. — [2]) Ebend. I, 360, 361. — [3]) Helyot, Ordres religieux et militaires, VII, 381. — [4]) Matthiæ Neoburgensis chronic. c. continuat. ed. Studer, p. 208. — [5]) De pigneribus sanctorum I, 3, 2. — [6]) Ebend. III, 1, 2. — [7]) S. 248.

namentlich noch consequenter trat im Zeitalter der Reformation Calvin gegen die Reliquien überhaupt wie gegen die Doubletten auf in seinem „Advertissement tres utile du grand proffit qui reviendroit a la Chrestienté s'il se faisoit inventoire de tous les corps sainctz et reliques qui sont tant en Italie qu'en France, Allemaigne, Hespaigne, et centres royaumes et pays. Par M. Jehan Calvin. Imprimé a Geneve par Jehan Girard 1543.

Hie und da kommen ausnahmsweise auch Reliquien vor, welche die Berührung mit der Aussenwelt scheuen, welche nicht gesehen und überhaupt nicht gestört sein wollen, und welche sogar denjenigen, welcher ihre Ruhe zu stören wagt, auf diese oder jene Weise empfindlich strafen. So wurde z. B. ein vornehmer junger Engländer, welcher das Grab S. Edmunds aus blossem Muthwillen öffnen wollte, zur Strafe wahnsinnig und wurde zuletzt sogar von den Würmern aufgezehrt, weil der Heilige zu solchen Zwecken nicht wollte gesehen sein[1]). Und noch im Jahre 1517 wurden in Folge mächtiger Regengüsse die Mönche von S. Simpliciano in Mailand, so oft sie sich öffentlich zu zeigen wagten, vom Volke geprügelt, weil dieses ein Ungewitter auf die Aufdeckung sechs heiliger Leichen in der betreffenden Klosterkirche zurückführte[2]).

Unheilige Reliquien

Neben den Reliquien der Heiligen kommen, freilich mehr nur als Ausnahme, auch solche von Bösewichtern vor, und diese verursachen dann natürlich allerlei Calamitäten. So soll sich der Leichnam des Kaisers Nero zuerst unter einem Nussbaum in Rom an der Stelle der spätern Kirche S. Maria del Popolo befunden haben; zuletzt aber wurde er zur Strafe für die durch ihn veranlassten Unglücksfälle in die Tiber geworfen[3]). Noch bekannter als Nero ist übrigens in dieser Beziehung der Landpfleger Pontius Pilatus geworden. Seine Leiche wurde zuerst ebenfalls in die Tiber geworfen, rumorte aber da so entsetzlich, verpestete Wasser, Luft und Erde dergestalt und rief überdiess so entsetzliche Ungewitter hervor, dass man sich ent-

---

[1]) Surius VI, 513. — [2]) Archivio storico ital. III, pag. 408, 409. — [3]) Harff. S. 28.

schloss, sie in eine entlegene Gegend zu schaffen. Ihre Wirkungen waren aber überall, wohin man sie auch brachte, die nämlichen, so z. B. bei Vienne, wo sie in die Rhone geworfen wurde[1]); und was für eine Rolle sie zuletzt auf dem Pilatusberge in der Schweiz spielte, wie sie auch da noch Ungewitter und schwere Hagelschläge hervorrief, ist bekannt[2]). Die Ansicht, dass der Leichnam eines Gottlosen dem Orte, an welchem er ruhe, schlimmes Wetter bringe, war überhaupt eine weitverbreitete, und die öffentliche Meinung hat zu wiederholten Malen laut und energisch gegen die Beisetzung solcher Leichen an geweihter Stätte protestiert. Jm Jahre 1478 wurde Piacenza von langen und heftigen Regengüssen heimgesucht; da hiess es, diese würden nicht aufhören, bis der Leichnam eines unlängst verstorbenen und in S. Francesco begrabenen Wucherers wieder ausgegraben sei. Als der Bischof die Leiche nicht gutwillig herausgeben wollte, holten die jungen Leute dieselbe mit Gewalt, zerrten sie in den Strassen herum und warfen sie zuletzt in den Po[3]). Aehnliches geschah im nämlichen Jahre zu Florenz; auch hier gelang es einem Haufen von Leuten, durch Ausgrabung der Leiche des Giacomo Pazzi die Wolken zu verscheuchen und das schöne Wetter wieder herbeizuführen[4]).

Magische Kräfte an Bildern.

In andern Fällen wirken nicht die irdischen Ueberreste sondern die bildlichen Darstellungen heiliger Personen wunderthätig. Auch hier fehlt es im Alterthum keineswegs an analogen Vorgängen. So befand sich z. B. zu Jasos in Karien ein Bild der Göttin Vesta im Freien, auf welches weder Regen noch Schnee fiel[5]), und das in Alba Longa befindliche Bild derselben Göttin soll sogar die Augen mit beiden Händen zugedeckt haben, als ihre Priesterin Rhea Sylvia mit Romulus und Remus niederkam[6]). Von dem weltberühmten sitzenden Bilde des Zeus in Olympia wurde erzählt, es habe gelacht, als auf Befehl des Kaisers Caligula der Versuch gemacht wurde,

---

[1]) Anzeiger f. Kunde der teutschen Vorzeit, Jahrg. VII, col. 528, 530. — [2]) v. Liebenau, das alte Luzern. S. 36, 37. — [3]) Diarium Parmense (Muratori XXII, col. 280). — [4]) Coniurationis Pactianæ commentarius v. Angelo Poliziano (Beilage zu Roscoe, Leben des Lorenzo de' Medici). — [5]) Polyb XVI, 12. — [6]) Ovid fast. III, 45, 46.

es von seiner Stelle zu nehmen und nach Rom zu transportieren, der Transport sei dann in Folge dessen unterblieben [1]).

Im Mittelalter ist es nun in erster Linie Christus selbst, der in dieser Weise thätig ist, ferner die Madonna und zuweilen auch andere Heilige. Da giebt es z. B. Christusbilder, welchen der Bart wächst, z. B. in Burgos, S. Salvador und Orange [2]); andere hinwiederum weinen, verdrehen die Augen oder schwitzen Blut [3]). Gelegentlich steigt wohl auch die betreffende Figur von ihrem Standorte herab und greift dann in einer Weise in menschliche Verhältnisse ein, welche für unser modernes Empfinden nicht gerade ehrfurchtgebietend ist. Ueber den objectiven Thatbestand wird sich jeder Leser solcher Wundergeschichten natürlich seine besondern Ansichten bilden; hier mag bloss bemerkt werden, dass die betreffenden Vorstellungen gewiss gar nicht selten durch Träume, Visionen u. dgl. hervorgerufen wurden [4]).

Visionen, bei welchen das Bild des Gekreuzigten eine Rolle spielt, enthält namentlich das achte Buch des Cäsarius von Heisterbach. Eine Frau wurde in einer Capelle beim Psalmenlesen von der Abenddämmerung überrascht und vom Küster, welcher sie nicht bemerkt hatte, eingeschlossen. Da fiel von dem Arme des Gekreuzigten ein heller Strahl auf ihr Buch, so dass sie trotz der Dunkelheit weiterlesen konnte. Ein anderes Mal, als dieselbe Frau in der nämlichen Capelle las, stieg das Christuskind vom Arme seiner Mutter herab, kam zu ihr, sah ihr in das Buch und kehrte dann befriedigt in sein Altarbild zurück (VIII, 22). In andern Fällen konnte freilich die Intervention des Crucifixes auch eine weniger erfreuliche sein. So kehrte dasselbe einem Heisterbacher Mönche, welcher bei der Frühmesse regelmässig einschlief, einmal den Rücken (IV, 29). Noch schlimmer kam der Glöckner von S. Georg in Cöln weg; dort pflegten nämlich Frauen aus der Stadt vor einem Christus-

[1]) Sueton, Caligula c. 57. — [2]) Calvin, Traicté des reliques, edit. 1543, p. 58. — [3]) Ebend. p. 59. Cäs. Heist. X, 19. Lipsius, Diva Sichemiensis sive Aspricollis pag. 11, 12. — [4]) Vgl. z. B. Paulus Diac. gest. Langob. IV, 45; Guibertus Novigent. de vita sua III, 17.

bilde Kerzen anzuzünden, der Küster aber stahl die Kerzen regelmässig, wenn die Frauen wieder weg waren, und brauchte sie zu Hause auf. Da kam einst in der Nacht, als er schon im Bette lag, aber noch nicht schlief, das Crucifix zu ihm herein und stiess und drangsalierte ihn in solchem Grade, dass er viele Tage Blut speien musste (VIII, 25). Sogar im Jahre 1640 liess sich ein Crucifix noch herbei, zu Gunsten des Hauses Braganza in Lissabon ein Wunder zu thun. Der dortige Erzbischof hatte dasselbe nämlich um ein Zeichen gebeten, falls es mit der Erhebung Braganzas auf den portugiesischen Thron einverstanden sei; auf dieses hin machte sich die rechte Hand des Bildes von dem Nagel, an welchem sie befestigt war, los und gab das gewünschte Zeichen [1]).

Von einem Bilde Johannes des Täufers erzählt Cäsarius (VIII, 52) folgendes. Ein Canonicus in Bonn versäumte es, so oft er nach Dietkirchen kam, sich vor dem dortigen Bilde des Täufers zu verneigen. Da erschien ihm dieser in der Nacht, hielt ihm eine derbe Strafpredigt und gab ihm einen so heftigen Fusstritt, dass der Chorherr von da an kränkelte und bald starb. Noch bekannter ist die Geschichte von S. Niclaus und dem Dieb in der Gertrudencapelle zu Greifswalde. Hier liess sich nämlich ein Dieb wegen des Besitzes der dortigen Kostbarkeiten mit einem ebendaselbst befindlichen Bilde des heiligen Niclaus in einen Wettlauf ein. Das Bild gewann die Wette, der Dieb aber nahm die Kostbarkeiten dennoch zu sich; als er aber starb, wurde er von Teufeln aus dem Grabe gezerrt und an einer Windmühle aufgehenkt [2]). Ueberhaupt waren die Bildsäulen gar nicht immer frei von rachsüchtigen Anwandlungen. Das bekannteste Beispiel hiefür liefert die Sage von Don Juan und dem steinernen Bilde des Gouverneurs, welchen jener bei Lebzeiten durch Entführung seiner Tochter und dann durch Spott und frevelhafte Einladung seiner Statue zum Abendessen herausforderte. Nach der ältesten schriftlichen Aufzeichnung öffneten sich in der Capelle, in welcher die Bildsäule stand,

---

[1]) Raumer, Briefe aus Paris; I, 217. — [2]) Prätorius, Anthr. pluton. I, 200, 201.

die unter derselben befindlichen Steinplatten, und der Bösewicht wurde vom höllischen Feuer erfasst; nach spätern Darstellungen hingegen kam die Statue wirklich zu Don Juan und holte ihn in die Hölle[1]). Doch darf nicht übersehen werden, dass der Gouverneur der Don-Juansage nicht zu den eigentlichen Heiligen gehörte.

In andern Fällen begnügt sich das Bild damit, den Missethäter zu entlarven und überlässt dann die Rache den Menschen. In Rom war das auf einer hölzernen Tafel angebrachte Bild des Gekreuzigten nebst dem Hause, in welches es gehörte, in die Hände eines Juden gerathen. Nun bewarfen die Juden das Bild mit Steinen und marterten dasselbe überhaupt auf jegliche Weise, bis es anfieng zu bluten. Zuletzt warfen sie es in einen Brunnen, dieser aber fieng an roth zu fliessen; die Christen bemerkten in Folge dessen, was geschehen war, und verbrannten die Juden zur Strafe[2]). Das Christusbild kam dann in die Cappella Sanctum Sanctorum gegenüber dem Lateran.

Auch an blossen Visionen, welche sich nicht an bildliche Darstellungen des Heiligen knüpfen, sind natürlich die Schriftsteller des Mittelalters reich. Bei einem Besuche in Heisterbach sah z. B. eine Nonne am Tage vor Mariæ Himmelfahrt, als das Tedeum in der Kirche angestimmt wurde, über dem Convente den Himmel offen; zuoberst sass Maria, und rings um sie her befanden sich die himmlischen Heerschaaren. Als dann der Chor das „Sanctus“ sang, liess die Madonna eine Krone von wunderbarer Grösse auf den ganzen Convent herabsinken[3]). Etwas barocker klingt folgende Erzählung: Die Albigenser hatten einem Priester die Zunge ausgeschnitten, und ein Gefährte hatte den Verstümmelten nach der Abtei Clugny gebracht; dort brachte dieser die Nacht vor Epiphanias in der Kirche zu. Als er nun inbrünstig zur Mutter Gottes flehte, erschien diese und setzte ihm ein Stück Fleisch ein, welches genau die Form einer Zunge hatte und ihm auch fortan die Dienste einer sol- *Visionen.*

---

[1]) Helbig in Westermanns illustrirten Monatsheften, Band 41, Seite 637 ff. — [2]) Reliquie rhomane vrbis atq. indulgentie, fol. a[2]. — [3]) Cäs. Heist. VII, 21. —

chen leistete [1]). Ueberhaupt intervenierte die Madonna beinahe unaufhörlich und jedenfalls noch weit häufiger als Christus selbst in menschlichen Angelegenheiten. Dem Thomas von Canterbury z. B. flickte sie die Hosen, als er sich als Flüchtling in der französischen Abtei Pontigny befand [2]), einem Mönche reichte sie die Brust [3]), und einer Aebtissin, welche schwanger geworden war, leistete sie sogar Hebammendienste [4]). Sogar ein Dieb verdankte dem Umstande, dass er stets ein eifriger Verehrer der Himmelskönigin gewesen war, seine Rettung; als er nämlich am Galgen hieng, hielt ihn diese drei Tage lang an seinem Strick in die Höhe, so dass er nicht erdrosselt wurde; zuletzt machten die Henker denselben wieder los, und er büsste sein Verbrechen in einem Kloster ab [5]). Sogar Fälle, in welchen der Maria die Intervention förmlich abgetrotzt wird, kommen vor. Der einzige Sohn einer Wittwe war in Gefangenschaft gerathen; letztere flehte lange vergebens zur Mutter Gottes und nahm zuletzt, als Alles nichts half, einem Bilde derselben das Kind weg; auf dieses hin sorgte die Madonna in der That dafür, dass der Gefangene wieder frei wurde [6]).

Für unsere moderne Empfindungsweise haben die eben mitgetheilten Züge zuweilen etwas verletzendes. Sie rufen wohl den Eindruck hervor, als ob Maria eigentlich dazu da sei, um einen Menschen der wohlverdienten Strafe zu entziehen, als ob das Mittelglied zwischen Vergehen und Verzeihung, die verdiente Strafe, dem Wunder zu lieb beseitigt sei. Das Mittelalter scheint aber in dieser Beziehung wesentlich anders gedacht zu haben. Ihm stand der Glaube an göttlichen Beistand so hoch, dass es die weltliche Strafe für etwas im Grunde überflüssiges ansah, sobald bei dem Uebelthäter das Gefühl der Reue constatiert war; diese beiden, das Gefühl der Busse und die göttliche Gnade wollte es verherrlichen, die Antecedenzien

---

1) Ebend. VII, 24. Bei Gregor dem Grossen (dial. III, 32) sprechen sogar orthodoxe Afrikaner, welchen die Vandalen die Zungen „radicitus“ ausgerissen hatten, dennoch und zwar „pro defensione veritatis“ weiter. — 2) Thomas v. Cantimpré. Bon. univ. II, 29, 12. — 3) Vincent. Beluac. spec. histor. VII, 84. — 4) Ebend. VII, 86. — 5) Marienlegenden (herausgeg. von Pfeiffer) VI. — 6) Ebend. V.

der bussfertigen Gläubigen hingegen waren ihm ziemlich gleichgiltig, auch wenn sie an und für sich ziemlich bedenklich sein mochten.

Hostienwunder. Auch die Hostie hatte bei den Mirakelschriftstellern des Mittelalters mancherlei Metamorphosen durchzumachen. Sie nimmt z. B. in der Hand eines am Weihnachtsfeste celebrierenden Priesters die Gestalt eines schönen Kindes an[1]). Besonders häufig kommen dergleichen Wunder vor, wenn der Priester im Augenblicke der Wandelung an der Realität derselben zweifelt; da nimmt die Hostie wohl die Gestalt des Gekreuzigten oder die eines seiner Symbole, z. B. die des Lammes[2]), oder die der heiligen Jungfrau mit dem Christuskind an, oder sie sieht auch geradezu wie ein Stück Fleisch aus[3]). Die Stanza dell' Eliodoro des Vaticans enthält bekanntlich ein Wandgemälde von Rafael, auf welchem die Hostie, um einen zweifelnden Priester zu überzeugen, Blut ausfliessen lässt. Sogar unvernünftige Thiere können nicht umhin, der Hostie ihre Ehrfurcht zu beweisen, und ein Paar Ochsen stehen beim Pflügen vor einer am Boden liegenden verblüfft still und lassen sich durch keine Schläge weiterbringen, bis der Ackersmann die Hostie sieht und aufhebt[4]). Vor einer aus der Kirche zu Ettiswyl im Canton Luzern entwendeten Hostie fallen sogar vorüberziehende Schweine auf die Kniee[5]). Eine Frau ferner, welcher die Bienen regelmässig wegstarben, legte auf den Rath eines Geistlichen eine Hostie in den ihr allein noch übriggebliebenen Stock. Da errichteten die Bienen aus Wachs ein Capellchen nebst Thürmchen und Altärchen und legten die Hostie auf letzteres[6]). An einem andern Orte bemerkte man, dass die Bienen sechsmal an jedem Tage sangen und während dieser Zeit nicht arbeiteten; sogar in der Nacht hörte man sie singen und entdeckte zugleich, dass das Innere des Stockes erleuchtet war. Der Stock wurde nun untersucht, und es kam in demselben ein Wachsgefäss zum Vorschein, welches ganz wie eine elfen-

---

[1]) Cäs. Heist. IX, 2; ähnliches übrigens schon bei Guibert de pigner. sanctor. I, 2, 1. — [2]) Cäs. Heist. IX, 3. — [3]) Ebend. IX, 5. — [4]) Ebend. IX, 7. — [5]) Pfyfer, der Canton Luzern I, 241. — [6]) Cäs. Heist. IX, 8. —

beinerne Büchse aussah, in demselben aber befand sich eine Hostie; diese war von Dieben entwendet, unterwegs aber vor dem betreffenden Bienenkorb fallen gelassen worden [1]). Seltener als die Hostie wird der Wein auf dem Gebiete des Aberglaubens erwähnt, ohne Zweifel weil er in der abendländischen Kirche den Laien nicht zukam; in Byzanz kam es hingegen vor, dass man, um seine Wunderkraft zu erhöhen, Farbe in denselben that, welche man von Heiligenbildern abgeschabt hatte [2]).

Hostiendiebstähle waren überhaupt gar nichts seltenes; sie wurden, wie wir in einem spätern Abschnitte sehen werden, theils den Juden, theils aber auch Christen zugeschrieben, welche das gestohlene Gut angeblich zu allerlei Zauber und Beschwörungen verwandten. Die Hostie folgt indessen dem Diebe nach dem Glauben des Mittelalters nur ungern und sucht ihm wo möglich wieder zu entfliehen. So wurde z. B. die schon erwähnte Hostie von Ettiswyl in der Hand der Diebin, einer Anna Vögtlin von Bischoffszell, plötzlich centnerschwer, worauf letztere den Raub sofort fallen liess; nun spross an der Stelle, auf welche die Hostie gefallen war, eine siebenblättrige weisse Rose auf, und in der Krone derselben befand sich jene [3]). Ein ähnlicher Fall trug sich in Oesterreich zu; dort hatte ein Jude eine solche gestohlen und in einem seiner Schuhe versteckt; er kam hierauf mit der Hostie im Schuh an eine Judenhochzeit, konnte aber plötzlich nicht mehr gehn, worauf ein Priester herbeigeholt wurde; dieser fiel sofort unwillkürlich auf die Kniee, die Hostie kam aus ihrem unfreiwilligen Aufenthaltsorte hervor und sprang dem Priester an den Busen [4]).

Ferner dient die Hostie dazu, Betrüger zu entlarven. Ein Ketzer hatte im Jahre 1231 einen Predigermönch zu seinen Irrlehren zu verführen gesucht und hatte denselben in eine Höhle geführt, deren Inneres das Aussehen eines weiten herrlichen Palastes hatte. In diesem sassen Christus und Maria, von Aposteln, Patriarchen und Engeln umgeben. Sowie aber der Mönch eine

---

[1]) Thomas Cantipr. bon. univ. II, 40, 1. — [2]) Alt. Der chrisliche Cultus I, S. 113 der zweiten Ausgabe. — [3]) Pfyfer a. a. O. — [4]) Joh. Vitodur. pag. 130. —

Hostie hervorzog und dieselbe gegen die sitzenden Figuren ausstreckte, verschwand der ganze Spuck plötzlich, und es wurde ringsumher finster; der Ketzer bekehrte sich auf dieses hin[1]).

Ausser den Reliquien, Bildern und Hostien gab es aber auch noch andere Gegenstände in den Kirchen, welchen man magische Kräfte zuschrieb, und zu diesen gehören u. a. die Glocken. Die Glocken wurden von den bösen Geistern gehasst und zugleich gefürchtet; man bediente sich daher ihrer gerne zur Abwehr gegen jene. Da man nun u. a. namentlich Ungewitter und Hagelschläge theils dem Teufel selbst, theils Menschen, welche mit ihm im Bunde standen, zuschrieb, so bediente man sich zur Abhilfe gegen dieselben hauptsächlich der Kirchenglocken[2]); die noch jetzt vielfach verbreitete Sitte, während eines Gewitters zu läuten, beruht auf dieser Vorstellung und wird ausserdem durch zahlreiche auf Glocken angebrachte Inschriften bestätigt. So steht auf einer Glocke zu Haslen (Ct. Appenzell Innerrhoden) „a fulgure, grandine et tempestate libera nos domine Jesu Christe“[3]). In Oberegg (ebendaselbst) „Christus soll uns und alle unsere Güter beschützen vor allem Uebel und Ungewitter“[4]). Die Kirchenglocken von S. Johann und im Münster zu Schaffhausen enthalten die Worte „A fulgure et tempestate libera nos dux“ und „Fulgura frango“[5]). Im Canton Tessin finden wir sogar an mehreren Orten fehlerlose lateinische Disticha zum Ausdrucke derselben Vorstellungen verwendet, so z. B. in S. Maria Assunta zu Caneggio: *Glockenwunder.*

Sæpe tonanti Deo gelido strepit imbre procella.
Sæpe procella mea voce tonante silet.

Ferner in S. Antonio abate in Monte:

Nos a fulmine terribili sævaque procella
O clemens noster, libera, quæso, Deus.

---

[1]) Thomas Cantipr. bonum universale II, 57; 23. — [2]) Duranti, Rationale divinor. officior. ed. Basil. (Kesler) a. 1488, fol. X. Roccha. De campanis commentarius; Romæ 1612; pag. 137. — [3]) Nüscheler-Usteri, Die Glocken, ihre Inschriften u. Giesser im Kanton Appenzell. S. 38. — [4]) Ebend. S. 38, 39. — [5]) Ders. Die Inschriften und Giesser der Glocken im Kanton Schaffhausen. S. 19, 20

In Riva S. Vitale in der Kirche S. Vitale martire:

Aëra dum crebris ego verbero pulsibus atrum
Non timet effodi grandinis imbre seges[1]).

Andere Glockeninschriften begnügen sich aber nicht damit, Gott als Helfer gegen die Ungewitter anzurufen, sondern sie nennen auch noch den Teufel und seine bösen Geister mit aller nur wünschenswerthen Deutlichkeit als Urheber derselben. In kurzen bündigen Worten spricht sich in dieser Beziehung das „ad fugendos dæmones“ auf einer Glocke zu S. Peter im Waldenburgerthal (Basel-Land) aus[2]). Deutlicher und ausführlicher sind zwei lateinische Inschriften aus dem Canton Tessin; die eine, in S. Lorenzo zu Lugano befindlich, lautet: „Per activitatem, per passionem, mortem, resurrectionem Jesu Christi disrumpantur, destruuntur, annihilantur diaboli opera omnia, his campis et vineis contraria“ [3]). Die andere in S. Martino zu Ponte Valentino: „Huius campanæ sonus vincit tempestates, dæmones repellit, et homines vocat“ [4]). Eine Glocke des Domes zu Erfurt vom Jahre 1497 hat die Worte „fulgur arcens et dæmones malignos“ [5]), eine zu Ramersberg im Canton Unterwalden ob dem Wald: „An dem Tüfel will ich mich rächen | Mit der hilf gotz alle bösen wetter zerbrechen“ [6]). Wie alt übrigens die hierher gehörigen Vorstellungen sind, zeigt ein Verbot Carls des Grossen gegen die schon zu seiner Zeit übliche Gewohnheit, Zeddel, welche den Namen „perticæ“ führten, an den Glockenstangen „propter grandinem“ aufzuhängen [7]).

Die Glockentaufe. Für besonders wirksam galten die getauften oder geweihten Glocken. Eine eigentliche Taufe war freilich die sogenannte Glockentaufe nicht, so häufig auch im Volksmunde dieser Name vorkommt, und so wenig Namen und Gevattern der Glocke fehlen mochten; der officielle kirchliche Ausdruck ist vielmehr benedictio und consecratio, nicht baptismus, also Weihe [8]), und

---

[1]) Ders. Le iscrizioni delle campane nel Cantone Ticino; pag 6, 8. 13. — [2]) M. Birmann, Zur Geschichte von Langenbruck und Umgebung. S. 9. — [3]) Nüscheler-Usteri, pag. 18. — [4]) Ebend. pag. 87. — [5]) Kircher, Musurgia pag. 523. — [6]) H. Christ. Ob dem Kernwald. S. 38. — [7]) Mon. Germ, hist. ed. Pertz, leg. tom. 1, pag. 69. — [8]) Roccha a. a. O. pag. 46 ff. —

diese ist bekanntlich ein bischöfliches Amt[1]). Zuerst wurde die Glocke gewaschen, hierauf eingesegnet und mit geweihtem Oele besprengt: ad abigendos et propulsandos malignos spiritus visum est patribus eas (sc. campanas) lavare, benedicere et ungere, ut vestimenta ecclesiastica[2]). Selbst äussere Feinde glaubte man durch Glockengeläute vertreiben zu können; im Jahre 615 z. B. soll dieses dem Bischof Lupus von Sens gelungen sein[3]). Ausserdem schwor man in Irland, Schottland und Wales häufig über Glocken, noch häufiger als über dem Evangelienbuch; schwor man aber falsch, so hatte man fürchterliche Strafen zu gewärtigen[4]).

Die Glocken hatten aber noch andere wunderbare Eigenschaften. Sie trennten sich z. B. nicht gerne von ihrem ersten Aufenthaltsorte; entfernte man sie aber gewaltsam von demselben, so rächten sie sich dadurch, dass sie entweder gar nicht oder wenigstens schlecht läuteten oder wohl gar zersprangen; brachte man sie aber in die alte Heimat zurück, so kehrte auch ihr alter guter Klang wieder[5]). Die Glocke von Leinster in Irland z. B. musste jeden Abend vom Glöckner beschworen und ausserdem festgebunden werden, sonst kehrte sie während der Nacht dahin zurück, wo sie früher gewesen war[6]). Auch aus andern Gründen schweigen Glocken zuweilen eigensinnig, z. B. wenn man sie während des Interdicts läuten will, wenn sie gestohlen sind[7]), oder wenn der Glockengiesser während seiner Arbeit Glockengut veruntreut hat[8]).

Von selbst läutende Glocken.

Umgekehrt giebt es aber auch Glocken, welche von selbst läuten, wenn irgend ein ausserordentliches Ereigniss bevorsteht, z. B. in dem Predigerkloster von Salerno, wenn ein Mönch dem Tode nahe war[9]). Die berühmteste unter diesen von selbst läutenden Glocken befand sich zu Vililla in Aragonien; sie verkündigte durch ihr Geläute im Jahre 1435 die Eroberung

---

[1]) Ott, a. a. O. S. 9. — [2]) J. St. Durant, De ritibus eccl. cathol. I, 22. — [3]) Acta Sanctor. Sept. I, pag. 258, 259. — [4]) Giraldus, Topographia Hiberniæ, dist. 3, cap. 33. — [5]) Ott, Glockenkunde, S. 95. — [6]) Giraldus dist. 2, cap. 33. Du Cange s. v. Campana fugitiva. — [7]) Flodoard hist. Rhemens. II, 12. — [8]) Monachus Sangal. Gesta Caroli M. I, 29 (Pertz. Mon. II, 744). — [9]) Roccha pag. 66; vgl. oben S. 140, Anmerk. 2. —

Neapels durch Alfons V., 1485 den Beginn des Maurenkrieges in Granada, 1527 die Eroberung Roms, 1558 den Tod Kaiser Carls V., 1564 den Ausbruch der Pest in Saragossa, 1568 die Hinrichtung des Don Carlos, den Tod der Königin Isabella und den Moriskenkrieg, 1598 endlich den Tod Philipps II. Im Jahre 1601 wurde sie wegen dieser merkwürdigen Eigenschaft untersucht; die Einen fanden die Ursache in der Planetenconstellation, unter welcher sie gegossen war, die Andern in dem Umstande, dass einer der dreissig Silberlinge, um welche Judas Ischarioth den Herrn verrathen hatte, in dieselbe war geschmolzen worden[1]. Auch bei der Aufhebung der Gebeine S. Isidors in Madrid zur Zeit König Philipps III. sollen die Glocken der Stadt von selbst erklungen sein, wesshalb der König auf dessen Heiligsprechung in Rom antrug[2]. Einen ähnlichen Zug enthält bekanntlich auch die Legende von S. Gregorius; als dieser, zum Pabste gewählt, sich der Stadt Rom näherte, läuteten sämmtliche Glocken der Stadt drei Tage vor seiner Ankunft von selbst:

vor der kunft drîer tage
dô wart ze Rôme ein michel schal:
sich begunden über al
die glokken selbe lüten
und kunden den liuten
daz ir rihtære
schiere künftic wære[3].

Von dem Teufel und seinen Anhängern werden die Glocken natürlich gehasst gerade wie andere mit dem christlichen Gottesdienst im Zusammenhange stehende Gegenstände. Schon dem heiligen Benedict soll daher eine Glocke von jenem mittelst eines Steinwurfes zerschmettert worden sein[4]. Den geweihten Glocken konnte er freilich nichts anhaben, wohl aber den ungeweihten; diese pflegte er wo möglich in die Tiefe zu schleudern. Für das beste Weiswasser galt das des Jordans[5].

---

[1]) Roccha a. a. O. pag. 62 ff.; Ott, S. 90. — [2]) Roccha pag. 67. — [3]) Hartmann v. Aue. Gregorius, hgg. v. H. Paul, V. 3554 ff. — [4]) Gregor. Magn. dialogi II, 1. [5]) Ott a. a. O. 97. —

In ähnlicher Weise wurde auch das Weihwasser in abergläubischer Weise verwendet. Ursprünglich heidnischen Culten entnommen und dem christlichen anbequemt, begann es innerhalb des letztern schon seit dem vierten Jahrhundert zu magischen Zwecken zu dienen [1]), und, ohne gerade ein Sacrament zu sein, enthielt es doch, wie man annahm, Kräfte von der Art der den wirklichen Sacramenten innewohnenden; es war gut gegen böse Geister, gegen alle möglichen Störungen heiliger Handlungen, ja sogar gegen leichtere Sünden: porro observandum est, aquam benedictam non esse sacramentum, sed quid sacramentale contra dæmones et contra impedientia sacramentum nec non delere peccata leviora, quæ venialia dicuntur [2]). Als Bischof Marcellus von Apamea gegen Ende des vierten Jahrhunderts einen in seiner Diöcese befindlichen Tempel des Zeus einäschern wollte, machte ein schwarzer Dämon das eingelegte Feuer unschädlich. Da stellte der Bischof Weihwasser (*τὸ ὕδωρ*) unter den Altar, betete und liess Mauren und Säulen des Tempels so lange mit Weihwasser besprengen, bis das Feuer zuletzt doch brannte [3]).

Das Weihwasser.

Der Volksglaube war in Bezug auf die Wirkungen, welche er dem Weihwasser zuschrieb, äusserst erfinderisch. Man nahm dasselbe aus den Kirchen mit nach Hause, um die Hausthiere und ihr Futter, die Aecker und Weinberge, ja sogar die eigenen Speisen damit zu besprengen [4]). Enthielt dasselbe aber vollends Salz, so glaubte man wohl, es vermöge Befleckte zu reinigen, Unfruchtbare fruchtbar zu machen und Hab und Gut zu vervielfältigen [5]). Der moderne Catholicismus fasst dasselbe bekanntlich als blosses Symbol auf; in der Praxis hat sich jedoch natürlich neben dieser Auffassung noch manche echt mittelalterliche Sitte erhalten; ich erinnere z. B. an die schon früher erwähnte, im Süden noch jetzt übliche Besprengung der Hausthiere am Antoniustag.

---

[1]) Steitz in Herzogs Real-Encyclopädie XVII, S. 606. — [2]) J. St. Durant. De ritibus eccles. cathol. cap. 21, No. 5 (pag. 95 der Lyoner Ausgabe v. J. 1675). — [3]) Theodoretus, Historia ecclesiastica V, 21. — [4]) Harduin, Concilior. collectio V, 392. — [5]) Gratiani Decreta de consecrat. dist. 3.

Das Zeichen des Kreuzes. Endlich gehört noch neben den wirklich aus Holz, Stein oder Metall geformten Bildern des Gekreuzigten, wie sie sich in Kirchen und Capellen, auf öffentlichen Plätzen und Strassen, in der Regel auch in den Wohnungen der Gläubigen finden, auch das blosse Bezeichnen von Menschen und Thieren, ja sogar von leblosen Gegenständen mit dem Zeichen des Kreuzes hierher. Schon S. Columban soll durch dieses Mittel verschlossene Thüren geöffnet haben[1]), dasselbe vermochten aber auch die Hexenmeister[2]). Man glaubte ferner, alle möglichen Krankheiten und Schmerzen und ebenso die bösen Geister, die man für die Urheber jener hielt, vertreiben zu können, indem man das Zeichen des Kreuzes machte. Der schon früher im vierten Capitel erwähnte Cistercienser Richalm von Schönthal vertrieb auf diese Weise das Zahnweh und die Flöhe[3]), er bewirkte ferner durch das nämliche Mittel, dass er sich beim Rasieren nicht schnitt[4]). Von dem Erfolge dieses Verfahrens war Richalm so völlig überzeugt, dass er dasselbe namentlich in Bezug auf die Flöhe angelegentlich auch Andern empfahl: signate et vos, cum mordemini — — et huius rei capietis experimentum[5]).

Der Dämonenglaube. Nun fehlte aber neben den Erscheinungen Christi und seiner Heiligen auch die Kehrseite, der Satan mit seinen höllischen Heerschaaren, keineswegs. Das Leben muss in der That den Leuten jener Jahrhunderte und insbesondere den Bewohnern der Klöster oft recht sauer geworden sein, wenn sie an jedem Orte, den heiligsten nicht ausgenommen, am Tage wie in der Nacht Dämonen zu sehen glaubten. Die bösen Geister stören sie bei allen ihren Functionen, in der Einsamkeit ihrer Zellen wie beim gemeinschaftlichen Gottesdienst in der Kirche, sie stören ihren Gesang[6]) und äffen ihre Gebärden spottend nach[7]). Es war relativ noch ungefährlich, wenn der Teufel in einer von vornherein hässlichen oder unheimlichen Gestalt als Schwein[8]), Bär[9]), Drache[10]), Affe[11]), Kröte[12]) oder Kater[13]) erschien, oder

---

[1]) Cumin. vita S. Columbani cap. 25. — [2]) Maury pag. 155, note 3. — [3]) Revelationes c. 44, 46. — [4]) Ebend. c. 49. — [5]) Ebend. c. 46. — [6]) Cäs. Heist. V, 5. — [7]) Ebend. V, 50. — [8]) Ebend. IV, 35. — [9]) Ebend. V, 49. — [10]) Ebend. V, 5. — [11]) Ebend. V, 50. — [12]) Ebend. V, 6. — [13]) Ebend. V, 6.

wenn er einem beim Frühgottesdienst eingeschlafenen Mönch einen schmierigen Strohwisch in's Gesicht schlug[1]). Weit bedenklicher war es hingegen, wenn er, um Mönche in Versuchung zu führen, ihnen während des Gottesdienstes den Anblick und den Geruch gebratenen Fleisches vorgaukelte[2]), oder wenn er in der Gestalt einer schönen Frau ihre Zelle betrat[3]). Thomas von Cantimpré will den Bösen einst an seinem Fenster gesehen haben und zwar in der Gestalt eines Priesters, aber „calvo capite, nudato inguine, extento asinino veretro velut ad urinam faciendam"; sobald er ihn aber anrief, verschwand das Phantom[4]). Anderswo sah ein Mönch, welcher während der Frühmesse regelmässig einschlief, einen garstigen Dämon allen schlafenden Brüdern in einem eisernen Löffel Pech anbieten; als derselbe zu ihm kam, fuhr der Mönch plötzlich auf, schlug den Kopf an, erwachte und blutete[5]). — Es ist nicht unmöglich, dass die an den Chorstühlen angebrachten aus Holz geschnitzten Figuren zuweilen auf die Phantasie schlaftrunkener Geistlicher einwirkten; aus den geschnitzten Figuren gestalteten sich dann förmliche Traumbilder, welche man beim Erwachen leicht für wirkliche Erscheinungen aus einer andern Welt hielt.

Noch weit über die eben geschilderten, meist dem Cäsarius *Richalm.* von Heisterbach oder Thomas von Cantimpré entnommenen Züge geht indess Abt Richalm von Schönthal hinaus. Wir haben schon im vierten Capitel gesehen, wie derselbe alle körperlichen Beschwerden für das Werk böser Geister erklärte, haben aber damit die Darstellung seines Dämonenglaubens noch keineswegs erschöpft. Dieser letztere erscheint in einer Weise durchgebildet und hat den bekannten Schritt, welcher vom Erhabenen zum Lächerlichen führt, so vollständig gemacht, dass eine beabsichtigte Parodie des mittelalterlichen Dämonenglaubens sich kaum wesentlich von seiner Schilderung unterscheiden könnte. Richalm gesteht geradezu, er wisse eigentlich gar nicht mehr, was er selbst thue, und was die Dämonen thäten; das Zeichen des Kreuzes, welches wenigen bösen Geistern gegenüber noch wirk-

---

[1]) Cäs. Heist. IV, 34. — [2]) Ebend. IV, 82. — [3]) Thom. Cant. bon. univ. II, 57, 37. — [4]) Ebend. II, 57, 39. — [5]) Ebend. II, 40, 11.

sam sei, verliere bei einer grössern Zahl derselben seine Kraft völlig. Lese er, so störten ihn jene, da sie abgesagte Feinde des Lesens seien, oder sie nöthigten ihn, wie ein Schulknabe laut zu buchstabieren, damit ihm der eigentliche Sinn des Gelesenen über der körperlichen Anstrengung entgehe[1]); sie nöthigten ihn sogar, das Buch zuzuschlagen und wegzulegen, sie störten Nachts seinen Schlaf, damit er am Tage schläfrig sei und seine Pflichten entweder gar nicht oder nur zur Hälfte erfülle[2]). Und während die Dämonen vom Guten abhalten, verlocken sie andrerseits zum Bösen; einem Mönche versprechen sie, sobald er sich wie andere Leute der Fleischeslust ergebe, ihn künftig in Ruhe zu lassen und nicht mehr zu plagen; fornicare et fac, quæ faciunt alii homines, et non gravabimus te[3]). Die Sprache der Dämonen ist nach Richalm die lateinische, und sie geben sich sogar Mühe, dieselbe correct zu sprechen (composite loqui et non corrupte — nec scholares a corrupto ita sibi cavent quam ipsi[4]). — Offenbar hat Richalm bei solchen Vorstellungen und Erlebnissen unsäglich gelitten; nicht als ob gerade die Beschwerden, welchen er unterworfen war, über das gewöhnliche Mass menschlicher Leiden hinausgegangen wären; wohl aber muss ihn der Gedanke, beständig von bösen Geistern umgeben zu sein, in hohem Grade gequält und ihm bange Sorge für die Zukunft eingeflösst haben.

Die Juden. Wie die Dämonen in der Anschauung des Mittelalters den Contrast zu seinen Heiligen und Engeln bilden, so stehen auf rein weltlichem Boden die Juden in scharfem Gegensatze zu der überwiegend christlichen Bevölkerung des Abendlandes. Auf ihnen lastete der Fluch, dass ihre Väter den Heiland gekreuzigt hatten, und in ihrer heimatlosen Zerstreuung durch alle Länder sah man diesen Fluch erfüllt. Das abgesonderte Leben, welches sie führten, machte sie verdächtig und weckte das Misstrauen der Christen; ihre nationalen Sitten und Gebräuche, von welchen sie nicht lassen wollten, und welche die Andern gelegentlich sahen, aber nicht verstanden, mochten in einem Zeitalter, welches

---

[1]) Revelationes cap. 4. — [2]) Ebend. cap. 11. — [3]) Ebend. cap. 88. — [4]) Ebend. cap. 63.

ohnehin überall Zauber und Einwirkungen böser Mächte sah, ebenfalls leicht den Eindruck des Magischen hervorrufen; da man sie verachtete und zugleich hasste, so glaubte man in ihren angeblich magischen Handlungen Attentate auf Sicherheit, Wohlstand und Leben der Christen zu erkennen. Derjenige Umstand aber, welcher aus all diesen unheimlichen Vorstellungen über das Leben und Treiben der Juden die unter dem Namen der Judenverfolgungen bekannten blutigen Vorgänge hervorrief, war der schamlose Wucher, welchen sich dieses Volk damals wie noch jetzt denjenigen gegenüber erlaubte, unter welchen es lebte.

An und für sich zerfallen die hierher gehörigen Vorstellungen in zwei Classen. In der ersten derselben handelt es sich um solche, welche die Christen von den Juden hatten, in der zweiten hingegen um diejenigen, welche man letztern den Christen gegenüber zutraute. Jene sind mehr komisch als gefährlich und hätten nicht wie die der zweiten Classe den Hass gegen dieses Volk und seine Verfolgung zu wecken vermocht. Man übertrug z. B. die Abneigung, welche man selbst gegen sie empfand, auch auf die Thierwelt und behauptete, auf ihren Häusern niste kein Storch; betrete ein Jude das Haus eines Christen, auf welchem ein solcher Vogel niste, so verlasse dieser sein Nest sofort und kehre nicht in dasselbe zurück, bis der Jude wieder weg sei[1]). Dann schrieb man ihnen auch allerlei unheimliche Zauberkünste zu; sie könnten z. B. Bilder aus Lehm verfertigen, diesen etwas in die Ohren flüstern, worauf das betreffende Bild gehen könne[2]). Wenn ein Jude den Christen Geheimnisse seiner Glaubensgenossen ausschwatze, so schrieben die andern Juden Teufelsnamen auf einen Apfel und steckten diesen einem todten Juden in die Hand; wenn dann der Apfel nach und nach faule, so sieche auch der Schwatzhafte gleichzeitig dahin[3]). Ferner seien die Juden der Ansicht, ihre Leiber müssten sich nach ihrem Tode unter der Erde nach Palästina

---

[1]) Zimmerische Chronik Bd. III, S. 273. Vgl. auch Alemannia, herausg. von Birlinger, Band IX, S. 253. — [2]) Brenz, S. Fr., Jüdisch abgestreiffter Schlangen-Balg; 2. Auflage, Nürnberg 1680; pag. 5. — [3]) Ebend. pag. 5.

wälzen, weil sie nur dort der Auferstehung theilhaftig werden könnten [1]).

Nun übertrug man aber den Hass und die Verachtung, welche man den Juden gegenüber empfand, auch auf sie und nahm an, sie seien von denselben Gefühlen wie die Christen beherrscht. Tranken Juden und Christen gemeinschaftlich, so glaubte man, jene pflegten in die Kanne zu speien, damit diese ihren Speichel mit in den Mund bekämen [2]). Wische ein Jude nach Verrichtung eines menschlichen Bedürfnisses den Hintern ab, so nehme er dazu wo möglich Papier, welches mit lateinischer oder deutscher Schrift beschrieben oder bedruckt sei, weil dieses christliche Sprachen seien; vollends glücklich sei er aber, wenn der Name Christi auf dem betreffenden Blatte stehe [3]). Endlich flehten die Juden unaufhörlich zu Gott, er möge die Christenheit mit Krieg heimsuchen und sie vertilgen wie Sodom und Gomorra [4]). Als im Jahre 1066 Erzbischof Eberhard von Trier plötzlich während der Osterfeier starb, hiess es, die Juden hätten ein von einem abtrünnigen Priester geweihtes Wachsbild, das den Prälaten vorstellte, während des Festgottesdienstes angezündet und durch dessen Dahinschmelzen den Tod des Erzbischofs bewirkt [5]). Diese letztere Art angeblichen Zaubers kommt, wie sich später zeigen wird, auch sonst häufig vor, und zwar innerhalb der Bekenner des christlichen Glaubens; es giebt daneben aber auch andere, welche ausschliesslich den Juden zur Last fallen, und zu welchen dieselben höchstens etwa den Beistand abtrünniger Christen bedürfen.

Bei den Judenverfolgungen, welche beim Beginn des ersten Kreuzzuges in den Reichsstädten Speier, Worms, Mainz und Cöln ausbrachen, scheint der Hass gegen jene noch zu keinen das Gebiet des Zaubers streifenden Gründen seine Zuflucht genommen zu haben; man schlachtete sie einfach aus Glaubens- oder Racenhass, oder weil man sich ihre beträchtlichen Güter

---

[1]) Calmet, Von Erscheinung der Geisteren; Thl. II, S. 83. — [2]) Marcus Lombardus, Gründlicher Bericht vnd Erklärung von der Juden Handlungen vnnd Ceremonien. Basel 1573, fol. XX. — [3]) Brenz pag. 9. — [4]) Ebend. pag. 25 ff. — [5]) Brower, Antiquitates Trevir. lib. XI, pag. 539.

aneignen wollte [1]); das Gemetzel gieng auch in der Regel von hergelaufenem Gesindel aus, während die Bürger der genannten Rheinstädte sowie die Bischöfe oder Erzbischöfe derselben völlig schuldlos waren, zuweilen sogar die Israeliten schützten. Im Jahre 1171 aber kam es zu Blois in Frankreich zum ersten Male vor, dass man die Juden beschuldigte, sie pflegten kleine Christenkinder systematisch zu schlachten, weil sie das Blut derselben zur Osterfeier nöthig hätten; die Sache kam aus, als man einen Juden ein ermordetes Kind in's Wasser werfen sah [2]). Von nun an taucht dieser Wahn das ganze Mittelalter hindurch bald da bald dort auf, so 1283 in Mainz [3]), 1285 in München [4]), ferner in Ober-Wesel oder Bacharach, wo es sich übrigens nicht um ein Kind sondern um einen erwachsenen Menschen, den sogenannten „guten Werner" handelte [5]), 1475 in Trient, wo dann am Grabe des Ermordeten Zeichen und Wunder geschehen [6]) u. s. w. Die Richter, welche in solchen Fällen den Thatbestand zu ermitteln hatten, giengen natürlich regelmässig von der Wahrheit des umlaufenden Gerüchtes aus, und da ihnen als Untersuchungsmittel die Folter zur Verfügung stand, brachten sie auch in den meisten Fällen mit Hilfe derselben diejenigen Geständnisse heraus, welche sie herauszubringen wünschten. Die Gründe, wesshalb von den Juden Christenkinder geschlachtet würden, lauten nicht überall gleich; die Einen behaupteten, sie bedürften ihres Blutes, um nicht zu stinken, die Andern, sie genössen es zu Ostern wie früher das Osterlamm; noch abenteuerlicher klingt eine dritte Behauptung, nach welcher die Judenkinder mit zwei Fingern auf der Stirne zur Welt kämen, welche nur mit Hilfe von Christenblut könnten abgelöst werden. Ebenso abweichend sind die Angaben über die Häufigkeit dieser Opfer; nach der einen mussten sich die Juden alljährlich mit

Ermordung von Christen.

---

[1]) Plurium pecumniæ inter se dividentes; vgl. Albertus Aquensis Chron. Hierosolymit. I, 27 (Bongars. Gesta Dei, vol. I). — [2]) Roberti de Monte cronica, a. 1171 (Pertz. Mon. VI, pag. 520). — [3]) Annales Colmarienses (Böhmer, Fontes rer. german. II, 19). — [4]) Eberhard Altahensis (ibid. II, 539). — [5]) Annales Colmar. (ibid. II, 23); Eberhard Altah. (ibid. II, 538); Chron. Osterhoviense (ibid. II, 554). — [6]) Mone, Quellensammlung der badischen Landesgeschichte. I, 514.

Christenblut bestreichen, nach der andern aber nur alle sieben Jahre[1]). Was endlich die Art und Weise des Schlachtens betrifft, so scheint diejenige Ansicht die herrschende gewesen zu sein, nach welcher man das Kind ungefähr so marterte, wie einst Christus war gemartert worden, und dasselbe zuletzt kreuzigte; man öffnete ihm die linke Seite mit einem Messer und fieng das herausfliessende Blut in einem Becken auf. Eine bildliche Darstellung dieses Aktes hat der bekannte Kupferstecher Matthäus Merian in Gottfrids historischer Chronica (Bd. II, S. 380) veröffentlicht; sie stellt die Schlachtung eines Knaben dar, welche sich die Juden von Trient am Gründonnerstage des Jahres 1475 angeblich zu Schulden kommen liessen.

Es half den Verfolgten wenig, dass beim Beginn des zweiten Kreuzzuges der heilige Bernhard sich ihrer annahm[2]), und dass hundert Jahre später Pabst Innocenz IV. das Schlachten von Christenkindern nebst andern gegen sie erhobenen Vorwürfen in einer Bulle vom Jahre 1247 für eine Fabel erklärte[3]); der Hass gegen sie und gegen die Art und Weise, wie sie in der Regel zu ihren Reichthümern gekommen waren, dauerte fort. Zudem spielten sich die Verfolgungsscenen meist in engen Grenzen ab, etwa innerhalb des Weichbildes einer Stadt oder in dem Gebiete eines kleinen weltlichen oder geistlichen Landesherrn; die Angeklagten waren daher in der Regel gerichtet, lange bevor ihre Klagen das Ohr des Kaisers oder des Pabstes erreichten, und mächtigere Verfolger wie z. B. König Philipp der Schöne von Frankreich liessen sich so wie so nichts vorschreiben. So sollte z. B. im Jahre 1271 ein altes Weib in Pforzheim den Juden ein siebenjähriges Waisenmädchen verkauft haben; jene schlachteten das Kind, warfen dann die Leiche in's Wasser und deckten sie mit Steinen zu; so wurde dieselbe von Fischern aufgefunden. Nun holte man den Markgrafen, und in dessen Gegenwart sass das todte Kind eine halbe Stunde lang mit flehentlich ausgestreckten Händen aufrecht da; als man die

---

[1]) Steub, Altbayerische Culturbilder, S. 63 ff. — [2]) Epist. 322 (pag. 1496 der Basler Ausgabe von S. Bernhard's Werken v. J. 1552). — [3]) Graetz, Geschichte der Juden, VII, S. 115, 116.

des Mordes verdächtigen Juden ebenfalls herbeigebracht hatte, fiengen die Wunden des Mädchens auf's neue an zu bluten. Die Juden wurden darauf nebst dem alten Weibe zuerst gerädert, und nachher kamen ihre Leichen an den Galgen[1]). Ohnehin wurden diejenigen, welche sich der Juden annahmen, beschuldigt, von denselben bestochen zu sein; schon der Bischof von Speier, welcher die israelitische Gemeinde seiner Stadt gegen die Wuth der Kreuzfahrer geschützt hatte, musste sich diesen Vorwurf gefallen lassen[2]), und als im Jahre 1257 in England die Franciscaner mehrere des Schlachtens von Christenkindern beschuldigte und auf den Rath der Dominicaner eingekerkerte Israeliten wieder aus ihrer Haft befreiten, entgiengen sie selbst nur mit Mühe der nämlichen Beschuldigung[3]). Aehnliche Beschuldigungen sind bekanntlich auch zur Zeit der Hexenprocesse gegen die Vertheidiger der Hexen erhoben worden und werden auch jetzt noch hie und da gegen die Beschützer von Verfolgten in allen nur denkbaren Situationen geltend gemacht[4]); wer den Unverstand und die Leidenschaftlichkeit der Menschen auch nur einigermassen kennt, wird sich darüber nicht wundern.

Hostienschändung.

Gegen Ende des dreizehnten Jahrhunderts kamen zu den alten Klagen über die Juden neue; es taucht nämlich von jetzt an bald da bald dort die Beschuldigung auf, jene suchten sich durch List oder Gewalt Hostien zu verschaffen, um den durch die Hostie repräsentierten Leib Christi zu martern oder zu zerstören; gewinnsüchtige Christen, ja sogar pflichtvergessene Priester sollten ihnen, wie man glaubte, hie und da zum Besitze von Hostien verholfen haben. Die Aufregung, in welche das Volk gerieth, wenn ein solches Gerücht sich verbreitete, war kaum geringer als die über angebliche Kindermorde, und das Verfahren gegen die Juden war natürlich in beiden Fällen das nämliche. Dass die Sache selbst hie und da vorkam, ist wohl

[1]) Thomas v. Cantimpré. Bonum univ. II, 29, 22. — [2]) „Pecunia Judæorum conductus" nennt ihn Bernoldi Chronicon ad a. 1096 (Pertz, Mon. Germ. scriptor. tom. V, pag. 465). — [3]) Matthæus Paris, Historia maior, ad a. 1257, pag. 922 der Londoner Ausgabe von 1640. — [4]) Man denke z. B. an die Richter, welche die angeblichen Mörder des ruchlosen Degiorgi im Jahre 1856 in Locarno freisprachen.

denkbar; geschieht es doch noch in unsern Tagen, dass Gegenstände, deren Verehrung einen ausgesprochenen confessionellen Charakter trägt, von Anhängern einer andern Confession gelegentlich mit Wort und That beschimpft oder gar vernichtet werden! Jedenfalls aber gieng der Verdacht, sobald er einmal vorhanden war, viel zu weit, und man scheint an manchen Orten ein beinahe systematisch betriebenes Vorgehen der Juden gegen Hostien, Crucifixe u. s. w. angenommen zu haben. Namentlich aber liegt es auf der Hand, dass der Gang der Untersuchung, wenn es überhaupt zu einer solchen kam, ein in hohem Grade mangelhafter und zuweilen geradezu gewaltsamer war.

Einzelne hierher gehörige Fälle sacrilegischen Verfahrens kommen nun schon frühzeitig vor; nach Sigbert soll schon im Jahre 560 ein Jude ein Christusbild aus einer Kirche gestohlen und auf dasselbe geschossen haben, dafür aber zur Strafe gesteinigt worden sein[1]. In ihrer Totalität aber tauchen die betreffenden Vorstellungen erst seit dem Ende des dreizehnten Jahrhunderts auf, und die beiden folgenden Jahrhunderte sind dann von denselben förmlich erfüllt. Im Jahre 1334 hatte ein Ketzer eine Hostie aus der Paulskirche in Constanz gestohlen und den Juden verkauft, letztere legten dieselbe in einer Pfanne über brennendes Feuer; als nun die christliche Magd eines Israeliten in die Nähe dieser Pfanne kam, sprang ihr die Hostie an den Arm. Die Juden entfernten sie zwar von dieser Stelle und brachten sie wieder in die Pfanne, allein die Magd verrieth die Sache, und gleichzeitig rief ein Gemeindegenosse von S. Paul, es seien mehrere consecrierte Hostien vom Altar dieser Kirche entwendet worden. Nun sammelten sich die Bürger, fielen über die Juden her und hieben eine Anzahl derselben mit Schlachtbeilen nieder; zwölf andere wurden vor die Stadt geschleppt und verbrannt, sechs in den Rhein geworfen und neun sonst getödtet; die übrigen sollen von einflussreichen Bürgern, welche mit den Juden in geschäftlichem Verkehre standen, gerettet worden sein[2]. Ungefähr zu derselben Zeit wurden zu

[1]) Sigeberti chronica (Pertz, Mon. VI, 318). — [2]) Joh. Vitodurani chronicon, pag. 97, 98.

Ehingen an der Donau achtzehn Hebräer getödtet, nur weil man in der Kirche daselbst einige Hostien vermisste; nachher stellte es sich zwar heraus, dass dieselben von einer Christin waren entwendet worden, allein den Getödteten war damit natürlich nicht geholfen[1]). In das Jahr 1337 sodann fällt die bekannte Hostienschändung von Deggendorf in Niederbayern. Auch hier hatte ein Weib das Sacrament gestohlen und den Juden verkauft; diese durchstachen dasselbe mit einer Ahle, worauf Blut herausquoll und auf dem Brot ein Kind erstand. Nun suchten jene die Hostie mit einem Hagedorn zu zerkratzen, und als dieses nichts half und das Kind immer noch sichtbar blieb, warfen sie dieselbe in einen Backofen. Aber auch hier blieb die Erscheinung sichtbar, und die Missethäter legten nun das Sacrament auf einen Amboss und schlugen mit Hämmern darauf los; zuletzt wollten sie dieselbe gar verschlucken, was sich aber als unmöglich erwies. Statt dessen erschien, von einer Schaar von Engeln umgeben, die Jungfrau Maria und fieng laut an zu klagen. Ihre Klage vernahm ein Wächter, welcher gerade vor dem Hause vorbeigieng; dieser setzte den Magistrat von dem Vorfall in Kenntniss, die Bürger eilten bewaffnet herbei und zündeten das Judenhaus an, so dass alle Bewohner desselben umkamen. So berichtet ein aus dem Ende des fünfzehnten oder Anfange des sechszehnten Jahrhunderts stammendes Lied[2]).

Aehnliche Erzählungen ziehen sich durch das ganze vierzehnte und fünfzehnte Jahrhundert. In Brüssel wurden 1369 sechszehn Hostien geraubt und geschändet[3]), in Breslau soll sich 1454 und in Passau 1478 Aehnliches zugetragen haben[4]). Und noch im Jahre 1510 stahl ein gewisser Paul From aus Pernau in Pommern zu Knoblach im Bisthum Brandenburg eine Monstranz mit zwei Hostien, von welchen er die eine einem Juden Namens Salomon in Spandau verkaufte. Der Jude suchte die Hostie zu zerbrechen, aber vergebens; zuletzt schrie er, indem er den stärksten Schlag auf dieselbe führte: „Bist du der Christen

---

[1]) Ebend. p. 98. — [2]) Steub, Altbayerische Culturbilder S. 146—150. — [3]) Steub a. a. O. S. 105, 106. — [4]) Zeitschr. f. die Gesch. Schlesiens VI, 378 ff. — v. Aretin, Gesch. der Juden in Baiern, S. 38 ff.

Gott, so zeig es an im Namen von tausend Teufeln!“ Auf dieses hin löste sich die Hostie in drei blutige Theile auf. Dieser Vorfall kostete nicht weniger als vierzig Juden sowie den eigentlichen Dieb, Paul From, das Leben; achtunddreissig wurden verbrannt, zwei, welche dem Judenthum entsagten, zur Enthauptung begnadigt. Die Execution fiel auf den 19. Juli des genannten Jahres [1]. Natürlich kamen aber zu dem heiligen Eifer der über die wirklichen oder vermeintlichen Missethaten der Juden empörten Menge gelegentlich auch andere, weniger uneigennützige Motive. Unter den Mächtigen dieser Erde gab es solche, welche die Vorurtheile ihrer Unterthanen auf diesem Gebiete entschieden nicht theilten, welche sich aber derselben bedienten und unter dem Vorwande, die Missethaten ihrer hebräischen Unterthanen zu strafen, sich mit den Gütern derselben zu bereichern suchten. Was mag sich z. B. Philipp der Schöne von Frankreich unter den unerhörten Freveln gedacht haben, um welcher willen er seine sämmtlichen israelitischen Unterthanen aus dem Lande trieb? Dem Wortlaute nach sind freilich auch hier sacrilegische Handlungen von der Art der bisher geschilderten zu verstehn; ob aber Philipp selber den Wahn seiner Unterthanen theilte? Die mit Gold, Silber und Edelsteinen gefüllten Wagen, mit welchen er sich aus den Gütern der Verbannten bereicherte, weisen entschieden auf Beweggründe anderer Art hin [2].

Brunnenvergiftung

Mit diesen beiden Vorwürfen, dem des Kindermords und dem der Hostienschändung, war aber das Mass der den Juden zugeschriebenen Verbrechen noch keineswegs erschöpft, es sollte vielmehr noch ein dritter hinzukommen. Im Jahre 1348 trat bekanntlich der schwarze Tod, aus Asien kommend, zum ersten Mal in Europa auf. Es gab auch Israeliten, welche demselben erlagen, doch war ihre Zahl eine verhältnissmässig geringe [3], ein Umstand, dessen Ursache wohl in der mässigeren Lebens-

---

[1] Vgl. Moehsen, Geschichte der Wissenschaften in der Mark Brandenburg, II, S. 508 und die dort angeführten Schriften. — [2] Graetz VII, 266. — [3] Hottinger, Helvet. Kirchengeschichte II, 167; — ob wegen der grössern Aufopferung der jüdischen Pfleger, wie Graetz (Gesch. der Juden, VII, 361) annimmt?

weise dieses Volkes zu suchen ist, welcher aber den Verdacht gegen dasselbe, nachdem er einmal entstanden war, jedenfalls eher vermehrte als verminderte. Der Wahn, die Juden hätten die Brunnen vergiftet, kam zuerst im südlichen Frankreich auf und verbreitete sich von da rasch nach Deutschland[1]); für die eigentlichen Urheber galten die spanischen Juden, namentlich die von Toledo[2]). An sich erscheint diese Annahme umso thörichter, als sich die Israeliten damals gerade in Spanien im Ganzen vollkommener Sicherheit erfreuten. Das Gift selbst, dessen sich die Juden angeblich bedienten, soll aus Basiliskenfleisch, Kröten, Fröschen und Eidechsen bereitet worden sein; auch Christenherzen und Hostienteig seien zu diesem Zwecke verwendet worden[3]). Es war umsonst, dass Pabst Clemens VI., Kaiser Carl IV. und auch die Magistrate vieler Städte sich der Bedrängten annahmen; das Volk kümmerte sich an den meisten Orten nichts um die Verordnungen der Obrigkeit und gieng von sich aus dennoch gegen die Verdächtigen vor; hie und da beschuldigte man auch jetzt ihre Beschützer wieder der Bestechlichkeit[4]). Sachliche Beweise wurden natürlich nirgends erbracht, wohl aber gaben zahlreiche Juden auf der Folter die Wahrheit dessen zu, was ihnen zur Last gelegt wurde. Ihr Lohn war in der Regel der Scheiterhaufen, das Rad oder im günstigsten Falle Vertreibung von Haus und Hof, letztere natürlich mit Güterconfiscation verbunden. Manche kamen ihren Mördern durch Selbstmord zuvor, und nur Wenige nahmen, um dem Tode zu entgehen, das Christenthum an. Am entsetzlichsten wurde in den Jahren 1348 und 1349 in Deutschland gegen die Juden gewüthet; in Ungarn, Castilien und zum Theil auch in Polen erfreuten sich dieselben hingegen grösserer oder auch völliger Sicherheit.

Es würde nichts helfen, wenn man die vielfachen und zum Theil himmelschreienden von den Christen des Mittelalters an den Israeliten begangenen Gewaltthätigkeiten verschweigen oder

---

[1]) Graetz a. a. O. VII, 363 ff. — [2]) Ebend. 361, 362 nebst den daselbst angeführten Belegen. — [3]) Ebend. 362. — [4]) Königshoven, Chronik, hrsg. v. Schilter, S. 291.

gar beschönigen wollte. Aber eine Frage drängt sich doch jedem denkenden Menschen Angesichts dieser Blutscenen unwillkürlich auf; es ist die Frage, ob die herrschenden abergläubischen Vorstellungen allein im Stande waren, dergleichen Vorgänge hervorzurufen, oder ob noch andere mehr oder weniger begründete Vorurtheile gegen die Opfer derselben hinzukamen. Letzteres wird sich schwerlich ganz in Abrede stellen lassen. Die Abgeschlossenheit des jüdischen Volkes und die Zähigkeit, mit welcher dasselbe an seinen alten Sitten und Gebräuchen festhielt, haben letztere bekanntlich schon im Alterthum zu einem „mos absurdus sordidusque" gemacht [1]); dazu kam dann noch der Widerspruch, in welchen seine zähe Abgeschlossenheit zu dem Umstande trat, dass das Volk sich gleichwohl überall eindrängte und niederliess. Endlich ist noch seine ausgeprägte Vorliebe für den Schacher und zugleich seine unbestreitbare Geschicklichkeit auf diesem Gebiete des Erwerbs in Anschlag zu bringen, wenn man den Hass der christlichen Abendländer gegen die Juden richtig beurtheilen will. Dass das Opfern der Christenkinder durch Juden ganz und die Hostienschändungen wenigstens der Hauptsache nach in das Gebiet der Fabel gehören, wird heutzutage wohl kein Vernünftiger bestreiten; ebenso verhält es sich natürlich auch mit dem Vergiften der Brunnen. Wir dürfen indess nicht übersehen, dass auch noch später ausserordentliche Epidemien bei der Menge ganz aussergewöhnliche Vorstellungen hervorgerufen haben, denen manchmal auch ganz gute Christen zum Opfer fielen. So sollen z. B. im Jahre 1536 in Casale Leute die Thürpfosten und Klopfer der Häuser beschmiert, den Leuten allerlei Pulver in die Kleider gestreut und so die Pest erregt haben [2]). Ferner wurde noch 1630 die durch Manzonis Beschreibung berühmt gewordene Mailänder Pest auf allerlei angebliche Salbereien an den Häusern und anderswo zurückgeführt. Ein alter Mann, welcher damals in S. Antonio, bevor er sich setzte, mit seinem Mantel eine Bank abstäubte, wurde allgemein für einen Salber gehalten und als solcher misshandelt, und drei junge Franzosen, welche die

---

[1]) Tacitus histor. V, 5. — [2]) Remigius, Dämonolatrie II, 277, 278.

marmorne Aussenseite des Doms mit den Händen betasteten, wurden ebenfalls als Salber vom Pöbel in's Gefängniss geschleppt, von den Richtern jedoch wieder freigesprochen [1]). Was noch in unserm Jahrhundert beim Ausbruch der Cholera in verschiedenen, zum Theil grössern europäischen Städten geschehen ist, weil man ebenfalls an bestimmte Urheber oder Förderer derselben dachte, ist bekannt genug.

Man würde aber auch sehr irren, wenn man die Juden von gehässiger Gesinnung gegen das Christenthum und seine Bekenner absolut freisprechen wollte. Dr. Graetz, der bekannte Verfasser der „Geschichte der Juden von den ältesten Zeiten bis auf die Gegenwart" ist ein sprechender Beweis hiefür; ihm ist eine christliche Nation höchstens in geringerem Grade barbarisch als die andere, aber Barbaren sind sie im Grunde alle. Das Christenthum nennt er vorzugsweise da mit echt jüdischem Hohne die „Religion der Liebe", wo er eine von Christen an Israeliten begangene Missethat erzählt, obschon er ganz gut weiss oder wenigstens wissen könnte, dass das Wesen einer Sache und ihre einzelnen Erscheinungen zwei ganz verschiedene Dinge sein können. Und was vollends die Judenpresse unserer Tage in dieser Beziehung leistet, wird nicht so bald der Vergessenheit anheimfallen.

Milder war man in Deutschland gegen die Juden etwa von der Zeit Kaiser Maximilians I. an, während jetzt umgekehrt in Spanien und in Portugal die Verfolgungen und Austreibungen erst begannen. Selbst Johannes Pfefferkorn tischt in seinen Streitschriften [2]), so viel Nachtheiliges er sonst als Proselyt von seinen ehemaligen Glaubensgenossen zu erzählen weiss, die alten Mährchen doch nicht auf und geht überhaupt nicht auf die Vernichtung der Juden selbst sondern nur auf die ihrer Bücher aus. Die beschimpfenden Ausdrücke freilich, welche sowohl er als Andere den Juden in Bezug auf Christus und seine Mutter, auf die Apostel, die Geistlichkeit, die christliche Kirche und ihre Einrichtungen, ja sogar auf abendländische Sprachen zu-

[1]) Ripamonti, de Peste quæ fuit anno 1630, l. V, pag. 96 (Mediolani 1640). — [2]) Vgl. über diese Geiger. Joh. Reuchlin, S. 205 ff.

schreiben[1]), werden schwerlich ganz aus der Luft gegriffen sein. Selbstverständlich aber liefen unter dem gemeinen Volke noch lange Zeit abenteuerliche Vorstellungen in Hülle und Fülle in Hinsicht auf die Juden um, und so brauchen wir uns nicht zu wundern, wenn Marcus Lombardus in seiner Schrift „Gründtlicher Bericht vnd Erklärung von der Juden Handlungen vnnd Ceremonien“ etc. (fol. 35) erklärt, wenn er alle Missethaten der Juden aufschreiben wollte, so müsste er mehr Papier haben, als vier Pferde zu ziehen vermöchten. Und Samuel Friedrich Brenz glaubte noch im Anfange des siebenzehnten Jahrhunderts, die Juden pflegten in der heiligen Nacht absichtlich Knoblauch zu essen (oder vielmehr zu „fressen“), um recht zu stinken und den Thola (Christus) dadurch zu verunehren; ferner glaubte er, Christus müsse in dieser Nacht alle „Sprachhäuser“ auskriechen[2]); andere Proben aus seinem Buche sind schon früher mitgetheilt worden. Ja noch hundert Jahre später tischt Joh. Andreas Eisenmenger das Vergiessen von Christenblut und die Vergiftung der Brunnen durch die Israeliten wieder auf[3]). Als im Jahre 1711 die Judengasse zu Frankfurt am Main abbrannte, bildete sich das Gerücht, der Rabbiner Naphtali, in dessen Wohnung das Feuer zuerst ausgebrochen sei, habe dasselbe durch verkehrte Beschwörungen vermehrt, statt es, wie er eigentlich beabsichtigt hatte, zu vermindern: „Man hat vor eine gewisse Wahrheit erzählen wollen, dass besagter Rabbiner, der sonst ein guter Cabbalist gewesen, als er seinen untergebenen Schülern die Cabbale lehren wollen und ihnen zur Probe einen grossen Haufen Holz in seiner Stube angezündet habe, in seiner Beschwörung der Geister irre geworden sei, und anstatt die Wassergeister zu beschwören, das von ihm angezündete Feuer zu löschen, die Feuergeister gefordert habe. Wesswegen ganz vergeblich gewesen wäre, auch das geringste jüdische Gebäude zu retten[4]).

[1]) Pfefferkorn, Hostis iudeorum. Colon. Agr. 1509, fol. A III, A IIII. Brenz a. a. O. pag. 1, 8, 9, 10. — [2]) Brenz pag. 7. Prätorius, Saturnalia absurditatis, S. 127 ff. — [3]) Entdecktes Judenthum. Frankf. a. M. 1700. — [4]) So berichtet der Rheinische Antiquarius.

Achtes Capitel.

Die Tagwählerei.

Die Tagwählerei ist ein seltsames, aus heidnischen und christlichen Vorstellungen zusammengesetztes Gewebe. Astrologische Anschauungen, mit welchen dieselbe ohnehin mancherlei Aehnlichkeit hat, und der Glaube an Vorzeichen haben ebenfalls auf dieselbe eingewirkt, und schliesslich haben sich gerade wie bei der Astrologie auch die Bedürfnisse des täglichen Lebens geltend gemacht, indem man bei jedem Unternehmen auch einen muthmasslichen Erfolg gerne zum Voraus gewusst hätte und diesen so viel als möglich aus bekannten und anerkannten Vorstellungskreisen zum Voraus zu bestimmen suchte. Im griechischen Alterthum hatte namentlich Hesiod gewisse Tage einerseits mit bestimmten Gottheiten und andrerseits mit den Verrichtungen des täglichen Lebens, mit letztern namentlich im Hinblick auf Ackerbau und Viehzucht in Beziehung gebracht[1]), und den Römern waren ähnliche Vorstellungen ebenfalls nicht fremd geblieben[2]). Nun vererbten sich diese Regeln und Anschauungen auf das Mittelalter und wurden, namentlich in den frühern Jahrhunderten desselben, noch durch religiöse Elemente keltischen, germanischen und slavischen Ursprungs vermehrt. Allmählich mochten wohl auch einzelne hierher gehörige Vorstellungen sich wieder verlieren und dafür andere nach Analogie des bereits Vorhandenen gebildete, also ohne bestimmte religiöse oder nationale Grundlage entstandene, an ihre Stelle treten, wie es bei solchen Vorstellungskreisen auch sonst zu geschehen pflegt. Und jedenfalls ist auch das Christenthum auf diesem Boden geschäftig gewesen und hat zu den bereits vorhandenen Schicksalstagen neue hinzugefügt. Wenn z. B. der Freitag vorzugsweise als Unglückstag erscheint, so wird

Elemente der Tagwählerei.

---

[1]) Werke und Tage. V, 763 ff. — [2]) Sueton, Octavius 92; Plinius hist. nat. l. XXX, cap. 2. —

wohl weniger an die germanische Frija oder Frigg und an die antike Venus als an die Kreuzigung Christi zu denken sein, welche auf diesen Wochentag fiel, und welcher zu Ehren man nun sämmtliche Freitage des Jahres zu unseligen Tagen stempelte. Bei den meisten Festen des christlichen Kirchenjahres, beim Palmsonntag, Gründonnerstag, Karfreitag, Osterfest, Himmelfahrtstag und Pfingsfest sind ähnliche Grundlagen vorhanden; in Betreff des Weihnachtsfestes hingegen darf allerdings nicht übersehen werden, dass dasselbe mit dem heidnischen Feste der winterlichen Sonnenwende zusammenfällt, dass also hier heidnische und christliche Gebräuche sich leicht mit einander mischen und in einander übergehn konnten; das Nämliche ist auch bei der sommerlichen Sonnenwende der Fall, in deren Nähe bekanntlich der Tag Johannes des Täufers fällt.

Hie und da eiferte natürlich ein hervorragender Vertreter der Kirche gegen die Tagwählerei [1]), und noch Martin Luther zählt dieselbe zu den Uebertretungen des ersten Gebotes im alttestamentlichen Decalog, wenn er sagt, „wer sein Werk und Leben nach erwählten Tagen, Himmelszeichen und der Weissagern Dunken richtet," übertrete jenes [2]). Im Allgemeinen jedoch entwickelte sich dieselbe während des Mittelalters trotz vereinzelten Anfeindungen immer weiter. Von Kaiser Heinrich IV. wird uns z. B. berichtet, er habe „paganico nimirum auspicio" alle entscheidenden Kämpfe an einem Dienstag begonnen, sei dann aber auch an einem solchen, dem 7. August des Jahres 1106, gestorben [3]). Reichlicher fliessen indess unsere Quellen erst nach Ablauf des Mittelalters, im sechszehnten und namentlich im siebzehnten Jahrhundert, wo ja überhaupt erst einzelne Gelehrte anfiengen, diese wie andere Formen des mittelalterlichen Aberglaubens systematisch zusammenzustellen, zu beurtheilen und der Nachwelt zu überliefern. Es handelt sich hiebei sowohl um die sieben Wochentage als um bestimmte, nur alljährlich wiederkehrende Feste der christlichen Kirche.

---

[1]) S. Eligius bei Dachery spicileg. tom. V (edit. Paris. 1661), pag. 215. — [2]) Werke, Erlanger Ausgabe, Bd. 36, S. 148. — [3]) Ekkehardi Chronicon ad a. 1106 (Pertz. Mon. scr. t. VI, pag. 240).

Was nun zunächst die einzelnen Wochentage betrifft, so gelten *Sonntagskinder* im Allgemeinen für besonders bevorzugt. Sie sehen namentlich alle Geister und Gespenster[1]); doch gab es neben dieser herrschenden Ansicht noch eine andre, nach welcher ihnen letztere gerade umgekehrt unsichtbar bleiben[2]); kleine Kinder soll man überdiess am Sonntag nicht baden[3]). Was man *Montags* beginnt, wird nicht wochenalt, wesshalb man Hochzeiten und Waschen an diesem Tage zu vermeiden hat[4]). Man soll ferner an diesem Tage nichts ausleihen, beim Kaufen nichts schuldig bleiben und den Strumpf nicht links anthun[5]), kein Feuer beim Nachbar holen, ihm auch keines geben, wenn er in Verlegenheit ist[6]). Wer an einem *Dienstag* in der Fastenzeit nüchtern badet, ist das ganze Jahr hindurch vor Rückenschmerz sicher[7]); auch von neuen Unternehmungen, deren Beginn auf einen Dienstag fällt, ist abzurathen[8]). Am *Mittwoch* sollen Knechte und Mägde keinen neuen Dienst antreten[9]), und ein Kind, welches an einem Mittwoch zum ersten Male die Schule besucht, lernt nichts[10]); in Oberösterreich glaubte man sogar, ein an diesem oder an einem Freitag geborenes Kind verfalle dereinst dem Scharfrichter[11]). Am *Donnerstag* sollen die Ställe nicht gemistet werden[12]). Der Donnerstag wurde überhaupt vom frühen Mittelalter bis zum siebzehnten Jahrhundert mehr oder weniger als Feiertag behandelt; schon der bereits erwähnte, dem Capitular Carlmanns vom Jahre 743 angefügte „Indiculus superstitionum et paganiarum“ fühlt sich in Folge dessen berufen, auf diesen Uebelstand aufmerksam zu machen[13]), und aus Anhorns Magiologia (S. 133) ergiebt sich, dass die Sitte noch zu Anfang des siebzehnten Jahrhunderts keineswegs erloschen war. Bekanntlich ist der Donnerstag die dies Jovis, und das Capitular spricht auch in der That von „sacris“ und „feriis Mercurii vel Jovis“; noch deutlicher macht Anhorn an der angeführten Stelle den römischen

Die Wochentage.

---

[1]) Anhorn, Magiologia S. 132. Grimm. Mythol. A. 243, 634. — [2]) Anhorn a. a. O. — [3]) Ebend. — [4]) Grimm. Myth. A. 821. — [5]) Ebend. A. 771. — [6]) Anhorn S. 132. — [7]) Ebend. — [8]) Männling. S. 223. — [9]) Anhorn 132. — [10]) Grimm. Myth. A. 613. — [11]) Ebend. A. 745. — [12]) Anhorn 132, 133. — [13]) Pertz, Mon. leg. t. III, pag. 20. —

Jupiter für diesen Unfug verantwortlich. Da indessen jener protestantischer Pfarrer von Bischofszell war, so sieht man nicht recht ein, wie Jupiter in diese ganz alamannische Gegend soll gekommen sein. Eher dürfte der Jupiter des Capitulars auf der sogenannten interpretatio romana beruhn und an die Stelle des germanischen Donnergottes getreten sein; dass gerade Anhorn von letzterm nichts wusste und in Folge dessen an Jupiter dachte, erklärt sich bei einem Schriftsteller seines Jahrhunderts leicht. Der zu Carlmanns Zeit neben dem Donnergott noch gefeierte Mercur wäre dann Wodan gewesen, dessen Cult dann aber, da Anhorn von einer Feier des Wodanstages, d. h. des Mittwochs, nichts weiss, früher als der des Donnergottes erloschen zu sein scheint.

Der Freitag. Die hervorragendste Bedeutung unter allen sieben Wochentagen hatte aber in Bezug auf abergläubische Vorstellungen der Freitag. Man soll an demselben kein kleines Kind baden, keiner Henne Eier unterlegen, weil die Raubvögel sonst die Küchlein holen[1]; die Weiber sollen sich weder bürsten noch flechten noch kämmen, sonst gedeiht das Ungeziefer, besonders die Läuse[2]. Günstig ist hingegen der Freitag gleich dem abnehmenden Mond namentlich für negative Beschäftigungen wie Nägelschneiden oder Haarschneiden, weil man dann weder Ohrenweh noch Zahnschmerzen bekömmt[3]. Gelegentlich finden sich freilich auch Vorstellungen, welche in diametralem Gegensatze zu den eben genannten stehn: multi in die Veneris nolent ungues præscindere, aut indusium mutare, aut novo vestimento indui: ne fortunam aut valetudinem irritent[4]. Wer ferner an drei unmittelbar auf einander folgenden Freitagen den rechten Fuss zuerst aus dem Bette setzt, hat das ganze Jahr keine Blasen an den Füssen zu fürchten[5]. Der Essig, das sauerste aller Getränke, gedeiht am besten, wenn er am Freitag angesetzt wird[6]. Selbst hervorragende Persönlichkeiten sind von derartigen Vorstellungen nicht frei gewesen. Filippo Maria

---

[1]) Anhorn 134, Grimm, Myth. A. 800. — [2]) Anhorn 134, Grimm, Myth. A. 241. — [3]) Anhorn 134. — [4]) Zahn. Specula physico-mathematica I, 287. — [5]) Anhorn 134. — [6]) Ebend.

Visconti z. B. glaubte, es stehe ihm ein Unfall bevor, wenn ihm an einem Freitag ein Rasierter begegnete[1]), und in neuerer Zeit hat bekanntlich Kaiser Napoleon I. diesen Tag gefürchtet. Häufig erscheinen auch Mittwoch und Freitag zusammen als Unglückstage; namentlich glaubte man, die Wirksamkeit der Hexen sei an denselben erfolgreicher als an den übrigen Tagen der Woche. Es war daher verpönt, an denselben von den Hexen zu reden, weil man annahm, diese hörten es und suchten sich dafür zu rächen[2]).

Am Sonnabend endlich müssen Rocken und Kunkel abgesponnen werden, weil sonst die Fäden nicht bleichen[3]); auch glaubte man, Kinder, welche an einem solchen geboren seien, würden ungeschickt und träg[4]).

Die Motive, welche die Grundlage dieser und anderer Anschauungen bilden, können natürlich von sehr verschiedener Art sein. Hie und da mögen, wie z. B. in der Donnerstagsfeier, Reste eines nationalen Heidenthums zu Grunde liegen. In andern Fällen, z. B. in Betreff der überwiegend unglücklichen Bedeutung des Freitags, wird man unbedenklich den Karfreitag verantwortlich machen dürfen, ja man wird sogar noch einen Schritt weiter gehn und in der Bedeutung desselben für die Essigbereitung eine Erinnerung an den mit Essig gefüllten Schwamm erkennen dürfen, welchen Christus am Kreuz erhielt. Aber auch das tägliche Leben und die aus ihm stammenden Erfahrungen können nicht ohne Einfluss auf die Tagwählerei gewesen sein. So wird z. B. die Annahme, dass Kinder, welche die Schule zum ersten Mal an einem Mittwoch besuchen, nichts lernen, davon ausgegangen sein, dass am Mittwoch Nachmittag meist keine Stunden gegeben wurden und zum Theil jetzt noch nicht gegeben werden; man machte also zunächst die Erfahrung, dass an diesem Tage wenig bei der Sache herauskam und verallgemeinerte dieselbe zuletzt, wie das im Wesen derartiger Erfahrungsweisheit liegt. Ebenso beruht die Vorschrift, am Samstag Rocken und Kunkel abzuspinnen, auf dem Bestreben,

[1]) Decembrius. Vita Philippi Mariæ Vicecomitis, cap. 67. — [2]) Grimm, Myth. A. 613, 658. — [3]) Anhorn 135. — [4]) Männling a. a. O. 224.

den Sonntag heilig zu halten und folglich die Arbeit der Woche vor Beginn desselben zu erledigen.

Dies ægyptiaci Zwischen den einzelnen Wochentagen und den bloss jährlich wiederkehrenden Festen stehen nun bestimmte, durch das ganze Jahr zerstreute Unglückstage gewissermassen in der Mitte. Sie heissen „verworfene" oder „schwarze Tage" [1]), lateinisch „dies ægyptiaci", weil die alten Aegypter nach dem Glauben des Mittelalters an denselben eine Menge Verrichtungen wie z. B. Bauten, Wanderungen, Aderlass u. a. m. unterliessen, oder nach einer andern, aber schwerlich richtigen Ansicht, weil sie an einem dieser Tage von Gott durch Moses geplagt und an einem andern derselben im rothen Meer ersäuft wurden [2]). Jeder Monat enthielt zwei solcher Unglückstage, das ganze Jahr also vierundzwanzig; es waren der erste und der fünfundzwanzigste Januar, der vierte und zwanzigste Februar, der erste und achtundzwanzigste März u. s. w. [3]). Man vermied an denselben, Häuser zu bauen oder zu beziehen, Käufe und Verkäufe abzuschliessen, die Haare, den Bart oder die Nägel abzuschneiden u. a. m. Oder man gab dem ganzen Jahre zweiundvierzig Unglückstage, an welchen man ebenfalls die genannten Verrichtungen unterliess, und hob unter diesen dann einige, gewöhnlich drei oder fünf, als besonders verderbenbringend hervor, z. B. den ersten April als den angeblichen Geburtstag des Judas, den ersten August, an welchem Lucifer aus dem Himmel gestürzt wurde, den ersten December, an welchem Sodom zu Grunde gieng [4]).

Auch ganze Monate galten für glück- oder unglückbringend, entweder im Allgemeinen oder mit bestimmten Einschränkungen. Ein Glücksmonat ist z. B. der Januar, im Mai hingegen soll man nicht heirathen; der September galt für grosse Herrn, der October und der November hingegen für alte Leute für verhängnissvoll [5]).

---

[1]) Anhorn 130; Grimm, Myth. III, 421. — [2]) Vgl. Du-Cange-Henschel, Glossar. med. et inf. latin. s. v. dies ægyptiaci und die dort angeführten Belege. — [3]) Satlerus, Διάνοια astrologica c. 18. — [4]) Lammert S. 95. 96. — [5]) Männling pag. 226.

Was nun endlich die Festtage betrifft, so knüpft sich weitaus die grösste Zahl abergläubischer Vorstellungen und Gebräuche an den Tag der Menschwerdung Christi und die unmittelbar darauf folgenden Tage. Ihre Zahl ist in der That so gross, dass z. B. der schon häufig erwähnte Johonnes Prätorius ein ganzes Buch über diesen Gegenstand schreiben konnte, welches freilich weder bei jedem Verfasser noch in jedem Jahrhundert so umfangreich geworden wäre. Schon der Titel rechtfertigt diese Behauptung; er ist ungemein schwerfällig und lautet folgendermassen: „Saturnalia absurditatis: seu Deliramenta superstitiosa quibus abjectum vulgus, ut Rustici, Servi, Ancillæ, et inepti quivis, hinc inde, proh dolor! in Germania gaudent, in S. S. Natalitiis Christi; et venerandum Festum Genethliacum Salvatoris impiè et execrabiliter profanat. Theologicè, Philologicè et Historicè ex magnâ Variorum Autorum farrigine, et multijugâ Experientiâ collecta, et hîc insuper damnata et argutè exagitata, â M. Johanne Prætorio, P. L. C. (Lipsiæ 1663. 8°). — Die grosse Zahl der hierher gehörigen Züge erklärt sich freilich, wie schon früher angedeutet wurde, zum Theil daraus, dass auch die verschiedensten heidnischen Religionen gerade in diesen Tagen die wieder beginnende Zunahme des Lichts und die durch Sonne, Licht und Wärme bedingten Gaben der Erde feierten. Nichtsdestoweniger hat das Mittelalter auf diesem aus dem Heidenthum ererbtén Boden weitergebaut und weitergedichtet, so dass nun eine Menge von Zügen hierher gehörigen Aberglaubens ein ganz entschieden mittelalterliches Gepräge trägt.

Festtage. Der Weihnachtscyclus.

Man stellte z. B. am Christabend zwölf ausgehöhlte und mit Salz gefüllte Zwiebeln an einem beliebigen Ort auf und gab jeder den Namen eines bestimmten Monats; am nächsten Morgen zog man darauf aus der Beschaffenheit jeder Zwiebel Schlüsse auf die Witterung des ihr entsprechenden Monats im neuen Jahr[1]). Oder man goss am nämlichen Abend Zinn oder Blei in's Wasser und brachte die dabei entstehenden Figuren im Zusammenhang mit mancherlei persönlichen Angelegenheiten,

[1]) Anhorn 136.

namentlich mit Heiraths- und Ehefragen[1]). Wer am heiligen Abend auf die Wintersaat hinausgieng, glaubte Alles, was dem Dorf im kommenden Jahre bevorstand, vorherzusehen, z. B. Feuersbrünste, Todesfälle, Einquartierung u. s. w.[2]). In der heiligen Nacht selbst wird das Wasser zu Wein[3]), der Alraun blüht[4]), die Apfelbäume tragen Blüthen und Früchte zugleich, werfen aber dieselben während der Nacht wieder ab[5]); es giebt ferner Leute, welche sich in diesen Stunden in Wölfe verwandeln[6]). In Thüringen ziehen Frau Holda und der treue Eckart aus, letzterer bewirkt, dass die Bierkannen von Kindern, welche dem Zuge schweigend zugeschaut, fortan so lange gefüllt bleiben, bis jene das Geheimniss verrathen[7]). Unter den Juden aber soll der Glaube geherrscht haben, dass Christus in dieser Nacht durch alle Abtritte und Dohlen kriechen müsse[8]). Von dem Wochentage, auf welchen das Weihnachtsfest selber fällt, hangen Witterung und Ertrag des neuen Jahres ab[9]).

Am Stephanstage (26. Dezember) liess man den Pferden zur Ader[10]), oder man tummelte sie tüchtig herum in der Meinung, sie seien dann ein ganzes Jahr vor Krankheiten sicher[11]). Der Tag der unschuldigen Kinder von Bethlehem (28. December) war natürlich ein Unglückstag, und es durfte daher an demselben nichts wichtiges unternommen werden. Am Sylvester wurden so viele Brote gebacken, als das Haus Bewohner zählte; derjenige aber, dessen Brot einen Riss bekam, musste im folgenden Jahre sterben[12]); nach andern Angaben wurden schon am Christabend so viele Salzhaufen gemacht, als die Familie Glieder zählte, und dann war derjenige dem Tode verfallen, dessen Salzhaufen während der Nacht zusammenfiel[13]). Während der Zwölften, d. h. vom December bis zum Januar, soll nicht gedroschen werden[14]); ein Hemd hingegen, welches

---

[1]) Männling 197. — [2]) Rockenphilosophie VI, 8. — [3]) Prätorius. Saturn. absurd. S. 3 ff. — [4]) Ebend. S. 154 ff. — [5]) Ebend. 49 ff.; ein solcher Baum befand sich z. B. in der Nähe von Nürnberg, vgl. Nider formicarius IV, 6. — [6]) Prätorius Sat. abs. S. 74 ff. — [7]) Ebend. 403 ff. — [8]) Ebend. 127 ff. — [9]) Des Himmels Lauffes wirckung, fol. 98, 99. — [10]) Delrio. Disquisitiones magicæ l. III, p. 2 c. 4, sec. 6. — [11]) Naogeorgus regn. papist. pag. 132, 133. — [12]) Anhorn 136. — [13]) Männling 196. — [14]) Gestriegelte Rockenphilosopie VI, 6.

aus Zwirn besteht, der während dieser Tage gesponnen wurde, ist zu vielen Dingen gut[1]). Endlich knüpft sich noch an die drei hauptsächlichsten Tage unmittelbar vor und nach dem Jahreswechsel die Verpflichtung, den Hühnern den Rogen und den Kühen die Milch von Heringen als Futter zu geben[2]).

Die Passionszeit.

Einen zweiten grossen Cyclus bedeutsamer Tage bildet sodann die Karwoche nebst den ihr vorausgehenden Sonntagen. Auf den Sonntag Oculi z. B. wird die von dem Evangelisten Lucas (XI, 14) erzählte Teufelsaustreibung verlegt; darum soll der Hirt am nämlichen Sonntag das Vieh auf die Almend treiben[3]). Brot, welches am Sonntag Lætare gebacken ist, sättigt mehr als anderes wegen der angeblich auf diesen Tag fallenden Speisung der Fünftausend; sonst aber ist derselbe ein Unglückstag[4]). Letzteres gilt auch für den Sonntag Judica, an welchem regelmässig Jemand eines gewaltsamen Todes sterben muss[5]). Zweige, welche am Palmsonntag geweiht sind, dienen zur Vertreibung der Gewitter[6]), des Feuers und der bösen Geister[7]). Am grünen Donnerstag gelegte Eier, gebackene Bretzeln und gewonnener Honig schützen das ganze Jahr gegen das Fieber[8]). Am Karfreitag soll man die Stube mit einem frischen Besen kehren und dann mit letzterm über den Kohl im Garten streichen; dann hat dieser von den Raupen nichts zu leiden. Ausserdem sind Hühnereier, welche an diesem Tage gelegt werden, gut gegen Feuersbrünste; wirft man dieselben in die Flammen, so erlöschen diese sofort[9]).

In die nämliche Zeit fallen auch noch verschiedene andere bedeutungsvolle Tage, z. B. der der Verkündigung der Maria (25. März); an diesem wurden vorzugsweise Bäume gepflanzt[10]); am ersten April hingegen wandte man sich in der Frühe des Morgens vorzugsweise mit Bitten an die Mutter Gottes, weil die Aussicht auf Erhörung an diesem Tage eine besonders grosse sein sollte[11]). Am Walpurgisabend bohrte man drei Löcher

---

[1]) Ebend. VI, 7. — [2]) Ebend. V, 41. — [3]) Frischbier S. 141. — [4]) Männling 216, 217. — [5]) Ebend. 217. — [6]) Naogeorg. p. 144. — [7]) Männling 217. — [8]) Ebend. 193. — [9]) Anhorn 135. — [10]) Delrio l. III, p. 2, c. 4 sec. 6. — [11]) Cardanus, De vita propria c. 37. —

über der Thür des Kuhstalls und steckte Wurzeln in dieselben, welche ebenfalls zu bestimmten Zeiten waren ausgegraben worden; dadurch glaubte man die Hexen, welche bekanntlich in der dem ersten Maitag vorausgehenden Nacht besonders thätig sind, vom Betreten des Stalles abzuhalten[1]). Zum Segensprechen, Wurzelngraben u. s. w. eignet sich der nämliche Abend ganz besonders; doch kommen ausser ihm auch noch der des Andreastages (30. November), die Christnacht und die Johannisnacht (24. Juni) in Betracht[2]). Käse, welcher am Himmelfahrtstage gemacht war, wurde in den toscanischen Apenninen von den Weibern, wenn ein Ungewitter heranzog, auf die Hausthüre gestrichen, und in denselben wurde dann noch mit Hilfe eines Strickes das Zeichen des Kreuzes gedrückt; in ähnlicher Weise befestigte man auch an diesem Tage ausgebrütete Eier an die Dächer[3]). Nach Andern musste Christus an diesem Tage durch alle Cloaken kriechen und hatte derselbe keine Ruhe, ausser wenn die Juden studierten; da aber letztere dieses wussten, studierten sie in der Regel an diesem Tage gerade nicht[4]). S. Urban sodann, dessen Tag der fünfundzwanzigste Mai ist, hat Einfluss auf das Gedeihen des Weines; man trug daher sein Bild in die Schenken und trank ihm zu[5]). Am vierundzwanzigsten Juni, dem Tage Johannes des Täufers, zündete man Feuer an und rollte feurige Räder die Abhänge hinunter[6]); der heidnische Ursprung dieser Feier und ihr Zusammenhang mit der Feier der Sonnenwende wird nicht leicht bestritten werden[7]). Regnete es am Johannestage, so glaubte man, die Haselnüsse litten Schaden; geriethen aber diese wohl, so gebe es viele Huren[8]); in der Johannesnacht endlich sollte der Teufel Farrenkrautsamen austheilen[9]). Von Filippo Maria Visconti wird erzählt, er habe am Tage Johannes

---

[1]) Prätorius, Glücks-Topf. S. 380. — [2]) Bauller, Hell-polirter Laster-Spiegel, 2. Ausgabe, (Ulm 1688) S. 106. — [3]) Wierus, De præstig. dæmon. V, 21. — [4]) Männling 208, 209. — [5]) Naogeorgus, Regn. papist. pag. 155, 156. — [6]) Durandi, Ration. div. offic. (ed. Bas. 1488) fol. CCXXVI. Naogeorg. 156, 157. — [7]) Simrock, Deutsche Mythologie [2]; S. 568. — [8]) Männling 212. — [9]) Simplic. Vogelnest II, 26.

des Täufers nie ein Pferd bestiegen [1]). Am Tage der Himmelfahrt der Maria (15. August) wurden in den Kirchen Grasbüschel geweiht; diese wurden dann in's Feuer gelegt und sollten so von Menschen und Thieren alle möglichen Seuchen abhalten [2]). Auch der Michaelstag (29. September) war mit mancherlei abergläubischen Vorstellungen verknüpft. Fand man an demselben in den Galläpfeln Würmer, so erwartete man einen guten Herbst; enthielten dieselben Fliegen, so stand ein Krieg, und enthielten sie Spinnen, so stand die Pest bevor [3]).

Am Andreasabend machten die heirathslustigen Mädchen Versuche, zu erfahren, ob sie im künftigen Jahre einen Mann bekämen [4]). Sie bildeten z. B. einen Kreis und liessen einen Gänserich in denselben; dasjenige Mädchen, gegen welches der Vogel sich zuerst wandte, glaubte nun, zuerst in den Stand der Ehe zu treten [5]). Die drei Donnerstagsnächte vor Advent galten für „noctes infaustæ", in welchen man vor dem Satan und den Hexen besonders auf der Hut sein müsse [6]).

An allen Festtagen ohne Ausnahme war der Coïtus verpönt, er galt an denselben für teuflisch und konnte unter Umständen schwere Strafen nach sich ziehn. Ein Bürger von Magdeburg, welcher nach Thietmar von Merseburg am Abend nach dem Tage der unschuldigen Kinder von Bethlehem im Rausche seine Frau gezwungen hatte, ihm zu Willen zu sein, erhielt zur Strafe ein Kind mit verbogenen Zehen. Selbst der deutsche König Heinrich I. konnte sich in der Nacht vom grünen Donnerstag auf den Karfreitag, berauscht wie er war, des Beischlafs nicht enthalten; um Schlimmes zu verhüten, liess er jedoch das in Folge desselben erzeugte Kind mit dem Taufwasser vollständig waschen. Dennoch hatte Heinrich selbst sowohl als sein Sohn Otto der Grosse, wie Thietmar ausdrücklich hervorhebt, das ganze Leben hindurch Streitigkeiten zu schlichten und Aufstände zu bekämpfen; der Teufel, welchem

---

[1]) P. C. Decembrius, Vita F. M. Vicecomitis c. 67 (Muratori, Scriptores t. XX). — [2]) Naogeorg. 157, 158. — [3]) Satlerus, Διάνοια astrologica c. 7. — [4]) Prätorius. Glücks-Topf 378. — [5]) Grässe. Des deutschen Landmanns Practica pag. 179. — [6]) Naogeorg. 130.

in Folge der Waschung die Seele des Kindes entgangen war, wusste sich wenigstens auf diese Weise einigermassen schadlos zu halten[1]).

Neuntes Capitel.

Gemeiner Aberglaube.

Unter diesem auf den ersten Blick etwas vag scheinenden Titel fasse ich diejenigen Aeusserungen des Aberglaubens zusammen, welche bei allem Reichthum an Beziehungen auf das gewöhnliche Treiben der Menschen unter sich doch wieder so sehr von einander abweichen, dass es unmöglich ist, sie unter eine bestimmtere und zugleich umfassende Benennung zu bringen. Sie berühren sich natürlich mit manchen unter den schon geschilderten Gattungen, zumal mit dem Glauben an Vorzeichen, unterscheiden sich aber doch auch von letzterm theilweise wieder sehr bestimmt. Ein Hauptunterschied liegt namentlich darin, dass hier jede Beziehung auf bestimmte historische Persönlichkeiten oder Ereignisse ausgeschlossen ist, und dass es sich nicht sowohl um einmalige Facta als um Fälle handelt, welche unter gewissen Bedingungen regelmässig wiederkehren. Nun giebt es allerdings auch unter den früher besprochenen Vorzeichen nicht wenige, welche mehr mit dem Privatleben als mit geschichtlichen Vorgängen in Verbindung stehn; allein auch diese unterscheiden sich von dem hier zu behandelnden Material noch deutlich genug. Die wirklichen Vorzeichen hangen nicht von dem Willen oder von der Einsicht des Menschen ab; gesucht oder ungesucht treten sie ihm entgegen und das, was sie zur Folge haben, ist daher, wenigstens in den Augen der Gläubigen, unabwendbares Schicksal. Hier hingegen verhält es sich wesentlich anders; hier liegt es mehr oder weniger in der Hand

[1]) Thietmari chronicon I, 14.

des Menschen, ein Unglück zu vermeiden oder eines Glückes theilhaftig zu werden; er braucht sich nur an bestimmte Regeln zu halten, dieses zu thun und jenes zu lassen. Wenn ich z. B. weiss, dass die Begegnung oder Stimme eines Thieres oder eines Vogels Unglück bedeutet, so hängt es allerdings nicht von mir ab, ob ich diesem Geschöpfe begegnen will oder nicht; letzteres kommt vielmehr ungerufen und ruft mir die an ihm haftende Vorstellung in's Gedächtniss. Weiss ich hingegen, dass es nicht rathsam ist, ein Messer auf dem Tisch auf dem Rücken liegen zu lassen, so hängt es von mir ab, das Messer anders zu legen und so den sonst eintretenden üblen Folgen zu entgehen.

Natürlich sind die hierher gehörigen Vorstellungen ausserordentlich mannigfaltig. Sie begleiten den Menschen von der Wiege bis zum Grab und kommen während seines Lebens überall im Hause, in Küche und Keller, draussen im Garten und auf dem Feld in Betracht. Kein Beruf, keine Arbeit, kein Vergnügen ist ohne Verhaltungsmassregeln, welche auf sie Bezug haben, und welche wohl seit Jahrhunderten im Volksglauben wurzeln; auch schliesst sich dieses Capitel, von diesem Gesichtspunkte aus betrachtet, eng an das vorige, an die Tagwählerei und den Glauben an Merktage an; zugleich aber berühren sich die nun zu besprechenden Vorstellungen auch darin mit jenen, dass die Entscheidung über die in Aussicht gestellten Ereignisse mehr oder weniger in die Hand der Menschen gelegt ist. Auch hier stammt manche allgemein oder wenigstens im Süden unseres Erdtheils noch jetzt verbreitete Anschauung oder Gewohnheit aus dem Alterthum. Schon im alten Rom pflegten diejenigen, welche an der fallenden Sucht litten, das frische Blut Hingerichteter zu trinken; man glaubte ferner an die Bedeutung des sogenannten Läutens in den Ohren, an die Verpflichtung, einem Niessenden etwas Gutes wünschen zu müssen, u. s. w. Alle diese Züge kannten schon die alten Römer, wie wir aus dem Anfange des achtundzwanzigsten Buches der Naturgeschichte des Plinius sehn.

Jacob Grimm hat im Anhange zu seiner deutschen Mythologie unter der Ueberschrift „Aberglaube“ eine grosse Zahl *Quellen.*

hierher gehöriger Ansichten zusammengestellt. Die meisten derselben gehören Sammlungen an, welche schon im vorigen Jahrhundert in verschiedenen Gegenden Deutschlands gesammelt und im „journal von und für Deutschland" veröffentlicht wurden; auch schwedische, dänische, französische und ehstische Vorstellungen sind daselbst theilweise mitgetheilt. Daneben giebt es aber auch ältere hierher gehörige Sammlungen, so z. B. eine aus der Bibliothek zu S. Florian im Erzherzogthum Oesterreich stammende und von Grimm ebenfalls aufgenommene des vierzehnten oder fünfzehnten Jahrhunderts[1]), ferner eine hier schon öfters citierte, dem sechszehnten angehörige Sammlung; sie ist betitelt „Der alten Weiber Philosophi, wie dieselbige ein halbjäriges Knäblin erfaren, vnd von einer blinden frawen in eygner person ist gesehen worden" und fehlt bei Grimm; sie erschien im Jahre 1556 gedruckt zu Frankfurt am Main bei Egenolffs Erben als Anhang zu „Des Himmels Lauffes Wirckung, vnnd Natürliche Influentz der Planeten, Gestirn vnd Zeychen u. s. w." Eine neuere hierher gehörige und sehr reichhaltige Sammlung von Vorstellungen, welche speciell den verschieden Provinzen und Landschaften des Königreichs Bayern angehören, enthält das Buch von G. Lammert „Volksmedizin und medizinischer Aberglaube in Bayern" (Würzburg 1869. 8°). Andere gelegentlich ebenfalls benutzte Quellen enthalten die Citate.

Geburt. Die Ehsten glaubten, durch allerlei Mittel die Geburt der Kinder erleichtern zu können, z. B. dadurch, dass der Mutter, sobald sie verlobt war, ein rother Faden um den Leib gebunden wurde, welchen sie dann gleich nach der Trauung durch Aufblähen zerreissen musste; ferner dadurch, dass man dem Bräutigam bei seiner Ankunft sofort den Sattelgurt löste[2]). In Deutschland gab man den Kindern unmittelbar nach der Geburt, ehe sie zum ersten Mal sogen, einen gebratenen Apfel, damit sie anständig würden; ferner wurden sie, damit sie krause Haare bekommen sollten, nach der Geburt mit weissem Weine ge-

---

[1]) Bd. III, S. 415 ff. — [2]) Aberglaube der Ehsten (Grimm, Myth. III, 487) No. 3, 6.

waschen und erhielten in's Bad Reben von weissen Stöcken[1]). Die Nägel an den Fingern biss ihnen das erste Mal die Mutter ab, damit sie nicht stehlen lernten; ferner hütete man sich, das neugeborene Kind auf die linke Seite zu legen, weil man fürchtete, es werde sonst linkisch[2]). Wer in eine Wochenstube kam und einen Tragkorb bei sich trug, musste einen Span von demselben abbrechen und in die Wiege stecken, weil er sonst beim Fortgehen der Mutter oder dem Kinde die Ruhe wegnahm; ebenso war das Wiegen leerer Wiegen verpönt, weil dadurch dem Kinde angeblich die Ruhe weggewiegt wurde[3]). Was endlich die Entwöhnung betrifft, so galt in Litthauen die Zeit des abnehmenden Lichtes für Mädchen und die des vollen für Knaben für passender; erstere sollten dann keinen zu grossen Busen bekommen und letztere gross und stark werden; entwöhnte man ein Kind zur Zeit, wo die Vögel wegzogen, so wurde es unstet und unruhig[4]). Seltsame Vorstellungen verbanden sich auch mit der sogenannten Glückshaube, d. h. den den Kopf des Kindes umhüllenden Eihäuten; man schloss aus derselben, das Kind werde einst besonders glücklich sein und bewahrte sie in Folge dessen wie ein Familienheiligthum sorgfältig auf. In einer Privatsammlung zu Osnabrück wurde noch im vorigen Jahrhundert die des Hans Sachs gezeigt[5]).

Hochzeit und Ehe.

Eine noch grössere Zahl abergläubischer Meinungen war mit der Verlobung, dem Brautstande, der Hochzeit sowie mit dem spätern ehelichen Zusammenleben verbunden, wobei denn auch die Frage, ob in der künftigen Haushaltung der Mann oder die Frau das Regiment führen werde, keineswegs fehlt. Alle diese Umstände, von denen Glück oder Unglück einer Ehe abhangen konnten, dachte man sich theilweise von allerlei unberechenbaren Zufälligkeiten, zum Theil aber auch vom Beobachten oder Ausserachtlassen bestimmter Verhaltungsmassregeln abhängig.

Beim Kirchgang soll die Braut demjenigen, welcher ihr

---

[1]) Himmels Lauffes Wirckung, S. 105. — [2]) Grimm, Myth. A. No. 23, 137. — [3]) Ebend. No. 1, 22. — [4]) Aberglaube der Litthauer (Grimm III, 492) No. 11. — [5]) Lammert 114.

Gutes anwünscht, augenblicklich danken, wenn der Wunsch etwas nützen soll[1]). Ferner müssen sich Braut und Bräutigam unterwegs vor Dachtraufen hüten und sich nicht umsehen[2]). Auf dem Heimwege sollen sie eine schwarze Henne zuerst durch die Hausthür gehen lassen oder durch's Fenster hineinstecken, dann trifft alles mögliche Unglück zuerst diese[3]). Soll aus der Braut eine haushälterische Frau werden, so wirft man ihr beim Kirchgang die Hausschlüssel nach[4]). Nicht ganz unbedenklich war es, wenn Bräutigam und Braut gleichzeitig Gevatter standen; man glaubte nämlich, es gebe dann eine unfriedliche Ehe, und, um dieses zu verhüten, pflegte sich der Geistliche mitten zwischen sie zu stellen. Ferner glaubte man, so oft ein solches Paar nach seiner Vermählung den Coitus ausübe, gebe es ein Donnerwetter[5]). Die Trauung sollte nicht stattfinden, so lange ein Grab offen stand, weil sonst eines der Brautleute bald stirbt, ferner nicht bei schlechtem Wetter, weil sonst die Ehe übel ausfällt[6]). Flackert oder erlischt eine auf dem Altar neben der Braut oder dem Bräutigam brennende Kerze, so fängt die betreffende Person bald an zu kränkeln, oder sie stirbt[7]). Um das Regiment im Hause zu führen, soll der Bräutigam in der ersten Nacht seine Hose unter das Kissen legen[8]); die Braut hingegen erreicht den nämlichen Zweck, wenn sie sich am Hochzeitstage in einem Backtrog anzieht und an die Kirchthüre klopft[9]). Andere riethen derselben, den Bräutigam in die Kirche vorausgehen zu lassen oder nach der Trauung ihren Gürtel so in die Schwelle der Hausthüre zu legen, dass der Mann über denselben hinwegschreiten muss[10]). Ferner gab es Zeichen, welche für beide Theile giltig waren; man glaubte z. B., dasjenige werde die Herrschaft im Hause führen, welches bei der Trauung die Hand oben habe[11]), oder welches sich zuerst von den Knieen erhebe[12]); letzteres war französische Anschauung. Prügel hatte diejenige Frau von ihrem Manne zu

---

[1]) Himmels Lauffes Wirckung S. 107b. — [2]) Grimm, Myth. A. No. 558. — [3]) Ebend. No. 358. — [4]) Ebend. No. 425. — [5]) Himmels Lauffes Wirckung 107a. — [6]) Lammert a. a. O. S. 154. — [7]) Ebend. S. 155. — [8]) Männling S. 300. — [9]) Grimm A. No. 204. — [10]) Ebend. No. 390, 391. — [11]) Ebend. No. 560. — [12]) Ebend. S. 486, No. 18.

erwarten, welcher ein Hund zwischen den Beinen durchlief[1]), und gegenseitig wird die Prügelei, wenn sich während des Kirchgangs die Hunde herumbeissen[2]). Auch gegen das berüchtigte Nestelknüpfen kannten die Franzosen ein Mittel; wenn der Mann der Frau den Trauring ansteckte, durfte er denselben nur bis zum zweiten Gelenke bewegen, und die Frau musste ihn dann zum dritten selbst schieben[3]). Wer eine Nonne verführt, stirbt mit mehr Pein als andere Leute; Concubinen von Geistlichen werden, wenn der Tod sie in diesem Stande überrascht, des Teufels Pferde, und es ist nicht einmal erlaubt, für sie zu beten[4]).

Damit es in der künftigen Haushaltung niemals an Brot fehle, bewahrt man etwas Brot vom Hochzeitsmahle auf[5]). Ferner giebt es Zeichen, aus welchen man erkennen kann, welches von Beiden vor dem andern stirbt; es ist dasjenige, dessen Hand bei der Trauung vor dem Altar die kältere ist[6]) oder nach dem Glauben der Ehsten dasjenige, welches zuerst einschläft[7]). Damit die künftige Gattin stets glücklich niederkomme, bindet ihr der Bräutigam am Hochzeitstage die Strumpfbänder fest[8]). Bleibt eine Frau während der zweiten Hälfte ihrer Schwangerschaft vor einem Speiseschranke stehn, so wird das Kind gefrässig; doch kann die Mutter dieses verhüten, wenn sie dasselbe nachher entweder in den Schrank selbst oder in einen Winkel setzt und es daselbst, auch wenn es schreit, so lange sitzen lässt, bis sie selbst neunerlei Arbeit verrichtet hat[9]). Ferner soll eine Schwangere niemals etwas aus einem Kessel essen, sonst stammelt das Kind[10]). Stirbt ein Säugling, so giebt man demselben, damit der Mutter die Milch ohne Brustschmerzen vergeht, eine Flasche Muttermilch mit in den Sarg[11]). Die Ehsten glaubten, wenn einer auf einer Stute zum Werben ausreite, bekomme er später lauter Mädchen, und sie vermieden in Folge dessen diese Art des Ausreitens so viel als möglich[12]). Sie waren ferner der

---

[1]) Grimm A. No. 206. — [2]) Ebend. No. 433. — [3]) Ebend. S. 486, No. 17. — [4]) Himmels Lauffes Wirckung S. 107 a. — [5]) Grimm A. No. 259, 489. — [6]) Ebend. No. 338. — [7]) Grimm, Myth. III, S. 488, No. 15. — [8]) Ebend. A. No. 716. — [9]) Ebend. No. 817. — [10]) Ebend. No. 924. — [11]) Ebend. No. 974. — [12]) Ebend. III, S. 487, No. 2.

Ansicht, ein Mensch, welcher an einem der letzten Wochentage geboren sei, heirathe entweder spät oder gar nicht[1]).

Im römischen Alterthum galt der ganze Monat Mai für unheilvoll in Bezug auf das Heirathen; bei Ovid heisst es (fast. V, 487):

> Hac quoque de caussa, si nos proverbia tangunt
> Mense malum Majo nubere, vulgus ait[2]).

Diese Anschauungsweise war noch später im Abendland eine weit verbreitete, sie galt z. B. noch im siebenzehnten Jahrhundert in Ferrara und in Modena[3]). Sie galt ferner auch in Schottland, und zwar bis in die neuste Zeit, nur war man sich hier ihres römischen Ursprungs nicht mehr bewusst und führte dafür die freilich als sehr unglücklich bekannte Vermählung der Maria Stuart mit Bothwell an, welche ebenfalls im Mai war vollzogen worden[4]). Ebenso heisst es in Süddeutschland „Im Maien soll man nicht freien“[5]).

Dienerschaft. Auch an das Verhältniss zwischen Herrschaft und Dienerschaft knüpften sich mancherlei seltsame Vorstellungen. Nach der Chemnitzer Rockenphilosophie z. B. soll die in ein Haus einziehende Magd zuerst in's Ofenloch schauen[6]); ja es kam sogar gelegentlich vor, dass dieselbe zwischen den Beinen der Herrschaft durchkriechen musste[7]). Ferner hütete man sich, einem Dienstboten gleich am ersten Tage Sauerkraut zu essen zu geben, weil man glaubte, es falle ihm sonst jede Arbeit beschwerlich[8]); ebenso wenig liess man denselben am ersten Sonntag zur Kirche gehn, weil er sich sonst angeblich nicht an's Haus gewöhnte[9]). Wollte eine Magd wissen, ob sie in einem Dienste noch länger bleibe, so kehrte sie am Weihnachtsabend den Rücken gegen die Thür und warf einen Schuh vom Fuss über den Kopf; stand die Spitze des Schuhs gegen die Thüre, so musste sie abziehen; war hingegen der Absatz gegen

---

[1]) Ebend. S. 488, No. 33. — [2]) Vgl. auch Plutarch Quæst. roman. διὰ τοῦ Μαΐου μηνὸς οὐκ ἄγονται γυναῖκες. — [3]) Muratori, Antiquitates Italicæ tom. V, pag. 72. — [4]) W. Scott, Briefe über Dämonologie und Hexerei I, 140, 141, deutsch von Bärmann. — [5]) Lammert a. a. O. 154. — [6]) Grimm, Myth. A. No. 95. — [7]) Ebend. No. 501. — [8]) Ebend. No. 862. — [9]) Ebend. No. 494.

die Thüre gerichtet, so konnte sie bleiben [1]). Beim Verlassen eines Hauses hütete sich der abziehende Dienstbote, die Ankunft seines Nachfolgers abzuwarten; jedenfalls musste er seine Habseligkeiten fortgeschafft haben, bevor dieser kam [2]). Wenn der Mond zum Kammerfenster hereinschien, zerbrachen die Mägde viele Töpfe [3]). War ein Dienstbote entlaufen, so legte man einen gewissen Pfennig in das Pfännlein einer Mühle und liess diese angehn und stärker laufen; der Flüchtige gerieth in Folge dessen in solche Angst und Besorgniss, dass er so rasch als möglich wiederkam [4]). Auch die Türken sollen es verstanden haben, flüchtige Sclaven durch magische Mittel wieder in ihre Gewalt zu bringen. Sie schrieben nämlich den Namen des Entlaufenen auf einen Zeddel, hängten diesen in der Wohnung desselben auf und verfluchten ihn dazu in den stärksten Ausdrücken. Auf dieses hin glaubte der Entsprungene, er werde bei fortgesetzter Flucht lauter Löwen und Schlangen begegnen und zog es daher vor, freiwillig zurückzukehren [5]).

Die Hausthiere.

Aehnliche Ansichten herrschten an manchen Orten auch hinsichtlich der Hausthiere. Man liess z. B. die Hunde durch einen Dreifuss trinken, um sie gegen den Biss toller Hunde sicher zu stellen. Leckte sich die Katze den Hintern, oder brachte sie den Fuss hinter die Ohren, so erwartete man noch am gleichen Tage Regen [6]). Wer einer Katze ein Leid zufügte oder dieselbe gar umbrachte, dem stand grosses Unheil bevor [7]). Ein Hund, welcher in der Christnacht heulte, verlor noch im gleichen Jahre den Verstand [8]). Um die Tauben an das Taubenhaus zu gewöhnen, legte man einen Strick in dasselbe, durch welchen ein Mensch war erwürgt worden [9]). Um das Vieh vor Wölfen zu schützen, bestrich man dasselbe mit einer Wolfshaut [10]). Noch weiter giengen in dieser Beziehung die französischen Bauern. Wenn sich eine zum ersten Mal auf

---

[1]) Ebend. No. 101. — [2]) Ebend. No. 861. — [3]) Ebend. No. 316. — [4]) Beschreibung des Fichtelbergs (Lpz. 1716), pag. 154. — [5]) Barthol. Georgieuiz Peregrinus, De Turcarum moribus epitome (Lugd. 1558), pag. 93, 94; Wierus, De præstig. dæmon. IV, 21. — [6]) Der alten Weiber Philos. 106a. — [7]) Grimm, Myth. A. No. 68. — [8]) Ebend. No. 67. — [9]) Ebend. No. 386. — [10]) Männling. S. 299.

die Weide geschickte Kuh verirrt hatte, so steckten sie zwei kleine Scheidemünzen in das Schloss, warfen sich auf die Kniee und beteten zu Handen S. Huberts fünf Paternoster und fünf Ave Maria mit lauter Stimme; dann waren sie sicher, dass die Wölfe nicht nur das Rind nicht frassen, sondern dass sie es sogar unverletzt wieder zur Heerde zurückbrachten [1]). In andern Gegenden war es Sitte, dass derjenige, welcher eine Kuh aus einem andern Dorfe gekauft hatte, zu dem Kaufpreise noch den sogenannten Milchpfennig bezahlte, damit die Milch nicht zurückgehalten werde; auf der Grenze zwischen beiden Dörfern drehte er dann die Kuh dreimal um und liess sie nach der alte Heimat schauen, um ihr die Sehnsucht nach derselben zu vertreiben [2]). Um das Gedeihen der Pferde zu befördern, vergrub man einen Todtenkopf im Stall [3]); um ihnen ferner das Ziehen schwerer Lasten zu erleichtern und sie vor Uebersaufen zu schützen, flochten die Fuhrleute eine Schlangenzunge in die Peitsche [4]). Den Hühnern legte man am liebsten Eier zum Brüten unter, während die Leute aus der Kirche kamen; man glaubte, auf diese Weise am meisten Küchlein zu erhalten [5]). Die Ehsten vergruben im Frühjahr, wenn das Vieh zum ersten Mal auf die Weide getrieben wurde, Eier unter die Schwelle der Stallthür, um dasselbe vor Schaden zu bewahren; wenn Viehseuchen herrschten, vergruben sie ebenfalls ein Stück aus der Heerde; ohne Zweifel waren das Opfer, welche man den schädlichen Dämonen glaubte darbringen zu müssen [6]).

Der Wolf. Auch der Wolf, obschon an und für sich nichts weniger als ein Hausthier, gehört doch wegen seiner feindseligen Beziehungen zu den Hausthieren hierher. Sein Geheul bedeutet Sterben, Theuerung oder Krieg [7]); läuft er hingegen mit offenem Rachen rechts an einem Menschen vorbei, so bedeutet er Glück [8]). Wer das Fleisch eines Thieres, das der Wolf getödtet hat, isst, kann nicht sterben, bis jener todt ist [9]). Begegnet

---

[1]) Grimm, Myth. III, 485, No. 11. — [2]) Ebend. A. No. 987. — [3]) Ebend. No. 815. — [4]) Ebend. No. 174. — [5]) Ebend. No. 18. — [6]) Grimm, Myth. III, S. 490, No. 69. — [7]) Himmels Lauffes Wirckung 106b. — [8]) Männling. S. 227. — [9]) Himmels Lauffes Wirckung 107 b.

man einem Wolfe, so kommt es darauf an, ob man ihn zuerst sieht oder von ihm zuerst gesehen wird; im erstern Falle ist man sicher, im letztern hingegen nicht [1]).

Das Haus. Neben den menschlichen und thierischen Bewohnern des Hauses kam auch dieses selbst als Ganzes und kamen seine einzelnen Bestandtheile, der Tisch, die Küche, der Keller, und ausserhalb desselben Stall und Garten in Betracht. Im Erzgebirge glaubte man, wenn beim Holzfällen auf den ersten Hieb Feuer hervorspringe, so werde ein aus dem betreffenden Holze gebautes Haus abbrennen [2]); ebenso im Ansbachischen, wenn der letzte Nagel, welchen der Zimmermann einschlägt, Feuer giebt; zerbrach das Glas, welches er nach Ausbringung des Zimmerspruchs vom Giebel warf, so hiess es, der Hausherr werde bald sterben; blieb es ganz, so prophezeite man demselben umgekehrt langes Leben [3]). Die Ehsten bauten nie ein Haus auf den nämlichen Platz, auf welchem schon eines abgebrannt war [4]). Für absolut vor Feuersbrünsten sicher galten hingegen diejenigen Häuser, in welchen der Hund, die Katze und der Hahn von schwarzer Farbe waren [5]). Im Fürstenthum Lippe herrschte der Glaube, zu einem neuen Hause gehöre dreierlei Holz, gekauftes, geschenktes und gestohlenes; die reichsten Bauern, welche Ueberfluss an eigenem Holz hatten, pflegten daher regelmässig, wenn sie bauten, einen Baum zu stehlen; hernach giengen sie vor Gericht, bekannten ihren Diebstahl und bezahlten ihre Strafe [6]). Wer in ein neues Haus zog, warf zuerst etwas Lebendiges, etwa einen Hund oder eine Katze in dasselbe, weil man glaubte, dass dasjenige Geschöpf, welches das Haus zuerst betrete, auch zuerst sterben müsse [7]). Die Ehsten endlich legten an den Ort, wo sie einen Stall bauen wollten, vorher Lappen und Kräuter; krochen auf denselben schwarze Ameisen umher, so galt der Ort für passend, waren es hingegen rothe, so galt er für untauglich [8]). Beim Ausfegen der Korn- und Mehlkasten liessen sie einen kleinen Rest liegen,

---

1) Ebend. 106 a. — 2) Grimm, Myth. A. No. 500. — 3) Ebend. No. 707. — 4) Ebend. III, S. 491, No. 98. — 5) Ebend. A. No. 1056. — 6) Ebend. No. 1000. — 7) Ebend. No. 499. — 8) Ebend. III, S. 491, No. 99.

um nie in Noth zu gerathen[1]). Beim Ansetzen von Essig soll man nach der Chemnitzer Rockenphilosophie dazu ein saures Gesicht machen und böse sein, sonst missräth derselbe[2]). Und nach der nämlichen Quelle kann man das Zustandekommen der Butter verhindern, wenn man während des Butterns die Reife am Butterfass von unten nach oben und dann wieder von oben nach unten zählt[3]). Im Keller muss, wenn ein Todter im Hause ist, an alle Weinfässer geklopft werden, sonst steht der Wein ab[4]).

Garten und Feld. Was den Hof und den Garten betrifft, so soll man, um vor Raupen und Würmern sicher zu sein, die Bäume während der Fastnacht beschneiden[5]). Neue Strohbänder, um ebendieselben geflochten, machen sie fruchtbar[6]). Wer Pfropfreiser bricht, darf dieselben nicht fallen lassen, sonst fallen nachher die Früchte ebenfalls vor der Zeit ab[7]); wer hingegen nie an einem Sonntag gearbeitet hat, dem stiehlt kein Vogel etwas[8]). Um viel Korn zu erhalten, bindet man am S. Vincentiustage Stroh um die Bäume[9]); zur Beförderung des Graswuchses endlich pflegte man in der Christnacht den Garten im blossen Hemde mit einem Flegel zu dreschen[10]). Sechswöchnerinen dürfen weder über ein Gartenbeet noch über das Feld zu gehen, sonst wächst einige Jahre hindurch nichts darauf[11]). Steckt man hingegen Strohwische von Bettstroh, auf welchem ein Todter gelegen hat, auf das Feld, so kommt kein Vogel in die Saat[12]).

Der Tisch. Am Esstisch soll man sich namentlich davor hüten, ein Messer auf den Rücken zu legen, sonst wird man nicht satt, und es könnte sich ein Engel daran schneiden[13]); auch das Brot darf nicht auf dem Rücken liegen[14]). Man soll ferner den Tisch nicht decken, ohne gleich Brot darauf zu legen oder wenigstens einen Zipfel des Tischtuchs zu überschlagen[15]). Liegt das Tisch-

---

[1]) Ebend. III, 491, No. 83. — [2]) Ebend. A. No. 81. — [3]) Ebend. No. 286. — [4]) Ebend. No. 552, 698. — [5]) Ebend. No. 154; Himmels Lauffes Wirckung 106 a. — [6]) Grimm. Myth. A. No. 153. — [7]) Ebend. No. 384. — [8]) Ebend. No. 879. — [9]) Himmels Lauffes Wirckung 106 a. [10]) Grimm. Myth. A. No. 1041. — [11]) Ebend. No. 35. — [12]) Ebend. No. 1124. — [13]) Männling S. 301; Grimm. Myth. A. No. 209. — [14]) Ebend. No. 278. — [15]) Ebend. No. 16. —

tuch verkehrt, so wird man nicht satt, und knackt der Tisch sehr, so ist an demselben entweder einmal ein ungerechtes Urtheil gesprochen worden, oder es kommen noch Gäste[1]). Wird ein Stück Brot mehr abgeschnitten, als Leute am Tische sitzen, so ist ein hungriger Gast unterwegs[2]). Was während der Mahlzeit verabredet wird, misslingt[3]). Wer seinen Mund mit dem Tischtuch abwischt, wird nicht satt[4]). In Schwaben glaubte man, nach dem Gebetläuten müsse das Trinkwasser besegnet werden, sonst trinke man sich an demselben eine Krankheit oder gar den Tod[5]). Wenn man endlich einem Trinker Branntwein zu trinken giebt, welcher durch einen Todtenlappen geseiht war, so verliert jener die Lust am Trinken[6]).

Der Markt. Weiber, welche auf den Markt gehen und ihre Waaren theuer verkaufen wollen, müssen den rechten Schuh zuerst anziehn[7]). Begegnet einer Person auf dem Weg nach dem Markte Jemand, der Wasser trägt, so hat jene kein Glück und thut am besten daran, wieder umzukehren[8]). Trägt man hingegen eine abgebissene Maulwurfspfote bei sich, so kauft man wohlfeil ein und verkauft theuer[9]). Will man ein Stück Vieh leicht verkaufen, so räuchere man es vorher mit einer aus der Mitte eines Ameisenhaufens gegrabenen schwarzen Kugel[10]). Wer das zuerst auf dem Markte gelöste Geld wegborgt, verborgt damit sein Glück[11]). Den ersten Käufer soll man nicht gehen lassen, auch wenn man die Waare zu wohlfeil verkaufen müsste[12]).

Vor Gericht. Vor Gericht kommt es namentlich darauf an, welcher von zwei den Process gegen einander führenden den Andern zuerst sieht; jener gewinnt[13]). Ebenso gewinnt derjenige, welcher das Gerichtslocal zuerst mit dem rechten Fusse betritt[14]).

Beim Spiel. Ein Spielender soll dem Mond nie den Rücken zukehren, sonst verliert er[15]). Wer hingegen in der Christnacht die ersten Geldstücke vom Altar nimmt, spielt mit denselben ein ganzes

---

[1]) Männling 301. — [2]) Grimm. Myth. A. No. 332. — [3]) Ebend. No. 822. — [4]) Ebend. No. 944. — [5]) Lammert S. 46. — [6]) Ebend. S. 44. — [7]) Grimm. Myth. A. No. 114. — [8]) Ebend. No. 257. — [9]) Ebend. No. 261. — [10]) Ebend. No. 199. — [11]) Ebend. No. 85. — [12]) Ebend. No. 86. — [13]) Ebend. No. 294. — [14]) Ebend. No. 671. — [15]) Himmels Lauffes Wirckung 106b.

Jahr hindurch glücklich[1]). Namens eines Andern, der beim Spiele setzt, den Daumen halten, bringt jenem Glück[2]). Wer beim Spiele Geld wegleiht, verliert, wer hingegen borgt, der gewinnt[3]).

Auch an das Geld knüpfen sich mancherlei abergläubische Vorstellungen. Wer viel Geld eingenommen hat, der lege ein Stück Kreide dazu, so können ihm böse Leute nichts wegnehmen[4]). Wem der Neumond in den leeren Beutel scheint, der hat einen ganzen Monat lang kein Geld, wer hingegen beim Neumond welches zum Zählen hat, dem fehlt es überhaupt nie daran[5]). Ebenso glücklich ist derjenige, welcher einen Beutel aus Maulwurfsfell hat, in welchem der Kopf eines Wiedehopfes nebst einem Pfennig steckt[6]). Behextes Geld nimmt während des Zählens ab; um dieses zu verhüten, legt man Salz und Dill dazwischen sowie ein Kreuzzweipfennigstück[7]). Umgekehrt nimmt das Geld während des Zählens zu, wenn sich ein Heckethaler darunter befindet; auch kehrt letzterer, wenn man ihn ausgegeben hat, immer wieder zu seinem frühern Besitzer zurück[8]). In Ehstland gab man nicht gerne alles Geld zugleich aus dem Beutel; war aber dieses nicht zu vermeiden, so spie man wenigstens in letztern[9]).

Die Kinder. Seltsame Vorstellungen hiengen auch mit der Behandlung der Kinder, und zwar zunächst namentlich in Bezug auf Taufe und Namengebung zusammen. Um denselben zum Voraus ein langes Leben zu sichern, nannte man wohl die Knaben Adam und die Mädchen Eva[10]). In Irland hütete man sich, einem Kinde den Namen seines Vaters oder eines Freundes zu geben, weil man glaubte, diese müssten dann sterben; der Sohn durfte in Folge dessen den Namen des Vaters erst nach dessen Tode führen[11]). Anderwärts trägt man noch jetzt Bedenken, nachgeborenen Geschwistern den Namen von früher verstorbenen beizulegen. Ferner war es Sitte, eine Anzahl Kerzen anzuzünden

---

1) Naogeorg. regn. pap. pag. 132. — 2) Lammert. S. 216; vgl. Plin. hist. nat. XXVIII, 2, 5. — 3) Grimm. Myth. A. No. 51, 52. — 4) Ebend. No. 5. — 5) Ebend. No. 107. 223. — 6) Ebend. Nr. 329. — 7) Ebend. No. 780. — 8) Ebend. Nr. 781. — 9) Ebend. III, S. 491, No. 89. — 10) Ebend. A. Nr. 26. — 11) Männling S. 325.

und an jede derselben den Namen eines Heiligen zu kleben. Nun erhielt das Kind, zu dessen Nutz und Frommen die Lichter brannten, den Namen desjenigen Heiligen, dessen Kerze am längsten brannte [1]). Unter den Juden soll die Sitte geherrscht haben, in schweren Krankheiten den Namen zu wechseln [2]). Leute, welche schon viele Kinder verloren hatten, trugen die spätern nicht mehr durch die Thüre zur Taufe, sondern sie steckten dieselben zum Fenster hinaus [3]). Kinder, welche erst lange nach der Geburt getauft werden, sollen besonders grosse und schöne Augen bekommen [4]).

Schrie man über ein Kind, so hörte dasselbe auf zu wachsen, bis man die betreffenden Worte wieder über sich selbst zurückgeschrieen hatte [5]). Auch glaubte man wohl, dass Kinder, welche unter Tischen und Stühlen oder unter den Füssen erwachsener Personen durchkröchen, nicht mehr wüchsen [6]). Damit die Kinder krause Haare bekommen, werden sie gleich nach der Geburt mit weissem Weine gewaschen und erhalten Zweige von weissen Reben in's Bad [7]). Sollen sie hingegen anständig und gesittet werden, so giebt man ihnen, noch ehe sie an die Brust der Mutter kommen, einen gebratenen Apfel [8]). Um dem Manne Liebe zu seinen Kindern einzuflössen, giesst die Frau neun Tage lang etwas von dem Harne derselben in das Wsser, mit welchem sich jener wascht [9]).

Ferner fehlt es nicht an abergläubischen Vorstellungen und Gebräuchen, welche mit den verschiedenen Beschäftigungen und Berufszweigen der Menschen im Zusammenhange stehn. So soll z. B. der Jäger, ehe er in die Nähe des Wildes kommt, die Büchse umgekehrt tragen, sonst trifft er nicht [10]). Wen der Binsenschneider zuerst erblickt, der muss sterben [11]). Wer seine Waare theuer los werden will, legt einen Diebsdaumen zu derselben oder trägt ihn bei sich [12]). Beim Brauen soll man einen Strauss von grossen Brennesseln auf das Fass legen,

[1]) Ebend. 318. — [2]) Ebend. 318. — [3]) Grimm. Myth. A. No. 843. — [4]) Ebend No. 375. — [5]) Himmels Lauffes Wirckung 105 a. — [6]) Lammert. S. 141. — [7]) Himmels Lauffes Wirckung 105 a. — [8]) Ebend. 105 a. — [9]) Ebend. 107 b. — [10]) Grimm. Myth. A. No. 827. — [11]) Leo. Meine Jugendzeit. S. 8. — [12]) Grimm. Myth. A. No. 201.

so schadet der Donner dem Bier nichts; man soll ferner dabei singen, wenn das Bier gut gerathen soll[1]). Wer sich eines Hahns bedient, welcher von einer mitten aus einem Ameisenhaufen herausgewachsenen Birke stammt, der schenkt Wein und Bier schnell aus[2]); ebenso wer auf dem Grunde des Bierfasses das männliche Glied oder den Finger eines Gehenkten aufbewahrt[3]). Zwei Nachtwächter, welche an zwei Strassenenden zusammenblasen, machen, dass ein altes Weib in der Strasse stirbt[4]). Ein junger Priester hatte bei seiner Weihe nach dem Glauben der Luzerner Bauern die Wahl zwischen drei Dingen: entweder Unwetter fernzuhalten oder den Verlust der Seelen der Sterbenden zu hindern oder endlich gestohlene Gegenstände durch Messelesen wieder herzuschaffen[5]). In Kärnten glaubte man allgemein, die Priester vermöchten Ungewitter abzuhalten; thaten sie es nicht, so brachten ihnen die Weiber ihrer Gemeinden ganze Schürzen voll Schlossen als Zehnten in's Haus[6]). Der Dieb endlich soll etwas von dem, was er gestohlen hat, in's Wasser werfen[7]). Oefteres Beten des sechszehnten und des hundertundneunten Psalms bewirkt das Entdecken eines Diebes durch den Bestohlenen[8]).

Wieder andere Vorstellungen beziehen sich nicht sowohl auf dauernde als auf vorübergehende Zustände oder Beschäftigungen, also auf Reisen, allerlei Gefahren, das Wetter u. dgl. m. Wer z. B. das Haus verlässt und etwas vergessen hat, soll nicht selbst umkehren sondern sich den zurückgelassenen Gegenstand durch eine andre Person bringen lassen, sonst geht Alles schief[9]). Reitet ein Mann über Feld und stösst dabei auf ein spinnendes Weib, so ist das ein schlimmes Zeichen, und er soll wieder umkehren[10]). Wenn Geistliche reisen, so giebt es Regen[11]). Wer das Haus zu Pferde verlässt, soll sich die Waffen nicht von seiner Frau geben lassen, sonst versagen sie

---

[1]) Ebend. No. 336, 347. — [2]) Ebend. No. 98. — [3]) Ebend. Nr. 1065; Männling 301. — [4]) Grimm. Myth. A. No. 832. — [5]) K. Pfyfer. Der Kanton Luzern I, 246. — [6]) Fr. Sartori. Reise durch Oestreich II, 153. 154. — [7]) Grimm. Myth. A. No. 836. — [8]) Männling 290. — [9]) Grimm. Myth. A. No. 14, — [10]) Ebend. No. 135. — [11]) Prætorius. Anthr. pluton. I, 399. —

ihm den Dienst[1]). Ebenfalls ist es ein böses Zeichen, wenn einem Reitenden seine Frau spinnend begegnet; er muss in einem solchen Fall einen andern Weg einschlagen[2]). Schildert man das körperliche Gebrechen eines Andern, so hüte man sich, dasselbe am eigenen Leibe zu beschreiben; thut man es doch, so füge man wenigstens die Worte „Keinem Menschen zugemessen" hinzu[3]).

Das Wetter. Auch das Wetter lässt sich auf künstliche Weise machen, lange dauerndes gutes Wetter z. B. durch Einmauern eines Hahnes[4]), vier Wochen lang anhaltendes Regenwetter hingegen durch das Tödten einer Schwalbe[5]). Von einer andern Art des Wettermachens, bei welcher die Mitwirkung böser Geister oder ein förmlicher Bund des Ungewitter hervorbringenden Menschen mit solchen vorausgesetzt wird, soll später im zweiten Buche die Rede sein.

Alter und Tod. In Schaltjahren soll man nichts Besonderes unternehmen, nichts bauen, nichts anpflanzen; denn es geräth nicht recht[6]).

Kinder, welche während ihrer Taufe schreien, werden nicht alt[7]); soll hingegen ein Kind ein Alter von hundert Jahren erreichen, so muss man ihm aus drei Kirchspielen Gevatter bitten[8]). Bekommen die ersten Kinder die Namen ihrer Aeltern, so sterben sie vor denselben[9]). Ist ein Kranker dem Tode nahe, so muss das Fenster geöffnet und Alles im Hause, was hohl ist, gestopft und umgekehrt werden, damit die Seele freie Ausfahrt hat und nirgends anstösst. Ferner müssen der Essig gerückt, der Vogelkäfig anders gehängt, das Vieh anders angebunden und die Bienenkörbe anders gestellt werden; man muss ferner an alle Weinfässer klopfen[10]). Ist der Kranke wirklich gestorben, so lasse man keine Thränen auf die Leiche fallen, sonst findet dieselbe keine Ruhe[11]). Hat ein Todter den Mund offen, so erkennt man hieraus, dass derselbe früher

---

[1]) Himmels Lauffes Wirckung 106 b. 107 a. — [2]) Ebend. 107 b. — [3]) Frischbier. Hexenspruch und Zauberbann. S. 3. — [4]) Grimm. Myth. A. No. 472. — [5]) Ebend. No. 378. — [6]) Ebend. No. 247. — [7]) Ebend. No. 30. — [8]) Ebend. Nr. 27. — [9]) Ebend. No. 31. — [10]) Ebend. Nr. 552, 576, 664, 698. — [11]) Ebend. No. 397.

einmal Löffel gestohlen hat[1]). Kämme, Messer und Tücher, deren man sich zum Rasieren und Kämmen eines Todten bedient hat, müssen demselben in den Sarg mitgegeben werden, sonst fallen denjenigen, welche sich ihrer nachher bedienen, die Haare aus[2]). Ferner darf man, wenn der Verstorbene im Grabe Ruhe haben soll, dem Schreiner, welcher den Sarg verfertigt hat, an seinem Lohne nichts abbrechen[3]). Ebenso muss die Wäsche des Todten bald gereinigt werden, sonst findet derselbe keine Ruhe[4]); und umgekehrt entbehren die am Leben Gebliebenen der Ruhe, wenn der Todtengräber das Grab zu früh, d. h. vor dem Tage der Beerdigung gräbt[5]). In Frankreich pflegte man den Tod eines Hausbewohners den Bienen förmlich anzusagen, und zwar jedem Stocke besonders, ausserdem befestigte man an jeden ein Stück schwarzes Tuch, weil man glaubte, die Bienen würden sonst zu Grunde gehn[6]). Ebenso sagte man in Litthauen die Todesfälle nicht nur den Hausbienen sondern auch den Pferden und sogar den Bäumen an[7]); ferner legte man den Leichnam immer so, dass er sich nicht im Spiegel besehen konnte, oder man bedeckte den Spiegel wenigstens mit einem Tuche; wurde letzteres unterlassen, so stand der Todte, wie man wähnte, auf und besah sich in jenem[8]).

In dieser Weise war beinahe das ganze Menschenleben vom Glauben an eine Unzahl bedeutsamer Umstände umgeben, deren Beobachtung für unerlässlich galt, und deren Vernachlässigung unter Umständen schlimme Folgen haben konnte. Nicht mit Unrecht sagt daher der schon häufig als Quelle citierte Männling: „Wer allen Aberglauben zusammen will fassen, der würde meines Erachtens mehr Pappier beschreiben, als Madagascar dazu Laub in einem Jahre könnte steuren[9]).“ Andere sahen wohl auch das Verwerfliche solcher Vorstellungen ein, und Martin Luther meinte z. B.: „Wer sich selbs, sein Viehe, Haus, Kinder, und allerlei Gut vor Wolfen, Eisen, Feur,

---

[1]) Ebend. No. 452. — [2]) Ebend. Nr. 546, 700. — [3]) Ebend. No. 610. — [4]) Ebend. No. 681. — [5]) Ebend. No. 935. — [6]) Ebend. III, S. 486, No. 26. — [7]) Ebend. S. 492, No. 8. — [8]) Ebend. S. 492, No. 2. — [9]) S. 334.

Wasser, Schaden mit erdichten Gebeten segenet und beschwört, übertritt das erste Gebot[1]).“ Nichtsdestoweniger leben manche dieser Ansichten in vielen Gegenden noch jetzt, namentlich auf dem Lande, weiter, und Kirche und Schule geben sich vergeblich Mühe, dieselben zu bekämpfen und auszurotten.

[1]) Werke, Erlanger Ausgabe, Band 36, S. 148.

Zweites Buch.

Zauber- und Hexenwesen.

Erstes Capitel.

Zauberei.

Wir haben bis jetzt die einzelnen Gattungen des Aberglaubens der Reihe nach betrachtet. Mangelhafte Kenntnisse und unzureichende Forschung auf dem Gebiete der Natur schufen im Orient, im griechisch-römischen Alterthum und im Mittelalter neben den wirklichen Wissenschaften eingebildete und falsche; sie stellten die Sterndeuterei neben die wirkliche Sternkunde, die Alchemie neben die Chemie, sie brachten ferner in die einzelnen Zweige der Naturgeschichte eine Menge fabelhafter Vorstellungen. Auch die zu practischen Zwecken angewandten Kräfte und Kenntnisse der Natur, die Heilkunde, konnte sich den Einflüssen des Aberglaubens nicht entziehn und gestaltete sich in Folge dessen allmählich zur Magie um. Endlich wurden noch hervorragende Männer der Kirche und ebenso gewisse Bestandtheile des Cultus nebst den dazu gehörigen Stoffen und Geräthschaften ebenfalls in das Gebiet des Aberglaubens gezogen, so dass schliesslich das gesammte Leben des mittelalterlichen Menschen von einem Netz abergläubischer Meinungen und Vorstellungen gleichsam umwoben war.

Nun konnten sich allerdings einzelne Zweige des Aberglaubens dem Menschen gegenüber mehr oder weniger neutral verhalten. Durch die Alchemie z. B. ruinierte sich höchstens derjenige, welcher sich entweder geradezu selbst mit derselben einliess, oder allenfalls noch, wer den Adepten sein Vertrauen schenkte; wer sich hingegen, wie es auch im Mittelalter schon vorkam, von derselben ferne hielt, war vor ihr sicher. Ebenso verhielt es sich auch mit der Astrologie und mit den angeblichen Wundern der Minerale, der Pflanzenwelt und des Thierreichs. Bedenklicher war hingegen schon das Eindringen des Aberglaubens in das Gebiet der Medicin; hier lag allerdings die Gefahr nahe, dass man über den vermeintlichen Heilmitteln die wirklichen übersah oder wenigstens ihre Wirkungen lähmte, ganz abgesehen von der mangelhaften Ausbildung der Aerzte innerhalb einer von Aberglauben beherrschten Wissenschaft. Andere in das Gebiet des Aberglaubens fallende Vorstellungen, z. B. solche von religiösem und kirchlichem Anstrich, konnten wohl auch ermuthigend oder tröstend auf gewisse Menschen einwirken. Es konnte ferner der Glaube, Beraubung von Kirchen und Klöstern, Störung gottesdienstlicher Handlungen u. a. m. werde sofort und auf mehr oder weniger übernatürliche Weise bestraft, manchen gewaltthätigen Fürsten oder Edelmann wirksamer von derartigen Unternehmungen abhalten als alle staatlichen und kirchlichen Verbote; denn die Furcht vor den möglichen schlimmen Folgen verhindert das Böse häufig leichter und sicherer als Gehorsam oder grundsätzlicher Hang zum Guten an sich. Aber ganz ohne Gefahr waren doch auch diese Vorstellungen nicht. Sie konnten unter Umständen das religiöse Bewusstsein vergröbern oder die Denkenden der Kirche überhaupt entfremden; gab es doch schon im dreizehnten Jahrhundert Leute, denen wie z. B. dem Pariser Theologen Simon von Tournay[1]) oder Kaiser Friedrich II. entweder schon die Zeitgenossen oder wenigstens die Nachwelt die Ansicht zuschrieb, nicht nur Moses und Mohammed sondern auch Christus sei ein blosser Betrüger gewesen[2]). Im Grossen und Ganzen hat jedenfalls der Aberglaube mehr zum Unglück als zum Glück der Menschheit beigetragen, und veredelt hat er sie entschieden zu keiner Zeit.

---

[1]) Thomas Cantipr. bon. univ. II, 49, 5. — [2]) Joh. Vitodur. pag. 7.

Nun gab es aber auch zahlreiche Fälle, in welchen der Mensch sein Unglück nicht den Sternen, auch nicht tückischen Elementargeistern, sondern einfach der Bosheit eines Andern, und zwar der mit Hilfe magischer Mittel operierenden Bosheit, zuschrieb. Schon bei den Römern war z. B. der Glaube verbreitet, man könne unter Umständen das Korn von einem fremden Acker auf den eigenen zaubern [1]) oder Ungewitter erregen [2]). Ferner gehört der Glaube an den sogenannten bösen Blick, die fascinatio der Römer, hierher; diese Vorstellung ist eine uralte und findet sich schon bei den Akkadiern, jenem vorgeschichtlichen Volke turanischen Stammes, welches schon vor den Semiten das Land am Euphrat und Tigris bewohnte und den Semiten einen guten Theil seines Dämonenglaubens hinterliess [3]). Aus dem Orient ist die Vorstellung vom bösen Blicke nach Griechenland und Italien gekommen und hat sich hier in den südlichsten Theilen, in Unteritalien und namentlich in Griechenland bis auf den heutigen Tag erhalten [4]). Ferner wurden gewissen Worten magische Kräfte, natürlich überwiegend im schlimmen Sinne, zugeschrieben, und auch hierin scheinen die Akkadier spätern Völkern vorangegangen zu sein [5]); Griechenland und Rom haben auch diese als Erbschaft übernommen, wenn nicht, was allerdings ebenso gut möglich ist, ähnliche Ansichten auch hier, unabhängig vom Orient, bereits vorhanden waren [6]). Der Liebeszauber [7]) und im Gegensatz zu diesen angeblichen Bosheiten der Glaube an die schützende Kraft gewisser Amulete [8]) haben sich ebenso aus dem classischen und vorclassischen Alterthum auf das spätere christliche Abendland vererbt. Dazu kamen dann noch die dem Bilde dieser oder jener Person zugefügten Schmer-

Einwirkungen des Alterthums.

---

[1]) Satas alio traducere messis Verg. eclog. 8, 99; cantus vicinis fruges traducit ab agris Tibull I, 8, 19; Seneca quæst. nat. IV, 7. — [2]) Rudis adhuc antiquitas credebat et attrahi imbres cantibus et repelli Seneca l. c.; Cod. Just. lib. IX tit. 18. — [3]) Soldan, Geschichte der Hexenprozesse I, 18; über die sog. fascinatio der Römer vgl. Plin. hist. nat. VII, c. 2, Gellius noct. Att. IX, 4. — [4]) Bodin, Dæmonomania II, 4: Di gratia non gli diate mal d'ochio. Wachsmuth, Das alte Griechenland im neuen S. 33. — [5]) Soldan I, 18. — [6]) Plin. hist. nat. lib. XXVIII init. — [7]) Hor. sat. I, 8, epod. V u. XVII, Vergil eclog. VIII; Tibull I, 2 u. 8. — [8]) Vgl. den Artikel „fascinum" in Pauly's Realencyclopädie.

zen, von welchen man glaubte, sie würden von der betreffenden Person ebenfalls empfunden[1]), sowie der Glaube an Luftfahrten während der Nacht[2]). Die Wege, auf welchen diese verschiedenen Zweige des Wahns aus dem Alterthum in's Mittelalter und aus dem Heidenthum in die christliche Kirche gekommen sind, lassen sich beinahe Schritt für Schritt verfolgen; sie sind so manigfaltig und so deutlich nachweisbar, dass es überflüssig und zugleich verkehrt ist, das germanische Heidenthum, wie es zuweilen noch geschieht, ausschliesslich oder auch nur in erster Linie dafür verantwortlich zu machen. Denn ganz abgesehen von der im Grunde höchst zweifelhaften Ehre, welche man letzterm damit erweist, deutet schon die Uebereinstimmung der einzelnen Erscheinungen in den verschiedenen romanischen, germanischen und zum Theil auch slavischen Ländern auf einen gemeinschaftlichen Ursprung hin; dieser aber kann nur das classische Alterthum mit seinen Entlehnungen aus dem Orient, nicht aber das germanische Heidenthum gewesen sein. Es genügt hier, daran zu erinnern, dass, abgesehen von Italien und Griechenland, Gallien, Britannien und Hispanien beim Beginn der Völkerwanderung romanisiert waren, und dass selbst von Germanien der Westen und Südwesten seit Jahrhunderten ebenfalls römischen Einflüssen, guten sowohl als schlimmen, preisgegeben waren. So fasste denn schon im Jahre 314 die Synode von Ancyra Beschlüsse gegen abergläubischen Unfug[3]), bei welchem schwerlich Jemand speciell an germanische Missbräuche wird gedacht haben. In einer Predigt des heiligen Eligius († 659) wird neben zahlreichen abergläubischen Gebräuchen, welche sich in allen Heidenthümern finden, vor Anrufung des Neptun, des Orcus, der Diana, der Minerva und des Geniscus (?) gewarnt[4]). Auch Carl der Grosse, der das Wettermachen in einem Capitular vom Jahre 789 verbot[5]), und der etwas jüngere Agobard von Lyon in seiner bereits früher erwähnten Schrift „contra

---

[1]) Ovid amor. III, 7, 29, Hor. epod. XVII, 76, Theocrit. id. II, 28. — [2]) Ovid amores I, 8, 13. — [3]) Decret. Gratiani, pars II, caus. XXVI, quæst. V. — [4]) Gedruckt u. a. bei J. Grimm, Myth. III, 401 ff. — [5]) Pertz, Mon. leg. t. I, p. 64.

insulsam vulgi opinionem de grandine et tonitruis“ geben nirgends zu verstehn, dass sie ausschliesslich oder auch nur hauptsächlich an die germanischen Bewohner des fränkischen Reiches gedacht haben. Letzteres lässt sich nicht einmal von Burchard von Worms behaupten, obschon sein Canon[1]) allerdings auf ein rein deutsches Publicum berechnet war; auch er bekämpfte das vermeintliche Uebel offenbar nicht als ein specifisch germanisches.

Bibel und Christenthum.

Nun kommen aber zu den aus dem Römerthum ererbten Vorstellungen auch noch speciell christliche; allerdings nicht christliche in dem Sinne des Wortes, als ob dieselben mit dem Wesen des Christenthums in einem nothwendigen Zusammenhange stünden, wohl aber solche, welche sich mit einem gewissen Anschein von Berechtigung auf die heilige Schrift berufen konnten. Man gieng z. B. von der neutestamentlichen Versuchungsgeschichte Christi durch den Satan aus, berief sich auf einzelne aus dem Zusammenhange gerissene Stellen der Bibel, welche ebenfalls den Satan betrafen, und kam so allmählich dazu, ein förmliches Reich des Teufels, bestehend aus ihm selbst und aus einer ihm ergebenen Schaar böser Geister, anzunehmen. Diese Letztern recrutierten sich dann aus den Göttern der verschiedenen heidnischen Völker, welche die Heidenbekehrer keineswegs hinsichtlich ihrer Existenz läugneten, wohl aber zu den bösen Dämonen rechneten[2]). Dieses Reich der bösen Geister fasste man nun in jeder Beziehung als den diametralen Gegensatz zu den himmlischen Heerschaaren auf und gelangte so zu der Annahme eines vollständigen Dualismus im Reiche der Geister. Wie man von Gott alle guten Gaben erwartete, so schrieb man umgekehrt alles Böse, Misswachs, Ungeziefer, Krankheiten u. dgl. dem Satan zu[3]). Die nothwendige Folge hievon war, dass man mit den natürlichen Ursachen auch die natürlichen Hilfsmittel ignorierte und dafür mit Chrisam, Agnus Dei, dem Zeichen des Kreuzes, Reliquien-

---

[1]) Grimm a. a. O. III, 404 ff.; vgl. auch Soldan I, 107 ff. — [2]) Euseb. præpar. ev. IV, p. 161 (ed. Viger). Rosskoff, Geschichte des Teufels I, 223, 224. — [3]) Rosskoff ebend. I, 205.

küssen, mit Amuleten von jeder Art desto mehr zu erreichen glaubte. Nebenbei dachte man sich den Satan auch noch in der Weise thätig, dass man ihm parodische und sacrilegische Nachäffung des christlichen Gottesdienstes zuschrieb; in diesem Sinne hatte sich schon Tertullian ausgesprochen[1]) und der Hexenhammer lässt den Teufel sogar in der Kirche predigen[2]).

Apostasie Der Wahn erschöpfte sich jedoch keineswegs mit diesen Vorstellungen. Wie man sich den Teufel nach der Apocalypse (12, 7—9) als gefallenen Engel vorstellte, so dachte man sich nun auch Menschen, welche von Gott abgefallen wären, sich dem Teufel verschrieben hätten und nun diesen in sacrilegischer Weise verehrten. Die Verschreibung geschieht, wo sie ausdrücklich erwähnt und geschildert ist, mit Blut[3]); das unnatürliche Mittel sollte wohl das unnatürliche Bündniss characterisieren. War der Abgefallene etwa des Schreibens unkundig, so war Meister Satan bereit, ihm die Hand zu führen[4]). Dass man nun diese vermeintlichen Teufelsdiener für Ketzer erklärte, war am Ende begreiflich; aber schlimm war es, dass erstens die Sache selbst ja nur in der Einbildungskraft der Leute existierte, dass sie aber daneben für den Verdächtigen doch in practischer Hinsicht üble Folgen haben konnte; und zweitens war es nicht weniger schlimm, dass man auch umgekehrt jede Ketzerei, d. h. jede Abweichung von den Dogmen der Kirche, geradezu als Teufelsdienst brandmarkte. Ketzer und Excommunicierte gehörten nach mittelalterlicher Vorstellung von Rechtswegen dem Teufel; daraus erklärt sich der seit dem Ende des zweiten Jahrhunderts mit der Taufe verbundenen Exorcismus, die von dem Täufling geforderte Abrenuntiatio diaboli[5]). Wer sich dem Teufel ergeben und wer ihm das Homagium geleistet hatte, der verwandte dann die ihm von jenem verliehene Macht dazu, Andern zu schaden, die Frommen zu ärgern u. s. w.; nebenbei wurde natürlich auch ein förmlicher und mit greulicher

---

[1]) De præscript. hæret. c. 40. — [2]) II, 1, 9. — [3]) Historia von D. Johann Fausten, etc.. Franckf. a. M. 1587, cap. 6 (S. 20 des neuen Abdrucks von W. Braune). Bodin II, 4. — [4]) Wagneri Casual-predigen § 1, p. 64. — [5]) Rosskoff I, 237.

Unzucht verbundener Teufelsdienst getrieben und unter den noch nicht Abgefallenen so viel als möglich Propaganda gemacht[1]). Was die sonst noch beim Homagium oder Vasallagium in Betracht kommenden Bedingungen betrifft, so schwört der künftige Teufelsdiener Taufe und Glauben ab und tritt Crucifixe sowie Bilder der Madonna und andrer Heiliger, wenn sich dazu Gelegenheit bietet, mit Füssen[2]). Der Teufel seinerseits verspricht seinen Anhängern alle nur denkbaren Genüsse und giebt ihnen Dämonen, welche ihnen dienen, sie zugleich aber auch überwachen[3]). Da jedoch die meisten Teufelsanbeter trotz alledem zu keinem wirklichen Wohlstande, geschweige denn zu Reichthümern gelangten, so nahm man zur Erklärung dieses Widerspruches an, dass der Satan seine Versprechungen nicht halte und dass er seine Getreuen, um sie stets zu neuen Sünden zu verleiten, absichtlich arm lasse[4]).

Ihrer Mehrzahl nach gehören diese angeblichen Teufelsdiener dem weiblichen Geschlechte an; es sind die sogenannten Hexen[5]) (lat. malefica, ital. strega, französ. sorcière, engl. sorceress); der männliche Zauberer oder Hexenmeister (lat. maleficus, ital. incantatore, französ. sorcier, engl. sorcerer) ist viel seltener. Auch dafür gab es Erklärungen; das Weib sei im Ganzen schwächer und sein Sinn lenksamer als der des Mannes[6]); der Hauptgrund, welcher freilich nirgends ausgesprochen ist, dürfte indessen wohl der sein, dass, weil man sich den Teufel selbst als Mann dachte, die von ihm zur Unzucht Verführten weiblichen Geschlechtes sein mussten. Erst die Annahme männlicher Teufelsdiener und Teufelsbuhler scheint dann die Voraussetzung hervorgerufen zu haben, dass jener gelegentlich auch als weiblicher Buhlteufel (succubus) auftrete.

Das Hexenwesen.

Die Wirksamkeit der Hexen ist nun eine zwiefache, je nachdem sie den Satan oder die Menschen zum Objecte hat. Im erstern Falle handelt es sich um Anbetung des Teufels, unter Umständen auch um Buhlen mit demselben; dieser tritt als

[1]) Grillandus, De sortilegiis VII, 28. — [2]) Ebend. — [3]) Ebend. — [4]) Simplic. Galgen-Männlin, cap. 5. — [5]) Simrock, Mythol. S. 490. — [6]) Grillandus VII, 31; Godelmann I, 7, 35.

Bock[1]) oder als schwarzer Kater[2]), als Hund[3]), daneben aber auch in menschlicher Gestalt[4]) auf; in letzterem Falle erinnern einzelne thierische Attribute gelegentlich daran, dass es sich um keinen normalen Menschen handelt[5]). Auch die eiskalte Hand u. a. m. macht einen unheimlichen Eindruck[6]). Der Cultus selbst, der sogenannte Hexensabbat, findet an bestimmten Orten, auf den Gipfeln von Bergen, unter Bäumen oder Crucifixen, auch wohl zu bestimmten Zeiten statt. Die Hexen fuhren auf Besen, Ofengabeln, auch wohl auf dem Rücken eines Bocks unter der Zauberformel „oben aus und nirgend an" zum Kamin hinaus[7]) und brachten dann die Nacht an dem betreffenden Orte zu; unterwegs den Namen Christi anzurufen oder auch nur auszusprechen, war gefährlich; die Luftfahrt wurde hiedurch augenblicklich sistiert, und die Hexe selber fiel auf die Erde herab[8]). Ebenso gefährlich war den Hexenfahrten das Glockengeläute, es zwang den Dämon, die Hexe, welche er trug, niederzusetzen; man richtete sich daher so ein, dass man vor dem ersten Ave Maria Geläut am Morgen wieder zu Hause war[9]).

Der Hexensabbat. Häufig examiniert der Teufel zur Eröffnung des Hexensabbats die Hexen, und diese müssen dann von allem Unheil, welches sie seit der letzten Zusammenkunft begangen haben, Rechenschaft ablegen; diejenigen, welche sich keiner Missethat zu rühmen wissen, erhalten zur Strafe Schläge[10]); diejenigen hingegen, welche den Sabbat versäumten, konnten sich mit einer bestimmten Geldbusse abfinden. Im Uebrigen füllen Tänze, Gelage, Prügeleien nebst Obscönitäten und sacrilegischen Handlungen jeder Art bei solchen Festen die Zeit aus. Einzelne Hexen standen gebückt umher und trugen, damit es nicht an Beleuch-

---

[1]) Bodin II, 6. Prätorius, Satyrus etymologicus S. 531. — [2]) Catari dicuntur a cato, quia osculantur posteriora cati, in cujus specie ut dicunt apparet iis Lucifer. Alanus ab Insulis. — [3]) Schott, Physica curiosa I, 23, 6. — [4]) Cæs. Heist. III, 6. Prätorius, Satyrus etymologicus S. 531. — [5]) Garinet, Histoire de la magie en France; pag. XXIX. — [6]) Zeitschr. für deutsche Philol. XIV, 463, 464. Garinet p. XXXII. — [7]) Bildliche Darstellungen der Fahrt sowie anderer hierher gehöriger Dinge u. a. bei Molitor „Von den vnholden oder hexen", Ausg. v. 1489, ferner in Bruckemanns epistolæ itinerar. LXXXVI, tab. VI, fig. 2—5. — [8]) Bodin II, 4. — [9]) Grillandus VII, 29. — [10]) Bodin II, 4. Prätorius a. a. O. 475, 476.

tung fehle, brennende Kerzen im Hintern[1]); oder sie standen auf dem Kopf und hatten eine Kerze zwischen den Beinen und auf jedem Fuss[2]). Die Prügel konnten wohl auch andern Individuen als den eigentlichen Theilnehmern und Theilnehmerinen zu Gute kommen. So fanden sich bei einem Teufelssabbat, der in der Nähe von Mendrisio im Canton Tessin stattfand, und bei welchem der Teufel als Bock figurierte, ein Inquisitor, der Podestà von Mendrisio und ein Notar ein, um die Hexen zu belauschen; sie wurden jedoch von den Hexen „jussu Diaboli“ und „Deo ob eorum curiositatem permittente“ so geprügelt, dass sie fünfzehn Tage später in Folge der erlittenen Misshandlungen starben[3]).

Was die Gelage und die an denselben in Betracht kommenden Speisen betrifft, so weist bei dem grossen Hexenprocesse von Mora in Dalekarlien im Jahre 1670 das Menu Kohlsuppe Speck, Haferbrei, Milch, Butter und Käse auf[4]); doch verwandeln sich die Speisen für Nichteingeweihte gerne in Koth[5]), Brot und Salz aber fehlen bei solchen Gelagen beinahe durchweg, zum Theil wegen ihrer Bedeutung bei jüdischen Opfern, zum Theil wegen der Bedeutung des Brotes beim Abendmahl[6]). Haben die Hexen zu viel getrunken, so speien sie die sogenannte Hexenbutter aus der Luft herab; diese findet sich dann in Kohlgärten[7]). Wahrscheinlich ist ein pilzartiges Gewächs gemeint, welchem sein auffallend rasches Wachsthum den Verdacht einer derartigen Entstehungsweise zuzog. Auch mancherlei satanisches Blendwerk konnte mit solchen Zusammenkünften verbunden sein. Prätorius erzählt von einem Pfeifer, welcher in einer Nacht des Jahres 1645 in der Nähe von Königsberg den Hexen von einem Baume herab zum Tanze gepfiffen hatte, derselbe habe sich des Morgens plötzlich allein gesehen, seine Pfeife sei der Schwanz einer todten Katze und sämmtliche

---

[1]) Bruckemann a. a. O. fig. 5. — [2]) Ennen, Geschichte der Stadt Cöln V, 752. — [3]) Schott, Physica curiosa I, 23, 7. — [4]) Horst, Zauberbibliothek I, 212 ff. — [5]) Prätorius, Satyr. etymol. 543. — [6]) Bodin II, 4; Remigius I, cap. 16; vgl. Leviticus 2, 13. Doch vgl. Zeitschr. f. deutsche Philol. XIV, 465. — [7]) Horst I, 212 ff.

Speisereste seien Koth gewesen[1]). Aehnliches erfuhr ein Mädchen aus dem Sabinerlande, welches zu einem Hexensabbat war geführt worden; es sah den Satan prächtig in Gold und Purpur gekleidet und rief: „Jesu benedetto, che cosa è questa“; da verschwand plötzlich die ganze Versammlung[2]).

Auch der musicalische Apparat des Hexensabbats verdient Beachtung. Als Geigen dienten nämlich nach Grimmelshausen Pferdeköpfe, als Harfen das Geripp einer Kuh und als Pfeifen Nattern, Vipern und Blindschleichen; ausserdem trompeteten die Teufel durch die Nase[3]).

Zahlreich sind die Orte, welche für besonders beliebte und besuchte Hexentanzplätze galten. In Italien werden besonders ein Nussbaum bei Benevent sowie das Ufer des allerdings weit entfernten Jordan genannt, ferner die Ebene von Mirandola und der Berg Paterno bei Bologna, ja es wird sogar angedeutet, jede Diöcese habe eigentlich ihren besondern Berg[4]). In Frankreich spielte namentlich der jetzt als meteorologische Station bekannte Puy de Dôme eine hervorragende Rolle[5]), im nördlichen Deutschland seit dem fünfzehnten Jahrhundert der Blocksberg[6]), in Thüringen der Horselberg bei Eisenach[7]), in Schweden der Blakulla[8]) u. a. m. Selbst der ehrwürdige Königsstuhl bei Rhense entgieng dem Verdachte nicht, dass der Teufel ihn zum Schauplatze seiner Unzucht ausersehen habe[9]). Je tiefer man in das Gebiet der Localgeschichte eindringt, desto zahlreicher werden natürlich auch die betreffenden Localitäten; einzig in Cöln z. B. werden der Domhof, das Margarethenkloster, das Gereonskloster, das Apostelkloster, der Neumarkt, der Platz vor Maria Magdalena, Deutz und eine Waldlichtung in der Vill namhaft gemacht[10]). Hie und da begnügte man sich auch mit dem ersten besten Garten, in welchem dann am Morgen die Fuss-

---

[1]) Satyr. etymol. 543, 544. Dasselbe konnte auch mit dem Handgelde geschehen, welches der Teufel seinen Anhängern gab; vgl. Zeitschr. f. deutsche Philol. XIV, 465. — [2]) Grillandus VII, 27. — [3]) Simplicissimus Buch II, cap. 17. — [4]) Spina, Quæstio de strigibus c. 20. — [5]) J. Grimm, Myth. S. 880. — [6]) Ebend. 878, 879. — [7]) Ebend. 879. — [8]) Ebend. 879, wo noch viele andere angeführt sind. — [9]) Zeitschr. f. deutsche Philol. XIV, 465. — [10]) Ennen V, 751, 752.

tapfen der Tänzerinen deutlich sichtbar sind[1]). Endlich findet sich die Bezeichnung Venusberg in den verschiedensten Gegenden Deutschlands für Berge gebraucht, an welchen sich der Begriff des Zauberns und des Buhlens mit dem Teufel festgesetzt hatte. Geiler von Kaisersberg bezeichnet denselben als Ziel der Hexenfahrten[2]); noch früher findet er sich in dem Gedichte „Margaretha von Limburg" (1357) und in Niders Formicarius (Nider starb 1440) erwähnt. Man dachte sich den Venusberg als einen Ort, an welchem die sogenannte schwarze Kunst erlernt wurde[3]), und als Schauplatz sinnlicher Ausschweifungen war derselbe förmlich sprichwörtlich; die Zimmerische Chronik vergleicht in Folge dessen den Hof Franz I. von Frankreich mit einem Circeum oder Venusberg[4]). Ja es kam sogar vor, dass der Magie beflissene Deutsche auch anderswo, z. B. in Italien, den deutschen Venusberg glaubten finden zu können[5]).

Die Wochentage, auf welche der Hexensabbat fällt, weichen je nach den verschiedenen Ländern von einander ab. Man erkennt dieselben hauptsächlich daran, dass die Hexen am folgenden Morgen regelmässig müde sind und an Schwindel leiden[6]). Gerne fällt die betreffende Feier in die Nähe hoher Kirchenfeste, und dieser Umstand hängt natürlich mit der dem Satan und seinen Anhängern zugeschriebenen Tendenz zusammen, die kirchlichen Gebräuche nachzuäffen und zu parodieren.

Verschiedene Gattungen des Zauberwesens.

Was sodann die Wirksamkeit der Zauberer und Hexen in menschlichen Verhältnissen betrifft, so werden uns so ziemlich überall die nämlichen Dinge genannt[7]), also Wettermachen, Ruinieren oder Verzaubern von Feldfrüchten, Speisen, Milch, Wein u. dgl., Behexung von Menschen und Hausthieren mit allerlei Krankheiten, ja mit dem Tode selbst; dazu kommen ferner das tückische Nestelknüpfen und die Hinderung an der Erfüllung ehelicher Pflichten, das Tödten oder Auffressen kleiner Kinder, endlich die Fähigkeit, sich selbst oder andre Menschen

---

[1]) Prätorius, Satyr. etymol. 542. — [2]) Omeiss 36. — [3]) Zimmer, Chronik II, 80 ff. — [4]) Ebend. III, 338. — [5]) Harff, Pilgerfahrt, S. 37, 38. Aeneas Sylvius lib. I, epist. 46. — [6]) Spina, Quæstio de strigibus c. 19. — [7]) Zusammenstellungen z. B. in Niders Formicarius, in der Bulle „summis desiderantes affectibus", bei Molitor „Von den vnholden oder Hexen".

in Thiere zu verwandeln. Characteristisch ist beinahe bei allen diesen Machinationen, dass die Hexen einzeln und nicht in Gemeinschaft handeln; vielleicht glaubten sie — nämlich in den Augen ihrer Ankläger — dadurch weniger Aufsehn zu erregen als bei massenhaftem Auftreten, oder sie erwarteten, nicht so leicht durch Helfershelfer verrathen zu werden. Doch ist ausnahmsweise wohl auch von einer grösseren Zahl von Hexen die Rede; der berüchtigte Hexenrichter Nicolaus Remigius aus Lothringen z. B. will u. a. von mehr als zweihundert Zauberern und Unholden herausgebracht haben, dass sie an gewissen Tagen haufenweise an irgend ein entlegenes Gewässer gegangen wären und dieses mit Ruthen, welche ihnen der Teufel gegeben, so lange gepeitscht hätten, bis Wolken und Nebel aus demselben aufgestiegen seien [1]).

Erregung von Ungewittern.

Die Ansicht, plötzliche Ungewitter seien auf diese oder jene Weise von Menschen mit Hilfe des Teufels oder wenigstens durch unheimliche Künste erregt, war früher sehr verbreitet. Für Personen, welche sonst schon aus dieser oder jener Ursache übel beleumdet waren, war daher nichts gefährlicher, als wenn sie in solchen Momenten allein auf dem Feld oder in der Nähe eines Gewässers gesehen wurden; noch grösser war die Gefahr, wenn sie gar aus irgend einem Grunde einen Stab und dazu einen Topf, einen Krug oder eine Wanne bei sich hatten. Im Jahre 1488 bekannten zwei Weiber im Bisthum Constanz, sie hätten auf dem Felde kleine Gruben gegraben, in diese um die Mittagsstunde Wasser gegossen, dasselbe durch allerlei Zauberworte getrübt und dazu den Teufel angerufen; auf dieses hin sei ein heftiges Gewitter mit Hagel entstanden und habe die Feldfrüchte vier Meilen weit zerstört; die beiden Weiber waren von der öffentlichen Meinung als verdächtig bezeichnet worden, ihre Geständnisse verdankte man wie gewöhnlich der Tortur [2]). Aus demselben Grunde wurden im Jahre 1583 in Berlin zwei alte Weiber verbrannt [3]). Nach dem Hexenhammer (II, 1, 15) geht dem Erregen eines Ungewitters neben

---

[1]) Dæmonolatria lib. I, cap. 25. — [2]) Bodin II, 8. — [3]) Angel, Annales Marchic. pag. 351.

der Anrufung des Satans auch noch das Opfern eines schwarzen Huhnes voran. In andern Fällen ist der Verkehr mit dem Bösen ganz direct erzeugt. Ellsy Stäle aus Büsserach im Canton Solothurn hatte, nachdem sie zuvor die Bekanntschaft des bösen Feindes gemacht, sich zweimal mit Wettermachen abgegeben, das eine Mal bei der Brunnstube von Zwingen, das andre Mal in den Weinbergen zwischen Reinach und Therwil; der Satan war ihr in Gestalt eines Wolfes erschienen, und sie hatte denselben sogar geritten [1]). Eine von sacrilegischen Handlungen begleitete, aber nicht von berufsmässigen Hexenmeistern bewirkte Erregung eines Ungewitters erzählt Pontanus im fünften Buche seines neapolitanischen Krieges. Im Jahre 1464 nämlich belagerte König Ferdinand von Neapel die Stadt Suessa, und diese litt, da es schon lange nicht mehr geregnet hatte, an Wassermangel. Da warfen einige Bürger ein Crucifix unter scheusslichen Lästerungen in's Meer, Geistliche führten einen Esel vor die Kirchthür, stiessen ihm eine Hostie in's Maul und begruben ihn hierauf lebendig vor der Kirche. Auf dieses hin soll in der That ein gewaltiges Ungewitter ausgebrochen sein [2]).

Interessant ist es zu sehn, wie man die Möglichkeit solcher Ungewitter mit dem Glauben an die Güte und Vorsehung Gottes zusammenzureimen suchte. Man traute nämlich dem Teufel und seinen Creaturen zu, dass sie, falls es in ihrer Macht stünde, am liebsten Alles vernichten würden; da nun aber letzteres factisch doch nie geschah, so nahm man an, jene zerstörten gerade so viel, als Gott sie ruinieren lasse; den biblischen und folglich untrüglichen Beweis hiefür lieferte dann das Buch Hiob [3]).

Mit der Vorstellung, der Teufel und seine Anhänger seien im Stande, Ungewitter zu erregen, hangen dann die bereits früher (Buch I, Cap. 7) erwähnten Vorstellungen von der Macht der geweihten Kirchenglocken sowie des von gewissen Gräbern stammenden, ebenfalls geweihten Wachses oder Oels zusammen.

---

[1]) Fischer, Basler Hexenprozesse, S. 7, 8; der Process fällt in das Jahr 1546. — [2]) Pontanus, De bello Neapolitano l. V (opp. vol. II, pag. 191, 192, edit. Basil.). — [3]) Vgl. auch Anhorn S. 679, 680.

Ueberhaupt waren die entsprechenden Gegenmittel nichts weniger als frei von Superstition[1]). Als in Florenz im Jahre 1478 der bekannte Verschwörer Giacomo Pazzi erdrosselt worden war, traten Regengüsse ein und bedrohten die Ernte; nun rissen eine Menge Leute, meist Bauern, die Leiche aus der Kirche, und sofort trat wieder günstiges Wetter ein[2]). Aehnliches geschah im gleichen Jahre zu Piacenza[3]).

Uebrigens gab es ausser dem Erregen von Ungewittern noch andere Mittel, die Felder und ihren Ertrag zu vernichten. Von den hierher gehörigen römischen Vorstellungen und ihren mittelalterlichen Nachklängen oder Fortsetzungen ist schon früher (S. 88) die Rede gewesen. In Deutschland hiess ein Mensch, welcher dieser Beschäftigung oblag, Pilwiz; doch scheint sich aus den mancherlei Angaben und Berichten über die Pilwize zu ergeben, dass dieselben ursprünglich mythische, elfenartige Wesen waren, welche sich dann im Laufe der Zeit allmählich vermenschlichten und geradezu als boshafte Menschen gedacht wurden[4]). Schon die Lex Bajuvariorum deutet (12, 8) etwas derartiges an, und Mederer bemerkt dazu: „Der böse Mensch, der seinem Nachbar auf die gottloseste Weise schaden will, geht Mitternachts, ganz nacket, an den Fuss eine Sichel gebunden und Zauberformeln hersagend, mitten durch den eben reifenden Getreideacker hin. Von dem Theil des Feldes, den er mit seiner Sichel durchschnitten hat, fliegen alle Körner in seine Scheune, in seinen Kasten“[5]). Offenbar waren es häufig Insekten, welche das Getreide streckenweise zerstört hatten, deren Vernichtungswerk aber Hexen oder bösen Nachbarn zugeschrieben wurde und desshalb z. B. in Bayern „Hexengetraidschnitt“ genannt wurde[6]). Aus dem Volksglauben sind dann die hierher gehörigen Vorstellungen in den Hexenhammer und die demselben verwandte Litteratur übergegangen.

Die Frechheit der Hexen gieng aber noch weiter; sie begnügten sich nicht damit, Nachts die Felder zu plündern, son-

---

[1]) Wierus V, 40. — [2]) Coniurationis Pactianæ commentarius, in den Beilagen zu Roscoe, Leben des Lorenzo de' Medici. — [3]) Oben Buch I, Cap. 7. — [4]) Grimm, Myth. 391 ff. — [5]) Ebend. 393. — [6]) v. Eckartshausen, Entdeckte Geheimnisse der Zauberey. München 1790. S. 140.

dern sie wussten gelegentlich auch aus Häusern, aus der Küche, ja sogar aus wohl verschlossenen Kellern Vorräthe zu holen. Ueber diesen Punkt berichtet Anhorn in seiner Magiologia (S. 642, 643) folgendes:

„Zu O. am Rhein wurde auf eine zeit eine fürnemme Hochzeit gehalten, an deren man, neben anderen delicaten Speisen auch mit köstlichen Fischen tractieren wollen. Als man nun dieselbigen gekochet, angerichtet, vnd jetz auftragen wollen, sind sie einesmahls weggekommen, dass niemand gewusst wohin, vnd hat man keinen Grath mehr davon finden vnd sehen können, sind ohnzweifel zu dergleichen Hexenmahlzeit getragen worden, vnd hat der H. GOtt solches verhengt, weil eintweders bey den Köchen, oder bey den Hochzeitleuten, oder viellicht bey beyden Theilen, wenig Frommheit vnd Bätten zufinden gewesen."

„Mir ist ein Ort sehr wol bekannt, vnd an demselbigen ein Hauss, in welchem (den Nammen schone ich.) ein gross Fass von etlichen Fuderen dess besten, Anno 1626. gewachsenen Weins, in kurzer Zeit gelähret worden: dann als der Haussherr vom selbigen Wein versuchen wollen, war das Fass lähr, und keine einige Gemerkzeichen in dem Keller zufinden, dass der wein aussgerunnen seyn solte. Bald hernach ist ein Zauberer vnd etliche Hexen eingezogen worden, welche bekennet, dass sie Nachts in diesen Keller gefahren, dasselbige Fass nach vnd nach gelähret, vnd den Weyn bey ihren Mahlzeiten getrunken haben."

So konnten freilich, vorausgesetzt dass diese und andere Erzählungen von ähnlicher Art nicht auf Erfindung oder Missverständniss beruhn, treulose Diener oder Landstreicher straflos ausgehn und an ihrer Stelle Personen, welche der Hexerei verdächtig waren, unschuldiger Weise bestraft werden.

Feuersbrünste. Auch plötzlich entstandene Feuersbrünste wurden ab und zu auf angeblichen Zauber zurückgeführt; so soll z. B. im Jahre 1533 eine solche durch eine Hexe zu Schiltach durch Umschütten eines Hafens „voller wusts" bewirkt worden sein [1]).

---

[1]) Zimmerische Chronik III, 82; die betreffende Hexe wurde natürlich verbrannt.

Behexung des Viehs. Kaum weniger allgemein war der Glaube an Behexung des Viehs verbreitet. Man glaubte dieselbe am leichtesten dadurch zu erreichen, dass man unter die Schwelle der Stallthüre desjenigen, welchem man übel wollte, irgend ein schädliches oder für schädlich gehaltenes Pulver legte[1]). Natürlich ist es nicht unmöglich, dass in einer Zeit, in welcher dieser Wahn allgemein verbreitet war, derartige Versuche wirklich gemacht und Hexen in Folge dessen scheinbar auf der That ertappt wurden. Eine andere Frage ist freilich die, was diese damit erreichen konnten, und jedenfalls stand ihre Bestrafung in keinem Verhältnisse zu ihrer Wirksamkeit. Oft aber fehlte jeder vernünftige Grund zu gerichtlichem Einschreiten, indem der Kläger, wenn er irgend ein Hausthier durch eine ganz natürliche Ursache verloren hatte, auf's Gerathewohl oder auf blossen Verdacht hin oder wohl auch in Folge schlechten Rathes irgend Jemanden der Hexerei beschuldigte. Einen Fall von dieser Art erzählt Francisci[2]), er gehört der Mitte des siebenzehnten Jahrhunderts an: Einem Bürgersmanne war ein Pferd crepiert; nun kocht derselbe auf den Rath des Scharfrichters in einem Topf über dem Feuer um Mitternacht Fleisch. Da kommt eine sehr reiche und fromme Matrone der Stadt zu ihm herein und bittet ihn, den Topf vom Feuer zu nehmen, sie könne sonst nicht ruhig schlafen; an dem Tode seines Pferdes sei sie allerdings schuldig, sie wolle ihm aber den Schaden ersetzen. Der Mann lässt sich beschwichtigen und geht am nächsten Morgen zu der Dame, das Geld einzuziehn, diese aber will jetzt von dem ganzen Handel nichts wissen. Nun kommt dieser vor Gericht; die bereits siebenzigjährige Matrone wird zur Wasserprobe und, nachdem diese zu ihren Ungunsten ausgefallen ist, zur Folter verurtheilt; auf dieser gesteht sie vor Schmerz ihre angebliche Schuld, und schliesslich endigt der ganze Scandal mit ihrer Verbrennung.

Auch das Melken fremder Kühe gehört hierher. Man nimmt ein beliebiges Instrument, z. B. eine Gabel, steckt dieses unter

---

[1]) Bodin II, 8. — [2]) Höllischer Proteus S. 109 ff.; — den Namen der Stadt verschweigt er aus persönlichen Rücksichten.

allerlei Beschwörungsformeln in eine Wand oder Säule, nimmt einen Kübel zwischen die Kniee, nennt die Kuh, auf welche man es abgesehen hat, mit Namen und melkt dann das betreffende Instrument. Nun füllt sich der Kübel mit Milch, d. h. der Teufel schafft dieselbe durch die Luft herbei, und der rechtmässige Eigenthümer der Kuh geht an dem betreffenden Tage leer aus [1]. Nicht gerade vernünftiger, aber doch harmlos war es, wenn man das Anschwellen des Euters einer Kuh in Böhmen Spitzmäusen oder dem Bisse grosser schwarzer Laubfrösche [2], in der Schweiz hingegen saugenden Schlangen zuschrieb [3].

Schutzmittel.

Da sich der Gerechte bekanntlich auch seines Viehes erbarmt, so war es selbstverständlich, dass man den Stall so viel als möglich durch allerlei Mittel vor Viehseuchen und deren vermeintlichen Urhebern, Hexen, bösen Geistern u. dgl. zu schützen suchte. Man hielt dieses Verfahren wohl darum für besonders nöthig, weil die Hausthiere erstens so nützlich waren, dass man kein Mittel zu ihrer Erhaltung scheuen wollte; und zweitens, weil dieselben theils wegen Mangel an Einsicht theils aus Mangel an Freiheit nicht so leicht wie der Mensch für sich selber sorgen konnten. Man nahm also Wachstropfen, welche von dem obern Theil einer am Osterfeste geweihten Kerze stammten, und formte aus denselben durch Zusammensetzung kleine Kerzchen. Nun stand man am Sonntag in der Frühe auf, zündete die Kerzchen an und liess von denselben einzelne Tropfen den Thieren auf Hörner und Ohren fallen, mit dem Reste des Wachses aber machte man ein Kreuz über die Stallthür [4]. Ferner war es Sitte, am Walpurgistage drei Löcher über der Thüre des Kuhstalls zu bohren und diese mit zu bestimmten Stunden gegrabenen Wurzeln auszufüllen, wodurch man Unholde und Hexen ebenfalls abzuhalten glaubte [5]; das nämliche geschah wohl auch am Tage der Apostel Philippus und Jacobus [6]. Zum Schutze der Schweine schnitt man den

---

[1] Anhorn, S. 746. — [2] Grohmann, Apollo Smintheus, S. 14. — [3] Vernaleken, Alpensagen S. 250. — [4] Wierus V, 40. — [5] Prätorius, Glücks-Topff S. 380. — [6] Simplic. Vogelnest II, 26.

Namen des heiligen Blasius, des Schutzpatrons der Hirten, in den Hirtenstab[1]). Die Wenden steckten in früheren Zeiten Stier- oder Pferdeköpfe auf Stangen vor den Ställen auf, um schädliche Einflüsse ferne zu halten[2]). Zu demselben Zwecke dienen in Griechenland und Kleinasien noch jetzt Stierköpfe auf Bäumen oder Stangen[3]), in der Walachei Widderköpfe, welche nach Osten schauen[4]). In Ostpreussen bedienen sich die Bauern der Bärenführer oder vielmehr ihrer Bären, um sich zu versichern, dass ihre Ställe in Ordnung seien. Der Bär weigert sich nämlich, behexte Ställe zu betreten, während er in nichtbehexte geht; die Bärenführer lassen sich in solchen Fällen mit 1 bis 10 Thalern bezahlen[5]).

Endlich gehört noch das sogenannte Nothfeuer hierher, welches zur Abwehr allgemeiner Viehseuchen diente, und welches sich schon im Indiculus superstitionum et paganiarum (No. 15) und in einem Capitular Carlmanns vom Jahre 742[6]) erwähnt findet. Es wurde auf verschiedene Weise und aus verschiedenen Holzarten bereitet, und zwar durch Reibung, jedoch erst wenn in keinem Hause der Gemeinde mehr gewöhnliches Feuer vorhanden war. Die Hausthiere mussten sich zwei- oder dreimal durch dasselbe treiben lassen. Die meisten Nachrichten über dasselbe stammen aus keltischen oder germanischen Gegenden, erhalten hat es sich hie und da bis in die letzten Jahrhunderte[7]).

Behexung von Menschen. Natürlich haben es aber die Hexen auf die Menschen ebenso sehr wie auf die Thiere abgesehen. Der Glaube, man könne Andere durch magische Mittel um's Leben oder wenigstens um die Gesundheit bringen, reicht in das frühere Mittelalter zurück. Schon Gregor von Tours weiss von Weibern, welche auf der Folter bekannten, es seien schon Viele durch sie gestorben, und zu derselben Zeit gestand auch der Majordomus Mummolus auf der Folter, er habe von diesen Weibern Salben und Tränke

---

[1]) Anhorn 787, 788. — [2]) Prätorius, Anthr. plut. II, 163. — [3]) Wachsmuth, Das alte Griechenland im neuen. S. 62. — [4]) Schott, Walachische Mährchen. S. 301. — [5]) Frischbier S 8 (Anm.). — [6]) Pertz, Mon. leg. III, 17. — [7]) Grimm, Myth. 502 ff.; einen Fall aus dem Jahre 1828 aus Norddeutschland schildert Colshorn; vgl. Kuhn, Herabkunft des Feuers, S. 45.

erhalten, um durch diese die Gunst des Königs Chilperich und seiner Gemahlin zu gewinnen [1]). Schon der Hauch der Hexen ist giftig [2]), und ihr blosser Blick genügt, den Leuten Krankheiten anzuzaubern [3]). Nach Sprenger soll eine Hexe im Bisthum Constanz auf dem Scheiterhaufen den Scharfrichter angehaucht haben, worauf dieser alsbald aussätzig geworden und in Folge dessen gestorben sei [4]). Säugenden Frauen vertrocknet die Milch durch den Hauch der Hexen, und Kreisenden wird durch dieselben die Niederkunft erschwert [5]). Ebenso bedenklich ist es, wenn im Geruche der Hexerei stehende Personen andere berühren; man pflegte alle nur denkbaren Schäden auf derartige Berührungen zurückzuführen, wenn dieselben auch noch so handgreiflich in Folge von Unvorsichtigkeit oder Nachlässigkeit des Betroffenen selbst herrührten. So hatte sich im Jahre 1631 ein Weib durch allzu langes Verweilen auf einer feuchten Wiese im Frühjahr einen Beinschaden zugezogen. Statt nun diesen aus seiner wirklichen Ursache zu erklären und demgemäss zu behandeln, wurde er einer gewissen Anna Lorschin zugeschoben, weil diese die kranke Person in die Hüfte gestossen habe und ihr mit einer Hand über das Bein gefahren sei; dieselbe Anna Lorschin sollte auch noch durch ihre blosse Anwesenheit den Sturz einer Person auf dem Eise verschuldet haben. Der Process der Unglücklichen währte vom Mai 1631 bis zum August 1634; sie wurde als angebliche Hexe schliesslich enthauptet, ihr Leichnam verbrannt [6]). Aehnliche Verdächtigungen, ähnliche Untersuchungen und ähnliche Resultate finden sich natürlich überall [7]).

Häufig bedienen sich jedoch Zauberer und Hexen bestimmter Salben, um zu ihrem Ziele zu gelangen. Sie schleichen sich z. B. Nachts in die Schlafzimmer, selbst wenn diese fest verschlossen sind, und bestreichen die Schlafenden mit denselben [8]); oder sie verstecken ihr Gift in die Betten und unter die Thür-

---

[1]) Histor. Francor. VI, 35. — [2]) Horst, Zauberbibliothek I, 179 ff. — [3]) Malleus malef. I, 2. — [4]) Ebend. II, 1, 11. — [5]) Maiolus a. a. O. II, 3. — [6]) Horst, Zauberbibliothek I, 209. — [7]) Vgl. z. B. Wierus VI, 13. — [8]) Grillandus III, 28.

schwellen [1]). Auch allgemein verbreitete Seuchen, namentlich die Pest, konnten durch die böswillige Thätigkeit von Leuten entstanden sein, welche mit dem Teufel im Bunde standen. Zwei hierher gehörige Fälle, die Pest vom Jahre 1536 in Casale und die Mailänder vom Jahre 1630 sind schon früher (S. 202, 203) von diesem Gesichtspunkte aus angeführt worden.

Dass die Kinder vorzugsweise für das Ziel solcher Anschläge galten, ist bekannt. Man war in Folge dessen namentlich für ihre Sicherheit und Gesundheit besorgt und hielt letztere z. B. für gefährdet, wenn ein Kind von übel beleumdeten Personen gelobt wurde [2]). Ferner fürchtete man das Anhauchen derselben und das heimliche Bestreichen mit irgend einem Gegenstande. Zum Schutze gegen derartigen Zauber dienten Segensformeln, Weihwasser und Amulete [3]), auch wohl ein Kreuz aus geweihtem Wachs an der Wiege [4]).

Die Hexenküche.

Natürlich mussten die Hexen, um in dieser Weise vorgehen zu können, ein wohl ausgestattetes Lager hierher gehöriger Stoffe haben. Und in der That dachte man sich auch ihren Haushalt mit allen möglichen Schmieralien reichlich versehen, mit Haaren, Rippen, Zähnen, Augen von Todten, Bestandtheilen von Unken, Molchen u. dgl. Die berühmteste Schilderung einer solchen Hexenküche findet sich wohl im vierten Akte von Shakesperes Macbeth; selbst wenn man das eine oder das andere der hier namhaft gemachten Stücke der Phantasie des Dichters zuschreibt, so bleibt doch immer noch ein ganz stattlicher Vorrath von ekelhaften, zum Theil aus Gräbern stammenden Dingen übrig. Auch der Schmierhafen der Nonne Renata Sengerinn im Kloster Unterzell bei Würzburg, deren Process in das vorige Jahrhundert fällt, giebt den Schätzen der Zauberweiber im Macbeth wenig nach [5]). Selbst geweihtes Oel und Hostien schrieb man den Hexen zu. Ersteres sollte aus dem ewigen Licht in

---

[1]) Ebend. III, 30. — [2]) Hierher gehört auch eine Aeusserung in Shakespere's Heinrich IV. (4. Aufzug, 1. Scene), wo es heisst, Vernons Lob nähre ärgere Fieber als die Märzensonne; nur handelt es sich hier um Erwachsene. — [3]) Lammert S. 82, 83. — [4]) Eberlin, Wider die schender der Creatu | ren gottes etc... fol. Cii. — [5]) Horst, Zauberbibliothek I, 179 ff.

Kirchen entwendet[1]), letztere beim Abendmahl auf die Seite geschafft worden sein; daher die Vorschrift des Hexenhammers, den Weibern bei der Feier des Abendmahls genau in den Mund zu sehn, ob sie die Hostie auch wirklich verschluckten und sie nicht unter der Zunge behielten, um sie hernach zu sacrilegischem Unfuge zu missbrauchen oder dem Teufel einzuhändigen; darum sollten die Weiber „aperto ore et lingua bene extensa, cum amotione pepli" communicieren[2]). Ueberhaupt glaubte man, die Hexen schändeten als Dienerinnen des Teufels die kirchlichen Geräthschaften auf jede nur erdenkliche Weise, sie träten die Hostie mit Füssen[3]), pissten in das Taufwasser[4]) u. s. w.

Doch diente die Hostie auch noch zu andern als geradezu sacrilegischen Zwecken. Man zerstiess sie z. B. zu Pulver und mischte sie so unter Speisen und Getränke, um durch diese die Frauen zu verführen; als Würze kamen dazu dann noch „verba satis turpia atque nefanda"[5]), welche vielleicht noch wirksamer waren als jene. Oder man bestrich sich die Lippen mit Tauföl, küsste so die Männer und hoffte, sie auf diesem Wege zu bethören[6]). Selbst nach der Reformation wurde die Hostie noch hie und da zu magischen Zwecken gebraucht[7]). Andrerseits diente auch die Hexensalbe nicht ausschliesslich dazu, den Leuten zu schaden, vielmehr bedurften die Hexen ihrer auch, um mittelst derselben den Hexensabbat besuchen zu können[8]).

Das Amulet.

Natürlich suchte man sich gegen alle diese Schädigungen so viel als möglich sicher zu stellen. Man glaubte z. B. durch cruor menstruus auf den Thürpfosten Hexen und böse Geister ferne halten zu können[9]). Gegen Dämonen bediente man sich besonders gerne kirchlicher Gegenmittel, z. B. des Zeichens des Kreuzes, der Incubation, heiliger Reliquien u. s. w. Traute man aber die Leiden, welche man hatte, eher der Thätigkeit

---

[1]) Aretino, Ragionamento del Zoppino. — [2]) Mall. mal. II, 1, 5. — [3]) Schott, Physica curiosa I, 23, 6; Zeitschr. f. deutsche Philol. XIV, 466. — [4]) Trithemius, Antipalus maleficiorum II, 3. — [5]) Grillandus III, 19. — [6]) Ebend. III, 20. — [7]) Frischbier S. 1 (nach Pisanski, „Von einigen Ueberbleibseln des Heidenthums u. Pabstthums in Preussen" in „Wöchentl. Königsberg. Frag- u. Anzeigungs-Nachrichten". Anno 1756, No. 24, § 13. — [8]) Anhorn 635, 636. — [9]) Lud. Banairolus, Enead. muliebr. c. 2.

böser Menschen als der böser Geister zu, so war natürlich die Anklage derselben das probateste Vertheidigungsmittel; nur setzte dieselbe voraus, dass man den angeblichen Schuldigen wirklich kannte oder wenigstens einen bestimmten Verdacht hatte. Da aber dieses nicht immer möglich war, so kam man schon frühzeitig darauf, jene Einflüsse durch prophylactische Mittel von vornherein unschädlich zu machen. Diese schon dem Alterthum geläufigen Mittel, die Amulete der Römer und *προφυλακτήρια* der Griechen, sind an und für sich Dinge, auf welche die verschiedensten Völker leicht unabhängig von einander kommen konnten. Damit sind jedoch mancherlei Entlehnungen Seitens der Griechen und später auch der Römer bei Aegyptern und Orientalen sowie Entlehnungen scheinbar mittelalterlicher Gebräuche bei den Völkern des classischen Alterthums keineswegs ausgeschlossen. Das Zeichen des Kreuzes z. B. oder das Agnus Dei sind so speciell mittelalterlich als andrerseits das prophylactische Tragen gewisser Steine dem Alterthum und dem Mittelalter gemeinsam und folglich von letzterem aus ersterm entlehnt ist.

Die grösste Wirksamkeit haben wohl die Aegypter ihren Amuleten zugeschrieben, indem sie dieselben noch über dieses Leben hinaus wirken liessen und sie demgemäss ihren Abgeschiedenen mit in die Gruft gaben[1]). Ihr hauptsächlichstes Amulet war bekanntlich das Bild eines Käfers, von welchem die Sage gieng, er entstehe ohne Zeugung einfach aus Koth und Mist[2]). Von den Juden weiss man, dass sie Zeddel, welche mit den Geboten des Moses beschrieben waren, in Kapseln am linken Arm oder auf der Brust trugen[3]); sie schrieben denselben die Kraft zu, böse Geister und überhaupt allerlei Unheil fernzuhalten[4]). Christus hat bekanntlich gegen diese jüdische Volkssitte geeifert[5]).

Auch die Griechen und die Römer waren reich an Amuleten jeder Art, und sie trugen dieselben namentlich gern am

---

[1]) Lenormant, La magie chez les Chaldéens, p. 82. — [2]) Horapollo, Hieroglyphica I, 10. — [3]) Exodus 13, 9. — [4]) Targum. zu Cantic. 8, 3. — [5]) Ev. Matth. 23, 5, wo Luther das griech. φυλακτήριον unrichtig mit Denkzeddel übersetzt.

Halse (daher Ausdrücke wie griech. *περιαπτά, περιάμματα*). Hierher gehörte u. a. das Pentalpha oder Pentagramm der Pythagoräer, ein regelmässiges Fünfeck, dessen Linien nach aussen so weit verlängert wurden, bis sie zusammentrafen, so dass die Figur, von jeder ihrer fünf Ecken aus betrachtet, ein A bildete; es bedeutete bei den Pythagoräern selbst die Gesundheit [1]); in späterer Zeit galt es dann für ein Mittel, durch welches man Hexen und böse Geister abhalten könne [2]), und in diesem Sinne hat es ja bekanntlich noch Göthe in seinem Faust angebracht. Bei den Römern spielten namentlich Phallusbilder [3]) und gewisse Steine [4]) sowie der Bernstein eine hervorragende Rolle; letzterer wurde nach Plinius [5]) besonders Kindern um den Hals gehängt. An den Phallus mag die noch später bei den Südländern verbreitete Sitte erinnern, durch die geschlossene Faust mit zwischen Zeig- und Mittelfinger durchgestrecktem Daumen den bösen Blick zu entkräften [6]). Indem man das überall für unanständig Gehaltene dem bösen Blick entgegenhielt, glaubte man offenbar, den Blick selbst von sich abzuwenden und in Folge dessen seine Kraft zu brechen oder wenigstens zu schwächen [7]).

Auch die Germanen hatten ähnliche Anschauungen. Da gab es z. B. Runenzeichen, welche, in ein Trinkhorn geritzt, den Trinkenden vor Zauber schützten, während andere, auf Steven oder Steuerruderblatt angebracht, das Schiff vor Gefahr sicherten [8]). Der Angelsachse Beda erzählt von einem gefangenen Krieger zur Zeit des Königs Edilred, dessen Fesseln sich, so oft er gebunden wurde, immer wieder von selbst lösten, und den man desshalb fragte, ob er lösende Runen (literas solutarias) bei sich habe [9]). Von den Aestiern, den spätern Preussen, berichtet Tacitus [10]), sie hätten im Kriege, um sich persönlich

---

1) Lucian, *περὶ τοῦ ἐν τῇ προσαγορεύσει πταίσματος* c. 5. — 2) Grimm, Myth. III, A. No. 644, 812. — 3) Scholia Horatiana quæ feruntur Acronis et Porphyrii ad Epod. VIII, 18. — 4) Spicilegium Solesmense ed. Pitra, t. III, p. 324 ff. — 5) H. n. XXXVII, c. 3, sect. 12. — 6) Dante, Inferno XXV, 1. — 7) Berichte über die Verhandl. der k. sächs. Gesellschaft der Wissensch. Phil.-hist. Cl. Bd. VII, S. 68 ff. (O. Jahn). — 8) Sigrdrífumál Str. 7 u. 10. — 9) Beda, Hist. eccles. gent. Angl. IV, 22. — 10) Germania cap. 45.

sicher zu stellen, Eberbilder bei sich getragen. Doch haben die Gebräuche dieser nordischen Völker auf das spätere Mittelalter wenig oder keinen Einfluss gehabt; sie beweisen höchstens, dass unter gleichen Bedingungen überall ähnliche Anschauungen und Gewohnheiten entstehen können. Das Mittelalter schloss sich vielmehr hier wie in so vielen andern Dingen an das Alterthum an, formte die Ueberlieferungen desselben etwa in zweckdienlicher Weise um oder erfand wohl auch neue Amulete, welche seinen Bedürfnissen besser als die hergebrachten entsprechen mochten. Auf das Alterthum lässt sich z. B. der Bernstein zurückführen; die italienischen Bauernweiber tragen ihn noch jetzt am Halse, wie sie es schon vor bald zweitausend Jahren gethan haben. Und hatten einst die Juden Zeddel mit Stellen des mosaischen Gesetzes mit sich herumgetragen, so schrieben die Christen an die Stelle jener die Anfangsworte des Johannesevangeliums[1]). Ferner gehört das Agnus Dei hierher, das Bild eines Lammes aus geweihtem Wachse, welches namentlich vor Dämonen und vor Plagen, welche man von den Dämonen erwartete, scützen sollte[2]). Pabst Urban V. schickte dem griechischen Kaiser drei solcher wächserner Agnus Dei, und aus den diesem Geschenke beigefügten lateinischen Hexametern erkennt man zugleich, was für Wirkungen der heilige Vater seiner Gabe zutraute; sie sollte nämlich den Blitz abhalten, Schwangere am Leben erhalten und zugleich deren Niederkunft befördern, dem Feuer Einhalt thun und vor dem Ertrinken schützen[3]). Ein anderer Pabst, Johann XIII., hatte schon im Jahre 969 dem Bischof Theoderich von Metz einen Ring aus der Kette des Apostels Petrus (Acta apost. cap. 12) geschenkt, welcher die Fähigkeit hatte, Besessene zu heilen[4]), und noch früher soll Gregor der Grosse dem Frankenkönige Chilperich die Schlüssel S. Peters geschickt haben, welche denjenigen, der

---

[1]) Naogeorgus pag. 161. — [2]) Delrio. Disquis. magic. lib. VI, cap. 2, sec. 3, qu. 3. — Nach J. B. Casalius „de veteribus Christianorum ritibus" (cap. 48) soll dasselbe zur Zeit der Ausbreitung des Christenthums geradezu an die Stelle der heidnischen Phallusbilder getreten sein. — [3]) Lambertin, De canonizatione l. IV, p. 1, c. 5, § 11. — [4]) Sigonius, De regno Ital. lib. VII, pag. 171 der Frankfurter Ausgabe v. 1575.

sie am Halse trug, vor jedem Unheile bewahren würden[1]). Aehnlichen Zwecken diente auch ein am Halse getragenes Kreuz[2]) oder ein Kreuz, das mit Zinnober oder Blut gemalt war[3]). Gegen die Epilepsie bediente man sich folgender Verse:

Caspar fert myrrham, thus Melchior, Balthasar aurum:
Hæc tria qui secum portabit nomina regum,
Solvitur a morbo Christi pietate caduco.

Gegen den Biss toller Hunde schrieb man auf ein Stück Brot, bevor man dasselbe ass:

Irioni khiriori essera khuder fere.

Oder man schrieb auf Brot und wohl auch auf Papier: „O rex gloriæ Jesu Christe, veni cum pace in nomine Patris † max in nomine Filii † max in nomine Spiritus sancti † prax Caspar Melchior Balthasar † prax † max † Deus ymax †.“ Handelte es sich darum, Blutverlust zu verhindern, so schrieb man: „Sepa † sepaga † sepagoga † sta sanguis, Consummatum, in nomine Patris † podendi † et Filii † pandera † et Spiritus sancti † pandorica † pax tecum, Amen“[4]).

Aber auch andern, an und für sich nichts weniger als heiligen Gegenständen wurden bisweilen ähnliche Wirkungen zugeschrieben. Eine Muscatnuss z. B., welche man am Neujahrstage erhalten und in ein Kleid eingenäht hat, schützt vor Schaden[5]). Ebenso eine Weglugenwurzel, welche man am Tage Johannes des Täufers vor Sonnenaufgang knieend mit Gold berührt und dann mit einem Eisen im Namen des Schwertes des Judas Maccabæus ausgegraben hat[6]). Selbst Münzen mussten sich hie und da zu derartigen Zwecken gebrauchen lassen. Gegen die Epilepsie z. B. hieng man früher im südlichen Deutschland die sogenannte Fraischbeinspfennige oder Jesuspfennige an. Die von den Fürstbischöfen von Breslau zwischen 1500 und 1510 geprägten sogenannten Johannesgroschen sollten Pocken und Masern oder, wenn man sie auf die Stirn band, Augenkrank-

[1]) Boldett. pag. 507. — [2]) Gretserus, De cruce, pag. 393. — [3]) Naogeorg pag. 164. — [4]) Wierus, V, 8. — [5]) Rockenphilosophie c. 19. — [6]) Anhorn S. 786.

heiten abhalten und ausserdem noch das Nasenbluten stillen. Bräutigame banden sich dieselben wohl auch an die Beine, um vor den üblen Folgen des Nestelknüpfens sicher zu sein[1].

Die Kirche war diesen Gebräuchen anfänglich nichts weniger als günstig gesinnt, und es fehlt in Folge dessen in der älteren christlichen Zeit keineswegs an hierauf bezüglichen Verboten; dieselben fruchteten aber im Ganzen wenig, weil dem Privatleben und den Gewohnheiten der Einzelnen, welchen ja die Amulete beinahe ohne Ausnahme dienten, nie so leicht beizukommen war wie dem officiellen Glauben und Cultus ganzer Nationen. Ohnehin recrutierte sich die Geistlichkeit, wenigstens die niedere, meist aus dem gemeinen Volke, und so kam es allmählich, dass der unter diesem herrschende Aberglaube schliesslich auch in den Reihen jener immer weiter um sich griff. Und zuletzt kam es wohl auch vor, dass einzelne Geistliche, namentlich Bettelmönche, selbst Amulete verfertigten und diese den Leuten verkauften. Im vierten Jahrhundert wurde dieses auf der Kirchenversammlung zu Laodicea den Clerikern noch bei Strafe der Amtsentsetzung untersagt, später aber liess man dieselben gewähren, ohne dass übrigens die Kirche als solche die Giltigkeit der Amulete irgendwie anerkannt hätte.

Diejenigen Menschen, welche man sich den Machinationen der Hexen oder Hexenmeister in erster Linie preisgegeben dachte, waren die kleinen Kinder, und zwar dachte man sich dieselben ohne Zweifel gleich den Hausthieren wegen ihrer Hilflosigkeit mehr als Andere bedroht und folglich auch in höherem Grade der Amulete bedürftig. Zu Boltigen im Canton Bern sollen z. B. dreizehn Kinder von den Hexen gefressen worden sein[2], und zu Thann im Elsass soll sogar eine einzige Hexe über vierzig dadurch getödtet haben, dass sie ihnen unmittelbar nach der Geburt eine Nadel in den Kopf stiess[3]. Nach Anhorn liegt die Ursache, wesshalb es die Hexen vorzugsweise auf kleine Kinder abgesehen haben, darin, dass sie deren Fett zur Bereitung der Hexensalbe brauchen; darum soll

---

[1] Ersch u. Gruber. Allgem. Encyclopädie, Thl. III, S. 431. — [2] Malleus mal. II, 1, 2. — [3] Ebend. II, 1, 13.

man auch nie Hexen als Hebammen gebrauchen; denn sie tödten die Kinder, opfern sie dem Teufel oder machen die Gebärenden für die Zukunft unfruchtbar [1]). Aehnliche Ansichten, wie sie in unseren Gegenden die Verfasser des Hexenhammers und ihre Gesinnungsverwandten vertraten, herrschen bei den Neugriechen theilweise bis auf den heutigen Tag. Die sogenannten *στρίγλαις*, eine Art geflügelter Weiber, sollen den Kindern das Blut und die Eingeweide aussaugen. Als Gegenmittel werden allerlei Geräusch, unablässige Bewachung der Säuglinge, Räucherung der Schlafgemächer mit Schwefel und brennenden Kerzen, das Aufhängen von allerlei Amuleten u. a. m. empfohlen [2]); ähnliche Vorstellungen sind auch bei den Wlachen und Albanesen nachweisbar [3]).

Auch mit Bildern aus Wachs oder Blei wurde mancherlei Zauber getrieben, wobei es sich da, wo das betreffende Bild die Form eines Herzens hatte, darum handeln konnte, in demjenigen, dessen Herz das künstlich gemachte vorstellte, durch magische Mittel Liebe zu erregen. In Italien z. B. kam es vor, dass Hexen ein solches Herz aus Asche formten, in dasselbe stachen und dazu folgende Verse recitierten: *Bilderzauber.*

Prima che'l fuoco spenghi
Fa ch' a mia porta venghi:
Tal ti punga il mio amore
Quale io fo questo cuore [4]).

Weit häufiger aber hatte der Bilderzauber den Zweck, wirkliche Menschen alles Leid und allen Schmerz empfinden zu lassen, welchen man ihrem Bilde anthat. Die Sitte selbst reicht in das früheste Alterthum hinauf und ist schon den Accadiern bekannt gewesen [5]); andrerseits finden sich auch bei Griechen und Römern Spuren derselben [6]). Das früheste hierher gehörige Beispiel aus dem Mittelalter gehört der schottischen Geschichte an. Als König Duffus krank war und langsam hinsiechte, fand

[1]) Trithemius, Antipalus II, 3; malleus mal. p. I, qu. 11. — [2]) Wachsmuth S. 78, 79. — [3]) Hahn, Albanes. Studien I, 163. — [4]) Burckhardt, Cultur der Renaissance S. 537. — [5]) Lenormant. pag. 5. — [6]) Theocrit. II, 28; Ovid amores III, 7, 29; Horaz epod. 17, 76; Tac. annal. II, 69.

man in einem Schlosse bei Fontes Moraviæ zwei Weiber, welche ein wächsernes Bild des Königs verfertigt hatten; die eine hielt dasselbe an einem Bratspiess über ein brennendes Feuer, die andere sang dazu Zauberlieder; die rechtzeitige Entdeckung der beiden Zauberinen rettete dem König das Leben [1]. In Basel hatte im Jahre 1407 Ursula von Bärenfels ein Männlein aus Wachs, welches einen gewissen Burkart ze Rin vorstellen sollte, und welches sie ebenfalls in's Feuer hielt [2]. Bekannt ist ferner, wie Enguerrand de Marigny, der Minister Philipps des Schönen, beschuldigt wurde, er habe Ludwig X. gegenüber Bilderzauber geübt [3]. In England fand man im Jahre 1578 drei Wachsbilder, welche ein (katholischer?) Geistlicher sollte verfertigt haben, um die Königin Elisabeth nebst andern hochgestellten Personen mittelst derselben um's Leben zu bringen [4]. Und noch im Jahre 1635 sollen mehrere italienische Mönche, an deren Spitze der Franciscaner Cherubin de Serafini aus Ancona stand, versucht haben, mittelst eines Wachsbildes Pabst Urban VIII. aus der Welt zu schaffen. Als nun einer von ihnen vorher dem Satan sollte geopfert werden, traf das Loos den Augustiner Domencio Zampone, dieser aber verrieth, um dem Opfertode zu entgehn, den ganzen Anschlag. Er wurde nebst einigen Andern auf die Galeere geschickt, die eigentlichen Häupter des Unternehmens aber traf der Tod [5]. Widmann erzählt im Leben des Doctor Faust folgendes: Ein Schwarzkünstler in Toledo stach einem wächsernen Männlein mit einer Nadel in das eine Auge, worauf dem anwesenden Famulus Fausts, Wagner, aus einem seiner Augen Wasser lief und das Auge verdarb; nun liess Wagner eine blutrothe Rose aus dem Tisch hervorwachsen, schnitt dieselbe ab, und alsbald fiel auch der Kopf des Zauberers von seinem Rumpfe [6]. Ueberhaupt riefen Machinationen auf diesem Gebiet immer Rache oder Strafe hervor; und wenn ein Hinsiechender nicht gerade wusste, wer es auf ihn abgesehen

---

[1]) Boethius, Hist. Scotor. l. XI, fol. 220 der Pariser Ausgabe v. 1575. — [2]) Buxtorf, Basler Zauber-Prozesse, S. 4, 5. — [3]) Garinet, Histoire de la magie en France, p. 82. — [4]) Bodin II, 8. — [5]) Theatrum Europæum III, 456, 457; vgl. auch Lammert S. 152. — [6]) Fausts Leben von Widmann, herausg. von Pfitzer, S. 305, 306.

hatte und doch von der Existenz eines solchen Attentates überzeugt war, so glaubte er wohl, durch magische Gegenmittel den unbekannten Gegner dennoch erreichen zu können.

Der Liebeszauber.

Ausserordentlich gross ist endlich die Thätigkeit der Hexen und ihres Gebieters, des Satans, auf dem Gebiete der geschlechtlichen Liebe und des ehelichen Lebens. Es kann sich hiebei um das Erregen wie um das Nehmen der Liebe, um Beförderung des Coitus wie um das Bewirken seiner Erfolglosigkeit handeln. In den beiden zuerst genannten Fällen sind es natürlich meist Verliebte, welche aus Mangel an Erfolg oder Gelegenheit sich an Zauberkundige wenden und sich mit Hilfe derselben magische Mittel verschaffen. Anhorn zählt in seiner Magiologia (S. 947 ff.) eine Menge hierher gehöriger Gegenstände auf, welche den Leuten in Speise und Trank gemischt wurden, um ihre Liebe zu erregen, z. B. Steine, Kräuter, Beine von Fröschen und Kröten u. a. m. Namentlich liebte man es, gewisse Früchte wie Aepfel und Birnen, Citronen oder Orangen künstlich mit für magisch gehaltenen Substanzen zu versehn. Bisweilen richtete man sich auch nach dem Geschlechte derjenigen Person, deren Liebe erst sollte gewonnen werden und brachte den Männern in irgend einer Speise menstruum muliebre und den Weibern auf ähnliche Weise sperma virile bei; auch das sogenannte Jungfernpergament, welches aus der Haut eines neugeborenen noch vor der Taufe gestorbenen Kindes bereitet wurde, gehört hierher. Ferner kam es vor, dass Liebende Wachsbilder verfertigten und diesen den Namen der geliebten Person gaben; man öffnete nun die Brust des Bildes, verfertigte aus irgend einem vorgeschriebenen Material ein Herz und verschloss dieses unter allerlei Zauberformeln in das betreffende Bild. Ueberhaupt fehlte es in solchen Fällen nie an Formeln, und diese mussten manchmal mit Blut geschrieben sein; doch verschweigt Anhorn dieselben, um sein Buch nicht zu einem Lehrbuche solcher Dinge zu machen. Andrerseits gab es aber auch Mittel, durch welche man sich gegen den Liebeszauber glaubte schützen zu können; so z. B. der Staub des Maulesels, eine über dem Bett aufgehängte S. Johannesblume, eine in die frisch abgezogene Haut eines Thieres gewickelte Kröte, das Trinken von Bocksharn u. s. w., lauter Mittel, welche übrigens Anhorn selbst für erfolglos hält[1]).

Dass derartige Mittel häufig angewandt wurden, liegt in der Natur der Sache; ja es ist sogar denkbar, dass man in Fällen, wo es sich um Beseitigung eines wirklichen oder vermeintlichen Nebenbuhlers handelte, manchmal sogar vor Gift nicht zurückschreckte. Besonders berühmt ist in dieser Beziehung der Process, welcher im Jahre 1680 am französischen Hofe spielte, und als dessen wohl kaum unschuldiges Opfer die Giftmischerin Voisin fiel, während man sich der ebenfalls in denselben verwickelten Gräfin von Soissons, der Mutter des Prinzen Eugen von Savoyen, gegenüber mit Landesverweisung begnügte. Es soll sich nämlich damals darum gehandelt haben, die Liebe des Königs dauernd für Frau von Montespan zu gewinnen, und in Folge dessen stand natürlich auch diese dem Process nicht ferne. Die magischen Mittel, zu welchen die Verschworenen ihre Zuflucht nahmen, bestanden in der Opferung eines Kindes und darin, dass ein Abbé Namens Guibourg über dem nackten Leichnam einer Frau Messen las; der Abbé schrieb überdiess mit dem Blute des getödteten Kindes unter den Messkelch: „Je demande l'amitié du roi et celle de Mr. le dauphin, qu'elle me soit continuée, *que la reine soit stérile, que le roi quitte son lit et sa table pour moi,* que j'obtienne de lui tout ce que je lui demanderai pour moi, mes parens; que mes serviteurs et domestique lui soient agréables. Chérie et respectée des grands seigneurs, que je puisse être appelée aux conseils du roi et savois ce qui s'y passe, et que, cette amitié redoublant plus que par le passé, *le roi quitte et ne regarde La Vallière,* et que, *la reine étant répudiée, je puisse épouser le roi.*“ Hier soll also zu Gunsten der Montespan nicht nur der König durch magische Mittel bethört sondern auch die Königin unfruchtbar gemacht werden. In Wirklichkeit soll dieselbe übrigens blosse Pulver erhalten haben, welche indess doch, wenn man gewisse Dosen davon genoss, ein wirkliches Gift bildeten[2]). — Was die männliche, durch Behexung bewirkte Impotenz betrifft, so glaubte

[1]) A. a. O. 973. — [2]) Revue des deux mondes, t. XLIX, p. 405.

man nach Weier[1]), dieselbe dadurch beseitigen zu können, dass man durch den Trauring das Wasser liess.

Das Nestelknüpfen.

Am häufigsten wandte man aber, um Ehen unfruchtbar zu machen, das sogenannte Nestelknüpfen an. Es bestand in Knüpfen eines Knotens und wurde gewöhnlich während der Trauung vollzogen; je nach der Art und Weise des Zaubers und der dabei angewandten Formeln und Ceremonien wirkte es längere oder kürzere Zeit; immer aber musste der Nestel, wenn die Erfüllung der ehelichen Pflichten wieder sollte ermöglicht werden, zuvor wieder aufgelöst werden[2]). Wie verbreitet der Glaube an diesen Wahn gewesen ist, geht u. a. daraus hervor, dass verschiedene Autoren von nicht weniger als fünfzig verschiedenen Arten desselben sprechen[3]); gegenwärtig soll derselbe noch bei den Neugriechen unter dem Namen *ἐμπόδιο* oder *ἀμπόδεμα*[4]) verbreitet sein.

Andere hierher gehörige Arten des Verfahrens kommen mehr nur gelegentlich vor. So versenkte z. B. die Maitresse des Grafen Heinrich von Thierstein einen mit mancherlei Ingredienzien angefüllten Hafen „mit etlichen ceremonien“ in den Brunnen von Hohkönigsburg; so lange der Hafen dort versenkt war, konnte der Graf mit seiner Gemahlin keine Kinder zeugen. Zuletzt kam die Sache an den Tag; Heinrich liess den Hafen hervorholen, mit seinem ganzen Inhalte zerschlagen und die Ueberreste verbrennen; dann feierte er mit seiner Gemahlin zum zweiten Male Hochzeit und erhielt nun Kinder; doch starben dieselben alle rasch wieder weg[5]).

Incubus und Succubus.

Nun wollten aber die Hexenmeister und die Hexen nicht nur in die ehelichen Verhältnisse Anderer eingreifen, sondern sie giengen auch darauf aus, ihre eigenen Bedürfnisse ausserhalb des rechtmässigen Ehebettes zu befriedigen, und dazu diente ihnen in der Regel ein böser Geist. Dieser Geist kam in männlicher Gestalt, als sogenannter Incubus, zu den Weibern und in weiblicher, als Succubus, zu den Männern. Auch diese Vorstellung

---

[1]) De præstig. dæmon. V, 9. — [2]) Anhorn S. 741 ff. — [3]) Ebend. 741; der latein. Ausdruck dafür ist „ligare ligulam“; vgl. Godelmann I, 6, 17. — [4]) Wachsmuth 103, 104. — [5]) Zimmer. Chronik IV, 362 ff.

reicht in die Urzeit des heidnischen Orients, in die der vorchaldäischen Accadier zurück[1]), um dann später wie so mancher andere Wahn im Mittelalter wieder aufzutauchen. Im dreizehnten Jahrhundert z. B. erwähnt Gervasius von Tilbury den Incubus, ohne sich jedoch bestimmt für die Wirklichkeit desselben auszusprechen[2]); später aber werden die hierauf bezüglichen Erzählungen immer häufiger[3]). Einen Succubus soll u. a. Markgraf Albrecht von Brandenburg († 1557) gehabt haben[4]).

Selbstverständlich spielte nun auch die Frage nach den Resultaten solcher Buhlereien mit bösen Geistern eine bedeutende Rolle; doch weichen die Ansichten der betreffenden Schriftsteller in dieser Beziehung wesentlich von einander ab. Nach Delrio[5]) ist der männliche Dämon, der Incubus, überhaupt nicht zeugungsfähig; gebar nun aber ein Weib, welches im Rufe stand, mit einem solchen Umgang gehabt zu haben, doch, so suchte man die Sache so zu erklären, dass der Dämon den Samen eines Mannes, welchen dieser in der Nacht verloren, sich angeeignet und mit diesem operiert habe[6]). Andere nahmen an, die Buhlteufel seien zwar zeugunsfähig, brächten aber nur Ungethüme oder Ungeziefer zur Welt. So soll eine schottische Dame, welche von einem Incubus schwanger war, ein „monstrum undequaque aspectu foedum" geboren haben, welches die Hebammen gleich nach der Geburt verbrannten[7]). In Gent soll ferner ein vom Teufel geschwängertes Mädchen eine grosse Menge haariger Würmer zur Welt gebracht haben, deren Gestank den Anwesenden beinahe den Athem nahm[8]). Hie und da wird auch erzählt, dass sämmtliche Körpertheile von Menschen, die sich mit Buhlteufeln eingelassen hätten, abgefault oder schwarz geworden seien[9]).

Zu den Teufelskindern, an deren Existenz man wirklich glaubte, gehören die sogenannten Kielkröpfe oder Wechselbälge, missgestaltete Geschöpfe mit dicken Bäuchen, kleinen magern

---

[1]) Lenormant pag. 36. — [2]) Otia imperialia III, 86; vgl. auch Cäs. Heist. III, 7, 8, 9. — [3]) Vgl. z. B. Calmet, Thl. I, cap. 32. — [4]) Zimmer. Chronik IV, 167. — [5]) Disq. mag. l. II, qu. 15. — [6]) Grillandus VII, 12; Anhorn 661. — [7]) Boethius a. a. O. lib. VIII, fol. 149. — [8]) Anhorn 552, 553. — [9]) Zimmer. Chronik IV, 406, 407.

Gliedern und grossen Kröpfen; sie zeichnen sich durch ihr entsetzliches Geschrei und ihre Unersättlichkeit aus, und die Milch mehrerer Weiber genügt oft nicht, ihren Heisshunger zu stillen [1]). Die Teufel gehen hauptsächlich darauf aus, den Müttern ihre wirklichen Kinder zu nehmen und ihnen dafür ihre eigene hässliche Nachkommenschaft unterzuschieben. Doch gab es Mittel, durch welche man jene wieder gewinnen und diese wieder los werden konnte. So hatte in der Nähe von Breslau ein Teufel einer mit Heuen beschäftigten Frau ihr Kind weggenommen und ihr dafür einen Kielkropf hingelegt. Sobald aber die Frau diesen mit Ruthen strich, brachte ihr der Teufel das gestohlene Kind wieder [2]). In Bezug auf das Vertauschen oder Stehlen der Kinder berühren sich übrigens die bösen Geister häufig mit Elfen und Zwergen [3]), und die Beziehung der eben angeführten Vorstellungen auf letztere wird wohl auch die ältere und ursprünglichere gewesen sein.

Der Succubus kommt verhältnissmässig seltener vor als der Incubus, wahrscheinlich weil man sich die bösen Geister häufiger männlichen als weiblichen Geschlechtes dachte, was dann wieder mit dem Glauben zusammenhieng, dass es mehr Anhängerinen als Anhänger des Teufels gebe. Doch erklärte z. B. der gelehrte Dominicaner Johannes Nider eine öffentliche Dirne, welche sich während des Concils zu Constanz befunden, für einen Succubus [4]). Zum wunderbarsten endlich, was der Aberglaube auf dem Gebiete des geschlechtlichen Lebens ausgeheckt hat, gehört wohl der Glaube an die Möglichkeit einer Vertauschung des Geschlechtes durch dämonische Einflüsse. Diejenigen Schriftsteller, welche sich über diesen Punkt ausgesprochen haben, nehmen an, die Verwandlung der Weiber in Männer sei möglich, das Gegentheil aber nicht [5]).

Verwandlungen.

Ferner können Menschen durch magische Mittel in Thiere verwandelt werden. Doch sprechen die Schriftsteller des Mittel-

---

[1]) Anhorn 670. — [2]) Prätorius, Anthr. plut. I, 365, 366. — [3]) Simrock, Mythologie S. 455. Grimm, Br. Irische Elfenmärchen, Einleitung p. XLI ff. — [4]) Formicarius cap. 9; (Soldan spricht, I, 245, irriger Weise von ganzen „Schaaren“ von Succuben). Vgl. auch Cäs. Heist. III, 10, 11. — [5]) Schott Physica curiosa lib. I, cap. 31, 4.

alters auf diesem Gebiete in der Regel nicht aus eigener Erfahrung, sondern sie schreiben die betreffenden Erzählungen laut eigenem Geständnisse regelmässig aus ältern Werken ab. Am meisten verbreitet ist die Erzählung von dem in einen Esel verwandelten Jüngling. Ihre eigentliche Quelle sind natürlich die Metamorphosen des Apulejus; sie findet sich jedoch das ganze Mittelalter hindurch und wird dann von den Berichterstattern bald da bald dort neu localisiert und chronologisch fixiert[1]. Das Merkwürdigste an der Sache ist aber, dass diese den Apulejus zwar unaufhörlich vergleichsweise citieren, dass es aber Keinem einfällt, in demselben auch die Quelle der eigenen Erzählung zu erkennen. Uebrigens kann die Verwandlung eines Menschen in Thiergestalt auch ohne Mitwirkung des Teufels oder seiner Helfershelfer stattfinden. Nach Prätorius[2] z. B. wurde noch im Jahre 1672 ein Edelmann in der Nähe von Prag durch „Gottes gerechte Gerichte" in einen Hund verwandelt, und Prätorius selbst kannte jemanden, der den Hund, welcher also früher ein Edelmann gewesen war, gesehen hatte. Zuletzt entstand das Gerücht, die seltsame Bestie befinde sich in einem Kloster zu Augsburg, und der Rath von Nürnberg liess dasselbe „mit Fleiss" an den von Augsburg kommen; letzterer stellte dann in der That Nachforschungen an, ohne jedoch zu einem greifbaren Resultate zu gelangen. — Es gibt jedoch auch Autoren, welche die Realität solcher Verwandlungen total läugnen und Alles für Blendwerk erklären[3].

Die Lycanthropie.

Haben wir bis jetzt das weibliche Geschlecht vorzugsweise im Bunde mit dem Satan gesehen, so giebt es doch auch einzelne Gattungen des Zauberwesens, welche im Ganzen mehr zu den Vorrechten des Mannes gehören. Die eine derselben, die Lycanthropie, reiht sich zugleich, da sie ebenfalls auf der Voraussetzung der Verwandlungsfähigkeit des Menschen beruht, am passendsten an das zuletzt Gesagte an. Der Wahn, dass gewisse Personen sich vorübergehend in Wölfe verwandeln und

---

[1]) Vgl. z. B. Willelmus Malmesbiriensis II, § 171; Bodin II, 6; Remigius II, 242; Prätorius, Anthr. plut. II, 455. — [2]) Anthr. plut. II, 611, 612. — [3]) Schott, Physica curiosa I, 26, 6.

eine Zeit lang wie Wölfe leben könnten, gehört überwiegend dem sechszehnten und siebenzehnten Jahrhundert an; er tritt vereinzelt auch noch im achtzehnten auf[1]) und soll in der Bretagne noch jetzt nicht ganz erloschen sein[2]). Andrerseits bezeichnet aber auch schon Burchard von Worms († 1024) den Glauben an die Möglichkeit der Lycanthropie als „vulgaris stultitia“[3]). Noch früher wird dieselbe schon von Plinius (H. n. lib. VIII, cap. 22) erwähnt, zugleich aber auch geläugnet. Bei alledem ist es schwerlich reiner Zufall, dass derselbe hauptsächlich dann am regelmässigsten aufgetreten ist, wenn wirkliche Wölfe in grösserer Zahl das Land unsicher machten[4]). Offenbar glaubte man den durch sie verursachten Schaden gerade wie den durch plötzliche Ungewitter entstandenen nicht genügend aus natürlichen Ursachen erklären zu können und suchte ihn daher auf übernatürliche zurückzuführen. Man nahm also an, Menschen, und zwar Menschen männlichen Geschlechts, hätten Wolfsgestalt angenommen und hätten in dieser ganz in der Weise gewöhnlicher Wölfe Menschen und Thiere angefallen und erwürgt. In Deutschland hiess ein Mann, welcher diese Fähigkeit besass, Wärwolf, in Frankreich loup garou, in der Picardie loup varou[5]). Die französischen Criminalprocesse enthalten seit dem sechszehnten Jahrhundert weit mehr hierher gehöriges Material als die deutschen, und in Deutschland befinden sich unter hundert der Zauberei angeklagten Personen durchschnittlich nur etwa drei oder vier Lycanthropen[6]). Immerhin war der Glaube an die Lycanthropie selbst und an den durch die Verwandelten angerichteten Schaden so verbreitet, dass man sich jene als vermeintliche Thatsache irgendwie zurechtlegen musste. Man nahm also entweder an, der Teufel blende die Menschen so, dass sie einen wirklichen Menschen für einen Wolf hielten, oder er umhülle einen Menschen mit einem Wolfsfell oder mit verdichteter Luft von der Gestalt eines

---

[1]) W. Hertz, Der Werwolf, S. 81. — [2]) Ebend. S. 111. — [3]) Grimm. Myth. III, S. 409. — [4]) Leubuscher, Ueber die Wehrwölfe und Thierverwandlungen im Mittelalter. S. 55. — [5]) Wärwolf = Mannwolf, zu goth. vairs (Mann), garou aus garwolf, das vorgesetzte ‚loup‘ ist pleonastisch. Bodin (II, 6) möchte loup varou aus lat. „lupus varius“ erklären! — [6]) Hertz S. 71, Anm. 1.

solchen, oder endlich er versenke den Menschen in Schlaf und verübe unterdessen selbst die jenem zugeschriebenen Missethaten. Hatte er dann von denjenigen, welche er anfiel, Wunden oder Schläge erhalten, so ermangelte er nicht, dieselben dem schlafenden Menschen beizubringen[1]); so kam es, dass der als Wärwolf Angeklagte die Wunden, welche Andere ihm wollten beigebracht haben, wirklich hatte. Natürlich kümmerte sich aber der wirkliche Volksglaube wenig um die Distinctionen der Gelehrten; nach ihm gab es eben einfach Menschen, welche die Wolfsgestalt annahmen und in derselben Menschen und Thiere anfielen. Die Verwandlung erfolgte mit Hilfe eines aus Wolfsleder oder aus der Haut eines Gehenkten verfertigten Gürtels, welcher etwa noch mit astrologischen Zeichen versehen war, und welchen der Lycanthrop auf seinem Leibe trug[2]). Eine erhaltene Wunde hob dann die Verwandlung wieder auf und verrieth also unter Umständen den Zauberer, der Tod endlich löste den Zauber völlig; letzteres konnte übrigens auch geschehen, wenn Jemand den Bezauberten mit seinem Taufnamen anrief[3]). Anderwärts wurde die Verwandlung mit einer Salbe, mit welcher man sich den nackten Leib einrieb, zu Stande gebracht und durch eine andere wieder beseitigt[4]). Ausserdem glaubte man die Wärwölfe in ihrer menschlichen Gestalt als solche an ihren zusammengewachsenen Augsbrauen zu erkennen, während sie sich in der Wolfsgestalt durch ihren abgestumpften oder gar nicht vorhandenen Schwanz verriethen[5]). Ihr Schicksal war, im Falle sie entdeckt wurden, das der übrigen Zauberer, also der Tod auf dem Scheiterhaufen[6]). Nur selten konnte sich Einer retten, wenn ihn etwa seine hohe Stellung vor Denuncianten und Inquisitoren schützte. So soll nach Bodin (II, 6) ein nicht lange vor 1579 gestorbener Fürst, und zwar einer der mächtigsten in der Christenheit, ein Wärwolf gewesen sein; wahrscheinlich ist König Carl IX. von Frankreich gemeint, welcher im Jahre 1574 starb, und unter dessen Regierung man jenem Eiferer im Aufspüren der Zauberer zu lau war.

---

[1]) Ebend S. 9. — [2]) Ebend. S. 79, — [3]) Ebend. S. 81, 84. — [4]) Wierus VI, 11. — [5]) Grimm, Myth. 918; Hertz S. 102. — [6]) Bodin II, 6.

Obschon der Wärwolf in den Processen sowie in den übrigen hierher gehörigen Schilderungen einfach als eine Gattung des Zauberers überhaupt erscheint, bedarf doch sein Wesen noch einer besondern Besprechung. Leubuscher in seiner Schrift „Ueber die Werwölfe und Thierverwandlungen im Mittelalter“ (Berlin 1850. 8°) fasst die Sache vom Standpunkte der Psychiatrie auf und erklärt sie demgemäss lediglich für einen Zweig der Dämonomanie überhaupt, also für eine sporadisch auftretende Geisteskrankheit. Andrerseits macht aber Hertz[1]) geltend, dass die Seltenheit der Krankheit in keinem Verhältnisse zur Verbreitung der Sage stehe. Letzteres ist indessen nicht ganz richtig; denn die Verbreitung der Sage lässt eher umgekehrt auch auf Verbreitung der Krankheit schliessen, wobei nur noch zu berücksichtigen wäre, dass eine psychiatrische Untersuchung der Mehrzahl der Fälle allerdings nicht stattgefunden hat. Gleichwohl hat der mehr historische Standpunkt, welchen Hertz einnimmt, seine entschiedene Berechtigung. Und wie sollten auch Leute in den verschiedensten Jahrhunderten und den verschiedensten Ländern gerade auf diese Vorstellung gekommen sein, wenn nicht der Glaube an die Möglichkeit gerade dieser Verwandlung schon existiert hätte? Denn auch die von Soldan[2]) aufgestellte Behauptung, als ob die Erzählung des Petronius, in welcher ein Mensch in Wolfsgestalt das Vieh anfiel, in dieser eine Halswunde erhielt und dieselbe nach eingetretener Rückverwandlung noch hatte[3]), die ausschliessliche Quelle aller späteren Wärwolfsgeschichten sei, klingt doch gar zu abenteuerlich. Der ganze Vorstellungskreis ist viel zu weit verbreitet und wurzelt viel zu tief in den Anschauungen der verschiedensten ost- und westeuropäischen Völker, als dass man es wagen dürfte, denselben auf einen einzelnen, ohnehin nicht einmal populären Schriftsteller des Alterthums zurückzuführen. Ueberdiess ist die Sache im Alterthum selbst viel älter als Petron, sie findet sich schon bei Herodot (IV, 105); nach diesem war es unter den Neurern Sitte, dass jeder einmal im Jahre für einige Tage ein Wolf war. Die Neurer werden zu

[1]) S. 19. — [2]) I, 60. — [3]) Satiræ cap. 62.

den Slaven gerechnet, und gerade bei den spätern Slaven erscheint der Glaube an Wärwölfe noch verbreiteter als im westlichen Europa[1]). Aus alledem dürfte nun hervorgehen, dass die Vorstellung als solche verschiedenen indogermanischen Stämmen gemeinsam war, den Slaven, Germanen und Kelten, und in der ältern Zeit auch Griechen und Römern. Und gerade da, wo unsre Quellen verhältnissmässig am reinsten fliessen, erscheint die Verwandlung als eine periodisch wiederkehrende; z. B. bei den Neurern und ebenso auch in Preussen, Livonien und Lithauen, wo es nach Olaus Magnus[2]) die Weihnachtszeit ist, in welcher unzählige Menschen als Wölfe herumlaufen. Hieraus ergiebt sich, dass wir es mit einer uralten, verschiedenen Völkern gemeinsamen Cultushandlung zu thun haben, nach welcher entweder das gesammte Volk oder nur einzelne aus demselben, dem Sündenbock der Hebräer vergleichbar, vielleicht um irgend eine verderbliche Gottheit zu sühnen, in Wolfspelzen umherirren mussten. Darum heisst wohl auch bei den Germanen der Geächtete und von der Gemeinschaft der Uebrigen Ausgeschlossene warch, d. h. Wolf[3]). Nun erklärt es sich auch, warum das Ganze nach der Einführung des Christenthums einen so düstern Anstrich erhielt; es theilte in dieser Beziehung eben einfach das Schicksal der meisten aus dem Heidenthum stammenden Gebräuche und Anschauungen. Wo es etwa noch eine Zeit lang fortdauerte, mussten sich die Betheiligten in dunkeln Stunden und abgelegenen Gegenden treffen, weil ihr Beginnen das Brandmal des Teuflischen trug. Und endsich, aus ihren historischen Bedingungen herausgerissen, hielt sich die Lycanthropie auch nicht mehr ausschliesslich an ihre ursprüngliche, durch den Cultus bedingte Jahreszeit, sondern sie trat nun vereinzelt und zu jeder Zeit des Jahres auf. Ob, wie Leubuscher annimmt[4]), die einzelnen Wärwölfe stets von

---

[1]) Olaus Magnus, De gentibus septentrionalibus historia XVIII, 45 und 47. — [2]) Ebend. — [3]) Hertz a. a. O. 133, 134; vgl. auch Preller, Griech. Mythol. 2. Aufl. I, 99. Man übersehe ja nicht, wie leicht der Wolf in der Phantasie eines überwiegend dem Hirtenleben ergebenen Volkes zur Personification oder zum Symbol des Schädlichen und Bösen werden konnte. — [4]) a. a. O. S. 51.

vornherein von ihrer Verwandlung überzeugt waren, ist zweifelhaft; die Analogie der übrigen Erscheinungen des Hexenprocesses spricht dagegen und führt eher zu der Annahme, dass die meisten Geständnisse durch Inquirieren oder mit Hilfe der Folter erpresst waren. Immerhin mag es einzelne besonders verwilderte Naturen mit verdorbener Phantasie gegeben haben, in welchen sich der Wahn, wenn er sich einmal bei ihnen festgesetzt hatte, zur förmlichen Lycomanie entwickelte. — Als Curiosum mag noch erwähnt werden, dass im sechszehnten Jahrhundert im Abendlande das Gerücht gieng, Sultan Soliman der Grosse habe im Jahre 1542 in Constantinopel eine Expedition gegen die Wärwölfe unternommen[1]). Vermuthlich waren es die herrenlosen Hunde der türkischen Residenz, gegen welche der Beherrscher der Gläubigen im Interesse der Strassenpolizei einschritt, die sich in der Phantasie der Abendländer in Wärwölfe verwandelt haben.

Andere Verwandlungen.

Ausser der Wolfsgestalt begegnen wir in den Hexenprocessen auch noch andern Thieren; Weiber nehmen z. B. gerne die der Katze an, und dieser Zug kehrt demgemäss in einer grossen Zahl Erzählungen in den verschiedensten Variationen wieder. So hörte einst ein reisender Edelmann Nachts in einem Wald auf einem Baume lachen, und unmittelbar darauf vernahm er eine Stimme, welche nach der Ursache des Gelächters fragte. Es erfolgte die Antwort: „Solt ich nit lachen, seitmals des bischofs von Brixen katzen die schwiger gestorben?“ Tags darauf kommt derselbe Edelmann am Hof zu Brixen an, sieht die Katze zur Seite des Bischofs und lacht nun selber; um die Ursache seines Lachens gefragt, wiederholt er, was er im Walde gehört; da fängt die bischöfliche Katze fürchterlich zu schreien an, springt zum Fenster hinaus und kommt nicht wieder. „Was das gewest fur ein catz, ist leuchtlichen zu erachten“, meint der Verfasser der Zimmerischen Chronik[2]). Häufig findet sich in den hierher gehörigen Erzählungen der Zug, dass die einer solchen Katze beigebrachte Wunde nachher an irgend einer Frau im Hause oder in der Nachbarschaft wieder zum Vorschein

[1]) Bodin II, 6 nach Job Fincelius. — [2]) IV, 283, 284.

kommt. So hatte einst ein Müllerknecht einer Katze, welche die Mühle während der Nacht unsicher machte, mit einer Axt eine Pfote abgehauen; am andern Morgen lag ein blutender Frauenarm mit einem Ring am Boden, Schwanwitt aber, eine Frau aus der Nachbarschaft, wurde mit abgehauenem Arm in ihrem Bett gefunden und später als Hexe verbrannt[1]). In dem berüchtigten Processe des Priesters Urbain Grandier zu Loudun in der Diöcese Poitiers, dessen Ende in das Jahr 1634 fiel, kam in dem dort befindlichen Kloster der Ursulinerinen eine Katze durch den Schornstein herab und setzte sich auf einen Betthimmel; sie wurde, obschon sie notorisch zu den wohlbekannten Klosterkatzen gehörte, mit Grandier in Verbindung gebracht, für einen bösen Geist gehalten und demgemäss von einem anwesenden Exorcisten unter vielfacher Bekreuzung beschworen[2]). Im Bisthum Strassburg hatte sich ein Mann gegen drei grosse Katzen, welche ihn anfielen, mit seiner Axt vertheidigt; bald darauf wurde er vor den Richter geführt und von diesem beschuldigt, drei ehrbare Matronen der Stadt verwundet und übel zugerichtet zu haben. Der Mann erzählte genau, was geschehen war, und wurde dann von den Richtern ersucht, die Sache aus Rücksicht auf die betreffenden Damen geheim zu halten[3]).

Man pflegt in der Annahme der Katzengestalt durch Hexen oder böse Geister gewöhnlich Nachklänge aus heidnisch-germanischer Zeit, und zwar speciell aus dem Mythenkreise der Göttin Freyja zu erkennen. Dieser Annahme steht aber zunächst die Thatsache entgegen, dass Freyja in Deutschland nirgends nachgewiesen ist, und dass ihr Cultus wohl ausschliesslich den scandinavischsn Germanen angehörte[4]); andrerseits aber ist die Katze als dämonisches, in den Teufelsdienst verflochtenes Thier auch ausserhalb der Grenzen Deutschlands nachweisbar[5]).

Auch andere Thiere, vierfüssige sowohl als Vögel, Amphibien und Insekten, ja sogar leblose Gegenstände wie Sturz-

---

[1]) Zeitschrift für deutsche Mythologie I, 307, 308. — [2]) Garinet pag. 211. — [3]) Malleus mal. II, 1, 9. — [4]) Germania XVII, 197 ff. — [5]) Bodin II, 6.

wellen und Wasserhosen, kommen gelegentlich in ähnlicher Weise vor[1]). Als im Anfange des siebenzehnten Jahrhunderts (1611) der Beneficiatpriester Louis Gaufridy aus Marseille wegen angeblicher Zauberei zu Aix gefangen sass, glaubte man in dem Geheul der Hunde sowie einer grossen Katze, welche ihre Stimmen zufällig in der Nähe seines Gefängnisses erhoben, die der in Gaufridys Zaubereien verwickelten Menschen zu erkennen[2]). Bekannt ist auch die Erzählung, nach welcher ein Jäger eine Wildgans schiesst und unmittelbar darauf eine ihm wohlbekannte Frau nackt im Gebüsche findet[3]). Andere hierher gehörige Erzählungen hat Hertz[4]) zusammengestellt. Sie beruhen natürlich beinahe immer auf mythischen Anschauungen im weitern Sinne des Wortes; nur wird man dieselben nicht immer auf irgend ein bestimmtes, dem Christenthum vorausgegangenes mythologisches System zurückführen können.

Freischützen. Eine Art von Zauber endlich, welcher aus naheliegenden Gründen nur Männern zugeschrieben wurde, ist der Gebrauch von sogenannten Freikugeln, d. h. von Kugeln, gelegentlich auch Pfeilen, welche ihr Ziel unter allen Umständen trafen. Man gewann dieselben dadurch, dass man auf eine Hostie oder auf das Bild des Gekreuzigten dreimal schoss oder die Hostie wohl auch zum Laden benutzte[5]); so oft der betreffende Schütze in die Hostie oder in das Crucifix geschossen hatte, so gross war dann die Zahl der Personen, welche er an einem Tage tödten konnte. Fürsten hielten sich zuweilen solche Freischützen, unter welchen im Hexenhammer seltsamerweise auch Wilhelm Tell figuriert[6]).

Das „Fest" sein. Umgekehrt bedienten sich aber auch die Soldaten magischer Mittel, um sowohl gegen Stich und Hieb als gegen Pulver und Blei sicher oder, wie der Kunstausdruck lautet, „fest" zu sein. Das classische Zeitalter der hierauf bezüglichen Vorstellungen und Gebräuche ist das siebenzehnte Jahrhundert und

---

[1]) Hertz a. a. O. 76. — [2]) Fr. de Rosset. Les histoires tragiques de nostre temps (Lyon 1623), pag. 72. — [3]) Baader. Volkssagen; Nr. 117. — [4]) a. a. O. S. 74 ff. — [5]) Mall. mal. II, 1, 16; Zeitschr. f. deutsche Philol. I, 89 ff. — [6]) Mall. mal. a. a O.

die Zeit des dreissigjährigen Krieges; vereinzelt aber findet sich die Sache auch in früherer oder späterer Zeit. Wir sehen hiebei von rein mythischen Beispielen, also von der Unverwundbarkeit Achills und des Telamoniers Ajax, von Siegfried und seiner Hornhaut u. a. m. gänzlich ab und halten uns lediglich an diejenigen Fälle, welche in historische Zeiten gehören. Hierher gehören also die Nägel vom Kreuze Christi, welche Constantin, allerdings nur nach spätern Quellen, in seiner Sturmhaube trug, um vor Wunden sicher zu sein; nach Euseb hätte er freilich seit dem Jahre 312 nur die griechischen Buchstaben *X* und *P* (*Χριστός*) in einander verschlungen auf derselben gehabt, und diese wären dann eher von symbolischer als magischer Bedeutung gewesen[1]). Die spätere Ueberlieferung beruht möglicherweise auf einem blossen Missverständnisse der frühern, obschon der sonstige Character Constantins die Möglichkeit des Reliquientragens nicht gerade ausschliesst.

Dass das christliche Mittelalter den Glauben an unverwundbar machende Stoffe nicht aufgegeben hat, ergiebt sich aus mehreren Heldengedichten desselben, deren Verfasser die betreffenden Vorstellungen schwerlich erfunden, wohl aber vorgefunden haben. Hierher gehört die durch Drachenblut hart wie Horn gewordene Haut Siegfrieds[2]) sowie Wolfdietrichs S. Jörgenhemd[3]). Was jene betrifft, so ist die Vorstellung als solche wohl eher germanisch als mittelalterlich; dieses erinnert an das in spätern Jahrhunderten häufig vorkommende sogenannte „Nothhemd". Ueber letzteres giebt, soweit es sich um seine Anfertigung handelt, Anhorn in seiner Magiologia (S. 836, 837) genaue Auskunft: „Wann jemand ein solches Nothembd wollen machen lassen, hat man an einem gewissen Abend in dem Jahr, so viel gantz reine Jungfrawen zusammen gesetzt, als viel gnugsam gewesen, dieses Hembd, in einer Nacht ausszumachen. Wann nun eine auss diesen Jungfrawen sich wenigst beflekt gewüsst, hat sie sich in diese Gesellschaft nicht einmischen dörffen. Wann diese Jungfrawen beysammen gewesen, haben sie die

[1]) Vita Constantini I, 31. — [2]) Nibelungen Str. 101 und 815. — [3]) Der grosse Wolfdietrich, herausgeg. von Holtzmann, Str. 570.

gantze Nacht in dess Teufels Namen spinnen, weben vnd nähen müssen, biss solches Nothembd in der Länge, von dem Halss biss auf den halben Mann, mit beyden Ermeln also verfertiget worden, dass auf die Brust, zwey Häupter, eines auf der rechten Seyten, mit einem langen Bart vnd Helm; Das andere, auf der lincken Seiten, mit einer erschröklichen, doch gekrönten Teufelsgestalt, angenähet worden.“

Am berühmtesten war aber im siebenzehnten Jahrhundert die Passauerkunst und die mittelst derselben verfertigten sogenannten Passauerzeddel. Ueber ihren Ursprung geben Anhorn[1]), der Achilles panoplus redivivus des Johann Ernst Burggraf und das simplicianische Vogelnest[2]) Auskunft. Im Jahre 1611 nämlich zog ein Heer gegen Matthias und die böhmischen Stände, die sogenannten „Passauer“, aus Passau nach Böhmen. Da verkaufte der passauische Henker Kaspar Neithardt den Soldaten thalergrosse, mit allerlei Zeichen und Figuren, zum Theil sogar mit dem Blute von Fledermäusen bemalte Zeddel. (Das Vogelnest nennt statt des Henkers einen Studenten aus Passau als Erfinder.) Diese wurden nun von den Soldaten als Amulete getragen (nach Anhorn sogar gegessen) und dienten von da an auch in spätern Feldzügen als solche. Ihre Wirkung war der Art, dass „diese gottlosen Teufelsdiener weder von Rapier noch Degen wund gemacht werden: vnd die Musquetenkugeln in die Ermel empfahen, vnd mit den Händen auf-fangen könten“ (Anhorn). Wer vollends dergleichen Passauerzeddel mit Heckerling oder geschnittenem Stroh in eine Pistole lud und diese rückwärts abfeuerte, dem stellten sich so viele Reiter in's Feld, „als des Hecksels gewesen“ (Vogelnest II, 26).

Die Passauerkunst.

Dass die Passauerkunst für teuflisch galt, ergiebt sich schon aus dem von Anhorn mitgetheilten Recepte; zum Ueberflusse schrieb man wohl noch auf die Zeddel:

Teuffel, hilff mir | Leib und Seel gib ich dir[3]).

Auch der Wärwolf galt für fest, und dann musste man, um ihn zu erlegen, das Gewehr mit Hollundermark oder Erbsilber

---

[1]) Magiologia 837, 838. — [2]) Theil II, cap. 25. — [3]) Vogelnest II, 25.

laden[1]). Ja es wird sogar erzählt, man habe zuweilen auch Hunde und Pferde fest gemacht[2]); einmal ist sogar von einem Hering die Rede, welcher fest war und in Folge dessen nicht konnte angeschnitten werden[3]).

Ferner gab es Münzen, welche, als Amulete getragen, fest machten; so z. B. der gräflich Mansfeldische S. Jürgenthaler von 1609 und 1611 oder von 1521 bis 1523 mit der Figur des Ritters S. Georg zu Pferd und den beiden Buchstaben G und M (Georgius Miles)[4]); ferner galten die ungarischen Georgenthaler von 1690 mit S. Georg in einem Schiffe für wirksam, namentlich in Seekriegen[5]). Die Unverwundbarkeit des Gegners glaubte man dadurch auflösen zu können, dass man Ohrenschmalz auf die Degenspitze strich[6]).

In Folge dieser Vorstellungen hielten sich nun im siebenzehnten Jahrhundert und auch noch im achtzehnten Manche für fest, oder sie galten wenigstens bei ihren Zeitgenossen oder Untergebenen dafür; manchmal finden sich sogar ganze Familien, namentlich fürstliche, in welchen diese Eigenschaft geradezu für erblich galt. Zu letztern gehörte u. a. das Haus Savoyen, dessen sämmtliche Glieder namentlich von Kugeln nicht konnten verletzt werden; ein Versuch, welchen der kaiserliche Generalmajor von Schomburg machte, den Prinzen Thomas von Savoyen († 1656) erschiessen zu lassen, soll in der That vergeblich gewesen sein, da dem dazu commandierten General die Flinte schlechterdings versagte[7]). Carl XII. von Schweden hielt sich selber für fest, und Friedrich der Grosse sowie der alte Dessauer galten wenigstens bei ihren Soldaten dafür.

Natürlich gab es aber auch in den Zeiten des dicksten Aberglaubens Einzelne, welche das Festmachen als solches verlachten oder verabscheuten. Schon im Jahre 1622 schlugen die Graubündtner diejenigen feindlichen Soldaten, welche für fest

---

[1]) Hertz a. a. O. 83. — [2]) Mengering scrut. consc. bei Widmann Leben Fausts (Nürnb. 1695 durch J. N. Pfitzer) S. 261. — [3]) Ebend. — [4]) Tenzeli Courieuse Bibliothek, repos. II, pag. 764. — [5]) Schmieder in Ersch u. Grubers allg. Encycl. Thl. III, S. 431. — [6]) Grimm. Myth. III, 439, No. 144. — [7]) Simplicissimus Buch VI, Cap. 13.

galten, einfach mit Prügeln todt[1]), und 1633 wurden im Treffen bei Philippsburg ein Jäger und ein Schultheiss, welche nicht anders umzubringen waren, mit Hilfe von Streithämmern in's Jenseits befördert. Auch ein Stallmeister Bernhards von Weimar konnte weder todtgestochen noch todtgeschossen werden; da gruben ihn die Croaten so in die Erde, dass nur der Kopf hervorschaute, und nun kegelten sie ihn todt[2]).

Natürlich gab es aber auch zahlreiche Fälle, in welchen der Aberglaube, um seine Ziele zu erreichen, nicht bloss zu thörichten sondern zu wirklich scheusslichen Mitteln griff, und in welchen folglich das Einschreiten der Gerichte als wohlthätig und nothwendig erscheinen musste. Man glaubte namentlich, verschiedene Glieder und Theile neugeborener, ungetauft gestorbener oder gar noch nicht geborener Kinder enthielten mancherlei magische Eigenschaften oder Kräfte, und suchte sich dieselben demgemäss zu verschaffen. So glaubten z. B. vor Zeiten die Gauner in Mittelfranken, das aus den Genitalien eines unschuldigen Knaben mit drei Holzscheitern aufgefangene Blut mache sie bei ihren Diebstählen unsichtbar[3]). Bei Speyer musste noch zu Anfang dieses Jahrhunderts der Kirchhof bewacht werden, weil Manche den Fingern ungetauft gestorbener Kinder die nämliche Eigenschaft zuschrieben[4]). Ein entsetzliches Scheusal aber war namentlich der in der Mitte des vorigen Jahrhunderts in Bayreuth hingerichtete Hundssattler. Er hatte, als er in die Hände der Justiz fiel, nicht weniger als acht schwangere Frauen ermordet, ihren Leib aufgeschnitten und die noch zuckenden warmen Herzen der Kinder gegessen, in der Meinung, durch den Genuss von neun solcher Herzen sich die Fähigkeit des Fliegens erwerben zu können[5]). Aehnlich verfuhren in den Jahren 1577 und 1601 Einzelne in Nürnberg, um sich aus den Fingern ungeborener Kinder Diebslichter zu verschaffen[6]). Andrerseits konnten auch nicht ernsthaft

---

[1]) Pündtnerischer Handlungen Widerholt vnnd vermehrte Deduction. s. l. 1622 (S. 45). — [2]) Harsdörffer: Schauplatz jämmerlicher Mordgeschichten, Thl. III, pag. 116. — [3]) Lammert a. a. O. S. 84. — [4]) Ebend. — [5]) Ebend. — [6]) Ebend.

gemeinte Aussagen oder Prahlereien mit allerlei Kunststücken leicht gefährliche Folgen haben. So wurde z. B. in Siena ein gewisser Griffoletto aus Arezzo auf Befehl des Bischofs verbrannt, weil er sich gerühmt hatte, fliegen zu können, und weil er einen gewissen Albero durch angeblichen Unterricht in dieser Kunst geprellt hatte[1]).

Fälle von der Art der zuletzt angeführten dürfen nicht völlig ignoriert werden. Sie beweisen, dass es neben den allerdings zahlreichen schuldlosen Opfern der Hexenprocesse an mehr oder weniger schuldigen doch auch nicht gefehlt hat. Und wenn wir die barbarische Justiz früherer Jahrhunderte mit Recht verabscheuen, so müssen wir andrerseits doch auch gestehn, dass es Dank der übertriebenen Humanität unserer Tage gegenwärtig Staaten giebt, deren Gesetzgebung nicht einmal die Hinrichtung eines Scheusals von der Art des eben erwähnten Hundssattlers gestatten würde.

Zweites Capitel.

Divinationen und Beschwörungen.

Die Divination. Die Divination, mit welcher wir es hier zu thun haben, gehört der Hauptsache nach ebenfalls zum Zauberwesen, nur ist sie viel unschuldiger als das Hexenwesen. Zwar kann der Teufel auch hier seine Hand im Spiele haben, es wird aber doch keine Apostasie und kein förmlicher Teufelscultus vorausgesetzt. Man lässt sich den Beistand des Bösen, der übrigens keineswegs regelmässig erwähnt wird, vorübergehend gefallen, die Sache hat aber keine weitern Consequenzen; der Satan erwirbt keine förmlichen Ansprüche, und der mit Divinationen

[1]) Dante. Inferno XXIX, 112 ff., wozu die einzelnen Commentare noch zu vergleichen sind.

Beschäftigte seinerseits riskiert nichts. In den meisten Fällen handelt es sich um die Ermittlung künftiger Dinge, ferner etwa noch um die Entdeckung von Missethätern, namentlich von Dieben. Die Divination sucht gleichsam dasjenige, was die Vorzeichen von selbst andeuten, in Ermangelung solcher durch künstliche Mittel herauszubringen. Ganz ohne einen unheimlichen Beigeschmack ist die Sache freilich auch nicht; sie konnte insbesondere verhängnissvoll werden, wenn ein Unschuldiger durch sie als schuldig bezeichnet wurde[1]), zumal wenn etwa die Gerichte ihre Berechtigung zugaben und mit Hilfe der Tortur die Sache weiter verfolgten. Der Divinierende hingegen hatte seinerseits den Vortheil, dass man ihn in der Regel gewähren liess, und letzteres war auch umso leichter möglich, als sich die Sache selbst meist der Oeffentlichkeit entzog.

Die wichtigsten hierher gehörigen Divinationen schildert der schon öfters angeführte Weier[2]); die meisten derselben waren schon den Griechen und Römern, einzelne sogar schon dem Orient oder den Aegyptern bekannt. Es sind:

1) Der *Beckenzauber* (*λεκανομαντεία*). Man legte goldene und silberne Scheiben oder Steine in ein mit Wasser gefülltes Becken, beschwor einen Dämon mit Worten und stellte eine bestimmte Frage; sobald das Wasser anschwoll, ertönte leises Flüstern als Antwort aus demselben. An und für sich soll der Beckenzauber assyrischen Ursprungs sein[3]). Als der byzantinische Kaiser Andronicus (1183—1185) durch Zauber die Zukunft des Reichs in einem Wasserbecken erforschen liess, zeigte sich im Wasser zuerst ein S in Gestalt eines Halbmondes und dann ein I, worunter Andronicus den Isaurer Isaak Comnenos verstand. Als der Kaiser weiter fragte, wann dieser auf ihn folgen werde, sprang der Geist des Beckens mit Geräusch in's Wasser und rief „vor Kreuzerhöhung[4])".

2) Der *Bauchzauber* (*γαστρομαντεία*). Dazu gehörten runde mit Wasser gefüllte Gefässe; man stellte brennende Wachs-

---

[1]) Alemannia IX, 79. — [2]) De præstigiis dæmonum II, 12. — [3]) Psellus s. t. Quo modo magi excantent, trahantque. — [4]) Nicetas. De Andronico Comneno II, 9.

lichter um dieselben herum auf und rief den Dämon an; zum Beobachten bediente man sich eines keuschen Knaben oder einer schwangern Frau. Der Geist antwortete durch Bilder auf dem Wasser (imagines aquæ impressæ), welche durch das Glas des Gefässes sichtbar waren.

3) Der *Spiegelzauber* (*κατοπτρομαντεία*) und 4) der *Krystallzauber* (*κρυσταλλομαντεία*) gehören in der Hauptsache zusammen und dienen namentlich zur Ermittlung der Zukunft, in erster Linie in Liebesangelegenheiten, sowie zur Wiedererlangung vermisster oder entwendeter Gegenstände. Nach Peller[1]) liess sich ein englischer Legat auf dieses Verfahren ein, um die Zukunft seines Landes kennen zu lernen. Er sah zuerst einen grossen braunen Mann, welcher dem Pabste die Füsse küsste, sodann eine schöne Jungfrau, die der Mann bei der Hand nehmen wollte; der Pabst wollte diesen daran hindern, erhielt aber dafür solche Maulschellen, dass ihm die dreifache Krone vom Haupte fiel. Nun erschien ein schöner Jüngling, auf dessen Stirn die Worte „Angelus, Rex et Puer“ standen. Dann folgte ein Weib mit der Inschrift „Furia furiarum“, welche fünfmal hin- und hergieng, hierauf ein schönes Weib, welches fünfundvierzigmal ab- und zugieng, und auf deren Brust das Wort „excellentissima“ geschrieben stand. Jetzt erschien wieder ein bejahrter Mann mit einem Buch unter dem Arm; auf letzterem stand die Ueberschrift „pacem damnosam semper amavi.“ Die letzte Gestalt endlich war die eines schönen Mannes von jugendlichem Aussehn mit der Inschrift „coniunctio in sanguine concepta est et sanguine finienda erit“; dieser trat vierundzwanzigmal auf und verschwand zuletzt mit blutigem Kopf. Man erkennt in diesen Figuren leicht König Heinrich VIII., Anna Boleyn, Pabst Clemens VII., Eduard VI., die Königinen Maria und Elisabeth mit der Zahl ihrer Regierungsjahre, Jacob I. und Carl I.; auch der politische oder kirchliche Standpunkt des Dämons lässt in Bezug auf Deutlichkeit nichts zu wünschen übrig, desto mehr aber die unbestimmte Angabe der Zeit, in welcher diese Consultation stattfand.

---

[1]) Politicus sceleratus, pag. 43—45, bei Anhorn S. 514 ff.

Hierher gehört auch der Zauberspiegel, welchen der in vielen Alpensagen wiederkehrende „Venediger“ in seiner Wohnung hat, und in welchem der nach der Lagunenstadt gekommene Alpenbewohner sieht, was bei ihm zu Hause vorgeht [1]). Der Venediger selbst vereinigt die Natur des alpinen Zwergs, welcher in seiner Höhle unterirdisches Gold hütet, mit der des durch seine Reichthümer halbmythisch gewordenen Venezianers; auch Gerüchte von Alchemisten in der Lagunenstadt, welche etwa von dort heimgekehrte Schweizersoldaten nach Hause brachten, ja sogar der Ruf der natürlichen venezianischen Spiegel können bei der allmählichen Entstehung derartiger Sagen thätig gewesen sein und dem Venediger einen mehr oder weniger dämonischen Anstrich gegeben haben. Der Zauber selbst soll ursprünglich in Persien zu Hause gewesen sein [2]); im Alterthum soll ihn der römische Kaiser Didius Julianus angewandt haben [3]).

Was die Art und Weise betrifft, auf welche die im Spiegel oder im Krystall gesuchten Gegenstände entdeckt wurden, so ist zuweilen der Neugierige selbst der Entdecker; in andern Fällen sucht der Besitzer des Spiegels die Gegenstände zu erkennen, und endlich kommt es auch vor, dass der Zauberer sich einer dritten Person bedient. Diese dritte Person ist dann entweder ein noch unschuldiges Kind oder allenfalls eine Schwangere [4]); bekannt sind namentlich die dressierten Knaben geworden, deren sich Cagliostro zu diesem Zwecke bediente [5]). In den Sagen vom Venediger hingegen wird der Aelpler in der Regel aufgefordert, selbst in den Spiegel zu sehn.

5) Der *Wasserzauber* (*ὑδρομαντεία*). Auch hier wird ein Geschirr mit Wasser gefüllt, dann ein Ring an einen Bindfaden befestigt und hin- und hergeschwungen. Die Antwort hängt dann vom Anschlagen des Rings an dem Geschirr ab.

6) Der *Nagelzauber* (*ὀνυχομαντεία*). Man strich auf den Nagel eines Knaben Oel und Russ, murmelte etwas dazu und hielt

---

[1]) Lütolf. Sagen, Bräuche und Legenden aus den fünf Orten Lucern, Uri, Schwyz, Unterwalden und Zug. S. 509. v. Alpenburg. Mythen und Sagen Tirols. S. 319 ff. — [2]) Varro bei Augustin, de civit. Dei VII, 35. — [3]) Spartian. Did. Julian. VII. — [4]) Anhorn 512; Alemannia IX, 73 ff. — [5]) Leben Kagliostros (Augsburg, Styx, 1791) 3. Hptstck, S. 64.

den Nagel gegen die Sonne; nun konnte man auf demselben allerlei Bilder und Figuren sehn. Nach Geiler von Kaisersberg kann jeder das Experiment an seinen eigenen Nägeln vornehmen und nur die Person, welche die Bilder auf dem Nagel constatiert, muss ein unbeflecktes Kind sein [1]).

7) Der *Siebzauber* (*κοσκινομαντεία*). Hier handelte es sich namentlich um die Entdeckung von Schuldigen. Man legte ein Sieb auf eine Zange, hielt zwei Finger an diese, murmelte dazu sechs Worte der Beschwörung und darauf die Namen der Verdächtigen; bei wessen Namen das Sieb zittert oder sich bewegt, der ist der Schuldige [2]). Ein an eine runde Scheibe gehaltenes Beil thut übrigens denselben Dienst.

8) Der *Fingerzauber* (*δακτυλομαντεία*). Hier handelte es sich um Ringe, welche den verschiedenen Himmelsgegenden entsprachen.

Andere Gattungen der Divination scheinen weniger bedeutend gewesen zu sein. So z. B. die *Tephramantie*, bei welcher man mit einem Finger oder einem Stäbchen in Asche schrieb und darauf diese der Luft aussetzte; entscheidend waren diejenigen Buchstaben, welche der Wind nicht wegblies. Ferner gehört die *Alectryomantie* hierher. Hier bediente man sich eines Kreises mit vierundzwanzig Feldern; auf jedem Felde lag ein Korn, und jedem entsprach zugleich ein Buchstabe des Alphabets; es kam nun darauf an, welche Körner ein herbeigeholter Hahn wegpickte [3]). Andere bestrichen eine Henne mit Russ und liessen, wenn es auf das Entdecken eines Diebstahls ankam, die Verdächtigen dieselbe betasten; wer dann keine schwarzen Hände bekam, war der Dieb [4]). Endlich der *Schlüsselzauber* (*κλειδομαντεία*): Man legte einen Schlüssel nebst Kreuz und Zeddel, auf welchem die Namen der Verdächtigen stehn, auf das aufgeschlagene erste Capitel des Johannesevangeliums; eine Jungfrau hielt den Schlüssel, und der Tragende nannte die auf dem Zeddel stehenden Namen; bei der Nennung des Schuldigen bewegten sich

---

[1]) Omeiss (in Birlingers Alemannia IX, 77). — [2]) Anhorn 519. — [3]) Weier II, 13. — [4]) v. Eckartshausen. Entdeckte Geheimnisse der Zauberey, S. 154.

nun Zeddel und Schlüssel[1]). Von den Mönchen des Berges Athos erzählte man, sie gewahrten auf ihrem Nabel, was Andere in Gefässen oder auf den Fingernägeln sahen[2]).

Natürlich waren nicht alle Leute für derartige Dinge in gleichem Grade empfänglich oder, wie man die Sache vielleicht auch ausdrücken könnte, es waren nicht Alle in gleichem Grade in die Geheimnisse derselben eingeweiht. Johannes von Salisbury z. B. († 1181) sah als Knabe in einem Becken, in welches ein Priester ihn zuweilen schauen liess, nichts, während ein Mitschüler mancherlei Gestalten in nebelhaften Umrissen in demselben zu erkennen glaubte; er wurde auch später in Folge dessen nicht mehr zugezogen[3]). Ebenso verhielt es sich mit einem Krystall, welchen ein Nürnberger von einem Unbekannten erhalten hatte; Knaben sahen auf demselben Figuren und ebenso die Frau des Besitzers, als sie mit einem Knaben schwanger gieng, andere Leute hingegen bemerkten nichts. Der Krystall soll in seinen Antworten stets die Wahrheit gesagt haben, was aber seinem Eigenthümer zuletzt einen so unheimlichen Eindruck machte, dass er ihn zerschlagen und die einzelnen Stücke in einen Abtritt werfen liess[4]).

Sehr lange, zum Theil sogar bis in unsere Tage, hat sich die Sitte erhalten, glühendes Blei in's Wasser zu giessen und aus den Figuren, welche es da bildete, Zukünftiges zu errathen[5]). Ja sogar der Kaffee, dieses verhältnissmässig so moderne Getränk, oder vielmehr sein Bodensatz, ist vor noch nicht ganz hundertundfünzig Jahren in den Kreis abergläubischer Vorstellungen hineingezogen worden:

> In Leipzig war damals, die nun verlohrne Kunst,
> Aus dickem Caffeesatz, durch schwarzer Geister Gunst,
> Die Zukunft auszuspähn; und die geheimsten Thaten,
> Geschehn, und künftig noch, prophetisch zu errathen[6]).

Selbstverständlich war die betreffende Kunst nicht auf Leipzig beschränkt sondern auch sonst in hohem Grade verbreitet. —

---

[1]) Anhorn 519, 520. — [2]) Fleury. Histoire ecclésiastique l. XCV, c. 9. — [3]) Policraticus II, 28. — [4]) Anhorn 516, 517. — [5]) Weier II, 13. — [6]) Zachariæ. Der Renommist. III. Vers 47; die Dichtung erschien zuerst i. J. 1744.

Beschwörungen. Noch deutlicher als bei der blossen Divination tritt der Beistand der bösen Geister bei wirklichen Beschwörungen zu Tage. Es handelt sich hier nicht um unfreiwillige Geisterseherei sondern um Leute, welche darauf ausgiengen, Geister von Verstorbenen oder Dämonen zu erblicken und auch wohl zu befragen. Man citierte dieselben entweder, falls man die dazu erforderlichen Mittel oder Fähigkeiten besass, selbst, oder man wandte sich, im Falle jene fehlten, an Todtenbeschwörer (Necromanten). Schon den Wilden war dieses Verfahren keineswegs fremd [1]), und das hebräische Alterthum kannte dasselbe ebenfalls; im ersten Buche Samuelis (Cap. 26) wird bekanntlich erzählt, wie König Saul durch eine Zauberin zu Endor den Schatten des Propheten Samuel aus dem Grabe heraufbeschwören liess. Auch die Griechen kannten das Beschwören von Göttern und Heroen und wandten dasselbe vorzugsweise im Interesse des Privatlebens an; einen bekannten, freilich mythischen Beleg liefert die Beschwörung des Schattens des Tiresias in Homers Odyssee [2]). Wirklich bedeutende Dimensionen nimmt aber die Sache erst in der spätern römischen Kaiserzeit bei den Neuplatonikern an. Man beschwor jetzt Götter, Dämonen, Heroen und Seelen ganz nach Bedürfniss, bediente sich dazu mit Vorliebe fremder, barbarisch klingender Anrufungen und wandte neben der Laterna magica auch starke narkotisch wirkende Dämpfe an; wenn beim Ritual Verstösse vorkamen, so stellten sich statt der citierten guten Geister böse ein [3]).

Auch diese Gebräuche vererbten sich zunächst auf die altchristliche Zeit [4]) und dann auf das Mittelalter; als Hauptträger dieser Kunst galten in letzterm die sogenannten fahrenden Schüler, und als Hauptsitze derselben Toledo [5]), Salamanca [6]) und Krakau [7]). Der Beschwörer zieht, wenn er Dämonen sehen will, mit dem Schwert einen Kreis um sich herum und hält sich, und falls er Genossen hat, auch diese innerhalb der Peri-

[1]) J. G. Müller. Geschichte der Amerikanischen Urreligionen. S. 261, 287. Maury p. 18. — [2]) XI, 23 ff. — [3]) Burckhardt. Die Zeit Constantin's S. 253 ff. — [4]) Eugippius, vita S. Severini c. 16. — [5]) Cäs. Heist. V, 4. Von der Hagen. Minnesinger II, 88a. — [6]) Gesner epist. lib. I, fol. 1b. — [7]) Majolus. Dies canic. II, 3, pag. 405.

pherie desselben; während der Beschwörung darf dann Keiner den Kreis verlassen oder auch nur ein Glied über denselben hinausstrecken. Einen Fall dieser Art theilt Cäsarius von Heisterbach[1]) mit. Fahrende Schüler aus Bayern und Schwaben studierten in Toledo Necromantie. Sie wünschten Dämonen zu sehn und wandten sich daher an ihren Lehrer; dieser führte sie auf das offene Feld und begann daselbst seine Beschwörungen. Da erschienen Dämonen zuerst in der Gestalt von Rittern und führten alle erdenklichen ritterlichen Spiele auf. Hierauf verwandelten sie sich in schöne Mädchen und gaben als solche ein wahres Teufelsballett zum Besten; eines der Mädchen hatte es überdiess auf einen der Schüler besonders abgesehen, indem es beim Vorbeitanzen regelmässig einen goldenen Ring nach ihm ausstreckte. Zuletzt verlor der Jüngling seine Kaltblütigkeit, er griff nach dem Ring und streckte dabei einen Finger über den Kreis hinaus. Alsbald ergriff ihn das Mädchen an dem Finger, die Dämonen verschwanden alle in einem Ungewitter, und der Jüngling verschwand mit ihnen. Mit derartigen Katastrophen pflegen solche Scenen in der Regel zu schliessen, hier aber gieng es ausnahmsweise anders. Die übrigen Schüler wollten nämlich ihren Freund um jeden Preis wieder haben und bedrohten ihren Lehrer mit dem Tode, falls er ihnen dabei nicht behilflich sei. Der Lehrer, welcher den heftigen Sinn der Bayern kannte und fürchtete, versprach seine Verwendung, der Fürst der Dämonen war ausnahmsweise nicht unerbittlich, kurz der Jüngling kam wieder.

Der Zweck solcher Beschwörungen ist zuweilen wie in der eben mitgetheilten Erzählung des Cäsarius blosse Neugierde; es kann aber auch wie z. B. in der Scene zu Endor die Erforschung künftiger Dinge beabsichtigt sein. Hierher gehört z. B. was die fränkischen Chronisten von der Brautnacht König Childerichs und seiner Gemahlin, der thüringischen Basina, erzählen[2]). Jener sah, nachdem er gelobt hatte seine Gattin in der ersten Nacht nicht zu berühren, an der Thür seiner Burg

---

[1]) V, 4. — Den magischen Kreis hat auch das älteste Faustbuch von 1587 (I, c. 2). — [2]) Fredegar c. 12.

im Hofe zuerst Leoparden, Einhörner und Löwen, hierauf Wölfe und Bären und zuletzt Hunde und kleinere Thiere, welche sich gegenseitig zerfleischten. Die zauberkundige Königin bezog die erste Gruppe auf ihren ersten Sohn Chlodwig, die zweite auf dessen Nachkommen, die Hunde auf die letzten Merowinger und die kleineren Thiere auf das fränkische Volk. Auch die grosse Beschwörungscene in Shakesperes Macbeth (IV, 1) fällt unter diesen Gesichtspunkt, während z. B. die Citierung des Schattens Alexanders des Grossen und seiner Gemahlin vor Kaiser Carl V. durch Doctor Faust[1]) eher zur Befriedigung der kaiserlichen Neugierde scheint gedient zu haben.

Bisweilen erhielten die Beschwörungen auch einen mehr oder weniger kirchlichen Anstrich. Man zündete z. B. eine Lampe zu Ehren des heiligen Antonius an und glaubte nun, aus der Flamme derselben die Zukunft erfahren zu können; doch verbot im Jahre 511 das Concil von Orléans (canon 30) dieses Verfahren bei Strafe der Excommunication. Das Verbot scheint indessen wenig gefruchtet zu haben; denn die Sitte, „le sort des saints" um Rath zu fragen, erhielt sich bis in das siebenzehnte Jahrhundert, trotzdem dass der Clerus behauptete, unbefugtes Anwenden derselben verdanke allenfallsige Winke und Aufklärungen lediglich dem Teufel[2]).

Häufig ist auch davon die Rede, dass Kindern zum Zwecke derartiger Consultationen die Köpfe abgehauen werden, worauf dann der betreffende Kopf befragt wird. Dieses Verfahren scheint ursprünglich der spätern römischen Kaiserzeit anzugehören und heidnischen Ursprungs zu sein; doch haben wir es jedenfalls mit starken Uebertreibungen wo nicht mit reiner Erfindung zu thun, wenn wir z. B. lesen, man habe nach Kaiser Julians Tod in seinem Palaste zu Antiochien ganze Körbe, welche mit solchen Köpfen angefüllt waren, gefunden[3]). Einen hierher gehörigen Fall aus christlicher Zeit erzählt Jean Bodin[4]): Ein mächtiger König des sechszehnten Jahrhunderts (Carl IX. von

---

[1]) Faustbuch von 1587, c. 33. — [2]) Garinet. Histoire de la magie en France, pag. 25. — [3]) Theodoret. hist. eccles. III, 27. — [4]) Dæmonomania II, 3.

Frankreich?) habe, um die Zukunft zu erforschen, einen Dominicaner, welcher auf dem Gebiete der Magie Erfahrungen besass, zu sich berufen. Der Mönch habe einem zehnjährigen Knaben den Kopf abgeschnitten, auf den abgehauenen Kopf eine Hostie gelegt und denselben beschworen; es sei aber aus dem Kopfe nichts als die Worte „vim patior" herauszubringen gewesen, worauf der König rasend geworden und bald gestorben sei. Uebrigens dachte man sich ausser dem menschlichen Haupte auch noch andere Körpertheile als Sitz prophetischer Gaben und zugleich selbstverständlich als unter dämonischen Einflüssen stehend, so namentlich den Bauch und die weibliche Scham [1]. Was den Bauch betrifft, so war es die an und für sich ganz harmlose Kunst der Bauchrednerei, welche in einem Zeitalter, wo der Teufel überhaupt Alles vermochte, ebenfalls auf seinen Einfluss zurückgeführt wurde.

Schatzgräber.

Namentlich eng war die Kunst des Beschwörers aber mit der des Schatzgräbers verbunden. Natürlich muss hier zwischen wirklichen und bloss vermeintlichen in der Erde verborgenen Schätzen unterschieden werden. Es liegt in der Natur der Sache und ist überdiess durch Schriftsteller des siebenzehnten Jahrhunderts bezeugt [2], dass während des dreissigjährigen Krieges häufig Geld und andere Kostbarkeiten vergraben wurden. Starb nun etwa derjenige, welcher dieselben verscharrt hatte, ehe er sie wieder ausgraben konnte, oder traten anderweitige Hindernisse ein, so konnten die vergrabenen Gegenstände früher oder später leicht in andere Hände gerathen. Mancher mag auch demgemäss an den natürlichen Ursachen eines solchen Schatzes schon damals nicht gezweifelt haben, Andere aber zogen es in solchen Fällen vor, ein Wunder anzunehmen, für dessen Urheber sie dann im Geiste ihres Jahrhunderts sofort den Teufel oder irgend einen Kakodæmon erklärten. Dazu kam nun noch, dass man nach solchen Schätzen förmlich suchte, und sich dabei, namentlich wenn etwa das gewöhnliche Suchen nicht gleich den gewünschten Erfolg hatte, mit Vorliebe magischer Mittel bediente; die letztern lieferten fahrende Schüler,

[1]) Ebend. — [2]) Anhorn S. 844.

auch wohl Bettelmönche, überhaupt herumziehende Leute von zweideutiger Art. Dass man sich den Teufel gern als ursprünglichen Eigenthümer solcher Schätze dachte, oder dass man ihm wenigstens eine gewisse Gewalt über dieselben zutraute, ergiebt sich aus mancherlei hierher gehörigen Zügen. Schon das Beschwören setzt voraus, das man sich auf einen gewissen Widerstand gefasst machte und annahm, einfaches Graben allein führe nicht zum Ziel. In vielen Sagen und Erzählungen werden die Schätze überdiess von Thieren gehütet, welche mit dem Teufel in Verbindung stehn, z. B. von Schlangen, Kröten oder schwarzen Hunden. Der Schatzgräber darf ferner kein Brot bei sich haben, ohne Zweifel weil das Brot dem Teufel zuwider ist[1]), er soll ferner während seiner Arbeit schweigen, sonst verrückt der Teufel den Schatz[2]).

Gefahren derselben. Am Weihnachtsabend des Jahres 1715 wurde in einem Rebhäuschen bei Jena um eines angeblichen Schatzes willen eine solche Beschwörung, die sogenannte „Jenaische Conjuration“ vorgenommen, bei welcher mehrere Bauern in Folge des dabei entstandenen Kohlendampfes erstickten. Die öffentliche Meinung nahm aber an, der Teufel habe dieselben getödtet. Als daher in der folgenden Nacht diejenigen, welche die Todtenwache hielten, in Folge übertriebenen Tabaks- und Schnapsgenusses, zum Theil auch, weil der Kohlendampf noch nicht aufgehört hatte, ebenfalls in Ohnmacht fielen, hiess es wieder, der Teufel habe sie „beunruhigt“. Die juristische und die medicinische Facultät der Universität Leipzig erkannten die wahren Ursachen dieser Unglücksfälle, die theologische hingegen schloss sich der öffentlichen Meinung an und sah in dem Teufel den Urheber jener Todesfälle; ein in die Affaire verwickelter Student wurde in Folge dessen auf ewig und sein Rathgeber wenigstens auf zehn Jahre des Landes verwiesen[3]).

Auch sonst liefen Beschwörungen der verschiedensten Art nicht immer gefahrlos ab. Als Agrippa von Nettesheim sich in Löwen aufhielt, betrat ein neugieriger Tischgenosse trotz dem

---

[1]) Anhorn 858. — [2]) Ebend. — [3]) Keil. Geschichte des jenaischen Studentenlebens, S. 189 ff.

ausdrücklichen Verbote des Meisters dessen Zimmer und schlug das Beschwörungsbuch auf. Da erschien ihm ein Geist und fragte, warum er ihn citiert habe, und da der Verwegene keine Antwort wusste, erwürgte ihn jener. Als nun Agrippa wieder nach Hause kam und sah, was geschehen war, zwang er den Geist, in den Leichnam des Getödteten zu fahren und in diesem mehrmals auf- und abzugehn; in Folge dessen fiel letzterer zusammen [1]). Ebenso soll Herzog Leopold von Oesterreich von dem Dämon, mit dessen Hilfe er seinen Bruder Friedrich den Schönen aus seiner Haft befreien wollte, so betäubt worden sein, dass er bald darauf starb [2]). Wenn nun auch diese Erzählungen erst in späteren Quellen erscheinen, so dass von historischer Glaubwürdigkeit derselben eigentlich keine Rede sein kann, so zeigen sie doch, was für Vorstellungen sich an derartige Beschwörungen knüpften. Die Gründe des Misslingens endlich können innerhalb des ganzen Vorstellungskreises sehr verschiedener Art sein; namentlich sind entweder beim Beschwören selbst Fehler im Ritual begangen worden, oder der Beschwörer ist ein Neuling gewesen, welcher seiner Aufgabe nicht gewachsen war.

Necromantie.

Umgekehrt wurden aber auch Abgeschiedene wieder aus ihren Gräbern heraufbeschworen, um durch ihr Zeugniss unschuldig Angeklagten Beistand zu leisten. So musste auf den Befehl des heiligen Macarius ein Ermordeter sein Grab verlassen, um die Unschuld desjenigen zu bezeugen, welcher mit Unrecht für seinen Mörder gehalten wurde [3]); und in der Legende von S. Fridolin steigt bekanntlich Ursus aus der Gruft, um die dem Kloster Säckingen von ihm und seinem noch lebenden Bruder gemachte, von Letzterem aber später bestrittene Schenkung zu bestätigen [4]). Etwas bedenklicher ist es schon, wenn Johannes Trithemius, wenigstens der Sage nach, die verstorbene Kaiserin Maria durch Beschwörungen zwingt, ihrem Gemahl Maximilian wieder zu erscheinen, weil dieser über ihren Tod über alles Mass traurig war [5]).

[1]) Delrio. Disquis. magicæ lib. II, cap. 29, s. 1. — [2]) Maiolus. Dies canicul. II, 3; pag. 406. — [3]) Vitæ patrum II, 37. — [4]) Bolland. Acta Sanctor. Mart. I, pag. 438, 439. — [5]) Anhorn 508.

Exorcismen. Nicht zu verwechseln mit dem Citieren der Dämonen ist nun aber das Austreiben derselben aus den Körpern solcher, welche man für besessen hielt. Auch die hierher gehörigen Vorstellungen reichen tief in das Alterthum zurück und beruhen auf der bei den verschiedensten Völkern herrschenden Ansicht, dass die Krankheiten des Leibes wie der Seele nicht ausschliesslich auf physischen Ursachen beruhten sondern häufig das Werk böser Geister seien. Die geschichtlichen Bücher des neuen Testamentes enthalten bekanntlich mehrere hierher gehörige Erzählungen von Austreibungen socher Geister. Letztere, die δαιμόνια [1]), auch πνεύματα [2]) oder noch vollständiger πνεύματα ἀκάθαρτα [3]) genannt, wirken auf das Nervenleben, also auf die leiblichen Organe der psychischen Functionen ein, wobei als Resultate dieser Einwirkungen die verschiedensten Zustände, Hellseherei, Tobsucht, Epilepsie, Stummheit u. s. w. zu Tage treten. Der von einem solchen Geist ergriffene heisst entweder δαιμονιζόμενος [4]) oder ἐνοχλούμενος ἀπὸ πνευμάτων ἀκαθάρτων [5]); seine Leiden können bloss von einem Dämon, aber auch von mehreren zugleich herrühren [6]). Die Austreibung (τὸ ἐκβάλλειν [7]) brachte Christus durch seine als einfaches Gebot gesprochenen Worte zu Stand; auch hier erscheint dann bisweilen die Wuth der Dämonen, unmittelbar bevor sie den Körper des Gequälten verlassen müssen, als eine gesteigerte [8]); die Folge davon besteht häufig darin, dass sich die Besessenen vor der Heilung fürchten [9]).

Aus der christlichen Urzeit gieng nun die Krankheit des Besessenseins auch in's Mittelalter über, wobei jedoch ohne Zweifel Mancher für besessen gehalten und demgemäss behandelt wurde, zu dessen Heilung gewöhnliche leibliche Medicinen völlig hingereicht hätten. Man wandte sich, statt einen Arzt zu befragen, theils aus Gewohnheit, theils aus wirklicher Ueberzeugung lieber an Geistliche, welche dann den wirklichen

---

[1]) Matth. 10, 8; Marc. 1, 34 u. 39; 3, 15. — [2]) Matth. 8, 16. — [3]) Matth. 10, 1; Marc. 3, 11; 6, 7; Luc. 6, 18. — [4]) Matth. 4, 24; Marc. 1, 32. — [5]) Luc. 6, 18. — [6]) Marc. 16, 9. — [7]) Matth. 8, 16; 10, 1 u. 8; Marc. 1, 34 u. 39; 3, 15; 6, 13. — [8]) Marc. 9, 20; Luc. 9, 42. — [9]) Marc. 5, 7; Luc. 8, 28. — Vgl. im Allgem. Ebrard in Herzogs Real-Encyclopädie f. protestant. Theol. u. Kirche, Bd. III, 240 ff.

oder vermeintlichen bösen Geist in ihrer Weise, mit Gebet, Handauflegen, Weihwasser, dem Zeichen des Kreuzes u. s. w. zu bannen suchten; doch darf nicht übersehen werden, dass die Priester und namentlich die Mönche in frühern Zeiten häufig vorzugsweise im Besitze medicinischer Kenntnisse und wirklicher Heilmittel waren, welch letztere ihnen ursprünglich doch wohl das Zutrauen der Laienwelt in Krankheitsfällen verschafft hatten. Jedenfalls beweisen die im neuen Testament erzählten Beispiele und vielleicht auch noch einzelne spätern Jahrhunderten angehörige, was ein dominierender Wille (ascendant moral) unter Umständen über einen niedergebeugten vermag.

Die Art und Weise, in welcher sich die Besessenheit äussert, ist nun eine sehr mannigfaltige. Der Besessene redet z. B. in Sprachen, welche er nie gelernt hat[1]), er heult wie ein wildes Thier[2]), weiss künftige und verborgene Dinge[3]); er zeigt ferner eine oft bis in's Ungeheure gesteigerte körperliche Stärke und weigert sich beharrlich, den Namen Gottes oder Christi auszusprechen[4]). Der heilige Bernhard soll einen Besessenen geheilt haben, welcher wie ein Hund bellte[5]). In Frankfurt am Main äusserte sich die Besessenheit einer Magd im Jahre 1536 darin, dass dieselbe alle ihr zugänglichen Gegenstände, Kleidungsstücke, Münzen, Nadeln u. dgl. ergriff und in den Mund steckte[6]). Auch die Bewohner und namentlich die Bewohnerinen der Klöster sind vor derartigen Anfällen nichts weniger als sicher, zumal wenn sie in ihren Stand etwa unfreiwillig oder ohne wahren innern Beruf getreten sind. So erzählt Weier,[7]) von einer vornehmen Jungfrau, sie sei in das Brigittenkloster bei Xanten eingetreten, weil ihre Aeltern ihre Verlobung mit einem Mann aus geringerm Stande zu hintertreiben suchten. Sie wurde nun im Kloster rasend, fieng an zu muhen und zu blöcken, an den Wänden hinaufzulaufen und allerlei convulsivische Bewegungen zu machen. Da ihre Aufführung auch die übrigen Nonnen an-

---

[1]) Schott. Physica curiosa IV, 7; IV, 9, 1. — [2]) Ebend. IV, 9, 2. — [3]) Ebend. IV, 7; IV, 9, 2. — [4]) Ebend. IV, 9, 2. — [5]) Wilhelmus abbas, vita S. Bernardi II, 3. (Acta Sanctor. Aug. IV, pag. 282.) — [6]) Maiolus II, 3, pag. 393. — [7]) de præstig. dæmon. IV, 10.

zustecken begann, so wurde sie schliesslich eingesperrt und soll dann in ihrer Haft zweimal niedergekommen sein. In ähnlicher Weise steckte im Kloster Nazareth in Cöln im Jahre 1564 eine erst vierzehnjährige Nonne die übrigen an, so dass sich diese in den unanständigsten Stellungen auf den Rücken legten [1]. Im südlichen Italien erregte der Biss einer für giftig gehaltenen Spinne, der Tarantella, nervöse Erregungen, welche sich hauptsächlich in tollen und ausgelassenen Tänzen äusserten. Die Sympathie trug zur weitern Verbreitung des Uebels bei, und dieses wurde durch Musik zunächst erregt, dann aber auch wieder beschworen [2].

Was nun die Exorcismen betrifft, so galt die Kirche für das zu ihrer Anwendung geeignetste Local; der Exorcist selbst sollte sich durch die Reinheit seiner Sitten auszeichnen. Hinsichtlich der anzuwendenden Mittel war man natürlich nicht durchweg gleicher Ansicht. Vernünftige Leute verwarfen z. B. magische Mittel wie Weihrauch, Osterwachs, d. h. Wachs von Kerzen, welche am Osterfest in der Kirche waren angezündet worden, ferner Osterweihrauch, am Palmsonntag geweihte Blätter u. dgl. [3]; neben diesen gab es aber doch wieder genug Exorcisten, selbst unter den Priestern, welche sich mit Vorliebe jener bedienten [4]. Sogar Mengus, welcher in seinem „Flagellum dæmonum“ von dem Exorcisten ausdrücklich Reinheit des Herzens verlangt [5], giebt daneben doch eine Menge ganz abergläubischer Mittel an: man solle den Besessenen mit Reliquien oder mit Zeddeln [6] behängen, auf welchen göttliche Namen geschrieben seien, wenn die Bannung des bösen Geistes gelungen sei, solle man dessen Namen auf geweihtes Papier schreiben und dieses verbrennen [7].

Häufig hatten auch die Exorcisten grosse Mühe, und es bedurfte langer Zeit und vielfacher Anstrengung, wenn man zum Ziele gelangen wollte; dieser Umstand hängt ohne Zweifel damit zusammen, dass der Dämon auch hier seine Wuth un-

---

[1] Ebend. IV, 12. — [2] Vgl. oben S. 108, 109. — [3] Weier V, 3. — [4] Ebend. I, 2. — [5] Mengus. Flagellum dæmonum doc. 10, 12. — [6] Ebend. doc. 2, 9. — [7] Ebend. doc. 10.

mittelbar vor seiner Austreibung noch einmal steigerte. Zuweilen misslang die Beschwörung wohl auch gänzlich, und dann riskierte der Exorcist, dass man seinen Beruf zu solchen Dingen bezweifelte oder seine Heiligkeit für ungenügend erklärte; in andern Fällen galt wohl auch die Persönlichkeit des zu Beschwörenden für das Hinderniss, an welchem der ganze Akt scheiterte[1]). Gelang hingegen die Beschwörung, so glaubte man den Geist häufig in irgend einer unheimlichen Thiergestalt, als Schlange, schwarzen Vogel, Fliege u. dgl. entfliehen zu sehn[2]); doch lässt sich aus noch erhaltenen Schilderungen solcher Exorcismen hie und da erkennen, dass die Augenzeugen sich häufig täuschten und nicht Vorhandenes zu sehen glaubten. Bei einer in der zweiten Hälfte des sechszehnten Jahrhunderts im Bisthum Eichstädt vorgekommenen Teufelsaustreibung, welche den Inhalt einer Ingolstädter Flugschrift vom Jahre 1584 bildet[3]), glaubten z. B. einige Anwesende den bösen Geist in Gestalt eines schwarzen Vogels aus dem Munde der Besessenen fliegen zu sehn; der geistliche Berichterstatter selbst ist indessen ehrlich genug, zu gestehn, er könne dieses bei seiner priesterlichen Würde nicht bestätigen. Auch die Schlange, welche man in dem Leibe der Besessenen an ihren Bewegungen zu erkennen glaubte[4]), beruhte wohl auf Selbsttäuschung oder auf unrichtiger Beurtheilung convulsivischer Bewegungen der Kranken. Glaublicher ist es hingegen, dass gelegentlich mit den krankhaften Zuständen Besessener üble Gerüchte verbunden waren; nur begegnen wir auch hier in den Berichten manchmal colossalen Uebertreibungen[5]).

Im Ganzen kommen die bekannt gewordenen Exorcismen häufiger in katholischen als in protestantischen Gegenden vor, wahrscheinlich weil der katholische Geistliche in Folge von Jahrhunderte alter Tradition häufiger als der protestantische auch als Arzt functionierte und folglich auch weit häufiger in

---

[1]) Maury pag. 314. — [2]) Ebend. 315. — [3]) Abgedruckt bei G. Freytag „Aus dem Jahrhundert der Reformation", S. 361 ff. — [4]) Ebend. 369, 370. — [5]) So lässt z. B. in Horsts Zauberbibliothek (IV, 234) eine Besessene einen ganzen Wagen voll „materiæ putridæ" von sich.

solchen Fällen um Beistand angegangen wurde. Als im sechszehnten Jahrhundert die Reformation begann, gab es bereits Aerzte, welche die Sache mit andern Augen ansahen und Manches auf natürliche Weise erklärten, was sich früher einer solchen Erklärung entzogen hatte. Paracelsus z. B. soll die Tanzwuth zuerst medicinisch behandelt haben, während früher ihre Heilung den Priestern zufiel [1]). Immerhin ist es bezeichnend für den Ruf, welchen der katholische Geistliche als Beschwörer genoss, dass sich noch in unserm Jahrhundert die Bauern in protestantischen Gegenden, z. B. in Preussen, in mancherlei Angelegenheiten lieber an ihn als an den eigenen Seelsorger wandten [2]); auch in der Schweiz geht der reformierte Bauer hie und da in ein benachbartes Capucinerkloster, wenn ihm besondere Unglücksfälle geistliche Hilfe als wünschenswerth erscheinen lassen.

Eine merkwürdige Beschwörung eines Mädchens trug sich im Jahre 1559 in der Nähe von Joachimsthal zu. Ein böser Geist war in Gestalt einer Fliege oder Mücke durch den Mund in den Leib der Unglücklichen gelangt, während dieselbe gerade Bier trank. Er sprach nun aus derselben, und das Haus, in welchem das Mädchen wohnte, wurde in Folge dessen von unzähligen Neugierigen aufgesucht, welche dem Teufel allerlei Fragen vorlegten, denselben wohl auch durch Gebete zu vertreiben suchten. Die Unglückliche selbst ertrug ihre Leiden mit vieler Geduld und vereinigte zuweilen ihr Flehen mit dem ihrer Besucher; doch hatte sie in der Regel gerade dann am meisten zu leiden, weil der Dämon sie, wenn sie den Namen Christi aussprach, immer am heftigsten plagte; in solchen Augenblicken schwollen ihr die Augen an, die Zunge hieng in der Form eines geflochtenen Strickes in der Länge einer Hand aus dem Munde heraus, und der Kopf drehte sich rückwärts gegen den Nacken hin. Erst nach unsäglichen Anstrengungen gelang es den Priestern der Umgegend, das Mädchen in einer Kirche von dem Dämon zu befreien, und zwar erst beim zweiten Versuche, nachdem ein erster bereits misslungen war. Eine grosse

---

[1]) Hecker a. a. O. 156. — [2]) Frischbier S. 24, 25.

Menge Menschen war anwesend und rief in Gemeinschaft mit den Exorcisten Christum an. Als der Geist endlich merkte, dass er überwunden sei, suchte er mit dem Mädchen zu capitulieren und versprach zufrieden zu sein, wenn ihm ein einziger Nagel ihrer Finger oder ein blosses Haar als Aufenthaltsort überlassen bleibe; es half aber Alles nichts, er musste weichen und verliess in derselben Gestalt, in welcher er gekommen war, den Leib des Mädchens wieder. Zwei Jahre lang hatte er laut eigenem Geständnisse sich angestrengt, in den Leib der Besessenen zu gelangen. Die erste Beschwörung fand in der Kirche statt, war aber erfolglos, erst bei der zweiten gelang die Vertreibung des Dämons; die Beschwörungen begannen um Mitternacht und dauerten bis zum Mittag [1]).

Gaufridy.

Während die Schilderung der eben erwähnten Exorcismen im Ganzen den Eindruck macht, als hätten sämmtliche Betheiligte in vollem Ernste und in voller Ueberzeugung von der Richtigkeit und Heiligkeit ihrer Bemühungen gehandelt, gibt es auch wieder Erzählungen von ähnlichem Inhalt, in welchen die Exorcisten in höchst zweifelhaftem Lichte erscheinen. Dahin gehört z. B. der Process des schon oben erwähnten Priesters Gaufridy in Marseille vom Jahre 1611. Hier scheint die Eifersucht, welche Gaufridys namentlich beim weiblichen Geschlechte grosse Popularität bei andern Geistlichen, zumal bei den Dominicanern, erregte, die wesentliche Triebfeder gewesen zu sein. Um den gehassten Priester zu stürzen, brachte man durch Exorcismen aus den Ursulinerinen der Stadt die gravierendsten und zugleich abgeschmacktesten Dinge zu seinen Ungunsten an den Tag: Gaufridy habe sich dem Teufel verschrieben und spiele beim Hexensabbat als König der Zauberer eine ebenso entsetzliche als hervorragende Rolle; eine der Nonnen sollte er sogar dem in Gestalt eines Bockes auftretenden Satan zugeführt haben. Gaufridy läugnete Alles, was man ihm vorwarf; da aber der angeblich aus der Nonne redende Dämon bei seinen Behauptungen blieb, und da sich ferner an dem Leibe des Angeklagten ein sogenanntes Stigma diabolicum fand, wurde er zuerst

[1]) Majolus III, 3, pag. 394.

gefoltert, dann degradiert und zuletzt in Aix im April des Jahres 1611 öffentlich verbrannt. Die Nonne gieng trotz ihren Geständnissen straflos aus, weil die Gegner des Verurtheilten sie als Werkzeug nöthig gehabt und ihr folglich Straflosigkeit zugesichert hatten. Die Berichte über den ganzen Process sind natürlich im Interesse der Gegner Gaufridys abgefasst [1]).

Mehr komisch als tragisch sieht das Beschwören aus, wenn es von den Menschen auf die Thierwelt ausgedehnt wird. Hiebei sind jedoch zwei Fälle wohl zu unterscheiden; man beschwor nämlich entweder nützliche Hausthiere, weil man sie für besessen hielt [2]), oder man suchte schädliche Thiere, namentlich Ungeziefer, wenn dasselbe zur förmlichen Landplage geworden war, durch Exorcismen zu vertreiben. In letzterer Beziehung ist namentlich die feierliche Verfluchung der Würmer zu Lausanne im Jahre 1517 bekannt geworden [3]).

Wer sich für das bei Beschwörungen übliche Ritual interessiert, findet bei Mengus [4]) ein höchst ausführliches Material von ritualen Handlungen, Gebeten, Beschwörungen u. dgl. Noch ausführlicher ist u. A. Trithemius, welcher im dritten Buche seines „Antipalus malificiorum“ auf nicht weniger als einundsechszig Seiten die nothwendigen Heilmittel und unter diesen namentlich ein geweihtes Bad [5]) beschreibt, bei welchem wirkliche Heilkräuter und lediglich rituelle Gegenstände und Ceremonien in seltsamen Mischungen anzuwenden sind.

Maria Renata. Noch in der Mitte des vorigen Jahrhunderts, im Jahre 1749, kam in Würzburg ein Process zum Austrage, bei welchem die Besessenheit eine bedeutende Rolle spielte, er betraf die schon bejahrte Subpriorin des benachbarten Frauenklosters Unterzell, Maria Renata Sängerin. Mehrere Nonnen des Klosters waren nämlich besessen, und die aus ihnen redenden Dämonen er-

---

[1]) Fr. de Rosset. Histoires tragiques de nostre temps. No. 2. — Garinet. Histoire de la magie en France, pag. 178 ff. — Ein angebliches Geständniss Gaufridys enthält der Mercure français v. J. 1617 (auch bei Garinet unter den pièces justificatives, No. VIII). — [2]) Mall. mal. II, 1. — [3]) Vgl. S. 81. — [4]) Malleor. quorund. maleficar. tam veterum quam recent. autor. tom. II, pag. 130 ff. — [5]) Im Auszuge mitgetheilt von W. Schneegans. Abt Johannes Trithemius und Kloster Sponheim. Kreuznach 1882 (S. 233 ff.).

klärten, durch die bösen Praktiken der Genannten in die Leiber jener Klosterfrauen befördert worden zu sein. Maria Renata wurde in Folge dessen verhaftet, und nun fand sich in ihrer Zelle ein „Schmierhafen“ nebst Zauberwurzel und Zauberkräutern, ferner ein goldgelber Rock, in welchem sie angeblich zum Hexensabbat auszufahren pflegte. Beim Verhör gestand die Verhaftete — vermuthlich in Folge der gegen sie angewandten Tortur —, dass sie schon als Kind zur Zauberei und zum Teufelsdienst verführt worden sei, dass sie Gott und der Jungfrau Maria abgeschworen, in sechs ihrer Mitschwestern Teufel hineingehext habe u. s. w. Sie wurde in Folge dessen enthauptet, und ihr Leichnam wurde hernach verbrannt[1]).

Drittes Capitel.

Ausbildung, Höhepunkt und Abnahme der Hexenprocesse[2]).

In seinen hauptsächlichsten Zügen findet sich der Glaube an Hexerei und Zauberei, soweit dieselben die Schädigung der Leute zum Zwecke haben, schon im Orient und im griechisch-römischen Alterthum; nur fehlte diesen der Begriff der Apostasie, weil die feindseligen Gottheiten, auf deren Einfluss oder Beistand man die Magie zurückführte, zwar gefürchtet und sogar gehasst, daneben aber doch als den guten ebenbürtige Wesen anerkannt wurden. Der Begriff des Satans hingegen als einer dem alleinigen Gott entgegenwirkenden und zugleich von untergebenen bösen Geistern begleiteten Macht gehört zunächst dem Judenthum an und ist aus diesem in das Christenthum übergegangen. Christus selbst geht von der Existenz eines solchen aus, und zwar, wie seit Balthasar Bekkers, „betoverde Werelt“

[1]) Horst. Zauberbibliothek, III, 165 ff. — [2]) Vgl. Soldan. Geschichte der Hexenprozesse. Neu bearbeitet von Dr. Heinrich Heppe. Band I, II. Stuttgart 1880. 8°.

gewöhnlich gelehrt wird, nur insofern er sich den damals unter den Juden herrschenden Vorstellungen anbequemte; gegen diese Annahme spricht jedoch der Umstand, dass Christus auf dem Gebiete des religiösen Glaubens sonst nichts von Concessionen und Accommodationen weiss, dass also Analogien wie die von ihm allerdings gebrauchten Ausdrücke „Sonnenaufgang“ und „Sonnenuntergang“ schon darum nichts beweisen, weil sie mit dem religiösen Glauben direct nichts zu schaffen haben und folglich nur scheinbare Analogien sind. Nirgends aber ist in den Evangelien und den übrigen Schriften des neuen Testamentes von einem förmlichen Bunde mit dem Teufel die Rede, durch welchen einzelnen Menschen eine übernatürliche Macht verliehen und gleichzeitig die Verpflichtung auferlegt wird, Andern auf jede Weise zu schaden. Diese Vorstellung ist vielmehr erst entstanden durch die Verbindung der genannten jüdisch-christlichen Anschauung hinsichtlich des Satans mit dem den Heiden geläufigen Glauben von schädlichen und feindseligen Gottheiten; sie ist also, insofern sie christliche Vorstellungen mit heidnischen vermengt, im Grunde selbst eine mehr oder weniger heidnische, jedenfalls eine unchristliche.

Im Laufe des Mittelalters mag sich dann, was von ähnlichen Vorstellungen unter den Völkern des Abendlandes vorhanden war, an den bereits vorhandenen, aus jüdisch-christlichen und heidnischen Anschauungen gemischten Glauben an Magie angeschlossen haben. Sobald einmal derartige Ansichten vorhanden sind, pflegen sich dieselben, so lange ihnen nicht eine entgegengesetzte Weltanschauung übermächtig entgegentritt, nach allen Seiten auszudehnen und ähnliche oder verwandte Objecte in ihren Kreis zu ziehn. Auf diese Weise entwickelt sich dann aus anfänglich vereinzelten, bald mehr, bald weniger beachteten Zügen in der wahren Wissenschaft wie in der falschen nach und nach ein System. Dasjenige System, zu welchem der Glaube an Hexerei und Zauberei im Laufe der Zeit geführt hat, gehört in seinen Folgen zu den entsetzlichsten, welche die Geschichte kennt. Entwickelt aber hat sich dasselbe nur langsam und allmählich, und in seiner fertigen Gestalt tritt es erst ganz am Schlusse des Mittelalters auf.

Fassen wir nun die Stellung in's Auge, welche die Kirche in den ersten Jahrhunderten nach Christus in Bezug auf das Reich des Teufels einnahm, so erscheint bei den Kirchenvätern in der That schon ein solches; da aber Christus dasselbe durch seinen Opfertod und seine Auferstehung thatsächlich überwunden hatte, so brauchte sich der Christ vor den Dämonen nicht mehr zu fürchten. Immerhin verursachten dieselben Misswachs und Dürre, bösartige Seuchen[1]), ja sie theilten sogar ihre geheimen Kenntnisse gerne gottlosen Weibern mit[2]). Bei Augustin spukt sogar bereits die Möglichkeit der Verwandlung von Menschen in Thiere, namentlich in Zugthiere[3]); wahrscheinlich hatte dieser in Italien eine Anecdote vernommen, welche als Localisierung der Metamorphosen des Apulejus zu bezeichnen ist. Die ersten christlichen Kaiser giengen auch, freilich ohne Mitwirkung der Kirche, bereits gegen Astrologen, Zauberer u. dgl. mit harten Strafen vor; am grausamsten verfuhr Valens während seines Aufenthaltes in Antiochien; doch darf nicht übersehen werden, dass das Vorgehen der dortigen Zauberer den ganz speciellen Anstrich eines Majestätsverbrechens hatte[4]).

Die Kirchenväter.

Im frühern Mittelalter wurde in den durch die Völkerwanderung entstandenen Reichen in solchen Fällen im Ganzen mild, jedenfalls nicht wie später nach allgemein giltigen Strafgesetzen verfahren. Zwar erwähnt schon Gregor von Tours einzelne Fälle von Executionen an Leib und Leben sowie von denselben vorausgegangener Tortur[5]); dieselben berühren sich jedoch insofern mit dem Verfahren des Valens in Antiochien, als auch hier die Dynastie der Merowinger ganz direct betheiligt war, wodurch dann selbstverständlich Verschärfung der Strafe bedingt wurde. Im Zeitalter der Carolinger hingegen war man sogar schon so weit, dass man den Glauben an die Möglichkeit der Zauberei und Hexerei läugnete und sogar — bestrafte[6]); letzteres war entschieden nicht human, es verdient

Das frühere Mittelalter.

---

[1]) Origenes contra Celsum VIII, 31 u. 32. Tertullian apolog. cap. 22. — [2]) Clemens Alexandr. Stromata V, 650. — [3]) De civ. Dei XVIII, 17, 18. — [4]) Ammian XXIX, 1, 8 ff; Socrates. Histor. eccles. IV, cap. 19. — [5]) Histor. Francor. V, 40; VI, 35. — [6]) Soldan I, 128.

aber doch entschieden den Vorzug vor der Praxis späterer Jahrhunderte, welche überall böse Geister und in Folge dessen auch überall mit diesen im Bunde stehende böse Menschen zu sehen glaubten. Ihren Höhepunkt erreichte jene carolingische Auffassung in dem seit dem Jahre 900 nachweisbaren sogenannten Kanon Episcopi, welcher zwar mehrere Hauptzüge des spätern Hexenglaubens als verbreitete Vorstellungen annimmt, ihnen aber jede Realität abspricht und sie in das Gebiet blosser Phantasiegebiete verweist. Die Strafe, mit welcher die damalige Kirche derartige Ansichten belegte, war die der Excommunication, von einer wirklichen Verfolgung der zu Bestrafenden aber mit Hilfe des weltlichen Armes war keine Rede, vielmehr trat die Kirche letzterm hie und da entgegen, wenn derselbe allzu streng einschreiten wollte. Letzteres geschah übrigens damals verhältnissmässig selten [1]), und nur Byzanz machte schon in jenen Jahrhunderten eine unrühmliche Ausnahme [2]). Der erste hervorragende Vertreter der abendländischen Kirche, welcher das Zauberwesen für etwas reelles erklärte und folglich den Glauben an seine Existenz lehrte, war S. Thomas von Aquino [3]); seine sonstige Grösse und seine Bedeutung, so anerkennenswerth sie auf andern Gebieten des geistigen und kirchlichen Lebens sein mag, konnte gerade auf dem hier zu behandelnden nur unheilvoll wirken.

Die Ketzer. Dasjenige Element nun, von welchem der Glaube an die Realität des Zauberwesens ausgegangen ist, waren die Ketzer, welche ungefähr seit dem Anfange des zweiten Jahrtausends unserer Zeitrechnung in der Kirche des Abendlandes auftreten. Man dichtete ihnen ziemlich frühzeitig sacrilegische Handlungen nebst geheimer Unzucht an, wobei natürlich im einzelnen Falle nicht mehr immer zu unterscheiden ist, was der dichtenden Volksphantasie, was der bewussten Verläumdung einzelner Gegner und was etwa auch einzelnen wirklich vorgefallenen Excessen seinen Ursprung verdankt. Einiges mag auf irriger Auffassung ihres Rituals beruhen; Anderes mochte aus dem Eindrucke hervorgehn, welchen das Geheimnissvolle an sich auf

[1]) Ebend. I, 135 ff. — [2]) Ebend. I, 139. — [3]) Ebend. I, 142, 143.

die Phantasie der Leute ausübt; wieder Anderes erklärt sich daraus, dass die Kirche alle ihr widerstrebenden Elemente für von Gott abgefallene und folglich dem Satan zugefallene hielt und erklärte; letztere Ansicht musste umso mehr um sich greifen, als die Zahl der ketzerischen Secten namentlich im südlichen Frankreich und in Oberitalien notorisch eine sehr grosse war. Das Detail der hierher gehörigen Vorstellungen mag von sehr verschiedenem Ursprunge gewesen sein. Manches erinnert an Züge des heidnischen Volksglaubens; liesst man z. B. die Vorrede, welche die Brüder Grimm ihren irischen Elfenmärchen vorausgeschickt haben, so findet man hin und wieder Züge, welche auffallend mit Vorstellungen des Hexenglaubens übereinstimmen[1]). Andrerseits macht Soldan (I, 145, 146) darauf aufmerksam, dass den Christen, wie wir aus Minucius Felix wissen, vormals ganz ähnliche Dinge zugeschrieben wurden, wie sie später der Volksglaube des Mittelalters und zum Theil auch die Kirche desselben den Ketzern andichteten. War es thörichte Verblendung, welche diese grausigen Auswüchse des Volksglaubens hervorrief, war er das Geheimnissvolle, womit manche dieser Secten, zum Theil aus Vorsicht, ihre Zusammenkünfte umgaben, oder war es absichtliche Berechnung, welche den Grimm der Massen durch Verläumdung am sichersten glaubte gegen jene entflammen zu können, wir wissen es nicht; aber Thatsache ist, dass im zweiten Jahrtausend unserer Zeitrechnung alle bösen Künste des Heidenthums wieder auflebten und nun vorzugsweise denjenigen zugeschrieben wurden, welche sich vom Glauben der Kirche losgesagt hatten. Dasjenige Ereigniss, welches die Massenverfolgungen recht eigentlich hervorrief, war die weite und für die Einheit der Kirche allerdings gefährliche Verbreitung der Albigenser im südlichen Frankreich. Mit der grossen Verbreitung dieser Secte und mit der Gefahr, womit dieselbe die Kirche bedrohte, hangen nun natürlich die umfassenden Gegenmassregeln zusammen, welche letztere zu ihrer

---

[1]) So z. B. die nächtliche Geschäftigkeit, das Tanzen, Kinderstehlen, Anzaubern von Seuchen durch blossen Hauch; vgl. Irische Elfenmärchen; Vorrede, pag. X, XI, XIII, XIV, XXVII, XLI, XLIV, LXXXI, CIV.

Vertheidigung ergriff, also die Errichtung der Inquisition und die Uebertragung derselben an den Dominicanerorden. Und indem man die von der Kirche Abgefallenen zugleich für Verächter Gottes selbst hielt, schrieb man ihnen gleichzeitig einen förmlichen Teufelscultus zu. Der Teufel ist in der heiligen Schrift der diametrale Gegensatz Gottes, und da sich das Mittelalter blosse Gleichgiltigkeit in religiösen Fragen gar nicht vorstellen konnte, machte es diejenigen, welche ihm als von Gott Abgefallene erschienen, ganz wörtlich und buchstäblich zu Anhängern und Anbetern des Teufels. Man glaubte, dieser erscheine in den Versammlungen der Häretiker persönlich in der oder jener menschlichen oder gar thierischen Gestalt und empfange in dieser die Huldigungen seiner Anhänger; diese Huldigungen selbst dachte man sich natürlich möglichst obscön. Der erste, welcher die Sache so darstellt, ist ein Theologe des zwölften Jahrhunderts, der Cistercienser Alanus ab Insulis (von Ryssel). Die Früchte dieser Vorstellungen treten uns denn auch schon in der Uebergangszeit aus dem zwölften Jahrhundert in's dreizehnte in dem berüchtigten Vertilgungskampfe gegen die Stedinger entgegen. Um diese mit Erfolg bekriegen zu können, stellte man sie Pabst Gregor IX. als frevelhafte Teufelsdiener und zugleich als ein auch in sittlicher Beziehung tief gesunkenes Volk dar und erwirkte durch dieses Mittel von ihm im Jahre 1232 eine Bulle, in welcher die Bischöfe des nordwestlichen Deutschlands aufgefordert wurden, gegen die Stedinger das Kreuz zu predigen[1]). Noch entschiedener ertönt der Vorwurf des Teufelsdienstes in einer nur um ein Jahr spätern Bulle des nämlichen Pabstes, in welcher von den Ketzern in Deutschland überhaupt die Rede ist. Nach dieser wird von den Häretikern zuerst ein Frosch oder eine Kröte von riesenhafter Grösse auf das Maul geküsst; hierauf erscheint ein abgezehrter bleicher Mann, welcher ebenfalls Küsse empfängt, und mit diesen letzern verliert der Küssende jede Erinnerung an den katholischen Glauben. Darauf beginnt das Mahl, und wenn dieses zu Ende ist, steigt ein grosser schwarzer Kater rückwärts aus einer Statue

[1]) Schirrmacher. Kaiser Friderich der Zweite. Bd. I, S. 230.

herab. Nun fängt das Küssen auf's neue an, zuletzt werden alle Lichter ausgelöscht, und jetzt überlassen sich sämmtliche Anwesende der schändlichsten und zum Theil unnatürlichsten Wollust. Nichtsdestoweniger empfangen dieselben Leute alljährlich am Osterfeste den Leib des Herrn aus den Händen des Priesters, aber nur, um die Hostie im Munde nach Hause zu nehmen und daselbst ihren Muthwillen mit derselben zu treiben [1]. Das Detail dieser Schilderungen verdankte Gregor wahrscheinlich dem bekannten Conrad von Marburg, dessen Eifer im Aufspüren von Ketzern sogar einen Erzbischof von Mainz erbitterte, und dessen Verfahren schon lebhaft an die Hexenprocesse des sechszehnten und siebenzehnten Jahrhunderts erinnert [2]. Conrad wurde bekanntlich selbst erschlagen, als er sich zu viele und zu mächtige Leute zu Feinden gemacht hatte, und die Inquisition hörte von nun an wenigstens in Deutschland auf.

Die Inquisition.

Aehnliches trug sich auch in Frankreich im dreizehnten und im grössten Theile des vierzehnten Jahrhunderts zu, bis das Parlament im Jahre 1390 den Hexenprocess den geistlichen Gerichten abnahm und den weltlichen zuerkannte [3]. Auch hier ist fortwährend von Teufelsanbetung, Buhlen mit bösen Geistern, Schädigung der Leute mittelst dämonischen Beistandes u. s. w. die Rede. Die Kirche hatte zur Ermittlung der Ketzer und ihrer Lehren die Inquisition eingerichtet und diese dem Dominicanerorden übertragen, seit dem Jahre 1232 gieng dann dieselbe ihren geregelten Gang [4]. Das Ansehn der Bischöfe wurde durch die Inquisitoren und die ab und zu erscheinenden päbstlichen Legaten unaufhörlich gelähmt [5]. Indessen hätte das Alles noch lange nicht genügt, wenn nicht seit dem Anfange des dreizehnten Jahrhunderts das processualische Verfahren ein anderes geworden wäre. Bis dahin hatte nämlich im canonischen Rechte wie sonst das Accusationsverfahren geherrscht, und Niemand war zur Untersuchung gezogen worden, gegen den nicht ein

---

[1]) Epistola Gregorii IX ad Henricum, Frederici Imp. filium (Martene und Durand. Thesaur. nov. anecdotor. tom. 1, pag. 951). — [2]) Alberici Monachi Chronicon ad a. 1233. — [3]) Bodin. Dæmonomania IV, 1. — [4]) Soldan I, 209. — [5]) Ebend. —

bestimmter Kläger aufgetreten war. Das wurde jetzt anders, als an die Stelle des Accusationsverfahrens das Inquisitionsverfahren trat, und als dieses zugleich durch die Einführung der Tortur verschärft wurde. Es liegt in der Natur der Sache, dass man ohne letztere schwerlich viele Geständnisse erreicht hätte; um also bei Verdächtigen solche zu erzielen, griff man seit der Zeit Innocenz IV. zur Anwendung der Folter, welche man aus dem römischen Recht entlehnte [1]). Man inquirierte jetzt auf blossen Verdacht hin, und wo man Kläger hatte, da war man in Bezug auf ihren sittlichen Charakter nicht gerade wählerisch, nannte auch überdiess dieselben dem Beklagten nicht [2]). Dass auf diesem Wege grundlosen Anklagen, welche oft genug ganz unlautern Motiven entspringen mochten, Vorschub geleistet wurde, liegt auf der Hand. Dazu kam aber noch, dass das Vermögen der Verurtheilten confisciert wurde und grossentheils der Inquisition anheimfiel [3]), was natürlich den Eifer dieser Behörde nicht gerade verminderte. Und nun hatten sich die Vorstellungen von der Macht des Teufels und seines Einflusses auf menschliche Angelegenheiten bereits so sehr entwickelt, dass die Hexerei gleichsam nur wie ein höherer Grad der Zauberei erschien, und dass derjenige, welcher ein Ketzer war, schon desswegen riskieren musste, gleichzeitig für einen Zauberer angesehen zu werden. Von diesem Verdachte sich zu reinigen, war schwer, ja beinahe unmöglich; denn durch die Folter wurde der Schwerpunkt des Processes in das Geständniss des Beklagten verlegt [4]), letzteres aber war eben in Folge der Tortur kein freiwilliges, sondern ein erzwungenes. Eine objective Ermittlung der Thatsachen war eigentlich von vornherein unmöglich, wie denn überhaupt notorisch niemals Hexen beim Hexensabbat überrascht wurden [5]). So konnte es, allerdings in viel späterer Zeit, vorkommen, dass einige Weiber, welche im Verdachte standen, ein todtes Kind ausgegraben und zu einem Hexenbrei

---

[1]) Ebend. I, 213. — [2]) Ebend. I, 214. — [3]) Ebend. I, 215. — [4]) Wächter. Beiträge zur deutschen Geschichte S. 98. — [5]) Ebend. S. 95; blosse Erzählungen, welche sich in der hierher gehörigen Litteratur von einem Autor auf den andern vererben, bilden natürlich keinen Gegenbeweis. —

gekocht zu haben, verbrannt wurden, ohne dass es Jemanden eingefallen wäre, auch nur das betreffende Grab zu öffnen und den objectiven Thatbestand zu constatieren[1]). Der Fall gehört zu dem sogenannten Lindheimischen Hexenprocess vom Jahre 1661, hätte aber in der nämlichen Form und mit dem nämlichen Resultat auch im dreizehnten Jahrhundert vorkommen können. Uebrigens sollte die Tortur nicht nur das eigene Geständniss eines Angeklagten, sondern auch das Nennen von Mitschuldigen bezwecken[2]).

In dieser Weise war nun die Inquisition in Frankreich vom Anfang des dreizehnten bis zum Ende des vierzehnten Jahrhunderts thätig, während sie z. B. in Italien damals noch nicht recht gedieh und in Deutschland durch den übertriebenen Eifer Conrads von Marburg ihren Einfluss meistentheils verloren hatte. Doch fehlte es auch nicht an Widerspruch, indem weltliche Behörden jeder Art, ja sogar Bischöfe oft und vernehmlich gegen ihr Verfahren protestierten[3]). Die Stellung eines Inquisitors konnte sogar eine gefährliche werden, wenn das Volk, wie es zuweilen wohl geschah, sich selbst half und die verhassten Ketzerrichter erschlug[4]). In andern Fällen war sie freilich auch eine dankbare und populäre; denn Hexen und Zauberer, welchen man Krankheiten von Menschen und Thieren, Misswachs, Hagel u. dgl. zuschrieb, glaubte man auch gleich andern Bösewichtern vertilgen zu dürfen, und so war der Hexenrichter gleichsam ein Wohlthäter der geplagten Menschheit. Die Menge war natürlich in solchen Fragen in Bezug auf ihr Verhalten unberechenbar und schwankend, wie sie es in Fragen, welche nicht gerade mit dem Beruf des Einzelnen zusammenhängen, von jeher gewesen ist und auch immer sein wird. Das eine Mal brauchte sie gegen Hexenrichter und Inquisitoren Gewalt[5]), und das andere Mal leistete sie ihnen

---

[1]) Horst. Zauberbibliothek II, 374, 375. — [2]) Soldan I, 216. — [3]) Ebend. 218, 219. — [4]) Ebend. 219. — [5]) Alciatus. Parerga jur. VIII, 22: lombardische Landleute entrissen dem Inquisitor seine Opfer und riefen bischöfliche Intervention an, worauf der Bischof von Como den Alciatus um seine Meinung befragte.

Vorschub und ermunterte sie sogar durch Denunciationen; ihre leitende Motive waren meist durch persönliche Eindrücke wie Hass, Mitleid oder Misstrauen und nicht durch bestimmte Grundsätze bedingt. Dass unter Umständen auch der Brotneid eine Rolle spielen konnte, zeigt das Schicksal des paduanischen Arztes Pietro von Abano, welcher notorisch dem Neid eines Collegen zum Opfer fiel[1]).

Waldenserprocess von Arras.

Während aber in Frankreich die Macht der Inquisition in Beziehung auf das Zauberwesen abnahm, trat dieselbe dafür in den angrenzenden Ländern bald da bald dort auf. Einen der merkwürdigsten Belege hiefür liefert der grosse Waldenserprocess von Arras im Jahre 1459; er zeigt namentlich deutlich, wie man aus den Leuten Alles, was man nur wollte, herausfoltern konnte. Enguerran de Monstrelet, unser Gewährsmann, sagt es in seiner Schilderung mit dürren Worten heraus: Povr ceste folie[2]) furent prins et emprisonnez plusieurs notables gens de ladicte ville d' Arras, et autres moindres gens, femmes folieuses et autres: *et furent tellement gehinez et si terriblement tormentez, que les vns confesserent le cas leur estre tout ainsi aduenu, comme dit est.* Et outre plus confesserent auoir veu et cogneu en leur assemblée plusieurs gens notables, Prelats, seigneurs et autres gouuerneurs de bailliages et de villes: *voire tels selon commune renommée, que les examinateurs et les juges leur nommoient, et mettoient en bouche: si que par force de peines et de tormens ils les accusoient, et disoient que voirement ils les y auoient veuz.* — Noch deutlicher als Monstrelet ist Jacques du Clercq[3]), bei welchem namentlich das Erscheinen des Teufels und dessen Verehrung mit aller nur wünschenswerthen Deutlichkeit beschrieben ist: Que quant ils voulloient aller à ladicte vaulderie, d'ung oignement que le diable leur avoit baillié, ils oindoient une vergue de bois bien petite, et leurs palmes et leurs mains, plus mectoient cette verguette entre leurs jambes,

[1]) Scardeonius. De urbis Patav. antiquit. (Grævii thesaur. antiq. Ital. tom. VI, pars III, pag. 227). — [2]) Es ist der Teufelsdienst gemeint; vgl. Chroniques d' Enguerran de Monstrelet, edit. Paris. 1572, vol. III, pag. 84. — [3]) Mémoires IV, 4 (Buchon. Choix de chroniques et mémoires relatifs à l'histoire de France, IX, pag. 140, 141).

et tantost ils s'envoloient où ils voulloient estre, par-desseure bonnes villes, bois et eaues; et les portoit le diable au lieu où ils debvoient faire leur assemblée; et en ce lieu trouvoient l'ung l'aultre, les tables mises, chargiées de vins et viandes; et illecq trouvoient ung diable en forme de boucq, de quien, de singe et aulcune fois d' homme; et là faisoient oblation et hommaiges audict diable et l' adoroient, et luy donnoient les plusieurs leurs ames, et à peine tout ou du moings quelque chose de leurs corps; puis baisoient le diable en forme de boucq au derrière, c'est au cu, avec candeilles ardentes en leurs mains; — — Et, après celle hommaige faicte, marchoient sur la croix et cacquoient de leur salive sus, en despit de Jésus-Christ et de la saincte Trinité; puis montroient le cu devers le ciel et le firmament, en despit de Dieu. Et après qu' ils avoient touts bien bu et mangié, ils prenoient habitation charnelle touts ensemble, et mesme le diable se mectoit en forme d'homme et de femme; et prenoient habitation, les hommes avecq le diable en forme de femme, et le diable en forme d' homme avec les femmes, etc. Hier finden sich also sämmtliche Hauptzüge des spätern Hexensabbats schon beisammen: das Ausfahren auf Stöcken, die Mahlzeit, der obscöne Teufelscult; das Buhlen mit dem Satan, das Treten und Bespeien des Kreuzes. Bezeichnend für die Vermischung von Ketzerthum und Hexenthum ist ausserdem noch der Name vauderie (Waldenserei). Aus Monstrelets Bericht ist namentlich noch hervorzuheben, dass die Geständnisse und das Nennen von angeblich Mitschuldigen durch die Qualen der Folter erzwungen wurden.

Häufig rief übrigens die Anwendungen narkotischer Substanzen visionäre und ekstatische Zustände hervor, und dann bildeten sich namentlich die Weiber, auch ohne gefoltert zu werden, ein, den Hexensabbat wirklich mitgefeiert zu haben. Schon Weier kannte derartige Salben und nennt als Bestandtheile derselben u. a. aconitum und solanum somniferum [1]). Die Frage, ob die Fahrt in der Wirklichkeit oder nur in der Einbildung der Hexen existierte, wurde von verschiedenen Autoren

[1]) De præstig. dæmon. II, 17.

sehr verschieden beurtheilt[1]); wir müssen uns natürlich für letzteres entscheiden[2]).

Uebrigens mag zu dem Salben auch der Genuss narkotischer Mittel, z. B. des Bilsenkrauts, des Stechapfels, vielleicht auch des Opiums oder Hrachichs gekommen sein, durch welche bekanntlich ähnliche Empfindungen hervorgerufen werden[3]). Doch ist in unsern Quellen in der Regel von Salben und nicht vom Geniessen die Rede; die Genussmittel scheinen eher Andern beigebracht worden zu sein, was indessen den eigenen Genuss derselben von Seite der Hexen keineswegs ausschliesst.

Wer an der Realität der Hexenfahrten festhielt, der brachte als Beweis anekdotenhafte Erzählungen vor, welche sich Jahrhunderte lang durch die Litteratur des Mirakel- und Zauberwesens schleppten, an und für sich aber zu keiner Zeit und an keinem Orte wirklich geschehn waren. Dahin gehört z. B. die Frau, welche in der Nacht von Bergamo nach Venedig flog, und welcher ihre Tochter das Kunststück nachmachte[4]), ferner die Frau des Inquisitionsnotars in Lugano, welche man „nudam verendaquo præmonstrantem“ in einem Winkel des Schweinestalles fand, und welche gestand, sie sei auf der Fahrt gewesen[5]); dann die bekannte Erzählung von dem Priester Johannes Teutonicus, welcher im Jahre 1271 in der heiligen Nacht in Halberstadt, Mainz und Cöln der Reihe nach celebrierte[6]), Fausts Zaubermantel[7]) u. a. m. Oder man suchte die Beweise in der heiligen Schrift und fand sie daselbst in dem, was von Henoch, Elias und Habakuk erzählt wird[8]), oder in der Erzählung von der Versuchung Christi durch den Satan auf dem Berge[9]), wo indessen der Ausdruck *παραλαμβάνει* (Matth. 4, 8) keineswegs nöthigt, an eine Fahrt durch die Luft zu denken. Im Simplicissimus (Buch II, Cap. 17) salben die Hexen nicht sowohl sich selbst als die Besen, Stöcke oder Bänke, auf welchen sie die Luftfahrt zu machen gedenken.

---

[1]) Grillandus. De sortilegiis qu. 7. — [2]) Vgl. auch Widmann, Leben Fausts, hgg. v. Pfitzer, S. 221 ff. — [3]) Fischer. Somnambulismus I, 166 ff. — [4]) Spina c. 18. — [5]) Ebend. c. 2. — [6]) Bodin II, 4. — [7]) Faustbuch v. J. 1587, Neudruck (Halle 1878) S. 79, 80. — [8]) Bodin II, 5. — [9]) Spina in Ponzinibium de lamiis apologia II, cap. 3.

In dieser Weise, durch das Zusammenwirken der Tradition, des Glaubens an einen leibhaftig auftretenden Satan, durch die Einseitigkeit und Befangenheit der durchschnittlichen Bildung des Mittelalters und durch gewisse die Phantasie künstlich aufregende Mittel gestaltete sich der Boden allmählich günstig für die Aufstellung eines vollständigen, den Schein wissenschaftlicher Gründlichkeit tragenden Systems. Die Quintessenz dieses Systems enthält unstreitig der *Hexenhammer*, das berühmteste und mehr oder weniger auch das officiellste der hierher gehörigen Bücher. Er ist aber keineswegs das älteste; schon das „Directorium Inquisitorum“ des spanischen Dominicaners Nicolaus Eymericus († 1393) enthält, obschon zunächst mehr gegen die Ketzerei als gegen die Hexerei gerichtet, auch für den Hexenrichter mancherlei Material, ganz abgesehen davon, dass man überhaupt beide Erscheinungen gar nicht trennte. Von ähnlicher Art ist der „liber insignis de maleficis et eorum deceptionibus“ des deutschen Dominicaners Johannes Nider († 1440) und das etwas spätere „Flagellum hæreticorum fascinariorum“, welches Nicolaus Jaquier im Jahre 1458 verfasste. Alle aber überragt entschieden der berüchtigte Hexenhammer (malleus maleficarum) der Cölner Inquisitoren Sprenger und Institoris. Die Entstehungsgeschichte dieses Buches ist folgende. Die genannten beiden Ordensmänner waren bei ihrer praktischen Amtsthätigkeit im Aufspüren von Hexen und Zauberern vielfach auf Widerstand gestossen[1]; sie wandten sich in Folge dessen an den damaligen Pabst Innocenz VIII. und suchten sich durch dessen Autorität den Rücken zu decken. So erschien denn am 5. December des Jahres 1484 die pästliche Bulle „Summis desiderantes affectibus“, durch welche das Aufsuchen der Hexenmeister und Hexen zur förmlichen Pflicht gemacht und eigentliche Inquisitoren, meist Predigermönche, ernannt wurden[2]. Aber auch jetzt fehlte es an manchen Orten noch nicht an Widerspruch, und so entschlossen sich denn die beiden Cölner ein förmliches Lehrbuch des Hexenwesens und des Hexen-

Anleitungen zum Process.

---

[1]) Mall. mal. I, 1; II, 1. — [2]) Vollständig abgedruckt ist die Bulle u. a. im Eingange des Hexenhammers selbst. —

processes herauszugeben, welches 1487 hauptsächlich von Sprenger verfasst und 1489 zum ersten Male gedruckt herausgegeben wurde[1]); eben dieses Lehrbuch ist der Malleus maleficarum. Der persönliche Charakter der beiden Mönche ist uns zu wenig bekannt, als dass wir mit Sicherheit entscheiden könnten, ob sie ihr Buch in guten Treuen und in der vollen Ueberzeugung, einem wirklichen Schaden entgegenzutreten, geschrieben haben, oder ob sie den weitverbreiteten Glauben an Hexerei nur als Mittel benutzten, um auf diesem Wege der Ketzerei desto leichter beikommen zu können. Wir müssen uns ohnehin hüten, aus den Folgen des Werkes unumstössliche Schlüsse hinsichtlich des Charakters seiner Verfasser zu ziehn; der Umstand z. B., dass wir Männer von unbestritten edler Denkungsart, wie Johannes Trithemius einer war, oder relativ Fortgeschrittene wie Johannes Fischart als Uebersetzer von Bodins Dämonomanie in denselben Bahnen wandeln sehn, nöthigt uns jedenfalls zur Vorsicht in unserm Urtheil. Im Grunde liegt auch wenig an dieser Frage, insofern die Verschmelzung von Hexerei und Ketzerei und die Rohheiten in der Führung der Hexenprocesse doch in der Hauptsache nicht das Werk der Willkür eines Einzelnen sein können, und insofern die Verfasser der genannten Werke doch mehr die zufälligen Vertreter allgemein verbreiteter Ideen als nur die ihrer persönlichen sind. Jedenfalls aber ist das Buch hinsichtlich seiner Folgen eines der entsetzlichsten, welche die Geschichte kennt. Es rief auch, eben weil es der Träger weit verbreiteter Ideen war und vermeintlichen Uebelständen abzuhelfen schien, eine ganz beträchtliche Litteratur von verwandtem Inhalte hervor, unter welchen die Werke von Jean Bodin, Nicolaus Remigius und Martin Delrio die wichtig-

---

[1]) Die verschiedenen Ausgaben bei Soldan I, 276. — Nach einer handschriftlichen Notiz eines mit E W II 33 bezeichneten Bandes der Basler Universitätsbibliothek wäre Sprenger ein geborener Basler gewesen. Die Notiz lautet folgendermassen: De libris fratris Johannis Meiger ordinis predicatorum conventus Basiliensis provintie theutonice, quem comparavit anno Domini MCCCCLXXVI pro liberaria dicti conventus Bas. adiutorio reverendi prioris coloniensis magistri Jacobi Sprenger de Basilea sacre theologie eximii professoris eiusdem ordinis predicatorum. Oretur pro eis!

sten sind[1]). Der Hexenhammer wird in diesen durchweg als glaubwürdige Quelle benutzt, das abgeschmackteste Zeug, das er enthält, pietätsvoll nacherzählt und gelegentlich durch Zusätze, welche der eigenen Erfahrung entnommen sind, verbessert und erweitert. An den Grundlagen desselben haben freilich diese Fortsetzer nichts verändert.

Der Inhalt des Hexenhammers.

An und für sich beginnt das Werk damit, dass es die Hexerei zum Dogma erhebt und den Zweifel an ihrer Realität als Ketzerei bezeichnet (I, 1). Nun folgt eine Anschwärzung und Herabwürdigung des weiblichen Geschlechts, welche in ihrer Art wohl einzig sein dürfte. Die Sprichwörter Salomos, die Sentenzen Ciceros und Senecas, die ganze kirchliche und profane damals zugängliche Litteratur, kurz Alles, was den beiden Cölnern zu Gebote stand, musste als Beweis für den Satz dienen, dass die Weiber im Grunde durch und durch schlecht seien. Zu bedauern bleibt allenfalls noch, dass sie den Simonides von Amorgos nicht auch noch gekannt haben, dessen Ausspruch

Ζεὺς γὰρ μέγιστον τοῦτ' ἐποίησεν κακόν,
γυναῖκας; ἤν τι καὶ δοκῶσιν ὠφελεῖν,
ἔχοντί τῳ μάλιστα γίγνεται κακόν

mehr als alles Andere mit Sprengers und Institoris Theorien übereinstimmt. Das Weib erscheint hier als ein nothwendiges Uebel, der Hagestolz als der glücklichste aller Sterblichen (I, 6), und ohne die Frauen wäre die Erde ein wahres Paradies (conversatio deorum). Der Vorwurf der Schwatzhaftigkeit klingt noch relativ unschuldig; Sprenger wirft ihnen aber auch Unglauben (infidelitas), Ehrgeiz (ambitio) und Ueppigkeit (luxuria) vor. Die grössten Staaten sind durch die Schuld der Weiber zu Grunde gegangen; Helena, Jesebel und Cleopatra beweisen es zur Genüge.

---

[1]) Jean Bodin. Traité de la démonomanie des sorciers. Paris 1580. 4°; lat. de magorum dæmonomania Basileæ 1581; deutsch von Fischart. Strassburg 1586. 8°. — Nicol. Remigius. Dæmonslatriæ libri III. Lugd. 1595. Deutsch, Mainz 1603. — Martin Delrio. Disquisitiones magicæ. Lovanii 1599. — Vgl. noch Soldan II, Kap. 19. —

Der ganze Hexenhammer zerfällt in drei Theile. Der erste derselben ergeht sich in Erörterungen von allgemeinerer Art und in der Zusammenstellung zahlreicher Fälle und Belege. Der zweite handelt von den verschiedenen Gattungen des Zauberwesens, später auch von den Gegenmitteln und Vorsichtsmassregeln. Der dritte endlich behandelt das gerichtliche Verfahren; er ist weitaus der interessanteste, weil er in der Praxis die grösste und wirksamste Rolle gespielt hat.

Die Bulle „Summa desiderantes affectibus" hatte zunächst das Suchen von Zauberern und Hexen veranlasst, und der Hexenhammer that dasselbe, ja er gieng sogar noch weiter und erlaubte das Inquirieren auch ohne Anklage auf blossen Verdacht hin. Verdächtig aber konnte man auf die unschuldigste Weise von der Welt werden. Im Jahre 1570 gerieth zu Altheim im Gebiete von Kurmainz eine Frau in den Verdacht, eine Hexe zu sein, weil sie beim Ausbruch eines Gewitters gesagt hatte, das Wetter möge ihretwegen alles zerstören [1]. Ebenso ergieng es einer andern, welche beim Heuen in Folge von Ermüdung sagte: „Wenn nur der Teufel das Heu holte!" Da sich unglücklicher Weise gerade ein Sturmwind erhob und das Heu wegtrieb, wurde die Frau alsbald als Wettermacherin gefänglich eingezogen [2]. Zu Ungunsten eines Angeklagten konnte Jeder, auch der Verworfenste, zeugen [3]; wer hingegen in der Vertheidigung eines Unglücklichen zu eifrig war, gerieth selbst in Verdacht. In der Regel aber gewährte man den Hexen weder einen Rechtsbeistand noch das Recht der Appellation [4]. Plötzliche und peinliche Hausdurchsuchungen empfiehlt der Hexenhammer ebenfalls angelegentlich (III, 6). In Schottland soll sogar die Sitte aufgekommmen sein, dass die Inquisitoren einfach einen Kasten mit einem Spalt im Deckel aufstellten; dann konnte Jeder anonym Zeddel mit den Namen angeblicher Hexen oder Zauberer in denselben werfen, ohne die Rache derselben fürchten zu müssen [5]. Die Angeklagten waren in der Regel so wie so

---

[1]) Soldan II, 74. — [2]) Ebend. II, 77. — [3]) Mall. mal. III, 4. — [4]) Soldan I, 215. — [5]) Bodin IV, 1; Bodin nennt dieses Verfahren eine „laudabilis consuetudo" und „certissima agendi ratio". —

verloren. Bekannten sie sich schuldig, so waren sie es selbstverständlich; hatte aber Jemand alle Qualen der Tortur standhaft ausgehalten, so gerieth er in den Verdacht, vom Teufel unterstützt zu werden. Ueberhaupt fürchtete man die Hexen, auch wenn dieselben sich in der denkbar hilflosesten Lage befanden. Ihr Blick, glaubte man, könne den Richter zum Mitleid bewegen[1]); wie ungegründet diese Furcht an sich war, geht schon daraus hervor, das beinahe nirgends von mitleidigen Richtern die Rede ist. In katholischen Gegenden kam es wohl auch vor, dass die Richter, bevor sie das Gefängniss betraten, dieses mit Weihrauch erfüllten und sogar die Folterinstrumente mit Weihwasser besprengen liessen, um sich gegen etwanigen Schaden sicher zu stellen[2]). Ohnehin dachte man sich den Teufel auch innerhalb der Kerkermauern als Beistand der Hexen immer noch thätig. Wurde eine solche während der Tortur vom Starrkrampfe befallen, so dass sie wenigstens äusserlich keinen Schmerz zu empfinden schien, so hiess es, der Teufel habe sie in Schlaf versenkt[3]). Erlag dieselbe den Qualen der Folter, so musste ihr der Satan den Hals umgedreht haben[4]). Wurde endlich eine als Hexe eingekerkerte Weibsperson während ihrer Haft schwanger, so hatte sie selbstverständlich nicht mit dem Kerkermeister oder einem Henkersknechte sondern wieder mit dem Teufel zu thun gehabt; und doch kam es notorisch hin und wieder vor, dass jene die Hilflosigkeit der Gefangenen zur Befriedigung ihrer Begierden missbrauchten[5]).

Die Tortur.

Was die Tortur betrifft, so empfahlen Manche den Richtern die Angeklagten vorher mit den Schrecken derselben bekannt zu machen[6]), um sie zu einem mehr oder weniger freiwilligen Geständnisse zu bringen. Eigentlich sollte dieselbe nur einmal angewandt und nicht wiederholt werden; man wusste sich indessen, wenn der Angeklagte auf der Folter Alles, was man von ihm wissen wollte, gestand und es hernach widerrief, mit

---

[1]) Bodin III, 4. — [2]) Mall. mal. II, 1. Soldan I, 362. — [3]) Ebend. I, 125. — [4]) Ebend. I, 373, II, 8, 198. — [5]) Wierus (edit. 1563), pag. 295. Cautio criminalis XXXI. — [6]) Archiv des histor. Vereins für den Untermainkreis, Bd. II, Heft 3, S. 12. —

einer Wortverdrehung zu helfen, indem man die abermalige Anwendung der Tortur nicht Wiederholung sondern einfach Fortsetzung nannte[1]). Dieses sogenannte Fortsetzen war umso entsetzlicher, als man sich mit den Zahlen gerade wie mit den Worten die vollständigste Begriffsverwirrung erlaubte und unter dem Namen bloss einer als solcher aufgezählten Misshandlung sich mehrere von einander verschiedene erlaubte[2]).

Mancherlei Umstände wirkten überdiess noch ein, den Eifer der Richter anzuspornen und die Verzweiflung der Angeklagten zu steigern. Zunächst fielen die Güter der Verurtheilten theils ganz, theils als Sporteln den Richtern zu[3]); auch diese Einrichtung war anfänglich mit der Inquisition verbunden gewesen und von dieser in den Hexenprocess übergegangen[4]). Dazu mochte noch der Umstand kommen, dass die Gerichte, wenn sie einmal bis zur Tortur geschritten waren, hinterher nicht gerne gestanden, dass sie sich geirrt hätten. Auch der Henker hatte seinen Antheil an den Executionen; in Hitzacker z. B. im Fürstenthum Lüneburg soll ein solcher bei der sogenannten Wasserprobe betrügerisch verfahren sein, um durch den Tod möglichst Vieler persönlich möglichst viel zu gewinnen[5]). Selbst über den Scheiterhaufen und über das Grab hinaus konnte sich die Verfolgung erstrecken; der Spanier Torreblanca z. B. fordert in seiner Dämonomanie (III, 9) Citierung der Erben, falls der Schuldige vor der Execution gestorben sei. Ohnehin hielt man das ganze Unwesen für erblich, oder man glaubte, die Weiber pflegten ihre Männer und die Mütter ihre Töchter dazu zu verführen[6]). In Sachsen kam es in der zweiten Hälfte des siebenzehnten Jahrhunderts sogar vor, dass die beiden Kinder eines Verurtheilten ebenfalls getödtet wurden, und zwar noch bevor der Vater den Scheiterhaufen bestieg[7]).

---

[1]) Mall. mal. III, 15, (Super tormento continuando etc...). — [2]) Soldan I, 369, 370. — [3]) Thomasius. De origine ac progressu processus inquisitionis contra sagas; Halæ 1712: § 47. Goldast verfasste umgekehrt ein „Rechtliches Bedencken von Confiscation der Zauberer- und Hexengüter". Bremen 1661. 4°. [4]) Soldan I, 215. — [5]) Ebend. II, 89. — [6]) Bodin II, 4; IV, 1. — [7]) Soldan II, 130, 131. —

Zu den erschwerenden Umständen, welche den Process begleiteten, gehören in erster Linie die Rohheit der Henker und Gefängnisswärter, zuweilen auch der Richter[1]; man betrachte nur auf altdeutschen Gemälden, Holzschnitten oder Kupferstichen, welche die Passion oder die Leiden irgend eines christlichen Märtyrers zum Gegenstande haben, die entschieden aus dem Leben gegriffenen Physiognomien der Henker. Dann mochten in manchen Fällen auch die Sorgen der Eingekerkerten um ihre Angehörigen[2]) in Betracht kommen; denn wer von einer Person abstammte, welche wegen Zauberei verurtheilt war, galt selbst für verdächtig oder wenigstens für „unehrlich"; letzterer Makel haftete übrigens auch an denjenigen, welche bloss der Hexerei verdächtig, aber nicht überführt waren[3]). So war es denn auch kein Wunder, wenn hie und da Eingekerkerte ihrer Hinrichtung zuvorkamen und ihren Leiden durch Selbstmord ein freiwilliges Ende machten[4]). Das Schlimmste aber von allem war, dass die Entdeckung und Ueberführung Einzelner häufig eine Reihe neuer Verhaftungen, Untersuchungen und Verurtheilungen nach sich zog. Eine der häufigsten Fragen war nämlich die nach vorhandenen Mitschuldigen, wobei natürlich die Folter ebenfalls in Bewegung gesetzt wurde[5]). Ausserdem lässt sich denken, dass in solchen Fällen neben jener etwa auch der Neid und die Bosheit bereits Angeklagter die Verhaftung Anderer zur Folge hatten. Es half auch wenig, dass in Frankreich schon seit 1390 und in Deutschland seit der Reformation der Hexenprocess von den geistlichen Gerichten an die weltlichen übergieng; denn das Verfahren blieb im Ganzen das nämliche, ja es scheint sogar, als ob die Diener des weltlichen Gerichts sich im sechszehnten und siebenzehnten Jahrhundert vor denen des frühern geistlichen durch noch grössere Rohheit ausgezeichnet hätten. *Erschwerende Umstände*

In zweifelhaften Fällen bediente man sich wohl zur Ermittlung der Schuld oder Unschuld eines Angeklagten der soge- *Hexenproben.*

---

[1]) Ebend. II, 55 ff. — [2]) Ebend. I, 472. — [3]) Ebend. II, 107, 108. — [4]) Malleus maleficar II, 1, 2. — [5]) Archiv des histor. Vereins f. d. Untermainkreis, Bd. II, Heft 3, S. 15. —

Die Hexenwage. nannten Hexenwage; allzu leicht erfundene Personen galten dann für verdächtig, wahrscheinlich weil man ihre Leichtigkeit mit der den Hexen zugeschriebenen Fähigkeit des Fliegens in Verbindung brachte. Namentlich berühmt war die Hexenwage von Oudewater in Holland, angeblich ein Geschenk Kaiser Carls V.[1]). Zu Szegedin in Ungarn wurden im Jahre 1728 sechs Hexenmeister und sieben Hexen verbrannt, und es soll unter diesen dreizehn Personen keine mehr als ein Loth gewogen haben[2]). Thatsache ist, dass die Rettung der Angeklagten davon abhieng, dass sie schwerer waren, als man angenommen hatte. Die Wage von Oudewater functionierte im Jahre 1754 zum letzten Mal[3]).

Die Wasserprobe. Sodann kam zweitens die Wasserprobe vor. Hier hätten eigentlich fast alle Hexen untersinken und folglich gerettet werden müssen. Es kam aber vor, dass die Henkersknechte, weil sie von der Execution Vortheil hatten, den Strick so hielten, dass jene nicht sinken konnten[4]). Zu Delten in Oberyssel wurde die Wasserprobe noch im Jahr 1823 angewandt, und die angebliche Hexe gieng siegreich aus derselben hervor[5]). Hingegen scheint die Feuerprobe, nachdem der Hexenhammer sie verworfen hatte[6]), schon früh ausser Gebrauch gekommen zu sein.

Die Thränenprobe. Die sogenannte Thränenprobe bestand darin, dass es Gefolterten zu Gute kam, wenn sie während der Tortur Thränen vergiessen konnten, indem diese für ein Zeichen wahrer Reue angesehen wurden[7]). Konnten sie hingegen nicht weinen, so galt das als Beweis ihrer Schuld, weil man das Ausbleiben der Thränen dem Beistande des Teufels zuschrieb[8]). Dem Teufel aber lag natürlich viel daran, dass die Gefangenen nicht freigesprochen wurden, weil er ihren Tod und ihren Einzug in die Hölle wünschte, ihre Bekehrung hingegen fürchtete. Aus dem nämlichen Grunde half er ihnen auch trotz seinen Zaubermitteln

---

[1]) B. Bekker, De betoverde Wereld. I, 21. — [2]) Horst. Zauberbibliothek VI, 134 ff. — [3]) Soldan I, 397. — [4]) Fischer. Sonnambulismus I, 349. — [5]) Horst. Zauberbibliothek IV, 365, 366. — [6]) III, 17. — [7]) Grillandus IX, 3. — [8]) Mall. mal. III, 15. —

nicht aus dem Kerker[1]), woran ihn übrigens auch Gott gehindert hätte[2]).

Die Nadelprobe.

Fand sich endlich am Körper einer Angeklagten irgend ein Mal, aus welchem nach wiederholtem Hineinstechen kein Blut floss, so wurde dieses ebenfalls dem Teufel zugeschrieben; es ist dieses das sogenannte Teufelsmal (stigma diabolicum)[3]). Natürlich führte das Suchen nach einem solchen Zeichen dazu, dass man die Angeklagten, also auch Frauen und Jungfrauen, völlig entkleidete und ihnen, um ja nichts zu übersehen, die Haare an allen Theilen des Körpers abrasierte oder abbrannte[4]). Für untrüglich galt das Stigma freilich nicht; denn erstens nahmen Manche an, der Satan zeichne nicht Alle, die sich ihm ergeben hätten, mit demselben sondern bloss diejenigen, welchen er nicht ganz traue; und ausserdem glaubte man auch, das Mal könne gelegentlich von selbst wieder verschwinden[5]).

War ein vermeintlicher Teufelsdiener oder eine Hexe der zeitlichen Strafe aus diesem oder jenem Grunde entgangen, so fielen dieselben natürlich der ewigen desto sicherer anheim. Das bekannteste hierher gehörige Beispiel liefert die Sage von Doctor Faust. Als der böse Geist demselben nach Verabredung vierundzwanzig Jahre lang gedient hatte, holte er ihn in der Mitternachtsstunde aus seinem Zimmer; dieses war hernach „voller Bluts gesprützet“, das Hirn des Frevlers klebte an der Wand, auch lagen seine Augen „vnd etliche Zäen“ noch da; zuletz fand man draussen auf dem Mist auch noch den zerschmetterten Leichnam. So meldet das älteste Faustbuch vom Jahre 1587 (Cap. 68). Eine viel ältere Erzählung von theilweise ähnlicher Art findet sich aber schon bei Wilhelm von Malmesbury: Zu Berkeleya in England war eine Hexe gestorben. Vor ihrem Tode hatte dieselbe verordnet, man solle ihre Leiche in eine Hirschhaut nähen, dann in einen steinernen Sarg legen und auf letztern einen schweren Stein mit drei eisernen Ketten befestigen; dazu sollten fünfzig Priester Tag und Nacht singen.

---

[1]) Grillandus IX, 1, 2. — [2]) Ebend. IX, 4. — [3]) Zeitschr für deutsche Philologie XIV, 463. — [4]) Soldan I, 360, 361. Gleichzeitig suchte man auch nach allenfalls vorhandenen Zaubermitteln. — [5]) Bodin II, 4.

Allein schon in der ersten Nacht erbrachen die Dämonen während der Messe die Kirchthür und die beiden äusseren Ketten, während die dritte einstweilen noch unbeschädigt blieb. In der dritten Nacht erschienen sie dann wieder, und einer unter ihnen von besonders schrecklicher Gestalt befahl der Todten aufzustehen. Diese antwortete, sie könne nicht; da zerbrach der Geist die Kette wie einen Strick aus Hanf, öffnete den Sarg und zerrte die Leiche heraus. Vor der Kirche stand ein schwarzes Pferd mit einem eisernen Hacken auf dem Rücken; auf diesen setzte der Böse die Todte, und alsbald verschwand dieselbe mit den Dämonen; doch wurde ihr Geschrei noch vier Meilen weit gehört[1]).

Natürlich war auch der Hexenprocess trotz seiner verhältnissmässig sehr ausgebildeten Consequenz gewissen Schwankungen in Bezug auf Ort und Zeit wie auf Stand und Persönlichkeit seiner Opfer unterworfen. So erfahren wir z. B. sogar aus Cöln, dem Aufenthaltsorte Sprengers, dass der Rath das ganze sechszehnte Jahrhundert hindurch mild verfuhr und sich mit vorübergehender Einkerkerung und öffentlicher Ausstellung der Angeklagten begnügte[2]). Grössere Strenge trat erst im siebenzehnten Jahrhundert ein, besonders während der Jahre 1627 bis 1632[3]); der Erzbischof hatte 1629 vom Rathe dieselbe verlangt, ja er hatte denselben darauf aufmerksam gemacht, dass die Stadt wegen der relativen Sicherheit, welche sie den Verdächtigen biete, von diesen vorzugsweise aufgesucht werde[4]). Immerhin war auch jetzt noch ein Mehr von drei Stimmen erforderlich, wenn eine Execution eintreten sollte, ferner sollte die Aufsuchung des Stigmas durch die Schöffen vorgenommen werden und nicht dem Henker überlassen sein. Das Vermögen der Verurtheilten wurde nicht confisciert, und Letztere hatten folglich nur die Processkosten zu tragen. Die Verdachtsgründe wurden von drei Schöffen und drei Rathsherren geprüft, die

---

[1]) Gesta regum Anglorum II, 204. Andere hierher gehörige Erzählungen theilt G. R. Widmann in seinem Leben Fausts mit (Ausgabe von Pfitzer, Nürnberg 1695, S. 626 ff.). — [2]) Ennen. Geschichte der Stadt Cöln V, 758 ff. — [3]) Ebend. 783. — [4]) Ebend. 764. —

Verhaftung der Verdächtigen hieng vom Rathe ab, Grefe und Schöffen führten hingegen den Process [1]. Schon im Jahre 1655 fand die letzte Execution statt [2]. Leider aber verzeichnet die Geschichte Cölns während der kurzen Schreckenszeit zwischen 1627 und 1632 die Verurtheilung der edlen unschuldigen Catharina Henot [3].

Was Stand und Persönlichkeit der Opfer betrifft, so war allerdings die Zahl der vom Hexenprocesse verschonten Kreise keine gar grosse. Es waren zunächst die fürstlichen Dynastien der einzelnen Länder, ferner die höchsten Würdenträger der Kirche, also Päbste, Cardinäle, Erzbischöfe und Bischöfe. Nur Philipp Adolf von Ehrenberg, Fürstbischof von Würzburg, wurde, als in den Jahren 1627 bis 1629 in seiner Residenz die Verfolgungen einen geradezu unerhörten Grad erreicht hatten, von den Angeklagten als mitschuldig bezeichnet. Damit hörten dann freilich die Verfolgungen auf, und der betrogene Prälat sah sich sogar veranlasst, für die zahlreichen Opfer der genannten Jahre eine kirchliche Gedächtnissfeier zu stiften [4]. Sonst aber konnte kein Geschlecht, kein Alter, kein Stand, weder Reichthum noch Schönheit vor Anklagen schützen. Sidonia von Bork, einst das reichste und schönste pommer'sche Edelfräulein, wurde im achtzigsten Jahre zu Anfang des siebenzehnten Jahrhunderts auf dem Rabensteine vor Stettin enthauptet und verbrannt, ihr angebliches Hexenwerk wurde in einem Hängeschloss in's Meer versenkt [5]. Die Würzburger Verzeichnisse [6] der wegen Zauberei Hingerichteten nennen neben dem „dicksten Burger" noch die „schönste Jungfrau" der Stadt. Wenn die Mehrzahl der Opfer des Hexenwahns dennoch vorzugsweise den niederen Ständen angehört, so mag sich dieser Umstand zum Theil aus der grössern Zahl der geringern Leute, zum Theil aber auch daraus erklären, dass man mit Bürgern der untern Klassen, Bauern, Dienstboten u. dgl. weniger Umstände zu machen pflegte, und dass dieselben seltener Schutz und Verwendung finden mochten.

---

[1]) Ebend. 765. — [2]) Ebend. 802. — [3]) Ebend. 773 ff. — [4]) Soldan II, 55. — [5]) Barthold. Geschichte von Rügen und Pommern, Thl. IV, Bd. 2, S. 485—500. — [6]) Soldan II, 46—51.

Was die Geistlichkeit betrifft, so war der mittlere und der niedere Clerus nichts weniger als absolut sicher; es giebt im Gegentheil Schriftsteller, welche wie z. B. Godelmann [1]) behaupteten, die Geistlichen seien vorzugsweise Zauberer, oder welche wie Remigius den verschiedenen Orden der römischen Kirche und namentlich den Jesuiten mit Vorliebe Kenntnisse und Thätigkeit auf dem Gebiete der schwarzen Magie andichteten [2]). Wo aber die Anklage nicht hinreichte, da liess man wenigstens der Verleumdung freien Lauf, und dieser sind denn auch Könige und Päbste nicht entgangen. Unter den Päbsten des Mittelalters standen nicht weniger als sechs im Geruche der Zauberei, nämlich Sylvester II. [3]), Benedikt IX., Johann XX., Johann XXI., Gregor VII. [4]) und Alexander IV. [5]). König Carl IX. von Frankreich soll nur darum so jung gestorben sein, weil er gegen die Hexen zu nachsichtig gewesen sei [6]), und sein Bruder Heinreich III. galt sogar selbst für einen Zauberer; er soll einen Spiritus familiaris besessen haben [7]), und es erschien als Anklage gegen ihn sogar eine Schmähschrift, betitelt „les sorcelleries de Henri de Valois, et les oblations, qu'il faisait au diable, dans le bois de Vincennes. Chez Dichier-Millot. 1589.“ Häufig traf die Verleumdung Persönlichkeiten, welche sich vor andern durch mancherlei Kenntnisse auf dem Gebiete der Natur oder der Heilkunde auszeichneten, die der unwissenden Menge räthselhaft erscheinen mochten; eine solche Auffassung des Natürlichen mochte dadurch befördert werden, dass sich die Gelehrten im Mittelalter meist der dem Volk unverständlichen lateinischen Sprache bedienten, manchmal auch ihre Kenntnisse in symbolische Ausdrücke oder seltsam klingende Formeln verhüllten. Wenn z. B. von Albertus Magnus die Sage gieng, er habe, um König Wilhelm zu bewirthen, im Klostergarten der Domini-

---

[1]) I, 2, 13. — [2]) Dämonolatria II, 93; III, 88; Remigius selbst scheint Lutheraner gewesen zu sein; vgl. Dämonolatria III, 88. — [3]) Seinen metallenen Wunderkopf erwähnt Guil. Malmesbur. II, 172; vergl. auch Vincent. Bell. spec. hist. XXIV, 98 und Baronius. Annales ecclesiastici ad. a 999, III; die Wahrheit über ihn findet man bei Thietmar v. Merseburg VI, 61. — [4]) Remigius II, 117, 118. — [5]) Ebend. II, 279, 280; vgl. auch Bodin III, 3. — [6]) Bodin III, 5. — [7]) Garinet pag. 153.

caner zu Cöln mitten im Winter Blüthen und Früchte der schönern Jahreszeit hervorgezaubert und diese nach dem Schlusse der Mahlzeit sofort wieder verschwinden lassen[1]), so möchte man beinahe glauben, es habe sich in Wirklichkeit einfach um Zimmergärtnerei und Aufbewahrung von Früchten gehandelt, und Albertus habe dieses einfach besser verstanden als seine Zeitgenossen. Die Tradition mag ausserdem noch mancherlei zu dem wirklich Geschehenen hinzugedichtet haben. Jedenfalls handelte es sich bei ihm noch um die sogenannte natürliche Magie (magia naturalis) und nicht um die verpönte, nur mit Hilfe böser Geister mögliche schwarze. Trithemius hingegen, der gelehrte Abt von Sponheim, ein Zeitgenosse Kaiser Maximilians I., musste sich schon gegen den Vorwurf unheimlicher Künste vertheidigen, welcher ihm unter Umständen hätte können gefährlich werden. Ohne die Möglichkeit solcher Künste zu leugnen, blieb er dabei, sich bloss mit natürlicher Magie beschäftigt zu haben, und berief sich dabei ausdrücklich auf Albertus Magnus. Seine Vertheidigungsschrift führte den Titel „Apologia pro memet ipso contra eos, qui me magicis artibus operam dedisse existimant“[2]). Man hatte ihm namentlich vorgeworfen, dem Kaiser den Schatten seiner früh verstorbenen Gemahlin Maria von Burgund auf die Erde heraufbeschworen zu haben[3]). Und doch geht aus seinem „Antipalus maleficiorum“[4]) deutlich genug hervor, dass Trithemius in seiner Abneigung gegen die divinatorische wie gegen die operative Magie den Verfassern des Hexenhammers wenig nachgab; auch hier werden Dinge für möglich erklärt, werden Vorsichtsmassregeln und Strafen empfohlen, welche der Hauptsache nach mit den Ansichten Sprengers entschieden übereinstimmen[5]).

Der Zeit nach ist das siebenzehnte Jahrhundert entschieden die Blüthezeit des Teufelsglaubens und der Teufelserscheinungen.

---

[1]) Trithemius. Chronicon Hirsaugiense ad a. 1251. — [2]) Vgl. Trithemii epist. fam. II, 43. — [3]) Theatrum de veneficiis. Frankf. 1586, pag. 274 ff. Crusius. Annal. Suevicæ VIII, 3, 17. — [4]) Gedruckt zu Ingolstadt 1555. — [5]) Silbernagel. Joh. Trithemius S. 138 ff. giebt den Inhalt des Buches an; vgl. auch W. Schneegans. Abt Johannes Trithemius und Kloster Sponheim; S 226 ff

In den letzten Jahrhunderten des Mittelalters war das Hexenthum vorzugsweise wegen seines angenommenen Zusammenhangs mit dem Ketzerthum verfolgt worden. Dieser Standpunkt wurde natürlich auch später nie förmlich aufgegeben, im Gegentheil, wer im Verdachte stand, unheimliche Künste zu treiben, galt immer noch für von Gott abgefallen; wohl aber betonte man jetzt in viel höherm Grade den vielfachen Schaden, welcher der Menschheit durch Zauberer und Hexen zugefügt werde. Dieser bildete gleichsam die Operationsbasis, von welcher man, um schon Geschehenes zu strafen und Künftiges zu vereiteln, ausgieng. Selbst die Carolina stellt sich ganz auf diesen Standpunkt (Art. 109) und empfiehlt, sobald wirkliche Benachtheiligung Anderer nachgewiesen ist, Bestrafung der Schuldigen; andrerseits modificiert sie allerdings das Strafverfahren insofern in wohlthätiger Weise, als sie damit das Inquirieren auf blossen Verdacht hin beseitigen wollte. Leider war aber bei einem System, welches ja überhaupt nur in der Einbildungskraft der Leute wurzelte, und zu dessen Hauptwerkzeugen die Tortur gehörte, der Nachweis der Schuld so leicht, dass die Carolina die Sache selbst doch kaum zu mildern vermochte. So erklärt es sich denn, dass die Verfolgungen trotz derselben im siebenzehnten Jahrhundert ihren Höhepunkt erreichen konnten. Und so dachte man sich jetzt den Teufel in jeder Situation, an jedem Ort, in jedem Kreise der Gesellschaft: „In den Burgen der Ritter, in den Palästen der Grossen, in den Bibliotheken der Gelehrten, auf jedem Blatt in der Bibel, in den Kirchen, auf dem Rathhaus, in den Stuben der Rechtsgelehrten, in den Officinen der Aerzte und Naturlehrer, in dem Kuh- und Pferdestall, in der Schäferhütte — überall und überall ist in diesem Jahrhundert der Teufel“ [1]). Seine Intervention in menschlichen Angelegenheiten ist eine unaufhörliche, und zwar nicht nur bei solchen, welche sich ihm ohnehin mit Leib und Seele ergeben haben. Da erscheint z. B. im Jahre 1617 eine ganze Schaar

---

[1]) Horst. Dämonomagie I, 198, 199. Mancherlei Einzelheiten in Bezug auf Gestalt, Tracht u. s. w. des Teufels enthält Bd. II des Archivs des histor. Vereins f. d. Untermainkreis, Heft 3, S. 32 ff.

Teufel auf einem Schlosse bei Danzig und lärmt und zecht in demselben mehrere Tage hindurch, nur weil der Eigenthümer im Aerger über das Nichterscheinen eingeladener Gäste den Satan herbeigerufen hatte [1]). Nach einer andern Version trug sich die Sache in Schlesien zu [2]); das Local ist natürlich in solchen Fällen, wo es sich um den Wahn eines ganzen Jahrhunderts handelt, ziemlich gleichgiltig. In Braunschweig machte er bald „nach geendigtem deutschem Kriege“ mit seiner eigenen Grossmutter Hochzeit [3]). Und in Wien fuhr er sogar am 26. Januar 1667 Nachts zwischen elf und zwölf Uhr Schlitten [4]); die Wiener Polizei hatte nämlich wegen vorgefallenen Unfugs das Schlittenfahren nach zehn Uhr Abends verboten, und da war es selbstverständlich Pflicht und Aufgabe des Bösen, den Behörden gegenüber das Beispiel zum Ungehorsam zu geben. Dass fremde Reisende in auffallender Tracht oder an einsamen Orten, muthwillige Gesellen, die sich zu dem oder jenem Zwecke vermummt hatten, u. dgl. m. von der bethörten Menge hie und da für den Teufel angesehen wurden, ist in hohem Grade wahrscheinlich; glaubte man nun, den Satan wirklich einmal zu sehn, so sorgte die Phantasie schon dafür, dass auch jede Bewegung, jeder Gesichtszug, jedes Kleidungsstück an ihm möglichst satanisch aussah. Im Riesengebirge soll es z. B. vorgekommen sein, dass die Jäger des gräflich Schaffgotschischen Hauses sich maskierten, um neugierigen Reisenden den Anblick des berühmten Berggeistes Rübezahl zu verschaffen [5]). Am zahlreichsten waren freilich diejenigen Fälle, in welchen der Böse nur in der Einbildungskraft gefolterter oder ekstasischer Personen existierte.

Die einzelnen Länder. Italien.

Die Constatierung eines Höhepunktes der Hexenprocesse schliesst auch mancherlei Schwankungen derselben in Bezug auf die einzelnen Länder Europas keineswegs aus. In Italien, dessen Zauberwesen zum Theil auf andern Voraussetzungen beruht als

---

[1]) Schiel. Europ. Schand- und Laster-Chronica I, 93. — [2]) Schott. Physica curiosa I, c. 17; etwas ähnliches berichtet schon Cäsarius v. Heisterbach, V, 12. — [3]) Horst. Zauberbibliothek II, 333 ff. — [4]) Prätorius. Anthr. plut. II, 145. — [5]) Henel. Silesiographia I, p. 155 Anm.

das nordische, war die Praxis namentlich im Zeitalter der Renaissance eine weit mildere, obschon gerade die italienische Hexe in höherem Grade als z. B. die deutsche wirkliche Betrügerin war [1]). In Perugia z. B. konnten sich überführte Zauberinen nach den Gesetzen der Stadt mit vierhundert Pfund loskaufen [2]), und auch anderswo scheint Aehnliches vorgekommen zu sein [3]); die Loskaufssumme fiel dann wahrscheinlich theilweise den Geschädigten als Schadenersatz zu. Besonders vernünftig verfuhr in dieser Frage wie noch in so mancher andern die Republik Venedig, während z. B. in der angrenzenden Lombardei in dem einzigen Jahre 1485 bei Como einundvierzig Hexen verbrannt wurden [4]). Im Zeitalter der Gegenreformation trat allerdings auch im übrigen Italien grössere Strenge ein; nach Grillandus z. B. [5]) endigten jetzt auch in Rom und in dessen Umgebung sämmtliche Hexen ihr Leben auf dem Scheiterhaufen, und in der Lombardei kam es in der Diöcese Como sogar vor, dass in einem Jahre mehr als tausend Personen verhört und über hundert verurtheilt wurden [6]). Nichtsdestoweniger begnügte man sich zuweilen auch jetzt noch mit leichteren Strafen. So wurde in Bologna eine Ueberführte von den Dominicanern mit entblösstem Oberkörper einfach rückwärts auf einen Esel gesetzt und herumgeführt; Weier hebt diese mehr beschimpfende als schreckliche Strafe rühmend als eine verhältnissmässig leichte hervor [7]).

Deutschland. Diesseits der Alpen hat unter allen Ländern entschieden Deutschland am schwersten und am nachhaltigsten unter den Schreckens des Hexenprocesses zu leiden gehabt. Allerdings nahm das ganze Unwesen später als z. B. in Frankreich grössere Dimensionen an, und es ist bezeichnend, dass der Dominicaner Johannes Nider in seinem Formicarius die gewählten Beispiele nicht seiner eigenen Erfahrung sondern lauter fremden, namentlich französischen Criminalprocessen verdankt [8]). Was aber

---

[1]) Vgl. ihre Charakteristik bei J. Burckhardt. Cultur der Renaissance, S. 531 ff. — [2]) Archivio storico XVI, 1, p. 565 Anm. 2. — [3]) Agrippa von Nettesheim de vanitat. scientiar. c. 96. Alciatus Parerga VIII, 21. — [4]) Mall. mal. II, 1, 2. — [5]) De sortilegiis quæst. 7. — [6]) Spina. Quæstio de strigibus c. 13. — [7]) De præstig. dæmon. VI, 19. — [8]) Soldan I, 244.

Deutschland in dieser Hinsicht im fünfzehnten Jahrhundert versäumt hatte, das holte es im sechszehnten und siebenzehnten im Uebermasse nach. Vor allen andern kommen jetzt die geistlichen Stifte, namentlich Bamberg und Würzburg, die kleinern Reichsstädte und die ritterschaftlichen Gebiete in Betracht. Die geringste Ausdehnung erfuhr das Unwesen entschieden im Herzogthum Würtemberg[1]). In Lothringen hingegen rühmte sich der herzogliche Oberrichter Nicolaus Remigius auf dem Titelblatte seiner schon mehrmals citierten Dämonolatrie, während eines Zeitraums von fünfzehn Jahren etwa neunhundert wegen Zauberei angeklagte Personen verurtheilt zu haben.

Die Schweiz.

In der Schweiz gereicht es besonders den beiden Städten Bern und Basel zur Ehre, in dieser Frage mit Besonnenheit und Mässigung verfahren zu sein. In Basel verdankte man es namentlich der theologischen und der juristischen Facultät der Hochschule, dass im ganzen siebenzehnten Jahrhundert nur ein einziges Todesurtheil wegen Hexerei vollstreckt, und dass überhaupt seit dem Jahre 1643 auch die Folter zu diesem Zwecke nicht mehr angewandt wurde[2]). Die Berner Regierung hingegen hatte, so gut sie im deutschen Canton Bern in dieser Beziehung verfuhr, alle Mühe, bei ihren französischen Unterthanen im Waadtlande den Verfolgungseifer einigermassen zu mässigen[3]). Ueberhaupt spielte die französische Schweiz im Hexenprocess eine viel traurigere Rolle als die deutsche, und namentlich Genf zeichnete sich nach der Reformation durch Fanatismus und scheussliche Strafen, z. B. durch Einmauern lebendiger Verurtheilter aus[4]); es sollen daselbst einmal während dreier Monate nicht weniger als fünfhundert Personen verurtheilt worden sein[5]).

England.

England hat ebenfalls schon im Mittelalter seine Hexenprocesse gehabt, wie jedermann aus der Geschichte König Heinrichs VI. und aus dem Processe der Jeanne d'Arc weiss. Ihren höchsten Grad erreichten aber die Verfolgungen erst im Anfange des siebenzehnten Jahrhunderts, als das Land in der

---

[1]) Wächter. Beiträge, S. 302. — [2]) Fischer. Basler Hexenprozesse, S. 3. — [3]) Berner Taschenbuch f. 1870, S. 149 ff. — [4]) E. Stähelin. Joh. Calvin. Bd. I, S. 319. — [5]) Delrio Prolog.

Person Jakobs I. einen König erhielt, welcher sich persönlich vor dem Teufel und seinen Verbündeten notorisch fürchtete. Jakob hatte schon in Schottland, also bevor er den englischen Thron bestieg, entsetzlich gehaust; und wie in einzelnen katholischen Territorien des deutschen Reichs die Protestanten als Abgefallene in erster Linie auch der Zauberei verdächtig waren, so mussten umgekehrt in Schottland die Papisten vorzugsweise herhalten. Als der König aus Dänemark zurückkehrte, hatte er unterwegs von schweren Stürmen zu leiden, welchen er durchaus keine natürlichen Ursachen zuschreiben wollte; ein gewisser Dr. Fian, auf welchen sein Verdacht hauptsächlich fiel, wurde auf die entsetzlichste Weise gemartert und schliesslich, obschon er nichts gestand, als verstockter Missethäter verbrannt. Später wüthete der König in England auf ähnliche Weise und machte sich überdiess dadurch lächerlich, dass er höchst eigenhändig eine Dämonomagie schrieb[1]). Noch schlimmer stand es wo möglich in England in der Mitte des nämlichen Jahrhunderts, als Cromwell und seine Heiligen die Herrschaft in den Händen hatten. Von 1649 an wurden förmliche Treibjagden veranstaltet, bei welchen Leute von der geringsten Sorte als Witch-Finder-generals (Generalhexenfinder) functionierten und das Land beinahe zur Verzweiflung brachten, bis sich das geängstigte Volk gegen ihr Treiben erhob und jene zuletzt ebenfalls hingerichtet wurden. Damals wurden namentlich die unglücklichen Verdächtigen häufig mit der sogenannten Tortura insomniæ gequält, mit welcher anderthalb Jahrhunderte später die Franzosen das Kind Ludwigs XVI zu Tode marterten; man jagte nämlich die unglücklichen Gefangenen unablässig umher, so dass sie weder am Tage noch in der Nacht zum

America. Schlafe kamen[2]). Doppelt schlimm war es endlich, dass sich die Verfolgungen und der Wahn als solcher in der zweiten Hälfte des siebenzehnten Jahrhunderts von England aus auch nach Nordamerica vererbten und dort mehrere Jahrzehnte hindurch ebenfalls ihre Opfer verlangten[3]). Im Ganzen hat sich

[1]) Jacobi I. Dæmonomagiæ libri III (opp. ed. a Jacobo Montacuto. Francof. a. M. u. Lips. 1689; pag. 44 ff.). — [2]) Soldan II, 147. — [3]) ebend. II, 152 ff.

der Glaube an Hexerei und die Verfolgung derselben in Schottland länger als in England selbst erhalten; noch im Jahre 1727 wurden in der Grafschaft Sutherland zwei Hochländerinen, Mutter und Tochter, desshalb eingekerkert; jene wurde auch nachher verbrannt, dieser hingegen gelang es zu entkommen[1]).

In Frankreich unterlag das Hexenwesen bedeutenden Schwankungen. Nachdem dasselbe bald nach 1270 seinen Anfang genommen hatte[2]), liessen von 1390 an, als die Verfolgungen dem Pariser Parlamente waren übertragen worden, dieselben bedeutend nach[3]); besonders sollen sie während der Regierung König Ludwigs XII. selten gewesen sein[4]), und auch unter Ludwig XI., Carl VIII. und Franz I. verfuhr man im Ganzen vernünftig. Etwas mehr kam die Sache unter den letzten Königen aus dem Hause Valois wieder in Schwung, ohne jedoch den eigentlichen Fanatikern vom Schlage Jean Bodins genügen zu können. Diesem gieng es immer noch zu ruhig her, und er klagt u. a., dass Viele die ganze Sache für eine blosse Fiction hielten, wünscht auch, es möchten den gewöhnlichen Richtern noch ausserordentliche Commissäre beigegeben werden[5]). Ihren Höhepunkt erreichten die Processe unter Heinrich IV. und Ludwig XIII; in die Regierungszeit des Letztern fallen z. B. die beiden heillosen Processe gegen die Geistlichen Gaufridy und Grandier, von welchen schon früher die Rede gewesen ist[6]). Erst Ludwig XIV. war vernünftiger, indem er theils (1672) Processe niederschlug, theils die Untersuchung auf wirklich sacrilegische Handlungen wie z. B. Missbrauch der Sacramente oder auf gewöhnlichen Betrug einschränkte (1682), den Teufelsbund als solchen aber und den Hexensabbat einfach ignorierte[7]).

Auch in andern Ländern hat es an ähnlichen Erscheinungen *Schweden.* keineswegs gefehlt. In Schweden z. B. spielte der grosse Hexenprocess von Mora in Dalekarlien, welcher zweiundsiebenzig

---

[1]) Schottländische Briefe. Aus dem Englischen. S. l. 1760. Thl. I, S. 196 ff. — [2]) Soldan I, 223. — [3]) Ebend. I, 240 ff. — [4]) Garinet p. 115. — [5]) Dämonomania IV, 1. — [6]) Garinet p. 180 ff., 205 ff.; pièces justificatives No. VIII, X. — [7]) Soldan II, 226, 227.

Weiber und sogar fünfzehn Kinder das Leben kostete[1]); doch scheint hier, abgesehn von dieser allerdings fürchterlichen Katastrophe, die Sache sonst keine besonders hervorragende Rolle gespielt zu haben. Jedenfalls trägt das Unwesen im Ganzen in allen von ihm heimgesuchten Ländern so ziemlich dasselbe Gepräge, und es dürfte sich in Folge dessen nach der ausführlichen Behandlung des Gegenstandes durch Soldan kaum der Mühe lohnen, die Détails noch weiter zu verfolgen.

Eine Behauptung, welche schon öfters aufgestellt wurde und scheinbar Manches für sich hat, ist die, die Hexenverfolgungen hätten meist nur Personen betroffen, welche sich überhaupt eines bösen Rufes erfreuten[2]). Dass Verfolgung und übler Leumund häufig zusammentrafen, lässt sich in der That nicht leugnen, und nur zu oft scheint allerdings der üble Ruf eines Angeklagten, sei es als Ursache, sei es zur Motivierung des Verdachtes von Gewicht gewesen zu sein. Hierher gehört z. B. der bekannte Process gegen die Mutter Keplers, Catharina Kepler geb. Guldenmann, welche nach der unverdächtigen Angabe ihres eigenen Sohnes in der That ein böses Weib war, welches sich durch Schwatzsucht, Neugier und Jähzorn auszeichnete[3]). Allein die Anklägerin dieser Frau war noch weit schlimmer als die Beklagte; sie warf nämlich dieser das „crimen veneficæ potionis sibi exhibitæ“ vor, während ihre Leiden faktisch eine ganz andere Ursache hatten (quia sterilis arte facta). Ausserdem hatte die Klägerin nie einen ordentlichen Arzt befragt sondern „allerhandt verbottene Teüffelische mittell“ gebraucht. Nun lagen gegen die alte Kepler allerdings noch andere Anklagen vor; sie habe des Sattlers Kuh um Mitternacht geritten, so dass dieselbe sterben musste, sie habe vom Todtengräber den Kopf ihres eigenen Vaters begehrt, um aus demselben ein Trinkgefäss zu machen, sie sei bei verschlossenen Thüren in die Häuser eingedrungen, Kinder und Kälber seien

---

[1]) Horst. Zauberbibliothek I, 212 ff. — [2]) Irische Elfenmärchen. Uebersetzt von den Brüdern Grimm. Einleitung p. CXXVI. Wuttke. Der deutsche Volksglaube der Gegenwart. 2. Bearbeitung; S. 143, 144. — [3]) Kepleri opera omnia ed. Ch. Frisch; vol. VIII, pag. 361 ff.

durch ihre Berührung krank geworden u. s. w.[1]). Diese und andre Klagen zogen sich fünf Jahre lang hin, die alte Frau wurde im August des Jahres 1620 zum ersten Male gefoltert, von ihrem Sohne Johannes aber vertheidigt und schliesslich auch im November 1621 freigesprochen und aus ihrer Haft entlassen. Indessen obschon diese und ausser ihr noch viele andere Angeklagte sich wirklich nicht des besten Rufes erfreuten, so sind doch die notorisch nachweisbaren Ausnahmen von der eben erwähnten angeblichen Regel[2]) so zahlreich, dass die Regel selbst durch sie mehr oder weniger in Frage gestellt wird; statt von einer Regel im gewöhnlichen Sinne des Wortes und von ihren Ausnahmen zu sprechen, wird man höchstens eine Mehrzahl und eine Minderzahl von Fällen constatieren können. Ohnehin mochte auch da, wo der Strafe etwa ein gewisses Mass von Schuld, z. B. in der Form eines verübten Betruges, einer Prellerei oder Taschenspielerei vorausgegangen war, erstere doch im Vergleiche mit letztern meist viel zu hart gewesen sein.

Relative Schuld Einzelner

Von jedem Vergehn wird man freilich die Angeklagten oder wenigstens Manche derselben auch nicht schlechthin freisprechen dürfen. Astrologen, Horoskopsteller, Alchemisten, Schatzgräber, Geisterbanner u. dgl. haben in früheren Jahrhunderten nur zu oft die Unwissenheit und Leichtgläubigkeit der Leute ausgebeutet. Manche sind unentdeckt und folglich auch ungestraft geblieben, Andere hingegen fielen den Gerichten in die Hände und büssten dann ihre an sich häufig relativ leichte Schuld mit schweren Strafen an Leib und Leben. Es lag aber einem Zeitalter, welches wie das Mittelalter zum Theil so sonderbare Vorstellungen von Ursache und Wirkung hatte, nur zu nahe, dass Mancher auch für Dinge verantwortlich gemacht wurde, welche er selbst mit dem dazu erforderlichen bösen Willen gar nicht hätte vollbringen können; man denke an das angebliche Wettermachen, an das Hervorzaubern von Ungeziefer, das Eingreifen in eheliche Verhältnisse u. s. w. Andrerseits trifft aber,

---

[1]) Ebend. pag. 392, 393, 443. — [2]) Vgl. z. B. Soldan I, 370 ff; I, 469 ff. II, 119 ff.;

wo wirklicher Betrug geübt wurde, neben dem Betrüger auch den Betrogenen ein gewisses Mass von Schuld, insofern er sich gleich jenem in das Gebiet verbotener und unheimlicher Künste einliess und es folglich im Grunde zunächst sich selbst zuzuschreiben hatte, wenn er angeführt wurde. Hie und da kam es freilich auch vor, dass blosse Taschenspielerkünste als Zauber denunciert wurden und dann wohl auch tragische Folgen haben konnten[1]). Auch Giftmischern und Pfuschern auf dem Gebiete der Heilkunst konnte das Schicksal der Zauberer zu Theil werden, wenn das Misstrauen gegen sie einmal erwacht war; jene sind jedenfalls unter allen Opfern der Hexenprocesse die schuldigsten gewesen.

Anders verhält es sich natürlich mit dem Hexensabbat, dem Cultus des Teufels und dem fleischlichen Umgange mit demselben. Allerdings war die Phantasie der Leute zum Theil mit derartigen Vorstellungen erfüllt, und die Sache selbst nahm zuweilen förmlich den Charakter einer Epidemie an. Gleichwohl sind die hierher gehörigen Ansichten ursprünglich doch auf künstlichem Wege zu einem System geordnet und dann als solches von geistlichen und weltlichen Richtern mehr oder weniger populär gemacht worden. Die Klagen, welche das Zauberwesen betreffen, gehen weitaus in den meisten Fällen von materiellen Schädigungen durch Hexen aus, betreffen also Behexung des Viehs, Krankheiten, Ungewitter u. dgl.; allein die Gerichte bringen dann die einzelnen Punkte mit dem ganzen System in Zusammenhang und examinieren ihre Opfer in einer Weise, welche meist einen förmlichen Bund mit dem Satan als letzte Ursache erscheinen lässt. Was die Tortur in solchen Fällen leistete, und in welcher Weise sie den Wünschen der Richter zu Hilfe kam, ist schon früher angedeutet worden.

Gegner der Hexenprocesse.

Das allmähliche Aufhören der Hexenprocesse verdanken wir hauptsächlich dem achtzehnten Jahrhundert; doch sind einzelne Gegner derselben schon viel früher aufgetreten. Schon im sechszehnten Jahrhundert bekämpfte ihn der bekannte *Cornelius Agrippa von Nettesheim* theils in seiner Schrift „de occulta

[1]) Soldan II, 130, 131.

philosophia, theils auch, indem er geradezu in einzelne Processe eingriff und sich der Angeklagten annahm. So hielt er im Jahre 1519 einem Dominicaner in Metz, welcher ein Bauernweib für eine Hexe erklärte, weil die Mutter bereits eine gewesen sei, vor, er sei selbst ein Ketzer, weil er mit dieser Annahme die Möglichkeit der Teufelsaustreibung durch die Taufe geradezu leugne[1]. Es gehört ferner Agrippas Schüler *Johannes Weier*, Arzt in Cleve, hierher, dessen Werk „de præstigiis dæmonum, incantationibus, et veneficiis" eine wahrhaft vernichtende Kritik des ganzen Hexenglaubens und Hexenprocesses enthält[2]. Das Buch war so bedeutend, dass fortan alle Schriftsteller auf diesem Gebiete dasselbe entweder als förmliche Autorität oder als ein mit aller Energie zu widerlegendes ketzerisches Machwerk ansahen. Im siebenzehnten Jahrhundert traten die beiden Jesuiten *Tanner* und *Friedrich von Spee*[3]) gegen die nämlichen Missbräuche auf, wobei es sich übrigens zunächst weniger um den Nachweis der Unmöglichkeit des ganzen Zauberwesens als um den der Unrichtigkeit und Ungerechtigkeit des gerichtlichen Verfahrens im einzelnen Falle handelte. Etwas später folgte der niederländische Theologe *Balthasar Bekker* († 1698), dessen „betooverde weereld" in den Jahren 1691 bis 1693 in drei Büchern erschien. Bekker gieng auf dem Wege der Erkenntniss und der Bekämpfung des herrschenden Unsinns insofern weiter als seine Vorgänger, als er den ganzen von der Machtstellung und Thätigkeit des Teufels beherrschten Ideenkreis seiner Zeitgenossen grundsätzlich mit den Waffen seiner eigenen Wissenschaft, der Theologie, angriff; er liess den Satan zwar existieren, aber lediglich als gefallenen Engel, und er widerlegt namentlich alle ihm zugeschriebenen Bündnisse mit den Menschen. Am wirksamsten endlich war das Auftreten des 1655 in Leipzig geborenen und 1718 in Halle gestorbenen Professors der Rechte *Christian Thomasius*.

---

[1]) Epist. II, 38, 39, 40; de vanitate scientiar. c. 96. — [2]) Editio princeps Basileæ 1563. — [3]) Alex. Baldi. Die Hexenprozesse in Deutschland und ihr hervorragendster Bekämpfer. Eine kulturhistorische Abhandlung. Würzburg 1874. Rapp. Die Hexenprozesse und ihre Gegner aus Tirol. S. 47—70.

Zu den theoretischen Bemühungen dieser Leute musste freilich noch kommen, dass der Arm der weltlichen Gerechtigkeit sie unterstützte, und letzteres war gerade bei Thomasius der Fall. Agrippa von Nettesheim, Weier, Spee, ja sogar Bekker hatten doch nur vorübergehend und nur in den Gebieten, wo sie gerade lebten, ihren Ansichten Geltung verschaffen können, und sie waren überdiess zum Theil wegen derselben bald so bald anders angegriffen und verketzert worden. Von Agrippa von Nettesheim erzählte man sich, sein Lieblingshund sei eigentlich ein böser Geist gewesen und sei nach des Meisters Tode plötzlich verschwunden oder in die Saone gesprungen[1]). Weier war in Folge seines Buches die allgemeine Zielscheibe geworden, auf welche die Wortführer des Hexenprocesses ihre Geschosse richteten; Jean Bodin z. B. schloss seine Dämonomanie mit einer „ebenso gelehrten als frommen Widerlegung“ (opinionum Joannis Wieri confutatio non minus docta quam pia) desselben, und der Italiener Bartholomæus de Spina erblickte in ihm geradezu einen Helfershelfer des Satans[2]). Tanner, welcher als Professor der Theologie in Innsbruck thätig gewesen war, hatte das Unglück, auf einer Reise in einem kleinen tirolischen Dorfe zu sterben. Man entdeckte in seinem Nachlass ein Glas, in welchem sich ein grosser, dunkelfarbiger, haariger und mit Krallen versehener Teufel befand. Die Leute glaubten, einen „Glasteufel“, d. h. eine Art von Spiritus familiaris gefunden zu haben und schlossen hieraus, der Verstorbene sei ein Zauberer gewesen; sie eilten daher zum Ortspfarrer und verlangten, dass dieser die Bestattung der Leiche in geweihter Erde verbiete, der Geistliche war indessen vernünftiger als seine Bauern; er erkannte in dem vermeintlichen Glasteufel ein unter einem Mikroskop befindliches Insect, und es gelang ihm, die Leute zu beruhigen[3]). Noch zu Ende des siebenzehnten Jahrhunderts musste sich Balthasar Bekker durch die Synode von Alkmaar seines Amtes entsetzen lassen, und an vielen Orten wurde ihm die Theilnahme an der Abendmahlsfeier verweigert; man hatte

---

[1]) Wierus II, 5. Schott. Physica curiosa I, 37, 4. — [2]) Delrio V, 16. — [3]) Rapp a. a. O. 50, 51.

ihn, da er zwar nicht gerade die Existenz, wohl aber die Macht des Teufels leugnete, in Folge dessen auch für einen Gottesleugner gehalten [1]. Und selbst Thomasius wurde noch im Anfange des vorigen Jahrhunderts in mannigfaltiger Weise verketzert [2].

Die Staatsgewalt.

Endlich wurden aber die theoretischen und wissenschaftlichen Bemühungen derer, welche das Zauberwesen zunächst auf dem Gebiete der Wissenschaft und der Publicistik bekämpften, auch von der Staatsgewalt unterstützt. Einzelne Fälle dieser Art kennt allerdings schon das siebenzehnte Jahrhundert. Als z. B. Spees Freund und Gesinnungsgenosse Johann Philipp von Schönborn im Jahre 1647 Kurfürst von Mainz wurde, stellte er sofort alle Verfolgungen ein [3]. Zehn Jahre später erliess sogar die Inquisition in Rom neue Instruktionen, in welchen sie das bis dahin übliche Verfahren und namentlich gewisse Arten der Tortur als verfehlt bezeichnete [4].

Aber ausgiebiger gestaltete sich die Bewegung gegen den Hexenprocess doch erst im achtzehnten Jahrhundert. Zunächst wurde die Todesstrafe, wenn sie auch in den Gesetzbüchern noch nicht gerade fehlte, wenigstens in der Praxis nicht mehr vollzogen. In England z. B. hob das Parlament im Jahre 1736 das Statut Jacobs I. förmlich auf; in Schweden erfolgte die Aufhebung der Todesstrafe zwar erst 1779, man hatte sie jedoch damals schon lange nicht mehr angewandt. Sogar der polnische Reichstag verbot ungefähr zu gleicher Zeit (1776) alle Processe wegen Zauberei. Für das protestantische Deutschland war König Friedrich Wilhelm I. von Preussen, für das katholische die Kaiserin Maria Theresia mit dem guten Beispiele vorangegangen. Immerhin hatten einige kleine Staaten Mühe, diesen Vorbildern zu folgen; der schon früher erwähnte Process der Nonne Maria Renata von Unterzell bei Würzburg fällt erst in das Jahr 1749, erregte aber allerdings den heftigen Zorn der Kaiserin. In Frankreich fand im Jahre 1718 und in Spanien 1781 die letzte Hexenverbrennung statt. In der Schweiz blieben die demo-

---

[1]) Soldan II, 242. — [2]) Ebend. II, 252. — [3]) Ebend. II, 206. — [4]) Soldan II, 207.

kratischen Kantone hinter den aristokratischen zurück, und in Glarus wurde z. B. noch 1782 eine Magd, welche man beschuldigt hatte, das Kind ihrer Herrschaft bezaubert zu haben, verurtheilt und hingerichtet[1]). Die letzte Execution in Europa scheint in einem ehemals polnischen, jetzt preussischen Städtchen erst im Jahre 1793 stattgefunden zu haben; sie traf zwei Weiber, welche rothe entzündete Augen hatten, und in deren Nachbarschaft das Vieh beständig krank war.

Es versteht sich von selbst, dass die allmähliche Abnahme der Processe nicht von den geringern sondern von den höhern Ständen ausgieng[2]). Nichts war in der That geeigneter, den Hexenrichtern das Handwerk zu legen, als der so vielfach getadelte und in mancher Beziehung auch wirklich tadelnswerthe fürstliche Absolutismus des vorigen Jahrhunderts. Die bürgerlichen Magistrate, zumal der kleineren Städte, die französischen Parlamente, die schweizerischen Landsgemeinden u. a. m. waren in dieser Frage viel langsamer und schwerfälliger, und sie sind auch in der That lange nicht so rasch fertig geworden wie ein Ludwig XIV., ein Friedrich Wilhelm I. oder eine Maria Theresia. Auch dem Adel und dem Clerus fiel es bisweilen schwer, dem von Fürsten und Regierungen gegebenen Beispiele zu folgen; ein preussischer Edelmann beklagte sich noch Friedrich Wilhelm II. gegenüber wegen des Treibens der Hexenmeister[3]). Der Pöbel würde, wenn ihm die Macht dazu nicht gefehlt hätte, die Executionen noch lange fortgesetzt haben; in England z. B. hatte er ein altes Weib noch kurz vor der Abschaffung des Statutes Jacobs I. bei der Wasserprobe umgebracht[4]). Aus ähnlichen Kreisen sind ja bekanntlich noch in unserm Jahrhundert beim ersten Auftreten der Cholera Demonstrationen hervorgegangen, welche lebhaft genug an die Judenverfolgungen des Mittelalters erinnerten. Gleich dem Pöbel der grösseren Städte verhielt sich auch das Landvolk in vielen Gegenden der

---

[1]) H. L. Lehmann. vertrauliche Briefe den sogenannten Hexenhandel zu Glarus betreffend. Zürich 1783. 8°. — [2]) J. P. Eberhard. Abhandlungen vom physikalischen Aberglauben und der Magie. Halle 1778. 8°. (Vorrede, S. 2). — [3]) Horst. Zauber-Bibliothek II, 403. — [4]) W. Scott. II, 111 ff.

Aufklärung gegenüber ziemlich indifferent. In Bayern z. B. spielten noch unter Kurfürst Carl Theodor (1777—1799) die sogenannten „Scheyerischen Kreuzl", kleine im Kloster Scheyern verfertigte Metallkreuze, mit welchen man das am nämlichen Orte befindliche Bruchstück des wahren Kreuzes Christi berührt hatte, eine bedeutende Rolle und wurden bis nach Sachsen und Polen als Mittel gegen die Thätigkeit der Hexen verkauft; auch der sogenannte Hexenrauch und der in manchen Klöstern stereotyp wiederkehrende Hexenpater[1]) gehören hierher. Da derartige Gegenstände und Functionen den betreffenden Klöstern namhafte Einkünfte verschafften, so begreift man, dass dieselben nur ungerne darauf verzichteten. Uebrigens ist auch in unserm Jahrhundert der Glaube an die Möglichkeit des Behexens von Menschen und Thieren keineswegs erloschen, er hat sich bloss in entlegenere Gegenden oder in kleinere Kreise der menschlichen Gesellschaft zurückgezogen, lebt aber in diesen, von oberflächlichen Reisenden und Beobachtern unbemerkt, fröhlich weiter. Wer das Landvolk genauer kennt oder gar längere Zeit unter demselben gelebt hat, wird die Wahrheit dieser Ansicht bald erfahren. Der Hauptunterschied zwischen Ehemals und Jetzt liegt hauptsächlich darin, dass sich der Staat nicht mehr zum Handlanger des Aberglaubens und zur Anhebung und Führung von Processen hergiebt; die einzige unrühmliche Ausnahme von dieser Regel hat in neuester Zeit der mexicanische Freistaat gemacht[2]).

[1]) Nicolai. Beschreibung einer Reise durch Deutschland und die Schweiz im Jahre 1781. Bd. 6, S. 613 Anm. — [2]) Soldan II, 336, 337.

Drittes Buch.

Die Geisterwelt.

Erstes Capitel.

Die Geisterwelt überhaupt.

Die Betrachtung des allmählichen Entstehens, Bestehens und Verschwindens der Hexenprocesse hat uns aus dem Mittelalter bis in die neuere Zeit geführt; den nämlichen Weg werden wir aber auch hier einzuschlagen haben, theils in Folge der dem ganzen Werke durch seinen Titel gezogenen Grenzen, theils wegen der historischen Continuität des Hereinragens der Geisterwelt in unsere sinnlich wahrnehmbare. Denn wenn auch die Geschichte im Grossen und Ganzen mit Recht zwischen älterer, mittlerer und neuerer Zeit unterscheidet, so gelten doch diese Grenzlinien nicht für alle ihre Erscheinungen im Einzelnen im nämlichen Grade. Und überhaupt sind die Abschnitte, in welche man ihr Gebiet der Bequemlichkeit und Deutlichkeit zu lieb zu theilen pflegt, in Wirklichkeit bei weitem nicht in der Schärfe gegen einander abgegrenzt, wie sie sich dem ersten oberflächlichen Blicke zu zeigen scheinen. Die Höhepunkte der verschiedenen geschichtlichen Epochen unterscheiden sich ja allerdings deutlich genug von einander; aber neben und zwischen denselben befinden sich ja so viele Perioden des Uebergangs, neben den Symptomen des sogenannten Fortschritts fehlen die Spuren rückläufiger Bewegungen so wenig, dass der Historiker dieselben niemals wird übersehen dürfen. So wäre es denn auch höchst sonderbar, wenn diese auf dem Gebiete jeder historischen Disciplin wahrnehmbaren Verhältnisse auf dem unsrigen sich nicht ebenfalls in aller nur wünschenswerthen Deutlichkeit darstellten.

Verschiedene Arten der Geister.

Der Glaube an das Hereinragen der Geisterwelt in die materielle kann an und für sich auf verschiedenen Voraussetzungen beruhn; er kann entweder von einer von der Menschheit unabhängigen Welt von Geistern ausgehn, welche dann ihrerseits wieder in gute und böse zerfällt, und welche als neben den Menschen existierend und zum Theil sogar als älter als diese gedacht wird; oder der Geisterglaube setzt die Möglichkeit des Wiedererscheinens verstorbener Menschen aus diesem oder jenem Grunde voraus. „Die Geisterwelt ist weder der Himmel noch die Hölle, sondern ein Ort zwischen beiden; denn dort gelangt der Mensch zuerst nach seinem Tode an, und hernach wird er nach einer gewissen Zeit, nachdem sein Leben beschaffen, entweder in den Himmel aufgenommen, oder in die Hölle gestürzt", lehrt Swedenborg in seiner Schrift „De mundo spirituum et de Statu hominis post mortem", § 521 [1]). Es giebt aber auch noch eine dritte Ansicht, welche Elemente der ersten und der zweiten mit einander vereinigt, indem sie einen von der Menschenwelt unabhängigen bösen Geist, den Satan selbst oder ihm untergeordnete Geister die Gestalt verstorbener Menschen annehmen und in dieser auf der Erde erscheinen lässt. Diese Ansicht wurde namentlich häufig nach der Reformation von protestantischen Theologen verfochten, welche die Wiederkehr der Abgeschiedenen wegen ihres Zusammenhanges mit der katholischen Lehre vom Fegfeuer verwarfen, welche aber die Geistererscheinungen als solche nicht in Abrede stellen konnten oder wollten. Die zuerst genannte Klasse von Geistern bildet in ihrer grossen Mehrzahl einen wesentlichen Bestandtheil der Religion des Volkes oder Landes, in welchem die betreffende Erscheinung erfolgt, und ihr Gebiet ist in Folge dessen namentlich im ersten Buche schon mehr als einmal betreten

---

[1]) Vgl. J. Ch. Cuno. Aufzeichnungen eines Amsterdamer Bürgers über Swedenborg. Herausg. von Aug. Scheler, S. 95, 96.

worden; einige Nachträge mögen indessen hier ihre Stelle finden.

Hierher gehören zunächst die Hausgeister oder Kobolde, wie sie sich nach dem Volksglauben in Bergwerken, Mühlen u. dgl. finden und ihre Zeit theils mit Lärmen und Toben, theils aber auch mit freiwilligen Dienstleistungen ausfüllen. Solche Poltergeister sind dann entweder Personificationen des in den betreffenden Localitäten wahrnehmbaren Klapperns und Hämmerns, oder es sind in halbheidnischer Weise gedachte Haus- und Schutzgötter; für letzteres sprechen namentlich die ihnen zu gewissen Zeiten dargebrachten Speisen [1]), welche offenbar die Stelle der Opfer im Heidenthum vertreten. Zu diesen Haus- und Schutzgöttern gehören namentlich die geisterhaften Bewohner und Beschützer des häuslichen Heerdes, der Butz, der Kobold, der Tatermann u. s. w. Der Volksglaube schrieb ihnen gerne rothes Haar, rothe Bärte und namentlich Hütchen und Mützchen von rother Farbe zu; alles das weist deutlich auf das ihnen als Grundlage dienende Element des Feuers hin [2]); ebenso gehört wohl der Name „Tatermann“ zu „tattern“ (zittern) und deutet folglich eine Personification der zuckenden Flämmchen des Heerdfeuers an [3]). Ebenso haben auch die Seefahrer ihren besondern Schutzgeist, den Klabatermann oder Klabotermann; man hört denselben im Schiffe hämmern oder im Schiffsraume die Waaren besser nachstauen, sehen kann man ihn hingegen nur, wenn dem Schiffe der Untergang bevorsteht [4]). *Hausgeister.*

Gelegentlich tritt auch neben der elementaren Natur solcher Hausgeister oder statt derselben die ethische mehr in den Vordergrund. So empfiehlt z. B. ein Mann, welcher eine längere Reise zu machen hat und seiner Frau nicht ganz traut, diese der Aufsicht eines solchen Geistes, welcher den Namen „Hütgen“ führt. Der Geist erfüllt seine Aufgabe mit grosser

---

[1]) Br. Grimm. Deutsche Sagen I, S. 81, 83. Prätorius. Anthr. pluton. I. 316. — [2]) J. Grimm. Myth. S. 420. — [3]) Schmeller. Bayer. Wörterbuch, 2. Aufl. I, 361. — [4]) Heine. Norderney (Werke, Bd. I, S. 144, 145). Müllenhoff. Sagen, Märchen und Lieder der Herzogthümer Schleswig-Holstein und Lauenburg. S. 319, 320.

Gewissenhaftigkeit, lärmt und klopft, wenn ein Liebhaber erscheint und wirft denselben wohl auch zu Boden. Sobald aber der Mann von seiner Reise zurückgekehrt ist, bittet ihn Hütgen dringend um Erlösung von seiner peinlichen Aufgabe; lieber wolle er alle Schweine in ganz Sachsen als noch einmal diese einzige Frau hüten [1]).

Der Spiritus familiaris

Wieder von anderer und zwar von wesentlich düsterer, unheimlicher Art ist der sogenannte Spiritus familiaris, ein durch magische Mittel in ein Glas, in Krystall, auch wohl in einen Ring gebannter und eingeschlossener Geist, von welchem man im Krieg, in geschäftlichen Unternehmungen, in der Liebe, kurz in allen nur denkbaren Angelegenheiten Hilfe und Beistand erwartete [2]). Trotz diesen vermeintlichen Eigenschaften war aber ein solcher Geist ein Besitzthum von höchst zweifelhaftem, ja bedenklichem Werthe, weil derjenige, welcher ihn im Augenblicke seines Todes noch besass, den höllischen Mächten verfallen und folglich auf ewig verloren war. Darum suchen diejenigen, welche im Besitz eines solchen Glasgeistes sind, diesen zu rechter Zeit wieder los zu werden; letzteres kann aber nur dadurch erreicht werden, dass derselbe an eine andere Person verkauft wird; wirft man ihn hingegen einfach weg, so kehrt er auf magische Weise wieder zu seinem frühern Besitzer zurück und findet sich plötzlich wieder in seiner Tasche oder irgendwo sonst. Aber auch das Verkaufen des unheimlichen Gastes hat seine eigenthümlichen Schwierigkeiten, indem der Preis bei jedem neuen Verkaufe geringer sein muss als beim vorausgegangenen [3]). Selbstverständlich tritt in Folge dessen irgend einmal ein Minimalpreis ein, unter welchem ein weiterer Verkauf nicht mehr möglich ist. Umgebracht werden können solche Geister auch nicht [4]); wohl aber soll es vorgekommen sein, dass sie sich gegenseitig aus ihren Gläsern oder Krystallen befreiten [5]).

---

[1]) Zimmer. Chronik III, 89, 90. Wierus lib. I, cap. 22. — Prätorius. Anthr. plut. I, 323. — [2]) Grimmelshausen. Landstörtzerin Courage cap. 18. — [3]) Grimmelshausen a. a. O. — [4]) Bodin II, 3. — [5]) Palingenio. Zodiacus vitæ X, pag. 321 der Basler Ausgabe von 1537. — Dass hier zunächst bloss von der Absicht die Rede ist, beweist natürlich nichts dagegen.

Die Gestalt solcher Glasteufel ist nicht überall die nämliche. Im Allgemeinen dachte man sich dieselbe thierisch, namentlich spinnen- oder scorpionenartig[1]). Natürlich wurde aber mit diesen Geschöpfen auch mancherlei Betrug getrieben; man verfertigte sie wohl aus einem Stücke Moos und gab ihnen eine menschen- oder thierartige Form; J. G. Keyssler sah z. B. in Wien in einem Glase einen auf diese Weise verfertigten[2]). Der Betrug auf diesem Gebiete erklärt sich sehr leicht, wenn man bedenkt, dass es eben trotz allem Unheimlichen, welches den Glasgeistern angedichtet wurde, doch immer genug Leute gab, welche einen solchen wegen der eventuell mit demselben verbundenen Vortheile um jeden Preis zu erwerben wünschten. In Preussen gehörten dieselben geradezu zum Haushaltungsinventar und wurden den Töchtern, wenn sie sich verheiratheten, als Aussteuer mitgegeben; auch sollen sie ebendaselbst mit Milch, ja sogar mit Hostien gefüttert worden sein[3]). In einem Tiroler Hexenprocesse vom Jahre 1650 kauften zwei Bauern aus dem Zillerthal einen Glasteufel, der sich im Besitze des Angeklagten befand, um schweres Geld[4]).

Zuweilen umgaben sich die Besitzer eines solchen dienenden Geistes auch sonst mit allerlei magischem Apparat. Obregon, der Held des gleichnamigen spanischen Schelmenromans des Vicente Espinel, liess sich von vier Genfer Herren zu einem Necromanten führen, welcher zwischen Turin und Buffalora ein einsames Haus bewohnte. Sie fanden im ersten Gemache Löwen, Tiger, Faune, Centauren u. dgl., theils gemalt, theils in plastischen Figuren dargestellt. Im zweiten, in welchem ein ziemliches Dunkel herrschte, befand sich ein grosser Globus von Glas, mit allerlei geheimnissvollen Linien und Buchstaben versehen, auf einem Gestell. Der Necromant selbst trug ein grünes Schleppgewand, welches mit mancherlei Linien, Schlangen und astronomischen Zeichen bemalt war, und auf dem Kopfe hatte er eine grosse Mütze aus Wolfsfell; in seinem Handschuh steckte ein Magnet. Der Spiritus familiaris befand sich in dem

---

[1]) Grimmelshausen a. a. O. — [2]) Fortsetzung neuester Reisen, 83. Brief. — [3]) Frischbier S. 2, 3, Anm. — [4]) Soldan II, 93, Anm. 2.

gläsernen Globus; er hatte die Gestalt eines Männchens mit eisernen Aermchen und war aus einer sehr leichten Materie verfertigt. Im Uebrigen war der Necromant ein Betrüger; denn das eiserne Aermchen des Geistes wurde durch einen Magnet, welchen jener in der Hand verborgen trug, bewegt [1]).

Hie und da werden auch hervorragende historische Persönlichkeiten mit solchen Glasgeistern in Verbindung gebracht und die Erfolge jener dem Wirken dieser zugeschrieben. Mehrere Päbste sogar sollen ihre ganze Carrière solchen Geistern verdankt haben [2]), und ein grosser siegreicher, zuletzt aber doch im Kriege gefallener Fürst des siebenzehnten Jahrhunderts führte nach Schott [3]) ebenfalls einen Dämon in einem Ringe bei sich; gemeint ist wahrscheinlich Gustav Adolf.

Besonders alt scheint der Glaube an die Möglichkeit solcher Geister nicht zu sein. Die simplicianischen Schriften gehören bekanntlich dem siebenzehnten Jahrhundert an, und was von den Erklärern derselben sonst noch citiert wird, ist ebenfalls nicht älter [4]). Im Vorbeigehen mögen hier die sogenannten Heckethaler und Brutpfennige erwähnt werden. Sie werden auf magische Weise und mit Hilfe böser Geister gewonnen [5]); sie haben ferner die Eigenschaft, das vorhandene Geld ihres Besitzers zu vermehren, und, wenn sie ausgegeben sind, immer wieder in die Hand desselben zurückzukehren [6]). Da sie jedoch durch unerlaubte Mittel erworben sind, bringen sie ihrem Eigenthümer in der Regel doch zuletzt Unglück und Untergang [7]).

---

[1]) Espinel. Obregon, übersetzt von L. Tieck, Buch 3, Cap. 4. — [2]) Widmann. Leben Fausts, herausg. v. Pfitzer, Cap. 11, Anm. — [3]) Physica curiosa I, 37, 5. — [4]) Vgl. auch Deutsche Sagen. Herausg. v. den Brüdern Grimm. 2. Aufl., Bd. 1, S. 119 ff. — [5]) Ebend. I, 124, 125. — [6]) Grimm. Myth. Bd. III, S. 461, No. 781. — [7]) Br. Grimm. Deutsche Sagen a. a. O. Simrock. Myth. 481, 482.

Zweites Capitel.

Die Geister der Abgeschiedenen.

Mit den Geistern verstorbener Menschen, welche in sichtbarer Gestalt ihre Gräber verlassen und ihre Angehörigen oder einen Schauplatz ihrer früheren Thätigkeit wieder aufsuchen, betreten wir ein neues Gebiet. Die abscheulichste Form, in welcher solche Geister auftreten, ist der sogenannte Vampyrismus.

Die Vorstellung von Vampyren, d. h. von Menschen oder vielmehr ihrer Geister, welche ihre Gräber verlassen, um noch Lebenden das Blut auszusaugen, reicht zum Theil in uralte Zeiten zurück; sie findet sich u. a. schon bei den Accadiern des Euphratlandes. Schon diese dachten sich derartige Geister, welche die Menschen nicht bloss durch ihr Erscheinen ängstigen, sondern dieselben geradezu anfallen [1]). Aber auch dem griechischen Alterthum ist diese Vorstellung keineswegs fremd gewesen, und Göthes Braut von Korinth, die dichterische Behandlung eines scheinbar ganz unpoetischen Stoffes, beruht bekanntlich auf Phlegon von Tralles, einem griechischen Schriftsteller aus der Zeit Kaiser Hadrians [2]). Doch darf hier nicht übersehen werden, dass es sich nicht um Aussaugen sondern um Liebesgenuss zwischen einem noch lebenden Jüngling und seiner bereits verstorbenen Geliebten handelt. Noch bedeutender aber als im Alterthum tritt der Vampyr in der mittleren und neueren Zeit bei den Bewohnern des südöstlichen Europa, also bei den Slaven und Neugriechen, auf. Bei jenen heisst er Brukolakas, auf der Insel Kreta *καταχαναδες;* als Ursache dieses Zustandes geben die Neugriechen den Genuss des Fleisches von Lämmern an, welche der Wolf zerrissen hatte, ferner Verkehr mit Zauberern, Excommunication, auch wohl Verfluchung, welche nicht gerade von der Kirche ausgegangen war, endlich überhaupt consequentes Sündigen [3]). Zur Abhilfe pflegte man

Der Vampyrismus.

---

[1]) Lenormant p. 8. — [2]) Struve. Opuscula selecta II, 426 ff. — [3]) Wachsmuth S. 116, 117.

das Grab des Vampyrs zu öffnen und den Leichnam in Stücke zu hauen; letzteres geschah z. B. in den Jahren 1617 und 1618 zu Eyanschitz in Mähren[1]). Fruchtete dieses Mittel nichts, so stiess man der Leiche einen Pfahl durch den Leib, und wenn auch dieses nichts nützte, so verbrannte man dieselbe[2]). Noch im Jahre 1732 wurden in Serbien dreizehn Vampyre entdeckt und durch kaiserliche Feldscherer constatiert; es erschienen dann in den nächsten Jahren in Deutschland nicht weniger als zwölf Schriften und vier Dissertationen über diese Unholde[3]). Zuweilen schadeten die Verstorbenen auch den Lebenden, ohne gerade ihre Gräber zu verlassen, indem sie einfach ihr Leichentuch nach und nach frassen und dadurch Seuchen hervorbrachten[4]); in Leipzig und Halle pflegte man im siebenzehnten Jahrhundert, um solches zu verhüten, den Todten ein Stück Rasen auf den Hals zu legen[5]).

Uebrigens sind die Slaven und Neugriechen keineswegs die Einzigen, welche im neueren Europa an Vampyre glaubten. Ein scandinavisches Beispiel, welches hierher gehört, findet sich z. B. bei Saxo Grammaticus[6]): hier fällt Asvit, nachdem er sein Pferd und seinen Hund, welche man ihm in's Grab mitgegeben hatte, aufgezehrt, einen noch lebenden Freund an; ebenso gehören die eben angeführten Fälle aus dem Hexenhammer und dem Anthropodemus plutonicus in germanisches Gebiet. Jedenfalls liegen dem Glauben an Vampyre eher psychologische als mythische Elemente zu Grunde. Träume und Visionen mögen den Glauben an ein derartiges Wiederkehren der Todten zuerst veranlasst haben; Seuchen, durch welche die Angehörigen eines unlängst Verstorbenen diesem rasch nachfolgten, mochten denselben steigern, und als er zuletzt herrschend geworden war, blendete er die Sinne der Menschen in solchem Grade, dass sie Dinge wahrzunehmen glaubten, welche in Wirklichkeit gar nicht vorhanden waren. So kam

---

[1]) Prätorius. Anthr. plut. I, 284, 285. — [2]) Ebend. I, 276, 277. — [3]) Horst. Zauberbibliothek I, 255 ff. — [4]) Mall. mal. I, 15. — [5]) Prätorius a. a. O. 277, 278. — [6]) Historia Danica lib. V, fol. 49 der Pariser Ausgabe vom Jahr 1514.

es im Jahre 1701 auf der Insel Micon im griechischen Archipel vor, dass die nächtlichen Ausgelassenheiten einiger Landstreicher einem kürzlich begrabenen Bauer zugeschrieben und dieser folglich von allen Bewohnern der Insel für einen Brukolaken gehalten wurde. Man las Messen über Messen, grub den Leichnam, welcher bereits zehn Tage im Grabe gelegen hatte und entsetzlich stank, wieder aus und liess das Herz des Todten durch einen Fleischer herausschneiden. Der Vampyr fuhr mit seinen nächtlichen Störungen nichtsdestoweniger fort, so dass man drei Tage und drei Nächte Processionen abhielt, während die Geistlichen fasten mussten. Alle Häuser wurden mit Weihwasser besprengt, und dem Todten wurde sogar solches in den Mund gegossen; zuletzt verbrannte man den ganzen Leichnam, und nun soll der Lärm in der That aufgehört haben [1]).

Bösartigkeit der Geister.

Sehr häufig treten an den Erscheinungen Verstorbener bösartige Züge zu Tage. Hatten sich dieselben schon bei Lebzeiten durch Gewaltthätigkeit hervorgethan, so treten solche Züge jetzt auf's neue hervor, und sie sind überdiess genügend motiviert. So erscheint z. B. der Enderle von Ketzsch, welcher in seinem Leben ein böser, ruchloser Mensch gewesen war, dem Pfalzgrafen Otto Heinrich von Zweibrücken auf dem Meer in schrecklichem Ungewitter [2]). Und in der Nähe von Eger packte der Geist eines Junkers, welcher sich bei Lebzeiten das Vergnügen gemacht hatte, Grenzsteine zu verschieben, ein Mädchen dergestalt, dass dasselbe an den Folgen seines Griffs am dritten Tage starb [3]). Eines ähnlichen Vergehens hatte sich auch der Geist schuldig gemacht, welcher den Simplicissimus bei seiner Reise durch Savoyen in dem Schloss eines Edelmannes rasieren wollte [4]); auch dieser macht in Folge dessen einen mehr oder weniger schrecklichen Eindruck. Dem berühmten Zürcher Naturforscher Scheuchzer erzählte ein Priester aus dem Schächenthal, er habe in seiner Jugend die Seele eines auf den Clariden ver-

---

[1]) Calmet, Thl. II, cap. 32. — [2]) Merian. Topographia Palat. Rheni etc. pag. 61; Prätorius Anthr. plut. II, 38, wo aber der Pfalzgraf Wolgang und der Bösewicht „der dicke Heintze“ heisst. — [3]) Francisci. Höllischer Proteus 422 ff. — [4]) Buch VI, Cap. 15.

wünschten ruchlosen Sennen herausgefordert, worauf die Erde in eine Erschütterung gerathen und die Felsensteine von der Höhe mit grossem Geräusche und zu seinem grossen Schrecken herunter gefallen, also dass er sich mit der Flucht salviert, und Gott gedanket, dass er mit dem Leben davon gekommen [1]). Ueberhaupt ist die Annahme der Bösartigkeit der Geister eine so allgemeine, dass man ihnen auch ohne bestimmte äussere Veranlassung verderbliche Absichten zutraute. Horatio z. B. warnt den Hamlet von vornherein, dem Geiste seines Vaters zu folgen, weil ihn dieser an eine gefährliche Stelle locken könnte [2]).

Ausserdem giebt es Geister, welche einander zuwiderhandeln. Justinus Kerner erzählt, wie in Weinsberg im Jahre 1827 zwei Geister sowohl der Seherin von Prevorst als einem öffentlichen Diener der Stadt häufig erschienen, von welchen der eine ein vornehmer Herr, der andre hingegen der Jäger desselben zu sein schien. Jener forderte diejenigen, welchen er erschien, auf, ihn in die Burg zu begleiten, dieser suchte sie daran zu hindern. Beide waren durch einen Schwur an einander gebunden, laut welchem keiner die Seligkeit annehmen solle, bevor sie nicht auch dem Andern zu Theil geworden sei; da dieselbe nun dem Jäger wegen seines schlimmen Wandels verweigert wurde, hinderte er seinen Herrn auch an der Erlangung der seinigen und suchte das zu hintertreiben, was beim Gang auf die Burg für jenen hätte geschehn sollen [3]). Ebenso erschien einem Mädchen von Ensingen, welches zu Vaihingen an der Enz in einem Dienste stand, in jeder Nacht ein weisser weiblicher Geist und flehte dasselbe an, eine vergrabene Summe Geldes zu heben und ihn auf diese Weise zu erlösen. Aber ein schwarzer Geist, der des Mannes der weissen Gestalt, trat dem Mädchen, so oft es sich in das betreffende Gewölbe begeben wollte, entgegen; dieses erschrak dann und verzichtete schliesslich auf das Werk der Erlösung [4]).

---

[1]) Scheuchzer. Naturgeschichte des Schweitzerlandes, herausg. von J. G. Sulzern, II, 83, 84. — [2]) Hamlet, prince of Denmark, act. I, sc. 4. — [3]) Kerner. Die Seherin von Prevorst, Thl. II, S. 169 ff. — [4]) Ebend. 194, 195.

Was aber die Geister weitaus in den meisten Fällen fürchterlich macht, das sind ihre Umgebungen, die unheimliche Stunde, in welcher sie den Lebenden nahn, ihre Gestalt u. s. w.; es bedarf in Folge dessen meist gar keiner besondern Bösartigkeit, die Umstände ihres Auftretens sind an sich schon beängstigend genug. Oder die Stimmung der Menschen ist aus der oder jener Ursache vielleicht schon vor dem Erscheinen des Geistes eine bange, so dass letzterer die Bangigkeit nicht erst hervorruft sondern bloss vermehrt. Dass es in den meisten Fällen krankhaft angelegte Naturen sind, welchen solche Erscheinungen am häufigsten zu Theil werden, liegt in der Natur der Sache; doch kommen neben krankhafter Disposition auch andere Ursachen wie Leichtgläubigkeit, Fehler der Erziehung, angeborene Furchtsamkeit, theils einzeln, theils in ihrer Zusammenwirkung, in Betracht. Endlich kommt es auch vor, dass die genannten Eigenschaften eines Menschen von Andern in der oder jener Absicht, sei es aus Muthwillen, sei es im Hinblick auf irgend einen praktischen Zweck, benutzt werden.

Erlösungsbedürftigkeit.

Auf Seite der Geister selbst ist es meist das Bedürfniss nach Erlösung und nach definitiver Ruhe, welches dieselben in die Nähe oder Gegenwart noch lebender Menschen treibt. Die Ursachen, welche die Ruhe im Grab oder im Jenseits verhindern, können natürlich von sehr verschiedener Art sein.

Das Fegfeuer.

Unrichtig ist jedenfalls die von Prätorius [1]) aufgestellte Ansicht, als ob die römisch-katholische Kirche die grosse Mehrzahl der Gespenstergeschichten erfunden habe, um die Lehre vom Fegfeuer durch dieselben beweisen zu können. Allerdings hat es zu allen Zeiten künstliche Geistererscheinungen gegeben und unter diesen natürlich auch solche, bei welchen etwa Geistliche ihre Hände im Spiel hatten; allein dieselben verdankten ihr Dasein nicht diesem oder jenem Dogma der Kirche sondern ganz andern, viel materielleren Bedürfnissen. So hatten z. B. die Mönche der Reichenau einen Geist ausgerüstet, welcher Nachts auf einem unheimlich beleuchteten Schiffe nach dem Mindelsee fahren musste. Ein Abt des Klosters hatte

---

[1]) Anthr. plut. II, 59.

nämlich letztern an die von Bodmen verschenkt, und nun musste der künstlich abgerichtete Geist erklären, er könne nicht zur Ruhe kommen, bis der See wieder zur Reichenau gehöre[1]). Wenn man nun auch zugiebt, dass die Kirche dergleichen Geister für Bewohner des Fegfeuers erklärte, so ist damit noch lange nicht bewiesen, dass sie dieselben im Interesse dieses Dogmas erfunden hat, und es ist sogar fraglich, ob dieselben wirklich, wie König Jakob[2]) behauptet, nach der Reformation wesentlich an Zahl abgenommen haben. Jedenfalls lassen sich gegen ein förmliches Erfinden der hierher gehörigen Vorstellungen mehr und entschiedenere Gründe geltend machen als zu Gunsten desselben. Zu diesen Gründen gehört in erster Linie der Umstand, dass der Geisterglaube überhaupt viel älter ist als die katholische Kirche und ihre Dogmen, dass er in's Heidenthum und sogar in Zeiten zurückreicht, welche weit hinter aller Civilisation liegen. Dazu kommt ferner, dass die Geistererscheinungen, wenn sie auch nach der Reformation wirklich sollten abgenommen haben, doch noch lange nicht erloschen und höchstens anders als früher erklärt wurden. Der naive Volksglaube plagte sich ohnehin nicht gerade mit Erklärungsversuchen; wohl aber stellten seit dem sechszehnten Jahrhundert die Geistlichen, namentlich die Theologen, um das verhasste Fegfeuer der Papisten nicht anerkennen zu müssen, hie und da den Satz auf, es sei eigentlich der Teufel, welcher die Gestalt verstorbener Menschen annehme und in dieser auftrete[3]). Die katholische Kirche hingegen blieb bei der Ansicht, das Fegfeuer sei der gewöhnliche Aufenthaltsort der nach ihrem leiblichen Tode noch nicht zur ewigen Ruhe Gekommenen. Es wird diese Annahme indirekt schon durch die Behauptung erwiesen, dass Juden und Mohammedaner nach ihrem Tode nicht mehr zu erscheinen pflegten[4]); ohne Zweifel dachte man sich dieselben definitiv in der Hölle untergebracht.

Zuweilen sind nun die Ursachen, wegen welcher ein Mensch nach seinem Tode wieder erscheinen muss, mehr oder weniger

---

[1]) Zimmerische Chronik I, S. 55. — [2]) Dæmonomania lib. II, cap. 7. — [3]) Laxater. Von gespänsten u. s. w. II, 9 u. 17. — [4]) Jo. de Clusa. Tractatus de apparitione animarum. Burgdorfii 1475.

unverschuldete. Es kann z. B. der Mangel an Seligkeit wie bei Hamlets Vater durch einen unerwartet schnellen Tod verschuldet sein. Am häufigsten aber erscheint unter den hierher gehörigen Ursachen der Mangel an ehrlichem Begräbniss. Ein bekanntes Beispiel dieser Art, welches noch dem Alterthum angehört, bildete nach Plinius [1]) die Erscheinung, welche dem Philosophen Athenodorus in Athen, ein mittelalterliches lieferte das Leben des S. Germain d'Auxerre [2]). Im Stalle des Pfarrhauses zu Mittelstadt hatten die Thiere keine Ruhe mehr, und im Hause selbst war es ebenfalls nicht ganz geheuer, bis man in einer Mauer Reste einer Kinderleiche fand und diese begrub; leider giebt Justinus Kerner, unser Gewährsmann [3]) keine nähere Zeitbestimmung an. So war es denn auch nur consequent, wenn man annahm, die Seelen schon begrabener Menschen verlören ihre Ruhe wieder, wenn der Leib wieder ausgegraben werde. Als der polnische Fürst Radzivil von seiner Reise nach Palästina zwei ägyptische Mumien mitbrachte, wurde sein Schiff von entsetzlichen Ungewittern bedroht, und diese legten sich erst, als man die beiden Leichen, deren Geister einem auf dem Schiffe befindlichen Priester erschienen waren, in's Meer warf [4]). Auch die ungetauften Kinder erscheinen nach den Vorstellungen mancher Völker wieder, verfolgen die Ihrigen unaufhörlich und verlangen getauft zu werden; so z. B. in Kleinrussland, wo sie nach dem Volksglauben auf Rohr und Weiden schaukeln, bald klagen und bald wieder laut auflachen [5]).

Wirkliche Schuld.

Weniger harmlos klingt es, wenn ein Kind einem armen Manne statt zweier Heller nur einen giebt und nun zur Strafe dafür nach seinem Tode vier Wochen lang erscheinen und alle Spalten und Ritze durchsuchen muss, bis der Bettler den zweiten Heller ebenfalls erhält [6]), oder wenn beim Theilen einer Erbschaft die sehende Schwester die blinde übervortheilt und dafür als Geist um die Ruine des väterlichen Schlosses schweben

---

[1]) Epist. VII, 27. — [2]) Bolland. Act. Sanctor 31. Juli, pag. 211. — [3]) Seherin von Prevorst II, 100, 101. — [4]) Calmet I, 354, 355. — [5]) Pabst. Ueber Gespenster in Sage und Dichtung, S. 29. — [6]) Brüder Grimm. Kinder- und Hausmärchen. II, 277, 278.

muss[1]). Besonders aber sind die Kindsmörderinen und ihre Helfershelfer zu ruhelosem Umherirren verurtheilt[2]) und es fällt in solchen Fällen höchstens auf, dass die getödteten Kinder nicht ebenfalls wegen abnormaler Beerdigung erscheinen müssen. Doch kommen auch umgekehrt Fälle vor, wo das Wegräumen der Kinderleichen die Ruhe im Hause wieder herstellt. So musste z. B. ein Pastor in Königsberg, welcher unerlaubten Umgang mit seiner Magd gehabt und von ihr Kinder erhalten hatte, einem seiner Amtsnachfolger erscheinen, und der Spuk hörte erst auf, als letzterer die Gebeine der getödteten Kinder in einer Vertiefung unter einem Ofen gefunden und aus dem Pfarrhause entfernt hatte. Dieser Pastor nämlich, ein Herr Lindner, erkannte den Geist als frühern Geistlichen an einem Bilde, welches jenem ähnlich sah und im Chor der Kirche hieng; ein achtzigjähriger Greis erzählte ihm, der längst verstorbene Pastor habe uneheliche Kinder gehabt, über deren Schicksal man aber nie etwas Zuverlässiges erfahren habe[3]).

Namentlich aber traf das Schicksal ruhelosen Erscheinens und Wanderns diejenigen, welche sich während ihres Lebens der Kirche gegenüber feindselig erwiesen hatten. So machte ein gewisser Jörg Zopp der Kaplanei zu Zimmern einen ihr gehörigen Acker streitig; als er endlich sein Anrecht auf denselben eidlich bekräftigen sollte, hatte er Erde von einem ihm wirklich gehörigen Landstück in die Schuhe genommen und schwor nun, auf seinem eigenen Grund und Boden zu stehn; später gieng aber sein Geist auf dem widerrechtlich erworbenen Acker um[4]). Graf Hans von Lupfen musste sogar in zwei Häusern umgehn, im Zimmer'schen zu Constanz und in seinem eigenen zu Engen, weil er das Stift zu Constanz benachtheiligt und überhaupt ein liederliches Leben geführt hatte[5]). Ein förmliches Sündenregister aber bildete, ebenfalls nach der Zimmerischen Chronik[6]), das Leben eines gewissen Schmeller. Dieser hatte zunächst ohne triftige Gründe die Felder armer Leute zu

---

[1]) Alemannia V, 262. — [2]) Kerner II, 62—69, 94. — [3]) Ebend. II, 98—100. — [4]) Zimmer. Chronik IV, 194, 195. — [5]) Ebend. IV, 181, 182. — [6]) Ebend. II, 208 ff.

Pferde durchjagt, ferner war er ein ungerechter Richter gewesen; dazu kam, dass er den Leuten eigene Backöfen verboten und sie dadurch genöthigt hatte, ihr Brot bei seinem Bäcker zu kaufen. Er hatte ausserdem von je zwanzig Laiben einen für sich verlangt und eine Kälberweide eingezogen. Zur Strafe für alle diese Frevel musste er nun in seinem Schlosse zu Ringingen als Geist umgehn. Seine Frau und seine drei Töchter verliessen das Schloss in Folge dessen und zogen nach Rotenburg am Neckar. Der Geist zog ihnen aber nach, worauf sie sich wieder nach Ringingen wandten, wo natürlich der Spektakel auf's neue begann. Endlich erscheint der Geist einem heimkehrenden Soldaten, bittet denselben, ihn zu erlösen und drückt ihm als Wahrzeichen seinen Hut auf. Der Soldat geht zu Schmellers Frau, diese giebt die von ihrem Gatten auf ungerechte Weise erworbenen Güter wieder heraus, lässt für die Ruhe seiner Seele eine Messe lesen, und der Spuck hört auf.

Ueberhaupt geht der Glaube an die den Todten mangelnde Ruhe und ihr Wiedererscheinen beinahe immer von der Voraussetzung aus, dass ein begangenes Vergehen nicht gebeichtet oder nicht gesühnt ist. Der Geist ist dabei häufig an die Localität gebunden, in welcher der betreffende Mensch früher das Unrecht verübt hat, und Wanderungen von einem Ort an den andern, wie sie der eben erwähnte Schmeller antrat, sind blosse Ausnahmen. Darum sind Gebäude, welche ein gewisses Alter haben, und in welchen folglich wegen ihres Alters sich schon mancherlei konnte zugetragen haben, wie Kirchen, Klöster, Ritterburgen, alte Häuser in Städten u. dgl. nach dem Volksglauben vorzugsweise die Aufenthaltsorte von Geistern. Aber auch die freie Natur ist nicht ohne gespensterhafte Wesen, und selbst in öden Hochgebirgslandschaften oder auf der unermesslichen See fehlen dieselben durchaus nicht. Auf dem Rawyl z. B., welcher aus dem Berner Oberland in's Wallis führt, gehen die Säumer um, welche während ihres Lebens den Wein, den sie aus dem Süden brachten, mit Wasser oder Schnee vermehrten [1]). Namentlich berühmt aber ist bei den Küstenbewohnern

[1]) Osenbrüggen. Wanderstudien aus der Schweiz, Bd. VI. S. 120.

Das Geisterschiff. die sagenhafte Figur des fliegenden Holländers; leider fehlt aber in Bezug auf diesen Repräsentanten des Geisterreichs eine ältere, über unser Jahrhundert zurückreichende Aufzeichnung dessen, was ihm der Glaube der Uferbewohner und Seeleute zuschreibt. Nach einer im Morgenblatt anonym mitgetheilten und laut der Mittheilung aus einer alten Handschrift übersetzten Version handelt es sich um ein schwarzes Geisterschiff mit bleicher, hohläugiger und abgemagerter Mannschaft. Am Schnabel des Schiffes befand sich ein menschliches Gerippe, welches einen Speer in der Rechten hielt. Der holländische Capitän von Evert hatte nämlich eine edle Spanierin Namens Lorenza an den Mast seines Schiffes gebunden und ihren Bräutigam Don Sandovallo d'Aranda getödtet; Sandovalles Vater soll diese Begebenheit durch eine Vision erfahren haben. Das Schiff, auf welchem der junge Sandovalle nach Spanien zurückkommen sollte, kam nie zum Vorschein, gleichzeitig aber verschwand ein berüchtigter holländischer Seeräuber zwischen dem Cap und dem La Platastrome spurlos [1]). Nach einer andern Version hatte ein holländischer Schiffscapitän Namens VanderDecken um das Jahr 1600, als er vergeblich das Cap der guten Hoffnung zu umsegeln versuchte, den Schwur gethan, er wolle trotz Sturm und Wellen, trotz Donner und Blitz, trotz Gott und dem Teufel um das Cap herumfahren, und wenn er bis zum jüngsten Tage fahren müsste; auf dieses hin vernahm er eine Stimme vom Himmel, welche ihm zurief, er müsse nun wirklich bis zum Tage des Gerichts segeln. Sein Schiff ist schwarz und führt eine blutrothe Flagge, es fährt im ärgsten Sturmwind mit vollen Segeln, und sein Erscheinen kündigt den Fahrzeugen, welche ihm begegnen, Sturm oder Untergang an [2]). Manchmal übergiebt dieses unter dem Namen des fliegenden Holländers bekannte Geisterschiff andern Schiffen auch Briefe zum Besorgen; diese sind aber stets an längst verstorbene und verschollene Personen gerichtet und können in Folge dessen nicht abgegeben werden [3]). Auch von

---

[1]) Morgenblatt. Jahrg. XVIII (1824), S. 178, 179. — [2]) Lyser. Abendländische Tausend und eine Nacht, III, p. 223 ff. — [3]) Heine. Norderney (Sämmtliche Werke, Bd. I, S. 146).

einer Erlösung des verdammten Capitäns ist wohl die Rede, sie geschieht in Richard Wagners Oper durch eine reine Jungfrau, in Marryats Roman durch den eigenen Sohn; nur kann ich nicht angeben, ob diese Züge auf wirklicher Tradition beruhn, oder ob sie bewusste Erfindungen Wagners und Marryats sind.

Die Existenz eines Geisterschiffs, dessen Mannschaft zu ruhelosem Umherfahren verurtheilt ist, ist der diesen sonst mehrfach von einander abweichenden Sagen gemeinsame Zug; ausserdem stimmen dieselben noch darin überein, dass die Mannschaft dieses Schiffes aus Holländern besteht. Was für Ereignisse oder Anschauungen aber der Sage als solcher zu Grunde liegen, ist nicht ganz leicht festzustellen, weniger wegen der Abweichungen der einzelnen Versionen unter sich als wegen des Mangels an ältern zuverlässigeren Quellen; der Bericht im Morgenblatte giebt die seinige nicht an, und bei Heine, Lyser und Marryat erkennt man nicht leicht, was Ueberlieferung und was Zuthat der betreffenden Schriftsteller ist. Man könnte an wirkliche Schiffe mit verhungerten Matrosen oder überhaupt mit Leichen denken[1], welche sich in der Phantasie der Seeanwohner allmählich zum Geisterschiffe gestalteten. Es könnte ferner der Anblick von bis zur Tollkühnheit verwegenen Seefahrern oder das Abweichen von der hergebrachten Weise des Fahrens auf die Entstehung und Weiterbildung der Sage eingewirkt haben; vielleicht waren es gerade die Holländer, deren anerkannte Virtuosität im Seewesen ihren zurückgebliebenen Nachbarn zu denken gab. Vielleicht darf man auch noch an Luftspiegelungen denken, bei welchen man in früheren Jahrhunderten häufig Schiffe zu erblicken glaubte, oder es mögen mehrere der angegebenen Ursachen zusammengewirkt haben. Jedenfalls aber ist die Sage von irgend einer äusseren Veranlassung ausgegangen, und die Motivierung ist das jüngere Element, welches erst hinzutrat, als jene bereits in der Phantasie der Seeleute lebte.

Zum Geisterglauben der Seeleute gehört auch noch die Vorstellung, die Sturmvögel seien die Geister ertrunkener Matro-

[1]) Vgl. Gervas. Tilb. ot. imper. herausg. v. Liebrecht, S. 150.

sen, und es sei in Folge dessen nicht erlaubt, dieselben zu erlegen.

Eine besondere Klasse von Menschen, welche nach ihrem Tode zu ruhelosem Auftreten gezwungen sind, bilden ferner die Excommunicierten. Nach einer dem frühsten Mittelalter angehörigen Auffassung müssen dieselben ihre in den Kirchen befindlichen Gräber verlassen, wenn der Priester die noch lebenden mit der Excommunication belegten Gemeindeglieder dazu auffordert[1]).

Endlich kann es auch die ungestillte Sehnsucht der Lebenden nach den Todten oder der Letztern nach den noch am Leben gebliebenen Angehörigen sein, welche die Verstorbenen auf die Erde zurückruft. Ein Beispiel der erstern Art enthält das schöne serbische Volkslied „Jeliza und ihre Brüder.“ Die neun Brüder Jelizas sind gestorben, der Schmerz der allein noch lebenden Schwester ist so gross, dass es den Herrn im Himmel erbarmt, und dass er seine Engel an die Gruft des Johannes, des jüngsten Brüders, sendet:

Eilig gehen Gottes beide Engel
Zu dem weissen Grabe des Johannes,
Machen aus dem Leichenstein ein Ross ihm,
Hauchen an mit ihrem Geist den Knaben,
Brot bereiten sie ihm aus der Erde,
Aber aus dem Leichentuch Geschenke;
Rüsten ihn, dass er zur Schwester gehe[2]).

Hernach begleitet Jeliza die Leiche des Bruders zur Kirche, dieser steigt wieder in seine Gruft, und Jeliza begiebt sich zu ihrer alten Mutter, und zuletzt

Festumschlingend sich mit weissen Armen,
Sanken Beide todt zur Erde nieder[3]).

Erhabener noch ist der Schmerz der Sigrun um ihren entschwundenen Gatten Helgi in dem schönen Eddaliede von Helgi dem Hundingstödter dargestellt:

---

[1]) B. Gregorii dialogi lib. II, c. 23. — [2]) Talvj. Volkslieder der Serben, Lpzg. 1853; Thl. I, S. 296. — [3]) Ebend. S. 299.

Du Sigrun bist Schuld von Sewafiöll,
Dass Helgi trieft von thauendem Harm.
Du vergiessest, Goldziere, grimme Zähren,
Sonnige, südliche, eh' du schlafen gehst.
Jede fiel blutig auf die Brust dem Helden,
Grub sich eiskalt, in die angstbeklommene [1]).

Den ganzen Kreis der hierher gehörigen Vorstellungen, welche in Bürgers Leonore ihren poetischen Abschluss finden, hat Wilhelm Wackernagel erschöpfend dargestellt [2]).

Mittel zur Erlösung.

An die Möglichkeit der Erlösung solcher Geister knüpfen sich ebenfalls ganz bestimmte Vorstellungen. In katholischen Gegenden werden für dieselben wohl ein Paar Messen gelesen, weil das Messopfer auch den Todten zu Gute kommen kann. Auch durch Beten, Fasten, Almosengeben, fleissigen Kirchenbesuch, Wallfahrten, fromme Schenkungen u. dgl. kann solchen Seelen geholfen werden; Thomas von Cantimpré theilt einen lateinischen Hexameter mit, welcher in sieben Imperativen die zu solchen Zwecken erforderlichen Mittel aufzählt:

Fle, pete, ieiuna, vigila, da, redde, celebra [3]),

und vergleicht dieselben mit den sieben Pyramiden auf dem Grabe der Aeltern und Brüder des Simon Maccabæus. Auch bei den Protestanten finden sich ähnliche Vorstellungen mit einigen Modificationen [4]). Dann giebt es aber neben diesen und andern allgemein giltigen Vorschriften auch noch solche, welche nur auf bestimmte Fälle anwendbar sind. Hamlet z. B. soll, um dem Geiste seines Vaters Ruhe zu schaffen, dessen Mord rächen [5]), und auf der Blümlisalp muss eine geisterhafte Kuh stillschweigend gemolken werden, damit der mit seinem ganzen Haushalte verwünschte Senn zur Ruhe kommen kann [6]). Selbst magische Mittel werden gelegentlich zur Errettung unglücklicher Seelen nicht verschmäht. So hatte der wilde Jäger die Magd eines Geistlichen, welche mit ihrem Herrn unerlaubten Umgang

---

[1]) Helgakvidha Hundingsbana önnur 43, nach Simrocks Uebersetzung. — [2]) Kleinere Schriften, Bd. II, S. 399 ff. — [3]) Bonum universale, pag. 500. — [4]) Lavater II, 2. — [5]) Hamlet, prince of Denmark, Act. I, sc. 4. — [6]) Wyss. Idyllen, Volkssagen, Legenden u. Erzählungen aus der Schweiz. Bern u. Lpz. 1815. S. 146, 326.

getrieben hatte, entführt; ein fahrender Schüler aber rettete dieselbe, indem er einen Kreis mit magischen Figuren um sie zog, bei welcher Gelegenheit dann ausser der Magd auch noch das Horn des wilden Jägers zurückblieb[1]). Nur einer kann niemals erlöst werden, er muss vielmehr bis zum jüngsten Tag auf der Erde bleiben, und dieser eine ist Cartaphilus oder Ahasverus, der ewige Jude. Aber Ahasverus ist auch gar kein Geist, sondern er ist ein Mensch, dessen Seele ihren Körper noch gar nicht verlassen hat[2]).

Als Localitäten, an welchen die Geister vorzugsweise erscheinen, werden besonders entlegene, menschenleere und unheimliche Oerter genannt, z. B. Wälder, Sümpfe, Schlachtfelder, Höhlen, Burgruinen; auch Kirchen und Klöster kommen vor, gelegentlich sogar Privathäuser[3]). Wenn Klöster und Kirchen häufig in Gespenstergeschichten eine Rolle spielen, so darf nicht übersehen werden, dass in oder vor denselben sich häufig Begräbnissstätten befanden, und mit den Schlachtfeldern verhält es sich natürlich ebenso; jedenfalls kannte das Mittelalter das unheimliche Gefühl des Grauens noch nicht, welches der moderne, durch gewisse Romane oder Schauspiele geschulte Mensch beim Anblick eines Klosters empfindet. Wenn hingegen gewöhnliche Häuser als Sitze von Geistern erscheinen, so sind dieselben meist sehr alt, oder sie sind lange Zeit unbewohnt gewesen, oder es hat sich vielleicht irgend eine auffallende Katastrophe in denselben zugetragen. Immerhin kam es schon im Alterthum vor, dass Wohnungen oder wenigstens einzelne Theile derselben in Folge von Geistererscheinungen gemieden wurden[4]) und im Mittelalter sowohl als in neuerer Zeit hat man ebenfalls häufig die nämliche Erfahrung machen können. Nach Alexander ab Alexandro standen im fünfzehnten Jahrhundert in Rom zahlreiche Häuser aus diesem Grunde leer[5]).

---

[1]) Zimmer. Chronik II, 202. — [2]) Matthæus Paris. Historia maior ad a. 1228, pag. 352 der Londoner Ausgabe v. J. 1640. Ch. Dudulæus. Gründliche vnd warhafftige | Relation von einem Juden | auss Jerusalem, mit Nahmen | Ahassverus, welcher fürgibt, er sey bey der Creutzi | gung Christi gewesen, vnd biss hieher durch die All | macht Gottes beym Leben erhalten | worden. — [3]) Schott. Physica curiosa II, c. 7—16. — [4]) Plin. epist. VII, 27. — [5]) Dier. canicul. lib. V, c. 23.

Aehnlich verhielt es sich mit dem Schlosse der Freiherren von Zimmern zu Seedorf[1]) und mit dem Palais de Vauvert in Paris; hier waren es die Karthäuser, welche sich nicht fürchteten und das Gebäude im Jahre 1259 in Besitz nahmen[2]). Auch in Bologna befand sich in der Nähe von S. Maria maggiore ein lange Zeit wegen böser Geister leer stehendes Haus[3]), und im Simplicissimus wird wenigstens das verrufene Zimmer eines savoyischen Schlosses nicht bewohnt, bis der Held des Romanes erscheint und den Bann löst[4]). Levin Schücking hat bekanntlich in einem seiner bessern Romane, der „Marketenderin von Cöln" dieses Motiv in sehr anmuthiger Weise zu verwerthen gewusst.

Es gab aber auch Orte, an welchen man künstliche Geistererscheinungen machte, um dieselben aus dem oder jenem Grunde in Verruf zu bringen. Und ebenso häufig oder vielleicht noch häufiger kam es vor, dass Täuschungen jeder Art, zumal optische, Leute zu dem Glauben brachten, sie hätten einen Geist gesehn. Der Cardinal de Retz z. B. hielt einige Mönche, welche, als es schon dunkel geworden war, im Freien badeten, für Gespenster[5]). *Betrug.*

Zuweilen bleiben auch die gespensterhaften Wesen dem Auge verborgen, und man spürt ihre Gegenwart nur an dem Lärm und Unfug, welchen sie anrichten. Als der grosse Hugenottenführer Agrippa d'Aubigné einst auf einem Feldzuge seinen katholischen Mitofficieren zulieb das Vaterunser vor dem Einschlafen nach katholischem Ritus betete, erhielt er, so oft er an die Worte „führe uns nicht in Versuchung" kam, jedesmal von unsichtbarer Hand eine Ohrfeige, so dass er das Gebet schlechterdings nicht vollenden konnte[6]). Noch interessanter ist in dieser Beziehung, was Fr. Perreaud in seinem „antidémon de mascon" (Genève 1653) erzählt. Im September 1642 nämlich machte ein Geist in seinem Hause zu Macon zum ersten Male

---

[1]) Zimmer. Chronik IV, 133. — [2]) Garinet, p. 72, 73. — [3]) Malleolus. Tractat. de credulitate dæmonibus adhibenda (malleus maleficar. edit. Francof. a. M. 1588, tom. II, pag. 427). — [4]) Buch VI, cap. 15. — [5]) Calmet I, 267, 268. — [6]) Vgl. seine Histoire universelle, II, 4, 16.

während der Nacht Lärm; er betete, sang, fluchte, erzählte laut Geheimnisse, zog den Schlafenden die Decken und Bettvorhänge weg, warf das Geschirr in der Küche herum und sprach von einem im Hause verborgenen Schatze (pag. 29). Zu sehen war nichts, obschon der Unfug länger als ein Vierteljahr währte. Im December verliess endlich eine grosse Viper das Haus, und von da an herrschte Ruhe in demselben. Perreaud fügt noch hinzu, der vorige Besitzer des Hauses sei von seiner eigenen Frau ermordet worden; er selbst hatte das Haus durch einen richterlichen Spruch erhalten, die Frau aber, welche es an ihn verlor, hatte vor einem Kamine den Teufel angerufen und ihn und seine Familie verflucht (pag. 63). Perreaud war sonst nicht besonders abergläubisch und warnt im Gegentheil in seiner démonologie (cap. 3, 4) vor übertriebener Leichtgläubigkeit wie vor absichtlichem Betrug. Dennoch könnte hier ein solcher im Spiele gewesen sein, und es könnte sich z. B. darum gehandelt haben, dem neuen Besitzer das Haus im Interesse der frühern Eigenthümerin zu verleiden.

Im Allgemeinen sieht nicht Jeder Geister. Damit aber diejenigen, welchen ihr Anblick versagt ist, nicht ganz leer ausgehn, empfinden sie deren Gegenwart an einer gewissen Angst und Beklemmung, welche sich mit der Anwesenheit solcher Wesen einstellen; oder man hört das von denselben hervorgebrachte Geräusch, bemerkt, wie allerlei Gegenstände von ihnen bewegt werden, u. s. w.[1]). Justinus Kerner bezeichnet sein Gefühl, das er hatte, als man ihm einst einen Geist in sein Schlafzimmer geschickt hatte, als ein unbeschreibliches, das sich wohl nachfühlen, aber nicht mit Worten aussprechen lasse; gesehn hatte er freilich nichts[2]). —

Die Ahnfrau. Wir haben die Geister bis jetzt als Wesen kennen gelernt, welche aus irgend einem Grunde noch an die Erde gefesselt sind und demnach vorzugsweise hilfeflehend auftreten. Es giebt aber neben diesen auch Erscheinungen, welche nicht um ihrer selbst willen sondern im Interesse noch lebender Personen erscheinen. Solche Geister treten gewöhnlich in Momenten auf, in welchen

---

[1]) Kerner II, 216, 217, 221—223. — [2]) Ebend. II, 230.

ein bedeutendes Ereigniss, und zwar in der Regel, ein tragisches, bevorsteht; sie stehn ferner meist in irgend einem nähern oder entferntern Verwandschaftsgrade zu denjenigen Personen, welche sie durch ihr Erscheinen auf die bevorstehende Katastrophe aufmerksam machen. So erscheint in vornehmen Häusern die Ahnfrau in verhängnissvollen Momenten, meist als weisse Frau gedacht; nach der gewöhnlichen Annahme die Gemahlin Johanns von Lichtensteins, geb. von Rosenberg aus Böhmen [1]), ist sie erst später durch Heirathen ihrer weiblichen Descendentinen auch zur Stammutter fürstlicher Dynastien, namentlich des Hauses Hohenzollern, geworden. Doch scheint dieselbe ursprünglich mythische Bedeutung gehabt zu haben [2]).

Verabredete Erscheinungen.

Endlich ist zuweilen das Interesse, welches lebende Personen an Erscheinungen haben, der Art, dass letztere auf ganz bestimmten Versprechungen beruhn, wobei zwei im Leben einander nahe stehende Freunde oder Amtsbrüder sich das Wort geben, der zuerst Gestorbene wolle dem Andern erscheinen. Schon Wilhelm von Malmesbury hat eine hierher gehörige Erzählung, welche er nach Nantes verlegt [3]). Zwei Geistliche in dieser Stadt, welche ihre Aemter mehr der Protection des Bischofs als ihrer persönlichen Tüchtigkeit verdankten, machten unter sich aus, wenn einer von ihnen sterbe, so solle er dem Ueberlebenden spätestens dreissig Tage nach seinem Tod erscheinen und Nachricht aus dem Jenseits bringen; auf diese Weise werde sich herausstellen, welcher griechische Philosoph richtigere Ansichten über die menschliche Seele gelehrt habe, Plato oder Epicur. Nach einiger Zeit starb einer der Beiden und kam in die Hölle. Er erschien hierauf seinem Amtsbruder in der That und schilderte ihm die Qualen seines Aufenthaltsortes mit grosser Anschaulichkeit; er legte ihm sogar in handgreiflicher Weise seine eiternde Hand auf Stirn und Schläfe, um ihm eine recht deutliche Vorstellung von der Gluth des höllischen Feuers zu geben, und wies ihm sogar einen Brief vor, in welchem die Freude des Satans über pflichtvergessne Priester ausgesprochen war.

---

[1]) Francisci. Höllischer Proteus, S. 74 ff. — [2]) Simrock. Mythologie. S. 413. — [3]) Gesta regum Anglorum l. III, § 237.

Noch bekannter ist ein ähnlicher Vorfall, welchen Baronius in seinen Annalen mittheilt, und bei welchem es sich ebenfalls um eine Bestätigung der platonischen, indirekt also auch der christlichen Lehre von der Unsterblichkeit der Seele handelt[1]. Der eine der beiden Freunde ist hier der als Platoniker bekannte florentinische Arzt Marsilio Ficino, der andre sein Freund Michele Mercato. Auch hier sollte also der zuerst Gestorbene dem andern erscheinen und ihm auf diese Weise die Fortdauer der persönlichen Existenz der menschlichen Seele unwiderleglich darthun. Als nun Mercato einst des Morgens früh aufgestanden war, hörte er Pferdegetrappel vor dem Hause. Er eilte an's Fenster und sah seinen Freund auf einem weisen Pferde; dieser rief ihm zu: „O Michael, vera sunt illa“ (nämlich, was der Volksglaube in Bezug auf das Jenseits annimmt). Mercato öffnete das Fenster und wollte Ficino zu längerm Verweilen auffordern, allein dieser sprengte eilends davon. Als er nun nach Florenz schrieb, erhielt er von da die Nachricht, Marsilio sei an eben dem Tage und zu eben der Stunde gestorben, in welcher er ihm in Rom in der angegebenen Weise erschienen war.

Ebenso soll in Frankreich ein gewisser Marquis de Rambouillet dem Marquis de Precy erschienen sein und ihn zu einem bessern Lebenswandel aufgefordert haben. Auch hier war der Vision eine ähnliche Uebereinkunft vorausgegangen, und Rambouillet erschien seinem Freunde, nachdem er selbst in einer Schlacht gefallen war, und prophezeite ihm dazu, dass er ebenfalls nicht mehr lange leben werde. Die Prophezeiung traf auch in der That ein, und Precy fiel in einem Strassenkampf in der Vorstadt S. Antoine zu Paris[2]. Reservierter spricht sich hingegen im Actius des Giovio Pontano ein Freund des Sannazaro über die Schrecklichkeit und Ewigkeit der Höllenstrafen aus. Er sagt bloss, dass alle aus diesem Leben Geschiedenen ein unwiderstehliches Verlangen hätten, in dasselbe zurückzukehren. Mit diesen Worten grüsst und verschwindet die Erscheinung.

---

[1]) Cæsar Baronius. Annales ad a. 411; tom. V, pag. 371 der Cölner Ausgabe v. J. 1624. — [2]) Calmet II, Cap. 37.

Das war etwa im Sinne der homerischen Νέκυια gesprochen; doch ist nicht zu übersehn, dass Pontano das Ganze nur als Fiction und nicht als Bericht über eine wirkliche Begebenheit giebt.

Der Wunsch, die Unsterblichkeit der Seele und namentlich auch die Realität der ewigen Verdammniss durch die Wiederkehr eines Todten bestätigt zu sehn, scheint ein sehr alter zu sein, wie sich schon aus dem Gleichnisse vom reichen Mann und vom armen Lazarus im sechszehnten Capitel des Evangelisten Lucas ergiebt. Nur stellt schon Wilhelm von Malmesbury an die Stelle der von Christus gelehrten Unsterblichkeit die platonische, immerhin so, dass das höllische Feuer der christlichen und kirchlichen Lehre durch die Erscheinung bestätigt wird; bei Baronius fehlt letztere, dem Zeitalter der Renaissance entsprechend, und der Geist verschwindet überhaupt, ohne zu sprechen. Im Sinne des Christenthums sind freilich, wie sich aus Lucas 16, 29—31 ergiebt, solche Vereinbarungen überhaupt nicht.

Thiergestalt der menschlichen Seele.

Ganz eigenthümlich sind diejenigen Fälle, in welchen die Seele einer noch lebenden Person ihre leibliche Hülle in der Gestalt eines kleinen Thieres, etwa einer Maus, einer Schlange, eines Vogels, auch wohl eines blossen Rauches, verlässt und sich anderswohin begiebt. Ein altes Beispiel dieser Art findet sich in der Langobardengeschichte des Paulus Diaconus [1]). Nach diesem war König Gunthram im Wald im Schoos eines Dieners eingeschlafen; da sieht der Diener ein Thierlein gleich einer Schlange aus dem Munde seines Herrn kommen und einem nahen Bache zueilen. Da es über diesen nicht gelangen kann, legt der Diener ein Schwert so über das Wasser, dass es gleichsam eine Brücke bildet, und nun läuft das Thier hinüber und verschwindet drüben in einem Berg. Nach einiger Zeit kehrt es aus demselben wieder und begiebt sich auf dem nämlichen Wege in Gunthrams Mund zurück. Bald darauf erwacht der König und erzählt, er sei im Traum über eine eiserne Brücke in einen mit lauter Gold angefüllten Berg gegangen. Eine Copie

[1]) III, 34; vgl. auch Aimoin III, 3.

dieser Erzählung mit einigen unwesentlichen Abweichungen theilt Vincent von Beauvais [1]) aus Helinandus mit. Hier sieht das Thierchen mehr wie ein Wiesel aus; es macht diesseits und jenseits des Wassers allerlei Wege in mancherlei Krümmungen, und nachher erzählt der Schlafende bei seinem Erwachen, es habe ihm geträumt, er sei auf vielen schwierigen Pfaden zu einer eisernen Brücke gekommen und habe diese zweimal passiert. Der Körper liegt während solcher Wanderungen der Seele starr und wie todt da; lässt man ihn ruhig liegen, so kehrt letztere nach einiger Zeit in denselben zurück, wird er hingegen gerüttelt oder in eine andere Lage gebracht, so ist der Seele die Rückkehr versagt, und der Leib bleibt todt. So soll auf einem Schlosse bei Salfeld in Thüringen aus dem offenen Mund einer schlafenden Magd die Seele als rothe Maus hervorgekommen und zum offenen Fenster hinausgelaufen sein. Unglücklicherweise wurde die Schlafende von einer anwesenden Person auf die andere Seite gelegt; als nun die Maus wiederkam, fand sie den Eingang zu dem Leibe der Schlafenden nicht mehr an der rechten Stelle, sie verschwand, und die Magd erwachte nicht wieder [2]).

Menschliche Gestalt derselben. Aber auch menschlich gedacht kann die Seele den Körper verlassen. In einem Passionsspiele des fünfzehnten Jahrhunderts, welches in Donaueschingen handschriftlich erhalten ist [3]), findet sich nach Vers 3454 folgende Bühnenweisung: „In dissem sol jeglicher schacher ein bildly im mull han, als ob es ein sel were. den nimpt der engel' des guoten schachers sel und gat in himel und der tüffel des andern sel und loufft mit grossem geschrey in die hell" [4]). Dass unter dem Ausdrucke „bildly" eine kleine menschlich gestaltete Figur zu verstehen ist, beweisen zahlreiche bildliche Darstellungen dieses Vorgangs, vor allem das berühmte Wandgemälde Luinis in der Kirche S. Maria degli Angeli zu Lugano oder, wenigstens in Bezug auf den bussfertigen Schächer, die Darstellung des Gaudenzio Ferrari auf dem Sacro monte von

---

[1]) Speculum naturale II, 108. — [2]) Prätorius. Anthr. plut. I, 40, 41. — [3]) Schauspiele des Mittelalters herausg. v. Mone, Bd. II, S. 183 ff. — [4]) Ebend. S. 324.

Varallo. Umgekehrt ist nur die Seele des unbussfertigen auf dem freilich theilweise zerstörten Frescobilde des Nicolò di Pietro Gerini im Capitelsaale von S. Francesco in Pisa sichtbar. Ein deutsches Werk der bildenden Kunst, welches die Seele des Judas Ischarioth in ähnlicher Weise durch zwei Teufelchen unmittelbar über der Figur des gehenkten Exapostels wegtragen lässt, ist der grosse Sculpturencyclus über dem Hauptportal des Freiburger Münsters.

Zu solchen Wanderungen der Seele gesellt sich dann hie und da noch ein zweites Moment, indem diese den Leib verlässt, um einen Auftrag in wenigen Minuten zu verrichten, zu dessen Bestellung der normale Mensch Tage, ja Wochen nöthig hätte. Da bringt z. B. einem in Bergen in Norwegen weilenden Schiffsherrn aus Lübeck ein Lappländer auf diese Weise Nachrichten von zu Hause [1]). Und Jung-Stilling erzählt einen höchst merkwürdigen Fall dieser Art, welcher sich noch um die Mitte des vorigen Jahrhunderts in der Nähe von Philadelphia zugetragen habe. Ein Schiffscapitän blieb länger abwesend, als er seiner Frau versprochen hatte. Diese wurde um ihn besorgt, und wandte sich an einen in der Nähe der Stadt wohnenden Mann, welcher still und einsam lebte, und welchem man zutraute, er könne über verborgene Dinge Auskunft geben. Der Mann geht in sein Zimmer, die Frau bleibt draussen und wartet; als es ihr zu lange geht, guckt sie durch ein kleines Thürfenster und sieht den Mann wie todt auf seinem Sopha liegen. Etwas später kommt aber derselbe heraus und meldet, der Capitän befinde sich in London in dem und dem Kaffeehause, werde aber bald zurückkehren; auch die Gründe seines längern Ausbleibens weiss er anzugeben. Der Capitän kam auch in der That wieder und bestätigte diese Gründe. Als er aber später in Gegenwart seiner Frau den einsamen Mann sah, entsetzte er sich und erzählte, er habe diesen in London im Kaffeehause schon einmal gesehn. Es ergab sich schliesslich, dass dieses zu derselben Zeit gewesen war, während welcher die Frau vor dem Zimmer auf die Antwort dieses Mannes gewartet hatte [2]).

---

[1]) Remigius. Dämonolatria, Thl. II, S. 45. — [2]) Stilling. Theorie der Geisterkunde, S. 59—61.

Derartigen Vorstellungen liegt ohne Zweifel eine mythische Anschauung zu Grunde, welche in entlegenen Jahrhunderten wurzelt, welche sich aber im Volksglauben unter mancherlei Modificationen bis auf unsere Zeit erhalten hat. Es sind noch nicht viele Jahre verflossen, dass in einem Dorfe des Berner Oberlandes ein Rabe, welcher häufig und zum Theil während des Gottesdienstes um die Kirche flatterte, für den Geist eines kürzlich verstorbenen Dorfbewohners gehalten wurde, und dass Niemand sich dazu entschliessen konnte, auf den Vogel zu schiessen[1]). Und im St. Galler Rheinthal wurde eine Katze, welche sich zuweilen in einer Sennhütte blicken liess, ebenfalls für einen unlängst Verstorbenen gehalten; da Letzterer bei seinen Nachbarn übel angeschrieben gewesen war, hielt man die Katze überdiess für die Urheberin verschiedener Unregelmässigkeiten, welche zur Zeit ihres Erscheinens unter dem in der Hütte befindlichen Vieh sich geltend machten[2]). Die solchen Erzählungen zu Grunde liegende Anschauung ist nun keine geringere als der Glaube an die sogenannte Seelenwanderung d. h. an die Möglichkeit, dass die menschliche Seele zuweilen andere, namentlich thierische Gestalten annehmen könne. Diese Vorstellung findet sich bekanntlich bei verschiedenen heidnischen Völkern, sowohl bei Barbaren in mehr oder weniger naiver Gestalt als in mit Bewusstsein entworfenen philosophischen Systemen wie z. B. bei Pythagoras. Auch den Germanen scheint dieselbe nicht fremd gewesen zu sein, und wenn sie sich bei ihnen nicht zu einem förmlichen System entwickelt hat, so wird der Grund hievon wohl in dem Umstande zu suchen sein, dass sie noch innerhalb des germanischen Heidenthums durch andere Vorstellungen vom Jenseits verdrängt wurde. Immerhin fällt auf, dass in den hierher gehörigen Erzählungen die Seele in ihrer Thiergestalt in ihren vorigen Leib zurückkehrt. Sollen wir hierin eine Trübung älterer Vorstellungen erkennen, oder haben wir es mit einer besondern germanischen Form der Seelen-

---

[1]) Laut mündlicher Mittheilung des Herrn Pfarrer E. Buss in Glarus, welcher früher im Oberland eine Pfarrstelle bekleidete. — [2]) Mündliche Mittheilung des Herrn Professor S. Schwendener in Berlin.

wanderung zu thun? Begreiflich ist, dass sich der ganze hierher gehörige Vorstellungskreis allmählich mit dem Glauben an Hexen vermischte; in der oben erwähnten von der Magd in Salfeld, aus deren Munde die rothe Maus kam, wird noch hinzugefügt, dass ein ebendaselbst wohnender Knecht, welcher früher niemals Ruhe gehabt hatte, von dem Tage an, an welchem die Magd starb, nicht mehr geplagt wurde [1]). Die betreffende Vorstellung haftete also an Personen, welche sich auch sonst nicht des besten Leumundes erfreuten.

Glaubwürdigkeit der Geistererscheinungen.

Was nun die Geistererscheinungen überhaupt betrifft, so kommen in Betreff ihrer Glaubwürdigkeit zwei Punkte in Betracht, die Wirklichkeit derselben im Einzelnen und ihre Möglichkeit im Allgemeinen. Man kann sich einzelnen hierher gehörigen Erzählungen gegenüber sehr skeptisch verhalten und die Möglichkeit als solche dennoch zugeben; leugnet man hingegen die Möglichkeit als solche, so fallen natürlich jene von selbst dahin, wenigstens für denjenigen, welcher eben diese Möglichkeit nicht zugiebt. Die Gründe, welche sich gegen die Möglichkeit als solche anführen lassen, sind hauptsächlich folgende:

Es sind beinahe ausnahmslos krankhafte Naturen, welche mit Erscheinungen aus dem Jenseits zu thun haben. Wenn es ausnahmsweise gesunde sind, so sind dieselben wenigstens vorübergehend, wie der bekannte, sonst durch seine Nüchternheit beinahe sprichwörtlich gewordene Berliner Buchhändler Nicolai, der Proktophantasmist in Göthes Faust, krankhaften Zuständen unterworfen gewesen; in solchen Fällen sind dann mit den Ursachen des physischen Leidens auch die Wirkungen desselben verschwunden [2]). Erhitzung des Blutes, Ueberreizung der Nerven u. a. m. lassen das Gehirn Gestalten von Form und Farbe bilden, welche das Auge wahrnimmt, und welchen auch die körperliche Bewegung nicht fehlt. Fast immer sind es die Sehorgane, welche der ersten Täuschung unterliegen, und die des Gehörs kommen in der Regel erst in zweiter Linie in Betracht; die Tastorgane werden noch seltener in Mitleidenschaft

[1]) Prätorius a. a. O. I, 41. — [2]) Nicolai, philos. Abhandlungen I, 53 ff

gezogen, schon desswegen, weil im Grunde der Begriff des Geistes den des körperlich Fühlbaren und Greifbaren ausschliesst. Und in denjenigen Fällen, in welchen der angebliche Geisterseher eine sonst gesunde Natur hat, mögen Erziehung, angeborne oder anerzogene Leichtgläubigkeit, Zaghaftigkeit u. s. w. das Ihrige thun, um ihm namentlich während der Nacht an sich harmlose Gegenstände als Erscheinungen aus einer andern Welt entgegentreten zu lassen [1]). Herzhaftes Untersuchen des betreffenden Gegenstandes würden dem Leichtgläubigen und Furchtsamen regelmässig beweisen, dass seine Angst eine vergebliche war, dass der gespensterhafte Mann ein Busch oder Strauch ist, dass der vermeintliche Todtenvogel oder der Todtenwurm sich auch dann hören lässt, wenn Niemand im Hause stirbt, und dass die sogenannten Vorzeichen auf ganz natürlichen Ursachen beruhen; allein gerade das unbefangene Prüfen und Ueberlegen ist es ja, was den Meisten in solchen Fällen nicht möglich ist.

Gehen wir endlich umgekehrt von der Erscheinung selbst aus, so fällt es zunächst auf, dass die Geister stets in Kleidern erscheinen, welche der betreffende Mensch im Leben getragen hat, und welche wir entweder an ihm selbst oder an seinem Porträte gesehen haben. Sind das nicht lauter Gegenstände, welche entweder längst vermodert sind, oder welche in verschlossenen Schränken von den Erben des Verstorbenen aufbewahrt werden? Und wozu bedarf ein körperloser Geist überhaupt einer Garderobe? Wie roh und sinnlich ist überhaupt die Vorstellung, welche sich das Ewige und Unvergängliche am Menschen, die Seele, nicht anders als in einem rothen oder schwarzen Rocke, mit Hut, Stock Degen u. dgl. zu denken vermag! Was uns unsere wichtigsten Quellen, die Evangelien, in Betreff des Jenseits lehren, ist zwar kurz und fragmentarisch genug; jedenfalls führt es uns aber nicht zum Glauben, dass

[1]) Der Verfasser dieser Zeilen erinnert sich aus seiner Knabenzeit noch sehr gut, wie einige ziemlich grosse Mädchen auf einem Sennhof im Jura einen auf einer ansteigenden Wiese liegenden, etwas seltsam geformten und mit einem Ende in die Luft ragenden Baumstamm Nachts für ein Ungethüm hielten und laut schreiend davonliefen; und doch waren die Mädchen an dem Gegenstande am Tage vielleicht hundertmal unbefangen vorübergegangen.

der Mensch aus dem Jenseits wiederkehrt, und dass er hiezu seiner auf der Erde zurückgebliebenen Garderobe bedarf.

Es giebt allerdings verbürgte Thatsachen in der Art der oben (S. 362) von Ficino und Mercato erzählten, Visionen, Hallucinationen, Träume, deren Inhalt in Erfüllung geht, u. a. m. Es giebt aber auch Ahnungen und Visionen, welche sich hernach als unrichtig erweisen, und welche folglich dasjenige, was die erstern beweisen sollen, widerlegen. Nur liegt es in der Natur der Sache, dass die einen erzählt, mit Andern besprochen, wohl auch aufgezeichnet werden, während man sich bei den andern mit dem bekannten Sprichworte begnügt, nach welchen Träume nichts als Schäume sind; höchst wahrscheinlich aber bilden die letztern doch die grosse Mehrzahl. Jedenfalls aber hat man die Wahl, das Zusammentreffen einer Vision mit der durch sie angedeuteten Thatsache entweder für ein zufälliges zu erklären oder ein noch nicht genügend bekanntes Gesetz auf dem Gebiete des Seelenlebens anzunehmen.

Eine Darstellung des modernen Spiritismus gehört nicht in den Rahmen dieser Schilderung. Noch weniger kann die angebliche „systematisch betriebene Wiederbelebung des Hexenglaubens“ hier in Betracht kommen, mit welcher moderne Gelehrte glauben politisches Capital schlagen zu können [1]).

Deutsche Zeit- und Streit-Fragen; Heft 57.

Inhaltsübersicht.

Seite.

Einleitung 1

Erstes Buch.

Der Aberglaube in den verschiedenen Gebieten der Natur und des Lebens.

Erstes Capitel. Astrologie, Chiromantie, Physiognomik, Geomantie . 5
Zweites Capitel. Die Alchemie 41
Drittes Capitel. Die drei Reiche der Natur 55
Viertes Capitel. Der medicinische Aberglaube 91
Fünftes Capitel. Reste des Heidenthums 113
Sechstes Capitel. Der Glaube an Vorzeichen 132
Siebentes Capitel. Der kirchliche Wunderglaube 148
Achtes Capitel. Die Tagwählerei 205
Neuntes Capitel. Gemeiner Aberglaube 216

Zweites Buch.

Zauber- und Hexenwesen.

Erstes Capitel. Zauberei 235
Zweites Capitel. Divinationen und Beschwörungen 280
Drittes Capitel. Ausbildung, Höhepunkt und Abnahme der Hexenprocesse 299

Drittes Buch.

Die Geisterwelt.

Erstes Capitel. Die Geisterwelt überhaupt 339
Zweites Capitel. Die Geister der Abgeschiedenen 345

Register.

Abano Pietro 308.
Achat 57.
Achilles 276.
Adepten 42 ff.
Adler 78.
Aelian 71, 72.
Aetites 56.
Agamemnon 166.
Agatha S. 122, 123.
Agnus Dei 258.
Agrippa v. Nettesheim 26, 27, 36, 37, 38, 46, 290, 291, 332, 334.
Ahasverus 358.
Ahnfrau, die 360.
Ajax 276.
Alanus ab Insulis 304.
Alba Longa 178.
Albertus Magnus 56, 58, 61, 65, 322.
Albigenser 303.
Albohazen 5.
Albrecht I., deutscher König 13.
Albrecht, Markgraf v. Brandenburg 266.
Albrecht, Kurfürst v. Mainz. 16.
Albumasar 5, 28.
Alcabitius 5.
Alchemie 41 ff.
Alectorius 59.
Alexander ab Alexandro 358.
Alfons X., v. Castilien 43.
Alraun 63, 64.
Amazonen 84.
Amethyst 57.
Amor S. 98.
Amorbach 98.
Ancyra, Synode v. 238.
Andreæ, Joh. Valentin 51, 52.
Andreastag 214, 215.
Andronicus, griech. Kaiser 281.
Anhorn, Barthol. 27, 36.
Antonius S. 288.
Antwerpen 99.
Apulejus 268.
Aquilin 94.
Aristoteles 32, 36, 71.
Arras 308.
Arsenikobotanó 101.
Artemidor 32.
Artemisia 61.
Artus 116, 126.
Asclepiaden 94.
Asclepios 94.
Asvit 346.
Athen 101, 351.
Athenodorus 351.
Athos 285.
d'Aubigné, Agrippa 359.
August I., Kurfürst v. Sachsen 39 ff.
Aymar Jacques 68 ff.

Bacharach 195.
Bacon Roger 41.
Bärenfels Ursula v. 262.
Bährens 47.
Bajazet II. 175.
Balder 121.

Balduin II. 171.
Bartholomæus v. Parma 38.
Basel 73, 174, 327.
Basilisk 72, 73.
Basina 287.
Baumgans 76 ff.
Bekker Balthasar 299, 333 ff.
Benedict S. 188.
Benedict IX., Pabst 322.
Benevent 244.
Bentivoglio Giovanni 28.
Berkeleya 319.
Berlin 246.
Bern 139, 327.
Bernacula 76.
Bernhard S. 196, 293.
Bernikel 76.
Bernstein 268.
Berthold V., v. Zähringen 126, 161.
Betonia 62.
Bibergeil 100.
Blakulla 244.
Blasius S. 252.
Blocksberg 244.
Blois 195.
Blümlisalp 357.
Bock Hieron 61.
Bodin Jean 312.
Bötticher Joh. Friedrich 44.
Bogenberg 100.
Bologna (Madonna di San Luca) 172.
Bologna (S. Maria Maggiore) 359.
Boltigen 260.
Bonatti Guido 6, 8, 131.
Bork, Sidonia v. 321.
Bossu 69.
Bothwell 222.
Braganza, Haus 180.
Brant Sebast. 26, 44.
Brenz S. Fr. 204.
Breslau 199.
Bretagne 114.
Breziljan 115.
Bricius, Bischof v. Tours 162.
Brixen 273.
Brochoi 94.
Broukolaken 125.
Brüssel 199.
Brunfels Otto 61, 62.
Bruno S. 176.
Brutpfennig 344.
Burchard, Bischof v. Worms 239, 269.
Byzanz 302.

Cadmns 73.
Cæsarius v. Heisterbach 74, 78, 80, 90.
Cagliostro 283.
Cajetan S. 164.
Calvin 177.
Camora 140.
Campanella Thomas 27.
Caneggio (Tessin) 185.
Canterbury Thomas v. 182.
Cantimpré Thomas v. 36, 56, 58, 61.
Cardanus, Hieron. 35, 36.
Cario Joh. 11.
Carl d. Grosse 13, 139, 186, 238.
Carl IV., Kaiser 176, 201.
Carl V., Kaiser 10.
Carl V., König v. Frankreich 44.
Carl IX., König v. Frankreich 270, 322.
Carl X., König v. Frankreich 107.
Carl XII., König v. Schweden 278.
Carl d. Kühne 13.
Carolina, die 324.
Carlsruhe 47.
Cartaphilus 358.
Casale 202, 254.
Cassiodor 24.
Catania 122.
Catharina v. Siena 165.
Cecco d'Ascoli 30.
Centauren 85.
Ceres 122.
Cethel 58.
Chaldæer 24.
Chararich 175.
Charlotte v. Bourbon 40.
Charon 125, 126.
Chelidonius 59.
Chelonites 59.
Cheri Panagias 101.
Childerich I. 287.
Chilperich v. Neustrien 253, 258.
Chiromantie 32 ff.

Chlodwig 288.
Chur, Bisthum 81.
Cicero 27.
Clajus Joh. 45.
Clariden 347.
Clemens VI. 201.
Clermont 137.
Clugny 181.
Cöln, Stadt 99, 143, 174, 176, 214, 294, 320 ff.
Cöln, S. Barbara 102.
Cöln, S. Georg 179.
Cöln, S. Gereon 97.
Columban S. 190.
Cometen 12 ff.
Como 141, 326.
Conrad v. Marburg 305, 307.
Constantin d. Grosse 94, 276.
Constanz, Diöcese 246, 253.
Cordova 140.
Corvinus Matthias 12, 46.
Crysolith 57.
Ctesias 71, 84.
Cyclopen 123.

Dagobert 91.
Damigeron 55.
Dante 44, 90.
Deggendorf 199.
Delphin 82.
Delrio 38, 312.
Delten 318.
Demitz a. d. Elbe 89.
S. Denys 97, 107.
Dessauer, der alte 278.
Diamant 57, 59.
Diana 238.
Didius Julianus 283.
Diebsdaumen 64.
Dies ægyptiaci 210.
Dioscuren 166.
Donar 120.
Donnerstag 120.
Drache 72 ff.
Dudaim 63.
DuClercq J. 308.
Duffus 261.

Eber, der erymantische 166.
Eberhard, Herzog v. Würtemberg 43.
Eberhard, Kurfürst v. Trier 194.
Eberstein Bernhard v. 138.
Eckart, der treue 121, 212.
Edmund S. 177.
Eduard I., König v. England 42.
Eduard der Bekenner 107.
Ehingen 199.
Ehrenberg Phil. Adolf v. 321.
Eichstätt, Bisthum 98.
Eidergans 77.
Einhard 139.
Einhorn, das 72.
Eisenmenger A. 204.
Elemente 17 ff.
Elfen 117.
Eligius S. 238.
Elisabeth, Königin v. England 9, 262.
Elisabeth, Pfalzgräfin 40.
Elixir, das grosse 48.
Elpach 83.
Emenzheim 40.
Emmerich 100.
Emmerich, Catharina 165.
Empyreum 90.
Enderle v. Ketzsch 347.
Engen 352.
Epiphanius 55, 60.
Erastus Thomas 22, 44.
Erfurt 186.
Espinel Vicente 343.
Ettiswyl 183, 184.
S. Eugénie 114.
Evergislus 97.
Evert v. 354.
Eyanschitz 346.
Eymericus Nic. 311.
Ezzellino 6 ff.

Farrenkraut 62.
Faust, Doctor 288, 310, 319.
Faversham, Abtei 76.
Feen 114.
Feralien 122.
Ferdinand II., deutscher Kaiser 43.
Ferdinand I, König v. Neapel 247.

Ferrara 222.
Ferrari Gaudenzio 364.
Fian Dr. 328.
Ficino Marsilio 362.
Firmicus Maternus 14, 19, 24, 37.
Fischart Joh. 29, 312.
Florentius, Bischof v. Strassburg 91.
Florenz 178. 248.
Folz Hans 29.
Forli 8, 131.
Fraischbeinspfennig 259.
Franz S. v. Assisi 164, 165.
Franz, Meister 138.
Freimaurer 76.
Freischütz 275.
Freyja 274.
Friedrich Barbarossa 116.
Friedrich II., deutscher Kaiser 5, 90, 92, 93, 116, 236.
Friedrich der Schöne 291.
Friedrich der Grosse 43, 278.
Friedrich V., Kurfürst von der Pfalz 143.
Friedrich Joh., Kurfürst von Sachsen 143.
Friedrich Wilhelm I. 335.
Frigg 121, 206.
From Paul 199 ff.
Fuchs, der 75.

Gabali, See 114.
Gahmuret 59.
Galacites 57.
Galgenmännlein 62 ff.
Gallianus Conradus 10.
S. Gallen 106.
S. Gallus 98.
Gamander 62.
Gassendi 31.
Gaufridy 275, 297, 298.
Gauricus Lucas 28.
Geiler 245, 284.
Geisterschiff 354 ff.
Genf 327.
Geniscus 238.
Geomantie 38 ff.
Georg, der Croate 43.
Georgenthaler 278.
Gerbert 127, 322.
Gerhard v. Cremona 38.
Gerini Nicolò 365.
Gerlich Joh. 70.
S. Germain d'Auxerre 351.
Gerson Joh. 25.
Gervasius v. Tilbury 76, 79, 88.
Giraldus Sylvester 76, 77.
Glarus 336.
Glückshaube 219.
Gnomen 120.
Goar S. 91.
Goldmayer Andreas 9, 10.
Goslar 173.
Gottfried v. Strassburg 25.
Gral, der 59, 60.
Grandier Urbain 274.
Grasser J. 13.
Greif 84.
Greifswalde 180.
Gregor der Grosse 72, 126, 258.
Gregor VII. 322.
Gregor IX. 304.
Gregor v. Tours 12, 95, 96, 99. 167 ff.
Grenoble 67.
Griffoletto 280.
Guibert v. Nogent 139, 170, 176.
Guibourg Abbé 264.
Gunthram 363.
Gustav Adolf 10, 139.

Hali 38.
Hameln, Rattenfänger von 82.
Hamlet 348, 351.
Harff Arnold von 115.
Hartmann v. Aue 115.
Haselstaude 67.
Haslen (Appenzell) 185.
Hausbaum 61.
Hausgeist 311.
Heckethaler 344.
Heinrich I., Kaiser 215.
Heinrich IV., Kaiser 206.
Heinrich III. v. Frankreich 322.
Heinrich IV. v. Frankreich 13, 16.
Heinrich IV. v. England 44.

Heinrich VI. v. England 43.
Heinrich VII. v. England 28.
Heinrichmann J. 29.
Heisterbach 181.
Hekla 126.
Helgi 356, 357.
Heliotrop 65.
Henoth Catharina 321.
Heracles 73.
Hermannus monachus 170.
Hermes 66.
Herodot 84.
Hexenbutter 243.
Hexengetraidschnitt 248.
Hexenhammer 311 ff.
Hexenküche 254.
Hexenpater 337.
Hexenrauch 337.
Hexensabbat 242.
Hexensalbe 255.
S. Hieronymus 141.
Hippocrates 98.
Hitzacker 316.
Hölle 125 ff.
Hohenburg 176.
Hohenzollern, Haus 361.
Holda 121, 212.
Holländer, fliegender 354.
Homunculus 53, 54.
Horoscop, das 13 ff.
Horselberg 244.
Hottinger J. H. 140.
Hrachich 310.
Hubert S. 96, 224.
Hütgen 341, 342.
Hundsköpfe 84.
Hundssattler, der 279.
Hundszunge 66.
Hutten Franz Anselm v. 46.
Hyäne 72.

Jacob I. v. England 328.
Jäger, der wilde 357 ff.
Jaquier N. 311.
Jasos 178.
Jason 73.
Jaspis 56, 57.
Jeliza 356.
Jena 290.
Jesuspfennig 259.
Jetzer 165.
Ignazius S. 163, 164.
Incubation 93 ff.
Incubus 265 ff.
Indagine 36.
Innocenz III. 76.
Innocenz IV. 196.
Innocenz VIII. 311.
Institoris 311 ff.
Joachim I. v. Brandenburg 11, 16.
Johann XX., Pabst 322.
Johann XXI., Pabst 322.
Johann XXII., Pabst 44.
Johann, Kurfürst v. Trier 43.
Johannes Teutonicus 310.
Johann v. Winterthur 79.
Johannesgroschen 259.
Johannisfeuer 121.
Irland 76.
Isaac Hollandus 50.
Isaak Comnenos 281.
Isidor 38, 55, 188.
Juan Don. 180, 181.
Jude, der ewige, 358.
S. Jürgenthaler 278.
Julian, Kaiser 288.
Julius II., Pabst 28.
Jungfernpergament 263.
Jungfrauen, elftausend 174.
Jupiter 120.
Justinian 137.

Kadmos s. Cadmus.
Kalikantsaros 125.
Kanon Episcopi 302.
Karfreitag 209.
Katze 74.
Kepler 9, 31, 330, 331.
Kerykeion 66.
Kerner Justinus 360.
Ketzer 302 ff.
Kielkropf 266 ff.
Kircher, Athanasius 45.
Klabotermann 341.

Knebel Joh. 74.
Kobold 341.
Könige, drei heil. 171.
Königsberg 243.
Konrad s. Conrad.
Kortüm K. A. 47.
Krähe 78.
Krakau 286.
Kröte 79 ff.
Ktesias s. Ctesias.
Kuckuk 77 ff.
Kungsperger Jo. 26.

Lactantius 24.
Lamien 124.
Laon 169 ff.
Lausanne 298.
Lavater J. Casp. 38.
Leda 166.
Leinster (Irland) 187.
Leo X., Pabst 176.
Leo v. Poitiers 96.
S. Leonhard 97.
Leonore 357.
Leopold I., Kaiser 43.
Leopold I., Herzog v. Oesterreich 291.
Leutinger, Nicol. 11.
Lichtenstein, Joh. v. 361.
Lilie, die 65.
Lindner, Pastor 352.
Lissabon 180.
Lombardus Marcus 204.
London 365.
Lorenza 354.
Lorschin Anna 253.
Loudun 274.
Lucasmadonnen 171 ff.
Ludwig IX. v. Frankreich 97. 171.
Ludwig X. v. Frankreich 262.
Ludwig XI. v. Frankreich 175.
Ludwig XIII. v. Frankreich 16.
Ludwig XIV. v. Frankreich 16. 329.
Ludwig, Landgraf v. Thüringen 161.
Lübeck 139.
Luftmensch 88.
Luftschiffer 88.
Lugano 186, 310, 364.
Luini, Bernardino 364.
Lullius Raymundus 41, 42, 50.
Lupfen, Hans v. 352.
Lupus, Bischof von Sens 187.
Luther M. 68, 206, 232.
Luzern 115.
Lycanthropie 268 ff.
Lyon 68.

S. Macarius 97.
Macon 359.
Madrid 188.
Magnet 57.
Magonia 88.
Mai, der 222.
Maiblume 62.
Mailand 202, 254.
Mailand (Dom) 173.
Mailand (S. Simpliciano) 177.
Mainz 195.
Majolus Simon 56.
Malleus maleficarum 311 ff.
Mandragora 62, 63, 100.
Marbod 56.
Marcellus v. Apamea 189.
Maria v. Burgund 291, 323.
Maria Stuart 222.
Maria Theresia 98, 335.
Marigny, Eng. de 262.
Marryat 355.
Marsfeld (Rom) 127.
Martial S. 96.
Martin S. 95, 96, 167 ff.
Matthias Corvinus s. Corvinus.
S. Maurice (Wallis) 140.
Maximilian I., Kaiser 37, 44, 203, 291, 323.
Medard S. (Soissons) 169.
Meermönch 83.
Megenberg Conrad v. 36, 56, 61, 62, 86, 87, 90.
Melampus 36.
Melanchthon 15.
Melot, Zwerg 25.
Memphis 93.
Mendrisio 243.
Mengus 294, 298.
Mercato Michele 362.
Mercur 120, 207.

Mergentheim 135.
Metoposcopie 35 ff.
Michael, Erzengel 94.
Michaelion 94.
Michaelstag 215.
Micon, Insel 347.
Minerva 238.
Mirandola 244.
Mirandola, Pico della 26, 41.
Mittelstadt 351.
Modena 222.
Mören, die 125.
Mösskirch 138.
Mond, der 21 ff.
Monstrelet Enguerrau de 308, 309.
Monte (Tessin) 185.
Montefeltro Guido da 8.
Montespan, Mad. de 264.
Montpellier 93.
Montserrat 172.
Mora (Schweden) 243, 329.
Moray, Sir Robert 77.
Morin J. Bapt. 16, 30.
Moro Lodovico 15.
Moses 67.
Müller, Max 77.
München 195.
Münster Sebastian 85.
Muffel Nicolaus 172.
Mummolus 252.
Munsalvæsch 60.

Nachtschatten 100.
Nantes 361.
Naogeorgus, Thomas 22.
Nasus 29.
Napoleon I. 209.
Neithardt Kaspar 277.
Nephta 65.
Neptun 121, 238.
Nereiden 83.
Neri, Filippo 164.
Nero 177.
Neuburg am Rhein 82.
Neuenburgersee 74.
Neurer, die 271.
Neuss 97.
Nicetius, Bischof von Lyon 168.
Niclaus S. 180.
Nicolai Fr. 367.
Nider Joh. 245, 267, 311, 326.
Niphus, Augustin 11.
Nixen 119.
Nogent 161.
Norcia 115.
Nostradamus 15.
Nothfeuer 120, 252.
Nothhemd 276 ff.
Nürnberg 138, 373.
Nymphen 120.

Oberegg (Appenzell) 185.
Oberon 117 ff.
Octaviani thesaurus 127, 128.
S. Odilia 176.
Olaus Magnus 272.
Oliverius Malmesburius 38.
Ollivet Madame 67.
Olympia 178.
Opium 310.
Orcus 238.
Orestes 166.
Oropus 94.
Ortites 57.
S. Othmar 169.
Otto der Grosse 215.
Oudewater 318.

Padua 96.
Pæonia 61, 104.
Palladium 130.
Palumbus 129 ff.
Paracelsus 26, 29, 48, 51, 52, 53, 112, 120, 296.
Paris 69, 131, 359.
Parzen 112.
Passau 199.
Passauerkunst 277.
Passauerzeddel 277.
Paterno (Berg) 244.
Paul III., Pabst 15.
Pazzi, Giacomo 178, 248.
Pelican 78, 79.
Pentalpha 257.

Pentagramm 257.
Perpignan 114.
Perreaud Fr. 359 ff.
Perugia 326.
S. Peter (Basel-Land) 186.
Petrarca 44.
Petronius 271.
Peucer Casp. 38, 138.
Pfaff J. W. 32.
Pfefferkorn Joh. 203.
Pflaum Jacob 22.
Pforzheim 196.
Philadelphia 365.
Philipp d. Schöne 107, 196, 200.
Phlegon 345.
Phönix, der 60, 78.
Photius 84.
Physiognomik 35 ff.
Physiologus 71 ff.
Piacenza 178, 248.
Pilatus (Pontius) 177.
Pilatus (Berg) 115, 178.
Pilwiz 248.
S. Pirmin 81.
Pisa 365.
Planeten, die 16 ff.
Plinius 55, 56, 59, 71, 72, 81, 89. 98.
Plutonicum 94.
Poggio 79.
Pontano Giovio 362, 363.
Ponte Valentino 186.
Pontigny 182.
Porta J. Bapt. 56.
Prætorius Joh. 211.
Prag 93.
Precy de, Marquis 362.
Price James 46.
Probian 94.
Prochthoi 94.
Prometheus 166.
Ptolemæus, Claud. 19, 90.
Puy de Dôme 244.
Pythagoras 366.

S. Quirinus 97.

Rabe 72, 78, 79.
Rabelais 29.
Rambouillet de, Marquis 362.
Ramersberg 186.
Rawyl 353.
Regenbogenschüsselchen 104.
Reichenau 81, 349.
Remigius Nicolaus 246, 312, 327
Retz, Cardinal de 359.
Rhense 244.
Rhone 178.
Richalm, Abt. 104, 109 ff., 190 ff.
Riesen 125.
Riva S. Vitale 186.
Rolandinus v. Padua 8.
Rom 172.
Rom, S. Antonio Abate 121.
Rom, Lateran 173.
Rom, S. Maria Maggiore 172.
Rom, S. Maria del Popolo 172, 177
Rothsee (Luzern) 140.
Rudolf II., Kaiser 16, 43.
Rübezahl 325.
Runenzeichen 257.

Sachs Hans 219.
Sängerin Maria Renata 254, 298, 299. 335.
Salamanca 286.
Salerno 92, 140, 187.
Salisbury, Joh. v. 285.
Salomon, Jude 199.
Samuel 286.
Sandovalle 354.
Saul 286.
Schaffhausen 185.
Scheyern 337.
Schiltach 249.
Schlegel A. W. 71.
Schmeller 352, 353.
Schnabel 45.
Schneegans 78.
Schönborn, Philipp v. 335.
Schott Caspar 87.
Schottland 222.
Schwan, der 76.
Schweden 78.
Seedorf 359.
Semler 47.

Seni s. Zenno.
Serafini, Cherubin de 262.
Serapistempel 93, 106.
S. Severin 168.
Siegfried 276.
Sigrun 356, 357.
Simon v. Tournay 236.
Simplicissimus 359.
Sitten 98.
Sixtus IV., Pabst 175.
Smaragd 56.
Socrates 37.
Soissons, Gräfin v. 264.
Solinus 55, 71, 84.
Sozomenus 94, 95.
Spee, Fr. v. 333.
Spiritus familiaris 342.
Sprenger 311 ff.
Springwurzel 64 ff.
Stäle Ellsy 247.
Stedinger, die 304.
Stein der Weisen 48 ff.
Stöffler Joh. 10, 15, 22.
Storch 76, 78.
Strauss, Vogel 77.
Striglen 124.
Sturmvogel 355.
Succubus 267.
Suessa 247.
Sueton 106.
Sumelas 172.
Sursee 82.
Swedenborg 340.
Sylphen 120.
Sylvester II. s. Gerbert.

Tacitus 24.
Tanner 333, 334.
Tarantella 294.
Tatermann 341.
Telesmen 130.
Tell 275.
Temperamente 17 ff.
Teufelsabbiss 62.
Thann 260.
Theodorich d. Grosse 126.
Theodorich, Bischof v. Metz 258.
Theodorus, Astrolog 6.
Theseus 165.
Thierkreis, der 18 ff.
Thierstein, Heinrich v. 265.
Thietmar v. Merseburg 215.
Thola 204.
S. Thomas v. Aquin 24, 302.
Thomas v. Cantimpré 191.
Thomas v. Savoyen 278.
Thomasius Chr. 333.
Thüringen 137, 212.
Thurneysser L. 31, 44, 50, 112.
Tiber 177.
Tiresias 286.
Toledo 6, 286.
Topas 57.
Torquato, Antonio 11.
Torreblanca 316.
Toscanelli, Paolo 26.
Toulouse 11.
Tours 95.
Trient 195, 196.
Trier 176.
Trismosin, Salomon 52.
Trithemius 142, 291, 298, 312, 323.
Tritone 83.

Undinen 120.
Unstätte 111, 112.
Unterzell 254.
Ural 84.
S. Urban 214.
Urban V. 258.
Ursus 291.

Valens 301.
S. Valentin 105.
Valeria (bei Sion) 98.
Vallombrosa 141.
Vampyre 345 ff.
VanderDecken 354.
Varallo 365.
Varese 172.
Vauderie 308, 309.
S. Veitscapelle 99.
Venedig 44, 326.
Venediger 283.

Venus 122, 129 ff.
Venusberg (bei Norcia) 115.
Vergil 131.
S. Veronica 172.
Vespasian 106.
Vesta 178.
Vienne 178.
Vililla 187.
Villanova Arnoldus v. 50.
Vincent v. Beauvais 25, 36, 56, 61.
Visconti, Familie 15.
Visconti, Filippo Maria 15, 209.
Visconti, Giangaleazzo 28.
Viscus querci 66.
Vitelli, Paolo 9.
Vitriaco, Jacobus de 76.
Vliess, goldenes 42.
Voisin 264.
Volmar 56, 57, 60.

Waadt 327.
Waffensalbe 107.
Wagenseil 173.
Wagner, Famulus 262.
Wagner J. J. 54.
Wagner Richard 355.
Wallenstein 9.
Walpurgis S. 98.
Walpurgisabend 213, 214.
Walther v. d. Vogelweide 179.
Wassermann, der 119.
Wechselbalg 266 ff.
Weier, Joseph 102, 1
Weinsberg 135, 348.
Werner, der gute 19
Werner, Kurfürst v.
S. Wiborad 169.
Wiegleb 46.
Wien 46.
Wilhelm, Landgraf v.
Wilhelm v. Oranien 4
Will, Matthias 98.
Wodan 120, 121, 208.
Wolf, der 74 ff.
Wolfdietrich 276.
Wolfram v. Eschenbac
Wratislaus v. Böhmen
Wünschelruthe 66 ff.
Würzburg 97, 105.

Xanten 293.
S. Xaverius 163.

Zamoisky 9.
Zampone, Domenico 262.
Zenno, Battista 9.
Zeus 178.
Zimmern 352.
Zopp, Jörg 352.
Zürich 90, 140.
Zwerge 117 ff.